保险法学

高 宇 / 著

INSURANCE LAW

本书为作者主持的吉林大学本科“十三五”规划教材第二批立项项目“中国保险法”的研究成果，并受到吉林大学法学院“双一流”建设经费资助。

法律出版社
LAW PRESS·CHINA

前　言

1995年6月30日,《中华人民共和国保险法》(以下简称《保险法》)经第八届全国人民代表大会常务委员会第十四次会议通过,自同年10月1日起施行,成为我国保险法制发展的重要转折点。随着保险业不断成长,《保险法》也因应变化。

2002年进行的《保险法》首次修改(第一次修正)仅是为适应加入世界贸易组织需要而进行的应急性措施,并未充分吸收、消化既有的理论、实践成果并进行全面校正。因此,在2009年专门进行了较为全面的第二次修改(第一次修订),变动内容多,调整幅度大,许多原有制度得以改善。2014年8月31日,第十二届全国人民代表大会常务委员会第十次会议通过并公布了《关于修改〈中华人民共和国保险法〉等五部法律的决定》,对《保险法》进行第三次修改(第二次修正)。2015年4月24日,第十二届全国人民代表大会常务委员会第十四次会议通过了《关于修改〈中华人民共和国计量法〉等五部法律的决定》,对《保险法》有关行政审批、工商登记前置审批等规定进行修改(第三次修正)。为了妥善处理新旧规定的衔接问题,2009年9月14日最高人民法院审判委员会第1473次会议通过了《最高人民法院关于适用〈中华人民共和国保险法〉若干问题的解释(一)》(以下简称《保险法解释(一)》)。为了更好地适用《保险法》第二章第一节“保险合同的一般规定”部分,2013年5月6日最高人民法院审判委员会第1577次会议通过了《最高人民法院关于适用〈中华人民共和国保险法〉若干问题的解释(二)》(以下简称《保险法解释(二)》)。2015年9月21日最高人民法院审判委员会第1661次会议通过的《最高人民法院关于适用〈中华人民共和国保险法〉若干问题的解释(三)》(以下简称《保险法解释(三)》),对《保险法》关于人身保险合同的有关规定予以解释。2018年5月14日最高人民法院审判委员会第1738次会议通过的《最高人民法院关于适用〈中华人民共和国保险法〉若干问题的解释(四)》(以下简称《保险法解释(四)》),对《保险法》涉及财产保险合同的有关规定予以解释。

在机动车责任保险方面,2006年,国务院颁布实施了《机动车交通事故责任强制保险条例》,完善了对机动车交通事故受害人的保护。2012年通过的《最高人民法院关于审理道路交通事故损害赔偿案件适用法律若干问题的解释》经2020年12月23日通过的《最高人民法院关于修改〈最高人民法院关于在民事审判工作中适用《中华人民共和国工会法》若干问题的解释〉等二十七件民事类司法解释的决定》修正,机动车交通事故责任与保险的关系得以明确。

在监管规定方面,《保险公司管理规定》(保监会令 2015 年第 3 号)、《保险代理人监管规定》(银保监会令 2020 年第 11 号)、《保险经纪人监管规定》(保监会令〔2018〕3 号)、《保险公估人监管规定》(保监会令〔2018〕2 号)、《保险公司董事、监事和高级管理人员任职资格管理规定》(保监会令 2014 年第 1 号)、《保险公司偿付能力管理规定》(银保监会令 2021 年第 1 号)等规范性文件的制定和不断修改完善,对保险营业及保险的分散危险、消化损失和安定社会功能的发挥影响深远,同时也记载了保险监管的变革过程。

就与保险业相关的其他法律而言,2006 年 8 月 27 日通过了《中华人民共和国企业破产法》(以下简称《企业破产法》),2005 年 10 月 27 日修订通过了《中华人民共和国公司法》(以下简称《公司法》)(第三次修改、第一次修订)。2013 年 12 月 28 日通过的《全国人民代表大会常务委员会关于修改〈中华人民共和国海洋环境保护法〉等七部法律的决定》,对《公司法》进行第四次修改(第三次修正)。2018 年 10 月 26 日通过的《全国人民代表大会常务委员会关于修改〈中华人民共和国公司法〉的决定》,对《公司法》进行第五次修改(第四次修正)。2019 年 12 月 28 日全国人民代表大会常务委员会第十五次会议通过了第二次修订后的《中华人民共和国证券法》(以下简称《证券法》)。《企业破产法》的颁行及《公司法》《证券法》的相继修改影响着保险公司的组织运作。随着 2020 年 5 月 28 日通过并公布的《中华人民共和国民法典》(以下简称《民法典》)于 2021 年 1 月 1 日起施行,《保险法》有关规定的理解和适用将深受影响。

本书采用活泼新颖的体例,通过相关案例及丰富的图片资料来诠释深奥的法律原理和抽象的法律规则,梳理、解读中外最新立法及发展趋势,深入剖析法学前沿问题;同时结合法律职业考试试题,将理论性和实践性有机结合,学术水平适中,注重对学生应用能力和实践能力的培养,更好地适应了我国高等学校法学专业教育的职业性和实践性,有别于理论型和传统型教材。

本书具有以下三个突出的特点:(1)教材的编写与学习保险法新知识的思维规律相对应,采用绪论、本论、各论与别论的体例,由浅入深,循序渐进,有助于学生对保险法的各项具体制度形成体系性认知;(2)在内容安排上,除了介绍保险法的基础理论、实证规范和制度运作之外,还专门介绍了有关的保险学基础理论、《保险法》与《民法典》《公司法》《企业破产法》等之间的关联问题以及《保险法》适用中发现的新问题;(3)采用了图文并茂的编排方式,在各章节穿插了案例、图表和资料图片等内容,力求通过国内外的代表性实例和丰富的图片资料等诠释深奥的法律原理和抽象的法律规则,从而激发学生的求知欲。本教材借鉴和吸纳了保险法领域的最新立法、司法和执法的实务进展经验以及研究成果,用客观简洁的语言诠释保险法原理和规则,可读性强,有助于在理解保险法基础理论的同时提高学生的实务操作能力。

法律是一种职业。我国法学教育应注重职业教育性,强化对我国现行实证法的体系化解释与适用技术的专业训练。本书吸收了保险立法与实践的最新研究成果,力求使其更好地回应保险法理论与实践的最新发展,适应卓越法律人才培养计划相应的教学、科研等实际工作的需要。

在法学院何志鹏院长、刘晓林副院长的积极鼓励及法律出版社的大力支持下,本书作为吉林大学本科"十三五"规划教材第二批立项项目的成果得以顺利出版,在此深表感谢!特别感谢吉林大学法学院的出版资助!同时,感谢高禄、赵雯、田云鹏、张鑫、刘煜伯、任宏佳、李幸和周月等为定稿所做的工作。

保险与保险法是在总结人类生活关系基础上,极尽人类理性之能事而精巧设计的智慧成果。其所涉领域之广泛、制度之精微,非经年之功,不能深切体会其意蕴。虽谨慎成言,仔细为书,唯水平所限,缺漏难免。恳请同仁批评教正。

高宇于吉林大学前卫校区匡亚明楼3010室

2021年4月30日

目　录

第四编 别 论

第一编

绪 论

保险法绪论旨在阐明保险法的基础概念和基本原理,据此建立保险法学体系。该部分是构成保险实证法体系的基石,是学习与研究保险法的逻辑起点。生活常变,而保险法仍能相对稳定地调整危险团体成员之间的社会关系,是其制度基础及运作原理使然。

第一章　危险、保险与危险控制

▶ 教学目的

介绍保险法的基础概念及基本原理，明确保险法学在民商法学体系中的地位，学习保险法学基本内容。

▶ 教学重点

保险的法律含义及要素，保险法上的危险及其控制。

第一节　保险的缘起及其法律含义

一、危险

限于生产力和科技水平，在生产或生活中，人们始终无法有效避免、控制自然灾害或意外事故。当灾害事故发生时，人身、财产难免受到损害。由于深受危险困扰，人们需要削减危险侵害，实现预期生活。为了分散危险和分担经济损失，人们探索并创立了一种制度——保险。“无危险，无保险”，危险的客观存在成为保险产生及发展的前提，认识保险，要从危险开始。

(一)危险的概念

危险，是指意外事故或不可抗力所致损失发生的未来不确定的客观状态。人们也使用“风险”一词指称危险。保险法使用危险的概念。其基本特征如下：

1. 危险具有客观性

人生表面似平静无波，实则隐藏着不可预测的危险。危险是客观存在的，不为人的意志所左右。不论人们是否对危险有所认知，也不论对其如何提防，所谓“人算不如天算”，危险总会在一定时空中随机发生，无法排除。古代社会，人们尚不能充分认识危险并通过保险分散危险于社会，消化损失于公众，只能凭借个人力量预防或承担危险。

2. 危险具有不确定性

从时间、空间的整体来看，危险的发生是必然的。但就特定时空而言，危险发生的时间、地点、形式及所致损害的大小难以预测。对此客观情势,宁可信其有,不可信其无,人们才研究和处理危险。面对不确定的危险,防患于未然,将不确定的事实预先确定下来,给付小额金钱,买个保险的机会,若危险发生致损,可获得补偿;若未发生损失,则买个安定的心情,省去提心吊胆之累。

3. 危险具有可测定性

危险发生的时间、地点乃至发生后的损失范围及程度虽不确定,但不意味着危险不存在相对可知性或相对可预测性,这是以保险来对抗危险的前提。不确定性意味着,就个别危险单位而言,危险是一种不可预知的随机现象。但是,就危险总体而言,根据数理统计原理,随机现象按某种概率分布,一定时期内特定种类危险发生的频率和损失率是可以通过观测与统计方法计算的,进而,把不确定转化为确定。也就是说,危险概率可以根据概率论的大数法则预测,这是保险的科学依据。[1] 危险的确定性与发生的不确定性,构成保险危险的要素,危险的可测定性奠定了保险费率厘定的基础。人们可以通过自己的经验积累统计分析得出某种同一性质危险的发生概率。根据统计学原理,特定危险概率在特定时空内是相对稳定的。例如,经测定某地 1981 ~ 1985 年每年发生火灾的次数如下:1981 年 2 次,1982 年 3 次,1983 年 5 次,1984 年 6 次,1985 年 5 次。据此,可以计算出每年发生火灾的平均数为 4.2 次,再通过数学运算得出其每年火灾发生的概率,即为危险事故发生的概率。再如,据统计,某工厂一台机器每年事故发生率为 20%,则该机器每 5 年将发生一次事故。若某地同类型的机器有 1 万台,事故发生率同样为 20%。据此,我们可以测算出该地每年约有 200 台机器会发生事故,该数字在一定范围内相对稳定。根据精算原理,纯粹保险费是根据危险概率计算确定的合理的损失分摊额,是危险团体成员应当交纳的费用。根据大数法则确定的保险费率而收取的纯粹保险费应当符合“保险费总和 = 保险基金 = 保险金总和”。同时,保险人营业需要人员、物质设施等费用支出,也要负担税收,获得利润,这些纯粹危险负担费用之外的部分构成附加保险费。因此,保险人收取的保险费大于根据危险概率计算出来的纯粹保险费。

4. 危险具有损失性

损失包括有形损失与无形损失:前者指因危险发生所致财产或人身健康的损失;后者指因危险存在而带给人的担心与忧虑。两者都会影响人们的生活与发展。

(二) 危险因素、危险事故与损失

分析危险因素、危险事故或损失与危险的关系,可加深对危险的认识。

---

[1] 概率,反映随机事件出现的可能性。一个事件发生的可能性一般在 0 ~ 1,越接近 1,意味着该事件发生的可能性越大。

1. 危险因素

危险因素(hazard),亦称危险条件,是指引发危险事故或危险事故发生时导致损失增加的条件,即产生或增加损失频率或损失程度的情况。例如,对火灾保险承保的房屋来说,危险因素指该房屋的建筑材料、建筑结构和用途等。

2. 危险事故

危险事故(peril),系指损失的直接原因或外在原因,亦即危险由可能状态变为现实状态的直接诱因。危险因素是损失的间接原因,危险因素须通过危险事故的发生才能导致损失。危险事故是发生损失的媒介。火灾、盗窃、疾病等都是危险事故的常见形式。

危险因素与危险事故的区分并不是绝对的。例如,暴雨导致庄稼损失,暴雨是危险事故;若暴雨导致路面积水、道路湿滑而引起车祸,暴雨是危险因素,车祸是危险事故。其判断标准为是否直接引起损失。

3. 损失

所谓损失(loss),系指非故意行为或事件所致利益的减损。损失分为直接损失与间接损失。

危险因素、危险事故与损失之间具有因果关系,即危险因素引发危险事故,而危险事故导致损失。其关系如下所示:

危险因素→危险事故→损失的可能(危险)

二、危险的处理

常人愿求和平宁静的生活,人生却危险遍布。所谓人生何处无危险,或天灾事变,丧命失财;或伤病毒害,倾家荡产。人们需要研究危险的规律并找出削减危险所致损失的方法,因此产生了危险管理学。[1] 诚如所言,人们通常采用两种方式处理危险:一为"形而上"的求其解脱,即凭信仰及宗教之力量,是为求神;[2] 二是"形而下"的方法,即对偶然事故的发生进行筹划,以减免其损失的不安定,谓之"求神不如求人""求人不如求己",具体如下。

(一)预防危险

预防危险,是在危险发生前采取特定方法,以避免或减少因危险发生所致损失。预防危险可以分为消极预防和积极预防。消极预防亦称避免危险,即对某危险直接设法规避,为最简单的处理方法,谓之"惹不起,还躲不起吗"。例如,某人认为,乘飞机发生事故概率大,乘火车发生事故概率较小,则其选择不坐飞机而乘

---

〔1〕 危险管理学,也称风险管理学,一般认为,美国是最先开始危险管理理论与实践研究的国家。1953 年,美国通用汽车公司的自动变速装置发生火灾,造成巨额损失,美国企业界与学术界自此加强了危险管理的研究。

〔2〕 参见袁宗蔚:《保险学——危险与保险》,首都经济贸易大学出版社 2000 年版,第 1 页。

火车;游泳有溺水的危险,可以终生不游泳。[1] 俗语有言"退一步,海阔天空",采用迂回曲折之途绕道而至,所谓"绕开大道,走羊肠"。该方法是最简单、最有效的危险处理方法。其优势在于,使用该方法处理危险最为经济安全。但其局限在于:一方面,仅在该危险可以避免情形下,才能实行,但并非所有危险都可以避免。若某危险无法避免,则该方法便无法适用。也就是说,既有"道"又有"桥"时,"你走你的阳关道,我走我的独木桥"是可行的,但现在只有"独木桥",你不走也得走。再者,人不能总是消极回避危险,凡事则避,势将有碍可能的进步,且社会成本太高。

积极预防是主动采取一定方法,消除或减少促发危险的因素,降低损失发生的可能性。常言道,"明知山有虎,偏向虎山行",但要未雨绸缪,备好枪支弹药,以防其害。按经济思维,若以较小代价防止较大损失发生,实胜于其他处理危险的方法。若代价高于危险所致损失,则得不偿失,即使该方法在技术上可行,在成本与产出的考量上,也不值得。预防危险的方法,受科学技术发展水平所限制,只能在某种程度内采用。

(二)自留危险

自留危险也称"自担危险",简称"自留",[2] 指自己承担危险。根据自留人是否有自留危险的意思,分为主动自留危险和被动自留危险。前者是明知危险存在而无适当处理方法,或因自己承担危险较其他方法便捷,或因危险过小自己能力足以承担而决定自担危险。例如,学生宿舍一楼,因有监视器,学校未装安全网。现学生外出办事,贵重物品携带不便,置于房中,不料为梁上君子顺手牵羊。后者指不知危险存在而未予处理,或虽知危险存在却疏于处理。

此外,若通过日常经验的统计,对危险造成的损失能够确切地认知,并能够有效地控制该损失,而使危险得以分散,可以通过建立自己承担危险的计划,由自己保险的方式加以处理。自己保险是自留危险的一种特殊形式。[3] 自留危险是最为普通、最少阻力地处理危险的方法。

(三)抑制危险

抑制危险,指当危险发生时,采用一定方法力求将损失程度减轻以处理危险。严格说来,危险预防与危险抑制有别,前者施之于事前,后者行之于事中。但在客观实际中,对同一危险的处理行为,往往同时发生预防与抑制的效果。例如,企业为防火安全而购进火警系统、灭火器等,既有减少火灾发生损失及严重程度的作用,又可以通过救助保全一定财产,融预防与抑制于一身。

---

[1] 参见徐卫东等:《保险法》,吉林人民出版社 1996 年版,第 7 页。

[2] 覃有土主编:《保险法概论》,北京大学出版社 2001 年版,第 3 页。

[3] 参见徐卫东等:《保险法》,吉林人民出版社 1996 年版,第 8 页。

（四）集合危险

集合危险，是集合处于同类危险中的多数单位，直接分担因危险发生所致的损失，使每一单位损失相对减少。例如，行为人同时购进数种股票，其中若干股价下跌所致的损失，可由他种股票的获利填补。

（五）中和危险

中和危险，指将损失机会与获利机会予以平均的危险处理方法。如某人购进股票后，为防止股价下跌亏本，想以目前价格抛出股票，又怕抛出后股价上涨失去获利机会，患得患失间，将股票卖掉一半，保留一半。如此，一方面，减少了股价下跌的部分风险所致的损失，同时，亦丧失了股价上涨可能获得的部分利益。

中和危险，实际上并未改变危险的发生，而是通过自身损益相抵而平衡了获利与致损的程度而已。其只适用于投机危险，亦难获得利之效果。

（六）分散危险

分散危险，是一定数量危险单位的疏散或复制。例如，将一定数量货物分存于数个不同的仓库。

（七）转移危险

转移危险，是将自身承载的危险转移于他人的危险处理方法。通常情况下，危险承担者往往把能回避或排除的造成较大损失的危险尽可能转移于他人。

转移危险可分为直接转移和间接转移。直接转移系将危险所负载的载体转让给他人的处理危险方法，包括：第一，转让。例如，某甲担心所居房屋发生火灾致损而将其所有权转让给某乙。第二，转包。建筑房屋者将其承包的部分工程转包他人，与该工程相关的装饰材料涨价等危险一并转移。间接转移是指仅转移危险，而危险所附诸的载体并不随之转移，主要包括：第一，租赁。例如，出租人将自有空房租赁给承租人，承租人承担该房屋的保管、装修费用，而房屋损毁灭失的危险由其自身承担。第二，保证。通过保证合同，将债务人不履行债务的危险转移给保证人承担。第三，保险。行为人通过订立保险合同而在形式上将保险事故所致损失的危险转移于保险人。

保险综合了上述几种应对危险的方法，即保险 = 转移危险 + 集合危险 + 抑制危险 + 预防危险，将危险转移、预防或集合等以一定技术手段集于一种商业性制度，就形成了保险。通过保险合同关系的建立将保险事故所致损失转移给形式上的保险人，实质上是由保险人作为中介人，将危险分散于危险团体。收取保险费是为集合危险而采用的技术方法和经费保障，用以分担少数危险单位的损失。在此过程中，实际将损失分散于各个加入保险团体的危险单位。集合与分散是一个问题的两个方面。

三、危险与保险

在上述人类对抗危险的各种手段中，最有效的方法就是保险。生活中，人们根据危险的特征与主体所处的条件来选择处理危险的方式。对于危险概率低、损失较小或概率高但损失极小的危险,可以自留。例如,买一辆普通自行车,不必保险。而对出险率高、损失大或出险率低但损失巨大的危险,宜转移。例如,为代步,购买机动车并购买机动车交通事故责任保险。

保险是人们处理危险的方法之一,也是处理危险的一种精巧的制度设计,具有其他处理方法所不可比拟的优越之处。现代保险法律制度的目的即在于防止危险,确保安全。人间一切问题,不外乎安全的问题,也不外乎保险的问题。当今之际,科学昌明、技术进步,凡人力所能设计解决的,断不听凭命运的摆布。保险即是由全体分担个别的损失,人们运用科学原理实现自力支配命运,互助合作,消灾解难的次中择优的方法。

四、保险的法律含义

《保险法》规定的"保险",作为专门术语,最初是14世纪的商业用语,在意大利沿海商业城市的商业文件中经常被使用,有抵押、担保、保护、负担等意思。14世纪后期,随着海上商业的发展,为适应海上保险的需要,遂扩充该术语的含义,使之具有"保险"的意思。[1] 后传到英国,英文的"insurance"源于意大利语中的"sigurare"一词,[2] 并经英国传到其他国家并随之发展。中文里近代使用的"保险"一词系经由日本传入我国。魏源的《海国图志》首次将西方保险思想引入中国(见图1-1)。其后,洪仁玕、王韬、郑观应和张謇等倡导并推进了保险在我国的早期发展。

图1-1 中国保险思想传播第一人——魏源(1794~1857年)和《海国图志》

〔1〕 参见陈顾远编著:《保险法概论》,正中书局1946年版,第15页。

〔2〕 参见袁宗蔚:《保险学——危险与保险》,首都经济贸易大学出版社2000年版,第64页。

在汉语中,“保险”一词的基本含义与西方社会“保险”专指商行为的含义相去甚远。经考证,“保险,在我国俗称‘燕梳’或‘烟苏’,是英文 insurance 的广东话发音,这主要源自清末广东作为政府限定的对外贸易前沿,保险制度也在那里率先登陆之故。1842 年,魏源在《海国图志》一书中译为‘担保’,后来有些学者译为保镖、保家、保商等,到 1866 年,在由 W. Lobscheid 主编的《英华字典》中译为‘保险’”。[1] 日常汉语中“保险”的基本含义是指“事物的安全状态或运行的安全系数”,[2]具有“可靠、稳妥、安全”的意思,与保险的法律含义完全不同。1910 年修订法律馆制定《保险业章程草案》及 1911 年制定《大清商律草案》使用保险的概念,后被沿用至今。[3]

在法律上,保险有广、狭两义:广义保险不仅包括商业保险,还包括社会保险等内容;狭义保险仅指商业保险,即保险私法所调整的保险关系。在我国,狭义的保险既不包括社会保险,也不包括国家专门机构办理的具有政策性的出口信用保险、船东保赔协会办理的保赔保险以及单位为职工或成员办理的福利,仅指保险法规定的商业保险。

有学者从法律行为与保险制度相区分的意义上对保险予以界定。该观点主张,保险乃是受同类危险威胁之人为分散风险而组成的,双务性且具有独立的法律上请求权的共同团体,为满足其成员损失填补的需要而为的补偿行为。[4] 该见解揭示了保险作为一种危险处理制度所必备的特定要素。笔者认为,关于保险的界定,虽有多种表述,但其核心要素是统一的。保险是受同类危险威胁的成员为分散危险而通过双务有偿合同组成共同团体,在危险发生受有损失或符合给付条件时,有权向保险人请求给付的危险处理方式,在微观上表现为保险合同,在宏观上表现为一种经济安全制度。

(一)微观上的含义

在微观上,保险指称保险合同。《保险法》第 10 条第 1 款规定:“保险合同是投保人与保险人约定保险权利义务关系的协议。”第 2 条规定:“本法所称保险,是指投保人根据合同约定,向保险人支付保险费,保险人对于合同约定的可能发生的事故因其发生所造成的财产损失承担赔偿保险金责任,或者当被保险人死亡、伤残、疾病或者达到合同约定的年龄、期限等条件时承担给付保险金责任的商业保险行为。”上述第 10 条第 1 款并未规定保险合同的实质内容,要结合该法第 2 条规定补充当事人的主要权利、义务。据此,《保险法》第 2 条规定的保险,是指约定的商

[1] 杨东霞:《中国近代保险立法移植研究》,中国政法大学 2003 年博士学位论文,第 1 页。
[2] 覃有土主编:《保险法概论》,北京大学出版社 2001 年版,第 17 页。
[3] 参见郭宏彬:《保险法论》,中国政法大学出版社 2019 年版,第 9 页。
[4] 参见江朝国:《保险法基础理论》,台北,瑞兴图书股份有限公司 1999 年版,第 21 ~ 30 页。

业保险行为,即保险合同。

综合上述规定,保险合同是投保人根据合同约定,向保险人交付保险费,保险人对合同约定的可能发生的事故发生导致财产损失,或者被保险人死亡、伤残、疾病或达到合同约定的年龄、期限等条件时承担保险给付义务的协议。

(二)宏观上的含义

就社会经济功能而言,保险是以行为人支付保险费为代价,将个体损失或个体承担的危险全部或部分地直接转移于保险人,最终分散于危险团体的一种安全制度。[1]

首先,不同的个体与保险人订立各类保险合同,组成相应的危险团体,保险人收取保险费,聚集成保险基金,个别成员因承保危险发生需要给付的,以此承担约定的给付义务。

其次,当承保危险可能超过其负担能力时,保险人往往通过再保险或联合承保以减小负担,确保危险团体成员的经济安全。

最后,如果发生危险,行为人所获得的保险给付源于订立保险合同而参加相应危险团体的成员个体所交付的保险费,在经济运行上,保险费又作为商品或服务的成本最终由消费者承担,从而实现损失的社会化分担。

第二节　保险法上的危险与危险控制

一、可保危险的含义

并非任何危险均可向保险人转移,保险人只承保符合一定条件的危险,即可保危险。所谓可保危险,是指能够由保险人承保的危险,或可向保险人转移的危险。抽象意义上的危险经可保危险进一步得以确定,可保危险通过保险合同约定保险事故而将其范围予以具体化。可保危险在保险合同中实体化为保险事故。

二、可保危险的构成要件与种类

(一)可保危险的构成要件

构成可保危险须具有如下条件:

(1)可保危险应为纯粹危险。纯粹危险,即只有损失机会而无获利机会的危险,是投机危险的对称。例如,洪水只可能引起生命财产的损失。而投机危险既有损失的可能,亦存在获利的机会。例如,股市危险,故不在保险人承保之列。

(2)可保危险应为偶然危险。可保危险的偶然性是对危险发生的个别情况来

---

〔1〕 作为一种制度上的保险。参见王文宇等:《商事法》,中国人民大学出版社2008年版,第398页。

说的。就总体而言,危险的发生则表现为必然性。其包括三重意义:第一,危险具有发生的可能性;第二,危险发生具有不确定性,即发生的载体、时间、空间、损失范围及程度等无法确定;第三,危险应属于非故意危险。其含义在于,危险发生或其所致损失非源自投保人或被保险人的故意行为;危险的发生是当事人不可预知的。对个体而言,可预知的危险带有必然性。

(3)可保危险应是有重大损失可能性的危险。所谓"无损失,无保险"。危险发生所致损失轻微,无须通过保险来分散,可用其他简便方法处理。

(4)可保危险应是大量标的均有遭受损失可能性的危险。保险经营的大数法则要求,只有某种危险使大量标的均有遭受损失的可能时,才能根据经验统计出危险发生率。否则,保险失去数学统计基础,危险不可能在危险团体范围内分散。

(5)可保危险应为未来危险。通常,可保危险指尚未发生的危险。其未来性排斥已发生的危险。

(二)可保危险的种类

保险人所承保的危险,主要以纯粹风险[1]为对象。纯粹风险,依其损害对象的性质不同,可分为财产上的危险、人身上的危险和责任上的危险。

(1)财产上的危险,即在财产上发生直接或间接损害的可能性。所谓直接损害,即直接由危险事故所造成的现有财产的减少,如火灾所致房屋的毁损;所谓间接损害,系指虽非直接由危险事故所造成的损失,但本应增加的财产因危险发生而未增加,如营业中断所致利润减少。

(2)人身上的危险,是指就人的生命和身体有关的一切危险而言,不可抗力或意外事故发生在人身上的可能性,如人的死亡、疾病、伤害、残废等。

(3)责任上的危险,系指对他人的财产或人身造成损害,依法对他人负赔偿责任的可能性。

三、可保危险与道德危险

保险本来是对由于不可抗力或不可预料的事件所致的损失提供补偿,以保障当事人利益。但从保险的实施情况来看,恶意造成保险事故,企图诈取保险金者亦有人在。保险本来要消弥危险所致的损失,若因保险之故,反而使事故增多,有违保险本旨。

据上所述,保险法上的危险有两种:一是保险所欲消弥的危险;二是保险所引起的危险。前者为"保险危险",为法律所肯认;后者称为"道德危险",为法律所禁止。

所谓道德危险,通说认为,"因保险而引起之幸灾乐祸的心理,即受有保险契

---

〔1〕 随机结果只能是损失(导致现金流出)的风险。参见[美]Scott E. Harrington、[美]Gregory R. Niehaus:《风险管理与保险》(第2版),程秉正、王珺、周伏平译,清华大学出版社2005年版,第6页。

约上利益者或被保险者在其内心深处所潜伏期望危险发生或扩大之私愿”“道德危险若不见诸行为,不过为良心问题”。[1] 该说影响甚广,成为我国学者关于道德危险的一般观点,即道德危险是人们的一种意志和心理。若不见诸行为,不过是一种“良心”问题,法律不能加以制裁。[2]

笔者认为,道德危险,乃由投保人、被保险人或受益人为获取保险金而故意的作为或不作为所致损失发生或扩大的可能性。其有广、狭两义。广义上,包括积极道德危险与消极道德危险。积极道德危险即投保人、被保险人或者受益人为获取保险金而故意促使危险发生的种种行为或企图。[3] 例如,火灾保险的被保险人放火焚烧其被保险财产,人寿保险的投保人或受益人明知其行为会对被保险人造成危害结果而希望、追求其发生。有人曾谓“热切希望危险之发生”,[4] 即是此意。消极的道德危险,又称为心理危险,指投保人或被保险人因赖有保险而怠于保护或疏于施救被保险标的而造成损失或扩大损失的危险。其所以言“消极”者,因其持有保险之故而怠于应有之注意。[5] 例如,被保险人房屋失火任其延烧,被保险房屋不加安全防护设备等。

既然道德危险是当事人意图获取保险金而故意促使危险发生的作为或不作为,以及当事人未尽注意义务而怠于对被保险标的实施保护或相应救助的作为或不作为,则通说所谓的道德危险是一种心理,或谓道德危险系享有保险契约上利益或被保险人在内心深处所潜伏期望危险发生或扩大的私愿,[6] 或谓道德危险是一种人为无形的危险因素[7] 的主张似有待反思。道德危险若与一定法效相连,则不应仅是一种心理。法律只能与当事人的行为发生对话。当事人的心理必表现于客观行为,才能纳入法律调整的范围。因此,主观方面,道德危险表现为当事人故意或未尽注意义务的心理状态;客观方面,道德危险必表现为当事人的作为与不作为。而该种作为与不作为与损失发生或扩大的可能性具有因果关系。

我们将危险定义为损失发生的可能性,英文中以“risk”称之。危险事故是引起损失的偶然事件,为损失的原因,与损失的不确定性不同,[8] 例如,火灾、暴风雨、死亡等属于危险事故,英文表达为“peril”。危险因素是足以引起或扩大危险事

---

[1] 桂裕编著:《保险法论》,台北,三民书局 1981 年版,第 11 页。
[2] 覃有土主编:《保险法概论》,北京大学出版社 2001 年版,第 13 页。
[3] 参见陈云中:《保险学》,台北,五南图书出版股份有限公司 1985 年版,第 66 页。
[4] 参见施文森:《保险法总论》,台北,三民书局 1994 年版,第 11 页。
[5] 参见施文森:《保险法总论》,台北,三民书局 1994 年版,第 11 页。
[6] 参见桂裕编著:《保险法论》,台北,三民书局 1981 年版,第 11 页。
[7] 参见覃有土主编:《保险法概论》,北京大学出版社 2001 年版,第 12、13 页。
[8] 参见袁宗蔚:《保险学》,首都经济贸易大学出版社 2000 年版,第 17 页。

故发生机会的条件与情况,英文表达为"hazard"。道德危险,系指当事人恶意促成或未尽注意,为或未为某行为而使损失发生的可能性。道德危险是因当事人的主观原因而致损失发生。此种危险既为当事人所明知或应知,由此所致损失发生则与危险的偶然性相背离,其为保险人所不予承保的危险。

道德危险系因当事人明知而为或未尽注意而为,具有道德上的可谴责性,是为"不道德",由此"不道德"的主观因素所支配的客观作为与不作为所致的损失,当然具有可归责性,应在法律效果上对道德危险予以控制。可见,道德危险是人们的一种意志和心理,若不见诸行为,不过是一种良心问题,法律不能加以制裁〔1〕的说法似难成立。

对道德危险的法律控制表现在如下方面:

(1)对故意行为所致的危险,保险人不负保险给付义务。

《保险法》规定,因故意行为所致的危险,保险人不负给付义务,以控制道德危险。《保险法》第27条第2款规定:"投保人、被保险人故意制造保险事故的,保险人有权解除合同,不承担赔偿或者给付保险金的责任;除本法第四十三条规定外,不退还保险费。"该法第43条第1款前段规定:"投保人故意造成被保险人死亡、伤残或者疾病的,保险人不承担给付保险金的责任。"该条第2款规定:"受益人故意造成被保险人死亡、伤残、疾病的,或者故意杀害被保险人未遂的,该受益人丧失受益权。"该法第44条规定:"以被保险人死亡为给付保险金条件的合同,自合同成立或者合同效力恢复之日起二年内,被保险人自杀的,保险人不承担给付保险金的责任,但被保险人自杀时为无民事行为能力人的除外。保险人依照前款规定不承担给付保险金责任的,应当按照合同约定退还保险单的现金价值。"该法第45条前段规定:"因被保险人故意犯罪或者抗拒依法采取的刑事强制措施导致其伤残或者死亡的,保险人不承担给付保险金的责任。"

(2)投保人或被保险人有义务控制危险。

首先,保险事故发生前的防险义务。当事人不能因赖有保险而忽视其对保险标的的保护义务,保险事故发生前,义务人对保险标的负有安全防护义务,以控制危险。根据法律规定或合同约定,义务人应尽其所能地对保险标的采取相应措施,防止损失发生,以及损失发生后尽其所能地减少损失扩大。《保险法》第51条第1款规定:"被保险人应当遵守国家有关消防、安全、生产操作、劳动保护等方面的规定,维护保险标的的安全。"该条第3款规定:"投保人、被保险人未按照约定履行其对保险标的的安全应尽责任的,保险人有权要求增加保险费或者解除合同。"

其次,保险事故发生后的减损义务。为减少损失,在保险事故发生后,义务人

---

〔1〕 参见覃有土主编:《保险法概论》,北京大学出版社2001年版,第13页。

应当尽力采取必要措施,防止或者减少损失。[1]

(3)保险人对保险标的危险状况有勘查权以控制危险。

合同订立后,保险人有勘查保险标的安全状况的权利,督促义务人维持保险标的安全状况如缔约时的状态,以控制危险。《保险法》第51条第2款规定:"保险人可以按照合同约定对保险标的的安全状况进行检查,及时向投保人、被保险人提出消除不安全因素和隐患的书面建议。"该条第4款规定:"保险人为维护保险标的的安全,经被保险人同意,可以采取安全预防措施。"

四、追溯保险

追溯保险,是指将保险人承担危险的时间回溯到保险期间开始前的某个时点的保险,包括法定追溯保险和约定追溯保险。法定追溯保险,是指根据法律规定,保险人对于保险合同成立之前所发生的危险事故承担保险给付义务的保险。约定追溯保险是指在订立保险合同时,特别约定保险人对于保险合同成立之前所发生的危险事故也要承担保险给付义务的保险,多用于海上保险合同。

一般来说,主要采取以下两种模式规定追溯保险:

(1)主观主义的立法例,即以保险合同当事人主观上是否知悉保险事故已经发生或不曾发生为准,决定保险合同的效力。例如,2008年修改前的《德国保险契约法》第2条(2)规定,保险人于订立保险契约时,知悉保险事故已无发生可能者,无请求保险费之权利。投保人于订立保险契约时,知悉保险事故已发生者,保险人免除给付之义务;除保险人于订立保险契约时知悉保险事故已发生外,保险人得请求至其知悉时所属保险期间届满为止之保险费。

(2)客观主义的立法例,即不论当事人主观上是否知悉,只要保险事故的发生或不发生已经确定,保险合同即为无效。例如,《意大利民法典》第1895条规定,如果危险从未存在或者契约缔结前已经不再存在,则契约无效。

《保险法》未规定追溯保险。《中华人民共和国海商法》(以下简称《海商法》)采主观主义对其予以规定。该法第224条规定:"订立合同时,被保险人已经知道或者应当知道保险标的已经因发生保险事故而遭受损失的,保险人不负赔偿责任,但是有权收取保险费;保险人已经知道或者应当知道保险标的已经不可能因发生保险事故而遭受损失的,被保险人有权收回已经支付的保险费。"

▶ 法考链接

依据《保险法》规定,保险合同成立后,保险人原则上不得解除合同。下列哪些情形下保险人可以解除合同?(2011年卷三75题,多选)

---

[1] 参见《保险法》第57条第1款。

A. 人身保险中投保人在交纳首期保险费后未按期交纳后续保费

B. 投保人虚报被保险人年龄，保险合同已成立1年6个月

C. 投保人在投保时故意未告知投保汽车曾遇严重交通事故致发动机受损的事实

D. 投保人未履行对保险标的安全维护之责任

【解析】《保险法》第36条第1款规定，合同约定分期支付保险费，投保人支付首期保险费后，除合同另有约定外，投保人自保险人催告之日起超过30日未支付当期保险费，或者超过约定的期限60日未支付当期保险费的，合同效力中止，或者由保险人按照合同约定的条件减少保险金额。据此，未交后续保险费的后果是效力中止或按约定减少保险金额，而不是解除合同，A错误。

《保险法》第32条第1款规定，投保人申报的被保险人年龄不真实，并且其真实年龄不符合合同约定的年龄限制的，保险人可以解除合同，并按照合同约定退还保险单的现金价值。保险人行使合同解除权，适用本法第16条第3款、第6款的规定。《保险法》第16条第3款规定，前款规定的合同解除权，自保险人知道有解除事由之日起，超过30日不行使而消灭。自合同成立之日起超过2年的，保险人不得解除合同；发生保险事故的，保险人应当承担赔偿或者给付保险金的责任。B项中合同已经成立1年零6个月，未超过2年，可以解除合同，B项正确。

《保险法》第16条第1款和第2款规定，订立保险合同，保险人就保险标的或者被保险人的有关情况提出询问的，投保人应当如实告知。投保人故意或者因重大过失未履行前款规定的如实告知义务，足以影响保险人决定是否同意承保或者提高保险费率的，保险人有权解除合同。据此，C项正确。

《保险法》第51条第3款规定，投保人、被保险人未按照约定履行其对保险标的的安全应尽责任的，保险人有权要求增加保险费或者解除合同。据此，D项正确。

【答案】BCD

▶ 拓展思考

X因不知其在长春净月潭森林园区内的一所独栋木制别墅因不明大火烧毁，仍以该别墅向Y财产保险公司投保家庭财产保险，并约定Y公司自合同成立时开始承担保险责任。X、Y之间订立的保险合同如何处理？

第二章 保险法的产生及变动

▶ 教学目的

了解保险法的含义、保险法的发展情况及代表性的保险法系，并理解保险的基本演变过程。

▶ 教学重点

保险法的含义及其基本演化过程。

第一节 保险法绪说

一、保险法的概念

保险法有广狭两义，也有形式与实质意义之分。

广义保险法，指以保险关系为调整对象的一切法律规范的总称，包括保险公法与保险私法。保险公法系关于调整保险关系的公法规范，例如，保险监管法与社会保险法；保险私法，系调整民商事领域的保险关系的法律规范，例如，保险合同法与保险组织法。狭义保险法，仅指保险私法，即保险合同法与保险组织法，系关于保险的私法关系的法律规范的总称，不包括保险公法。其主要规定保险合同当事人间的权利义务以及关于保险组织的设立、变更与终止的法律规范。

在保险私法之下，保险法也有形式意义与实质意义之分。形式意义上的保险法，是指以保险法命名的调整保险私法关系的法律规范；实质意义上的保险法，不仅包括形式意义上的保险法，还包括存在于其他规范性法律文件中的调整保险私法关系的法律规范，例如，《海商法》中关于海上保险合同的规定。形式意义保险法与实质意义保险法的分类只针对相同性质的法律规范进行划分才有实际意义。其意义在于表明性质相同的法律规范不论其形式上表现为何，并不影响作为私法的构成部分而以私法规范的方式发挥作用。在我国，由于形式意义上的保险法包括了保险合同法、保险组织法（主要是保险公司法）与保险业法，实质上是保险私法、公法的合体，形式意义与实质意义的划分便失去了上述意义。《保险法》采取保险私法与保险公法合一的体例，其含义系广义上的保险法，排除了社会保险法部分，是调整商业保险关系的私法规范与公法规范的总体。

本书所研究的保险法，是指调整商业保险关系的公法规范与私法规范的总体，大体上指除了社会保险法部分的广义上的保险法。我国形式意义上的保险法，包括调整保险合同关系、保险组织关系的法律规范和保险监管关系的法律规范。

二、保险法的调整对象

狭义上，保险法的调整对象限于商业保险的私法关系，不包括社会保险关系。但在我国保险实证法体系下，包括商业保险的私法关系与公法关系。

（一）保险私法关系

保险私法关系主要包括：

（1）保险合同关系，即保险合同当事人之间的权利义务关系。

（2）保险中介关系，即保险代理人、保险经纪人与保险公估人在辅助保险合同当事人订立、履行保险合同的过程中所发生的权利义务关系。

（3）保险组织关系，即保险组织在设立、变更、消灭等过程中的对内关系，以及在保险营业行为中发生的对外关系。

（二）保险公法关系

保险公法关系，指国家对保险人、保险中介人及其行为的监督和管理关系。在我国，由于在形式上采取将保险公法与保险私法统一的立法模式，因此，在我国的语境下，形式意义上的保险法是指调整商业保险的保险公法与保险私法的总体，而实质意义上的保险法一般仅指保险私法。

三、保险法的效力范围

只有明确保险法效力范围，才能正确适用保险法。保险法的效力范围，是指保险法在什么时间、什么空间、对什么人具有拘束力。保险法的效力范围可分为时间效力、空间效力与对人效力。

（一）保险法的时间效力

保险法的时间效力即其何时生效、何时失效以及是否具有溯及力。

（1）保险法的生效时间。一般来说，保险法的生效时间可分为于颁布之日起生效和公布后满一定时间生效。在公布后满一定时间生效时，公布时间与实施时间保留一定时间间隔，使人更有机会了解法律，为法律的施行作必要准备。《保险法》第185条规定："本法自2009年10月1日起施行。"

（2）保险法的失效。失效分为明示的失效与默示的失效。前者系法律明确规定失效时间，主要包括在法律中明定不再适用的时间、通过发布主席令废止该法律、在新制定的法律中明确规定与其相抵触的原有法律不再适用等情况。后者表现为通过制定新法而废止旧法。《保险法》未在法律中明确失效的时间，直至其被废止而失效。

(3)保险法的溯及力系指保险法对其生效以前的事件或行为是否适用:若亦适用,则具溯及力;否则,无溯及力。法律是否具有溯及力,由一国社会条件决定,受立法政策影响,并由法律明确规定。一般情况下,《保险法》无溯及力,2009 年 10 月 1 日前发生的关于保险关系的事件和行为只能依当时的法律处理。[1]《保险法》施行前成立的保险合同发生的纠纷,除另有规定外,适用当时的法律规定;认定保险合同是否成立,适用合同订立时的法律。[2]

在特定情形下,《保险法》具有溯及力。对于《保险法》施行前成立的保险合同,适用当时的法律认定无效而适用《保险法》认定有效的,适用《保险法》的规定。[3]《保险法》施行前成立的保险合同发生的纠纷,当时的法律没有规定的,参照适用《保险法》的有关规定。[4]

保险合同成立于《保险法》施行前而保险标的转让、保险事故、理赔、代位求偿等行为或事件发生于该法施行后的,适用该法的规定。[5] 保险合同成立于《保险法》施行前,该法施行后,保险人以投保人未履行如实告知义务或者申报被保险人年龄不真实为由,主张解除合同的,适用该法的规定。[6]《保险法》施行前成立的保险合同,下列情形下的期间自 2009 年 10 月 1 日起计算:(1)《保险法》施行前,保险人收到赔偿或者给付保险金的请求,该法施行后,适用该法第 23 条规定的 30 日的;(2)该法施行前,保险人知道解除事由,该法施行后,按照该法第 16 条、第 32 条的规定行使解除权,适用该法第 16 条规定的 30 日的;(3)《保险法》施行后,保险人按照该法第 16 条第 2 款的规定请求解除合同,适用该法第 16 条规定的 2 年的;(4)该法施行前,保险人收到保险标的转让通知,该法施行后,以保险标的转让导致危险程度显著增加为由请求按照合同约定增加保险费或者解除合同,适用该法第 49 条规定的 30 日的。[7]

(二)保险法的空间效力

《保险法》第 3 条规定:“在中华人民共和国境内从事保险活动,适用本法。”据此,我国保险法的空间效力及于我国的全部领土、领海、领空,以及延伸意义上的领域,例如,我国驻外使领馆以及我国航行或停泊于国境外的船舶或飞行器,但特别行政区除外。根据《中华人民共和国宪法》(以下简称《宪法》),特别行政区所实行的法律按具体情况由全国人民代表大会以法律规定,如《中华人民共和国香港

---

〔1〕 依据《保险法》第 185 条的规定。
〔2〕 参见《保险法解释(一)》第 1 条。
〔3〕 参见《保险法解释(一)》第 2 条。
〔4〕 参见《保险法解释(一)》第 1 条。
〔5〕 参见《保险法解释(一)》第 3 条。
〔6〕 参见《保险法解释(一)》第 4 条。
〔7〕 参见《保险法解释(一)》第 5 条。

特别行政区基本法》《中华人民共和国澳门特别行政区基本法》。根据基本法的规定，除在该基本法附件中规定的在特别行政区适用的全国性法律外，其他法律不适用于特别行政区。

（三）保险法的对人效力

根据《保险法》第3条的规定，保险法对人的效力范围包括从事保险活动的我国境内的所有人，包括自然人、法人或其他组织。

（1）保险公司，包括经营商业保险业务，依照《保险法》设立的中国保险公司、中外合资保险公司、外资独资保险公司、外国保险公司的分公司，[1]以及依法取得营业资格的保险代理人、保险经纪人与保险公估人等。《保险法》第181条规定："保险公司以外的其他依法设立的保险组织经营的商业保险业务，适用本法。"

（2）国务院保险监督管理机构——中国银行保险监督管理委员会（以下简称"银保监会"）。[2]

（3）在我国境内经营商业保险的自然人、法人或其他组织，自然人包括中国人、外国人和无国籍人；法人或其他组织包括我国和外国的法人、其他组织。

四、保险法的体例

保险法的立法体例表征着狭义上的保险法（保险私法）与一国民法、商法的关系，以及保险私法与保险公法的关系。

（一）保险法与民法、商法的关系

保险法与民法、商法的关系大致分为以下三种情形：

（1）将保险法纳入商法典，采此体例的国家主要有法国、日本、比利时、西班牙等；

（2）制定单行保险法律，采此体例的国家主要有德国、瑞士、瑞典、丹麦、英国、美国等；

（3）将保险法作为民法典的一部分，放在民法债编中，采此体例的国家主要有意大利、苏联及东欧一些国家。

一般而言，采民商合一制的大陆法系国家将保险法作为民法的特别法，保险法与民法是特别法与普通法的关系。在法律适用上，保险法无特别规定的，适用民法的规定。采民商分立制的大陆法系国家将保险法与公司法、票据法、海商法等一起纳入商法典中，保险法被视为商法的重要组成部分。

在我国，没有颁行商法典，《保险法》独立于《民法典》，属于民法的特别法。在

---

[1] 参见《保险法》第6条、第183条。

[2] 参见《保险法》第9条。2018年，我国施行国家机构改革，将原来的中国银行业监督管理委员会（以下简称银监会）与中国保险监督管理委员会（以下简称保监会）职责整合，组建银保监会，作为国务院直属事业单位。以上参见2018年3月17日第十三届全国人民代表大会第一次会议通过的《关于国务院机构改革方案》。下文对机构改革前的名称不再作特别注明。

学理上,保险法是商法的组成部分。

(二)保险私法与保险公法的关系

起初,我国采取保险私法与保险业法分立的模式,颁布了《中华人民共和国财产保险合同条例》(以下简称《财产保险合同条例》)与《保险企业管理暂行条例》两个单行法规。1995 年通过,经 2002 年、2009 年、2014 年、2015 年四次修改的《保险法》采取保险合同法与保险业法合并的结构,集保险行为法、保险组织法与保险业法于一体,具有综合性特征。

五、本书的体系与研究方法

(一)体系

本书分为四部分,包括保险法绪论、保险法本论、保险法各论和保险法别论。其实质内容以我国现行保险实证法(包括我国现行保险法、保险单行法和保险特别法)为基础,涵盖了保险私法与保险公法。

保险法绪论,如发之端。其旨在阐明保险与保险法之基本概念,是保险法学的理论基础。因此,该部分为保险法学理论体系的构筑基石,是学习和研究保险法的逻辑起点。

保险法本论,在于澄明保险法的主干部分。该部分内容主要包括保险主体与保险合同,即保险合同当事人、关系人与辅助人、保险合同的概念及其特征,保险合同的成立,保险合同的效力,保险合同的履行以及保险合同的解释。本论者,在于明了保险法本为私法,人之主体性所倡导的意思自治为其所本。保险的运行须臾离不开保险合同的订立、变更、履行以及终止。私法意义上的保险法主要指保险组织法与保险合同法。

保险法各论,在于申明保险法本论的枝蔓部分。该部分内容主要包括财产保险与人身保险的各种具体类型。

保险法别论,在于探究辅助保险私法关系正常运行的公法规范,即保险业的监理规则。别论者,公私有别之意。保险私法关涉社会安定与进步,与一般民法相比,深具社会性,难免公法规范介入、渗透,表现为保险业法对保险合同法的补充及对其缺漏的消弭。所以,别者,非泾渭分明、水火不容之界别,旨在表达保险法以保险合同法为本,二者相得益彰,而与一般民事合同法别异其趣。

(二)研究方法

本书主要运用注释、比较以及历史分析等研究方法。保险法学既然以保险实证法为研究对象,就无法避免以注释研究为主要研究方法。本书也运用了比较分析方法,关注不同制度模式下人们处理共时性同类问题的态度与方式,通过对其他先发展国家相关保险法规则的比较,深悟其本旨、现状及未来走向。本书也通过历史分析的方法澄明我国正处于变革中的保险法的来龙去脉,充分了解现存制度的成因,以更好地探索理想的制度模式。

第二节　保险法的成变

一、保险法的形成

“先有交易,后来才由交易发展为法律。”[1]先有保险的生活关系,然后才有规范调整。保险法随着经济、社会的发展逐渐产生,并成为法律体系中的重要组成部分。

保险的产生经历了从海上保险到陆上保险、从财产保险到人身保险的过程,法律调整也相应相随。

1. 海上保险法

一般认为,现代保险源于海上保险;但就海上保险究竟于何时何地如何产生,则存在不同看法,主要有共同海损说、海上借贷说、合伙经营说以及家族共同体说。通说认为,海上借贷是海上保险的前身。所谓海上借贷即船东或货主在发航之前,向金融业者融通资金,如果船舶、货物在航海中遭遇海难,依受损程度,可免除部分或全部债务。如果船货安全抵达目的地,则应偿还本金和利息。一般认为,海上保险发源于14世纪中叶以后的意大利,当时意大利地中海沿岸诸港口城市成为海上贸易中心,有世界上已发现的最早的以意大利文字发行的保险单作为依据。当时,冒险借贷(为古代海上借贷的变形)盛行。其做法是船舶或货物的主人向放贷者融通资金,当船货安全到达目的地时,应偿还本息;若中途遇难,则按损失程度免除船货主人的全部或部分债务。这种借贷关系,由于债权人风险大,一般利息很高,为本金的1/4至1/3不等。冒险借贷与海上借贷不同之处在于前者偏重于转移风险,后者偏重于融资。在冒险借贷中,即使在航海中遭受海难,利息仍应给付;由于冒险借贷利息过高,条件苛刻,曾一度被教会禁止。

后来,由冒险借贷演变而为无偿借贷(又称假装借贷),即在航海之前,由资本所有人向贸易者借贷一定款项,如果船货安全到达目的地,则债务人不负偿还义务;如果在航海途中遭受海难,债务人应履行偿还义务。很明显,无偿借贷与冒险借贷完全相反,与现代保险更为接近。资本所有人所借款项相当于保险费,而于海难后偿还的款项,则相当于保险金。关于无偿借贷的最早记录,可见于1347年10月23日热那亚的公证书之中。后来,由无偿借贷演变为空买卖契约(又称假装买卖契约)。按此契约,如果船货安全抵达目的地,则契约无效;如果中途发生危险,则买卖契约成立,由资本所有人支付给船货主人一定金额。这与现代保险相当,危险负担费由船货所有人于契约订立时以定金的形式支付于资本所有人。空买卖契约的最早记录可见于1370年7月12日热那亚的公证书之中。至于纯粹的海上保

[1] 《马克思恩格斯全集》第19卷,人民出版社1965年版,第422页。

险单,一般认为是1384年的比萨保险单,为从法国的阿尔兹到意大利比萨的货物运输所用。

早期的海上保险都是商人经营的副业,为减少冒险性,对较大的危险,一般由几人甚至几十人共同保险,共同分担责任。与现代保险相比,这种制度还相当简陋。

其后,随着海上贸易中心的转移,海上保险制度也随之从意大利经葡萄牙、西班牙,于16世纪传入荷兰、英国和德国。其中,英国海上保险制度对现代海上保险制度的完善具有重要意义。17世纪前,英国的海上保险业皆由外国人控制。后来,英国贸易逐步由英国人自己掌握,海上保险也陆续由英国人自己经营。但当时大都将其作为银行业者及放债人的副业,并无专营保险。至17世纪末,英法战争爆发给英国的海上贸易带来严重损害。尤其是1693年史密斯商船队全部覆没,使商人和保险业者遭受重大损失,一时间舆论哗然。受其促动,至1720年,英国皇家交易保险公司和伦敦保险公司先后成立。当时法律规定,除个人保险商经营保险业务外,不得再设立其他公司经营保险,两家公司曾一度独占全国的保险市场达一个世纪之久。

据考证,最早的保险法是意大利《康索拉都海事条例》。[1] 此后,1266年《亚勒龙法》[2]中关于商事的部分被当时欧洲各国商人所采用。1369年《热那亚法令》也包含关于保险的规定。[3]

现代意义的保险法产生于14世纪之后。14世纪后,随着海上贸易的发展,海上保险业务增加的同时,亦出现很多纠纷,要求法律的相应调整。欧洲的沿海商业城市,例如,西班牙的巴塞罗那、意大利北部地中海沿岸的热那亚、意大利中部的佛罗伦萨等,先后颁布了各种海事法规,其内容包括对海上保险的调整。其中,1435年的西班牙《巴塞罗那法令》规定了有关海上保险的承保规则和损害赔偿程序。该法被称为“世界上最古老的海上保险法典”,对后来各国的海上保险法影响甚巨。1523年的《佛罗伦萨法令》总结了以往海上保险的法律经验,规定了标准保险单格式,在《巴塞罗那法令》基础上,发展了具有国际商法性质的保险立法。在保险法司法实践的推动下,比利时的安特卫普、荷兰的阿姆斯特丹先后设立了海上保险法院来处理海上保险纠纷。1556年,法国制定了《海上指导》。同年,西班牙国王菲力普二世颁布法令,确立了经纪人制度,对保险经纪人加以管理。1563年,比利时通过了《安特卫普法令》。该法规定保险应依安特卫普交易所的交易习惯来进行,并有防止欺诈赌博的条款。该法令对欧洲的保险业产生了广

---

〔1〕 参见桂裕编著:《保险法论》,台北,三民书局1981年版,第4页。

〔2〕 亚勒龙(Oleron)为法国西北部小岛。

〔3〕 亦有人认为,保险法源于1369年的热那亚法令。参见《中国大百科全书·法学卷》,中国大百科全书出版社1984年版,第12页。

泛影响。

17 世纪,保险法在欧洲各国渐趋完善。1601 年,英国伊丽莎白女王颁布了第一部有关海上保险的法律,规定在保险商会内设立仲裁庭解决海上保险纠纷。1681 年法国国王路易十四颁布《海事条例》,第 6 章为海上保险的法律规定,该体例为后来各国相继沿袭。1731 年,德国制定了《汉堡保险及海损条例》。

2. 陆上保险法

现代火灾保险晚于海上保险。其开始,公营以德国为早,民营以英国为先。

1591 年,德国汉堡的酿造业者组成火灾救助协会,加入者遇有火灾,可获得重建建筑物的资金,或以建筑物担保来融通资金。后因火灾频繁,各地火灾救助协会日增。至 1676 年,46 个协会在汉堡合并成立火灾保险局,成为公营火灾保险在德国的发端。

1666 年 9 月 2 日,英国伦敦皇家面包店因烘炉过热起火,火势失控,延续 5 日,13,200 户住宅化为灰烬,20 多万人无家可归。其状惨烈,世人震惊。由此,火灾保险观念深入人心。第二年,牙科医生巴蓬创办火灾保险业务,专门承保房屋火灾保险,开私营火灾保险之先河。1680 年,巴蓬与其他三人合股设立火灾保险公司,根据房屋的租金计算保险费,同时规定,木质结构的房屋较砖瓦结构的房屋,保险费要增加一倍。这种按房屋危险程度分类收取保险费的方法,是现代火灾保险差别费率的起源。[1] 该公司于 1705 年改名为菲尼克斯保险公司,其业务持续约一个世纪后解散。同期,1681 年,伦敦市议会曾作出以市内和自由地区内所有房屋为对象,实行强制加入火灾保险的决议。然而,该公营火灾保险事业因多种原由未能持久,于 1683 年停办。此后,又相继出现友爱社、携手相互保险社等相互合作社性质的保险组织,是为英国相互保险的起源。[2] 1710 年,以发明灭火器而闻名的查尔斯 · 波文创立了伦敦保险人公司,后改称为太阳火灾保险公司;其不仅对不动产承保火险,也开始对动产承保火险,营业范围及于全国。当代英国,它是最古老的保险公司之一。但当时该公司虽承保动产险和不动产险,却以同一的保险费率收取保险费,尚不具备合理计算的基础。1714 年,互助性质的联合保险公司成立,不仅区分建筑物是木质结构还是砖瓦结构,还根据建筑物的位置、使用目的、物品的种类等确定保险费率,使保险费率的计算更趋精密合理。1712 年、1722 年,伦敦保险公司和皇家交易保险公司经政府批准先后开始经营火灾保险业务。[3] 火灾保险实践的发展对保险法的完善有较大的推动作用,使保险合同的内容、保险费率的

---

〔1〕 参见徐卫东等:《保险法》,吉林人民出版社 1996 年版,第 35 页。

〔2〕 参见徐卫东等:《保险法》,吉林人民出版社 1996 年版,第 35 页;覃有土主编:《保险法教程》,法律出版社 2002 年版,第 29 页。

〔3〕 参见徐卫东等:《保险法》,吉林人民出版社 1996 年版,第 35 页。

计算日渐完善,各国相继颁布了调整火灾保险的法规。

3. 人寿保险法

人寿保险虽起源较早,但发展迟缓。有关人寿保险的法律直到19世纪末20世纪初才在一些国家所制定的海商法或保险合同法中普遍体现。其在各种制度间接影响下,终于形成近现代人寿保险制度。

(1)基尔特制度

13世纪至16世纪欧洲盛行的基尔特是一种同行业者基于相互辅助精神而组成的团体,其目的除保护职业上的利益外,对会员的死亡、火灾、疾病等亦出资予以救济。后来,产生了专门以保护、救济为职能的保护基尔特,进而形成了各种接近于保险的组织,如英国的友爱社,初时与基尔特类似。后来,对相互救济的范围及社员交纳社员费加以明确规定,专以对社员及其配偶的死亡、年老、疾病等给予金钱救济为主要目的。这对人寿保险制度的形成具有很大促进作用。

(2)公典制度

15世纪后半期意大利北部及中部诸城市实行公典制度。其目的在于对抗当时犹太人的高利贷,而对低收入的工人、商人及平民给予低息贷款。所谓公典,乃是一种慈善性质的金融组织。开始时,其资金完全来源于捐赠,后因经营困难,开始吸收存款。存款人在最初的一段时间不计利息,而在达到一定期限后,可收回数倍于存款的金额。例如,某人在其女儿出生时将一定数额的款项存于公典,待其女儿18岁后结婚时,可获得原存款10倍的金额;如果其女儿未满18岁死亡或未能结婚,则存款归公典所有。这种制度虽不能与现代的生存保险相比拟,但其对人寿保险制度的形成有很大的影响。

(3)年金制度

12世纪,意大利的威尼斯共和国为了解决因战争带来的财政困难,发行强制购买的公债。当时佛罗伦萨、那不勒斯、罗马等地也采用了这种办法,以聚敛民众手中的金钱。到十三四世纪,这种强制购买的公债非常流行,但也使广大民众极为不满。为了缓解矛盾,改为由国家每年给付公债购买人一定数额的"酬金",如果购买人死亡,则停止给付,本金也不返还,而把应给付的金额分配给同一部类的幸存者。法国路易十四时代,为解决财政困难,意大利那不勒斯的一位银行家(有的说是医生)洛伦佐·佟蒂主张实行联合养老年金制度,后被采纳,于1689年施行。具体做法是由国家发行一定数额公债,根据年龄的大小将购买公债的人分为若干团体,每年将本金所生利息付给团体中的生存者。对于年龄大的团体付给高额利息,至团体中最后一人死亡,利息停止支付,本金归政府所有。这样,随着团体中人员的减少,剩下的生存者所得年利息就逐渐增加。这种制度虽不同于人寿保险制度,但这种将人的寿命与资本相结合的做法,对近现代人寿保险制度的形成有很大推动作用。

近现代人寿保险制度的形成，与死亡率的精确计算密切相关。1693 年，英国著名天文学家埃得蒙德·哈雷（见图 2－1）以西里西亚的布勒斯市市民死亡统计为基础，制定出完整的死亡表。其以先进的科学方法，精确地表示出每年的死亡率，从而使年金的价格计算更为精确，同时，也为人寿保险制度的形成奠定了科学的基础。18 世纪中期，托马斯·辛普森根据哈里的死亡表作成依据死亡率变化而变化的保险费率表。后来，詹姆斯·多德森又根据年龄的差异制定更为精确的保险费率表，为人寿保险奠定基础。1762 年，互助组织性质的公平人寿保险社成立，首次将死亡统计运用到计算人寿保险费率中，标志着近现代人寿保险制度的形成。随后，采用公平人寿保险社计算办法的人寿保险公司日益增多。进入 19 世纪中叶后，人寿保险制度得到了充分的发展。

图 2－1　英国天文学家哈雷绘像

二、大陆法系保险法的流变

大陆法系又称罗马法系、民法法系、罗马—日耳曼法系。在西方法学著述中，该法系多称“民法法系”，在我国则惯称“大陆法系”。其系指欧陆国家 19 世纪初，以罗马法为基础建立起来的，以 1804 年《法国民法典》和 1896 年《德国民法典》为代表的法律制度或法律传统。大陆法系下，保险法又可分为法国式与德国式两个体系。属于法国法系的有法国、西班牙、比利时、葡萄牙与土耳其等;属于德国法系的国家有德国、日本、瑞士、奥地利、瑞典、丹麦、挪威、意大利等。

(一)法国式大陆法系国家的保险法

法国式大陆法系的保险法以法国为代表,法国也是欧洲现代保险法的发源地,首先表现为海上保险法。欧洲大陆最早的具有现代意义的保险法出现在法王路易十四于1681年颁布的《海事条例》之中。从整体上说,该法是一部调整航海贸易关系的海商法,在第6章就海上保险作出了规定。这也是后来各国将海上保险法置于海商法之中的立法体例始源。从内容上来说,《海事条例》比《巴塞罗那法令》的规定更为完善。

1807年,拿破仑以《海事条例》为基础制定商法典。其中第2编第9章保险分3节规定了海上保险的内容,共65条。第1节保险合同的方式与标的;第2节保险人与被保险人的义务;第3节委付。这是最早的关于海上保险的比较完整的立法,对其他同法系国家的保险立法深具影响。

陆上保险最初适用《法国民法典》第1964条关于射幸契约的规定。1904年,法国参照原有的各种保险习惯、条款、判例、学说及外国立法例,起草保险契约法,历时近30年,其间反复修改,于1930年公布实施。该法分4章,共86条。第1章为保险的一般规定,包括总则、保险合同的证据与保险单的方式及转让;第2章损害保险,包括总则、火灾保险、雹灾及家畜死亡保险、责任保险等内容;第3章人身保险,包括总则与人寿保险等内容;第4章为程序规则。该法除再保险外,对陆上保险的内容也作了相应规定,可谓一部体系完整的陆上保险法典。从内容上看,其多为强行性规则。该法经多次修改,适用至今。1905年、1922年、1938年,法国又制定相应法规对保险业的监督管理予以调整。1946年4月25日,法国又颁布法规,以股份强制收买的方式,使主要的保险公司趋于国有化,而且还规定,只有股份有限公司订立的保险合同才能适用保险契约法。[1]

(二)德国式大陆法系国家的保险法

德国保险法晚于法国保险法,其编制形式亦异于法国。《法国民法典》与《法国商法典》中都规定了保险合同的有关内容,而《德国民法典》则未对保险合同加以规定。

在德国,其保险法主要包括商业保险法与社会保险法。商业保险法属于保险私法,由当事人根据自己的意思自由选择是否保险;社会保险法属于公法,国家为了实现公共政策推行强制保险,确保最基本生活条件成为其主要特征。

德国保险立法亦先见于海上保险法。早在1731年的《汉堡保险及海损条例》

---

[1] 参见徐卫东等:《保险法》,吉林人民出版社1996年版,第44页;覃有土主编:《保险法概论》,北京大学出版社2001年版,第75页。

和1794年的《普鲁士普通法》中就有对海陆两种保险的相应规定。其后,海上保险被纳入1897年颁布、1900年施行的《德国商法典》第4编第10章中。该章分7节,共120条,分别为:第1节总则;第2节合同订立时的告知;第3节被保险人基于保险合同的义务;第4节危险的范围;第5节损害的范围;第6节损害的给付;第7节保险合同的解除及保险费的返还。

关于陆上保险,则由1908年5月30日颁布,1910年施行的《德国保险契约法》调整。该法共5章,计193条。其第1章为各种保险的共同规则,包括:第1节总则(第1~15条),第2节告知义务、危险增加(第16~34条),第3节保险费(第35~42条),第4节保险代理人(第43~48条);第2章为损害保险,包括:第1节通则,又分为之一契约之内容(第49~68条)、之二保险标的物之转让(第69~73条)、之三第三人之保险(第74~80条),第2节火灾保险(第81~107条),第3节雹害保险(第108~115条),第4节家畜保险(第116~128条),第5节运送保险(第129~148条),第6节责任保险(第149~158条);第3章为人寿保险(第159~178条);第4章为伤害保险(第179~185条);第5章为附则(第186~193条)。此法于1910年施行后,屡经修改,但仍保留了1908年文本的基本结构与条文编排。2008年生效的、经修改后的《德国保险契约法》不再沿用1908年文本的结构与条文编排方式,改用编、章、节式规定,共分3编,计216条。

至于保险业监督方面,则有1901年制定的《民营保险业监督法》以及《私营保险公司和住房建造储蓄监督条例》等法规来调整。1931年颁行的《民营保险企业及建筑银行法》,是有关保险业监管的主要法规。同年公布的《再保险监督条例》,也具有保险监管法的性质。属于德国法系的国家有瑞士(1908年保险契约法)、奥地利(1917年保险契约法)、苏俄(1923年民法第367~398条)、瑞典(1927年保险契约法)、丹麦(1930年保险契约法)和挪威(1930年保险契约法)等。

从立法传统而言,日本也属于该法系。明治维新之后,日本为发展本国经济,遂引进西方先进国家的制度与技术,保险业随之出现。1879年,日本东京海上保险公司成立,明治人寿保险公司与东京火灾保险公司亦先后创建。保险法也相应产生。1890年制定的《日本商法典》就有关保险的内容加以规定。1899年,其重新制定商法典,并多次修订。1938年,日本对其商法典的第1编总则与第2编公司法的内容进行彻底修订,但有关保险的内容,只对条文的次序加以变动,并未作实质性修改。根据其2001年修订的文本,日本的陆上保险合同与海上保险合同都规定于其商法典中,在该法典第3编商行为法第10章,规定了陆上保险,共55条;在第4编第6章,规定了海上保险,共27条。2008年,其通过并颁布了《日本保险法》,共分5章,计96条。其内容包括:第1章总则、第2章损害保险、第3章生命保险、第4章伤害疾病定额保险、第5章杂则。在保险监管方面,1900年,日本颁布《保险业法》,其中有关于相互保险公司的规定。后经修改,于1939年颁行新《保险业法》,施行至今。该法由总则、股份公司、相互公司、印标、公司的管理、解散、清算、罚则等8章及附则构成,共170条。该法对保险公司的设立、保险公司的经营范围、保险业经营的形式、保险的财务监督以及保险公司的管理、解散、整顿与合并等内容作了详尽的规定。

三、英美法系保险法的流变

英美法系又称普通法系或判例法系,是指英国从11世纪起主要以源于日耳曼习惯法的普通法为基础,逐渐形成的一种法律制度,以及效仿英国的其他一些国家及地区的法律制度与法律传统。该法系是与大陆法系并列的一种历史悠久且影响较大的法系。

(一)英国保险法

英国的保险实践发展较早,是保险制度发源的国家之一。起初其并无成文的保险法,保险关系由习惯法和判例法加以调整。在普通法中有许多关于保险的原则。从1756年至1778年,法官曼斯菲尔德根据18世纪以来的海上保险判例以及国际贸易惯例,编订了海上保险法草案,并于其任职期间作出了一些著名的判例,为以后的保险成文立法奠定了基础。1774年,英国颁布了《人寿保险法》。1876年制定了《保险单法》。1906年,英国颁行了《海上保险法》,对保险单的格式和制定、全部或部分损失以及海损与救助费用的确定等都作了详细的规定。其附件中还附有劳合社保险单,成为海上保险单的样本,被许多国家作为保险的基本单据样式援用。1906年《海上保险法》对后世各国的海上保险立法产生了巨大影响。此后,英国又颁行许多单行法,例如,1923年的《简易人身保险法》、1966年的《道路交通法》、1975年的《投保人保护法》等。在保险业法方面,有1958年的《保险公司法》和1969年的《公司法》。《公司法》第2部分就保险业法作了规定。除成文法外,判例法仍是英国保险法的重要组成部分。

(二)美国保险法

美国法律多继受英国,亦以习惯法、判例法为主,是适用普通法的主要国家之一。至今,美国仍然沿用英国普通法和衡平法处理待决案件。但是,在法律内容、法律概念与方法上,美国法亦有自己的特点。保险法亦是如此。

在美国,商事立法权属于各州而不属于联邦议会,所以,其保险法由各州制定,不存在全国统一的保险法律。根据1945年联邦议会通过的《麦卡伦·弗格森法》,美国各州享有保险立法的权力,有权自行处理辖区内有关保险监管工作的所有事务。联邦政府则对全国采取统一管制,只有在州法律和管理未能涉及的保险领域,才适用联邦法律。目前,美国除50个州的保险监督官外,联邦政府设有联邦保险局,负责联邦洪水保险、联邦农作物保险、联邦犯罪保险等特定业务,两者无隶属关系,各自独立。从内容上看,各州制定的保险法大都是有关对被保险人的保护以及对保险业的监督管理规则。例如,各州法律对股份保险公司一般有最低资本和盈余的限制性规则,而且对保险企业可列入资产负债表的资产内容、计算准备金的方法、投资的方向和比例、保险公司分红的方法等都加以明确规定。为保护投保人利益,各州还对保险代理人和经纪人制定有关法规,禁止不合格的代理人经营保险业务;禁止保险代理人以给予投保人佣金作为其投保的引诱;禁止不正当的营业行为,如不公平理赔、歧视某类被保险人等。州保险委员会有权制止不正当营业行为,情节严重的,可以吊销其营业执照。在美国各州的保险立法中,纽约州的保险法最为完备。该法共分18章,计631条,主要包括保险官署的组织,保险公司的设立许可、撤销、合并及资产运用的管制,代理人与经纪人的许可及撤销,保险费率计算机构的设置,保险公司的报告人义务及定期检查,课税等内容,几乎涉及保险公司的全部活动,成为各州保险法的典范。然而,加利福尼亚、北达科他、南达科他以及蒙大拿等四个州的保险法则以保险合同法为中心。

四、我国保险法的缘变

在我国历史上,虽曾出现过“委积”“常平仓”“义仓”“广惠仓”“父母轩”“孝子会”[1]等具有保险因素的互助共济方式,以及“镖局”[2]“麻相约”[3]等管理危险的民间组织,但无现代意义上的保险。现代意义的保险是伴随西方列强对中国的经济侵略而传入我国的舶来品。保险法在我国的产生亦与之相应。

(一)清末的保险法

我国最早的保险立法始于清末。1903年,由戴振、伍廷芳等人起草大清商律,内容简陋。后又聘日本法学家志田钾太郎起草大清商律,1908年完成的《大清商律草案》,分总则、商行为、公司法、海商法、票据法5编。在其第2编商行为第7章、第8章中规定了损害保险与生命保险。但此后不久,清朝覆灭,该草案未及公布实施。近代中国第一部包括保险的立法“胎死腹中”。

(二)民国时期的保险法

国民政府于1928年设立法院,编撰各种法典。1929年11月,商法起草委员会完成《保险契约法草案》,经立法院修正通过,改称《保险法》,于同年12月30日由国民政府公布,系“仿照德瑞英美各国之例”[4]的结果。其分为总则、损失保险(包括火灾保险和责任保险)、人身保险(包括人寿保险与伤害保险)3章,计82条,但未施行;1937年修改,增至98条,仍未施行。1935年7月,国民政府曾公布保险业法,该法分总则、保证金、保险公司、相互保险社、会计、罚则和附则7章,计80条。1937年,国民政府对保险业法修改时公布《保险业法施行法》,但皆未施行。国民政府于1929

[1] 杨东霞:《中国近代保险立法移植研究》,中国政法大学2003年博士学位论文,第16页。

[2] 本书编审委员会:《中国保险史》,中国金融出版社1998年版,第10页。

[3] 杨东霞:《中国近代保险立法移植研究》,中国政法大学2003年博士学位论文,第1页。

[4] 王效文:《中国保险法论》,中华书局1930年版,第28页。

年公布、1931 年 1 月 1 日施行的《海商法》对海上保险加以规定。

(三)中华人民共和国的保险法

1. 初步形成时期

中华人民共和国成立后,为适应保险事业的发展,国家颁布了有关保险的法规,主要有 1951 年 2 月 3 日中央人民政府政务院通过的《关于实行国家机关、国营企业、合作社财产强制保险及旅客强制保险的决定》;根据 1951 年 4 月 24 日政务院财经委员会发布的《关于颁布财产强制保险等条例的命令》,颁布的保险条例有《财产强制保险条例》《船舶强制保险条例》《铁路车辆强制保险条例》《轮船旅客意外伤害强制保险条例》《铁路旅客意外伤害强制保险条例》《飞机旅客意外伤害保险条例》。此外,政务院于 1953 年 6 月 20 日和 1957 年 4 月 6 日发布了《关于强制保险投保范围的通知》《公民财产自愿保险办法》。这些法规在当时对规范保险行为、调整保险关系以及促进保险业的发展都起到了积极的作用。1958 年后,国内保险业务停办,保险立法亦搁置。

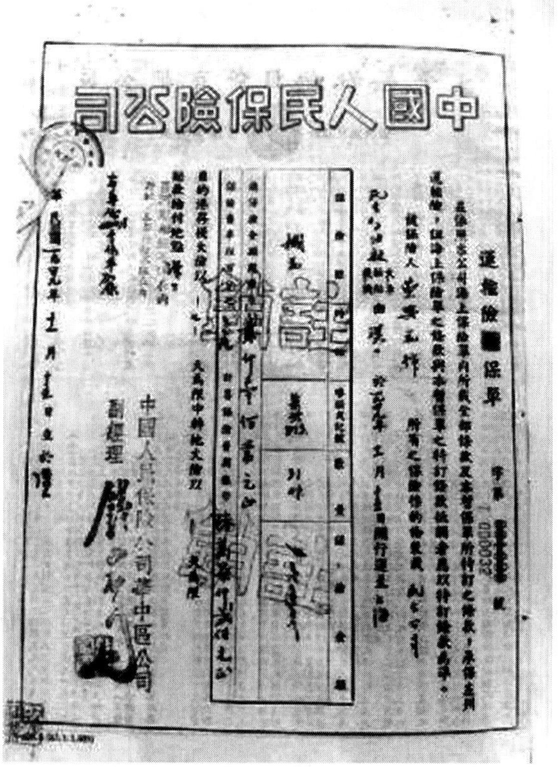
中國人民保險公司

图 2-2　中国人民保险公司华中区公司运输险暂保单

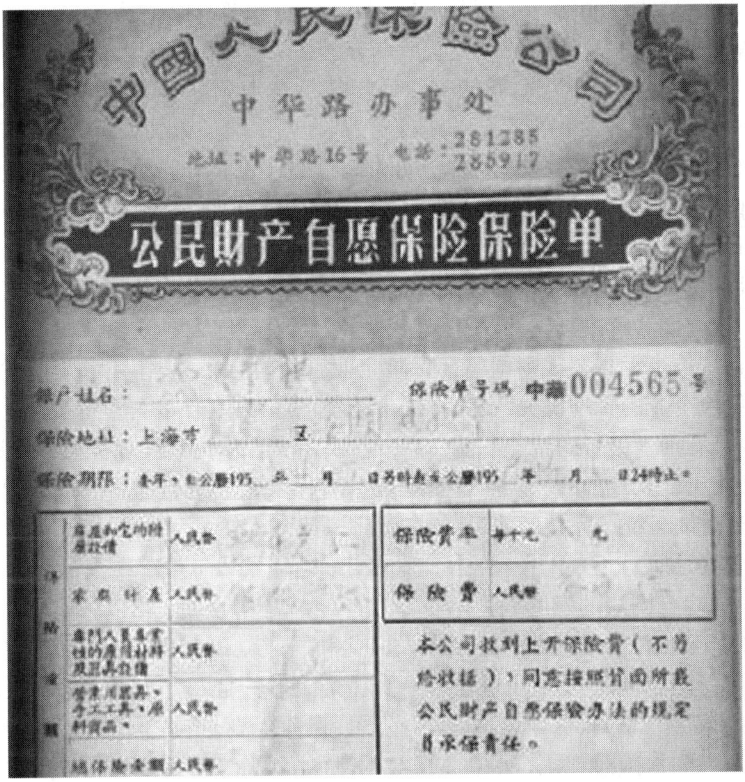
中国人民保险公司

中华路办事处

地址：中华路16号 电话：281285 285917

公民财产自愿保险保险单

保户姓名： 保险单号码 004565号

保险地址：上海市 区

保险期限：

保险费率 每千元 元

保险费 人民币

本公司收到上开保险费（不另给收据），同意按照背面所载公民财产自愿保险办法的规定负承保责任。

图2-3 中国人民保险公司上海中华路办事处公民财产自愿保险保险单

2. 恢复时期

1978年以后，我国开始恢复国内保险业务的发展，保险立法亦随之加强。1981年12月13日颁布的《中华人民共和国经济合同法》（以下简称《经济合同法》）对财产保险作了原则性规定。1983年9月1日，国务院发布《财产保险合同条例》，包括总则，保险合同的订立、变更和转让，投保方的义务，保险方的赔偿责任，附则，共5章，计23条。该条例根据《经济合同法》制定，实质上属于其实施细则。该条例总结了我国财产保险业务的长期实践经验，参照了国际通行惯例，基本符合当时经济发展的要求，为我国保险基本法的制定奠定了基础。

为了加强国家对保险企业的管理、维护被保险人的利益、发挥保险的经济补偿作用、促进保险事业的发展，国务院于1985年3月3日公布了《保险企业管理暂行条例》，分总则、保险企业的设立、中国人民保险公司、偿付能力和保险准备金、再保险、附则6章，计24条。该条例相当于当时的保险业监管法。

1992 年 11 月 7 日公布的《海商法》第 12 章分 6 节,计 41 条,规定了海上保险合同,成为我国保险合同法的重要组成部分。

总体来看,1995 年以前,我国立法还不能恰适地调整当时保险实践中的社会关系,亦难满足经济发展的要求。其表现为:有些保险关系的调整无法可依,如仅有规范财产保险合同关系的《经济合同法》与《财产保险合同条例》,而人身保险缺乏相应的法律调整;立法技术粗糙,缺乏可操作性,例如,在《财产保险合同条例》中,"财产保险"采广义概念,包括财产保险、农业保险、责任保险、保证保险、信用保险等以财产或财产性利益为保险标的的各种保险,但对于每种保险的规定过于笼统,实践中无法解决具体问题;保险代理人、保险经纪人以及保险基金的闲置部分如何运用等尚无相关规则调整;《保险企业管理暂行条例》第 4 条规定中国人民银行是保险企业的管理机关,在通行的市场经济体制中,保险与银行虽有融资的共性,但更具有别于银行的特殊职能,即补偿性,由央行作为其管理机关,对保险业未必合适,而应设立专门的保险监督管理机构对保险企业进行监督管理。由于保险立法在当时缺乏统一完整的体系,给实践带来诸多不便。

3. 发展时期

(1)保险合同法的发展

1995 年通过的《保险法》是中华人民共和国成立以来的第一部保险基本法。该法采取保险合同法与保险业法合一的立法体例,是一部较为完整、系统的保险法律。该法分总则、保险合同、保险公司、保险经营规则、保险业的监督管理、保险代理人和保险经纪人、法律责任与附则 8 章,计 152 条。该法的颁行,为当事人的行为提供了较为全面的法律依据与权利保障,标志着我国保险法律体系的形成。

2002 年 10 月,为适应我国加入世界贸易组织(WTO)的需要,《保险法》进行了首次修改。其修改后,增加 6 条,共 158 条,涉及 38 处变动。修改后总则(第 1 ~ 9 条)、保险合同(第 10 ~ 69 条)、保险公司(第 70 ~ 91 条)、保险经营规则(第 92 ~ 106 条)、保险业的监督管理(第 107 ~ 124 条)、保险代理人和保险经纪人(第 125 ~ 137 条)、法律责任(第 138 ~ 152 条)与附则(第 153 ~ 158 条)。

2006 年颁布的《机动车交通事故责任强制保险条例》,对被保险人因被保险机动车发生交通事故造成他人的人身及财产损害所负的赔偿责任,由保险人在责任限额内对受害人予以补偿的规定,正式确立了我国机动车责任强制保险制度。

2009 年 2 月,为适应保险实践的发展,《保险法》进行了第二次修改,即第一次修订。本次修改共涉及未改前的 145 个条文,删除 19 条,修改 126 条,新增 48 条,条文总数从原来的 158 条增加到 187 条。2014 年 8 月 31 日,第十二届全国人民代表大会常务委员会第十次会议通过并公布了《全国人民代表大会常务委员会关于修改〈中华人民共和国保险法〉等五部法律的决定》,对《保险法》进行第三次修改,即第二次修正,修改了第82条、第85条。2015年4月24日,第十二届全国人民代表大会常务委员会第十四次会议通过了《全国人民代表大会常务委员会关于修改〈中华人民共和国计量法〉等五部法律的决定》,主要针对《保险法》关于行政审批、工商登记前置审批及价格管理的规定作出修改,删去第132条、第168条后,共计185条,完成第四次修改。

(2)保险业法的发展

最初,中国人民银行是对我国保险经营主体进行监管的机构。随着保险实践的发展,设立独立于银行系统的监管机构对保险业实行专门监管成为客观需要。1998年11月,按照银行业与保险业分业经营、分业监管的原则,成立了保监会,负责全国的保险行业监管。

1996年7月25日,中国人民银行公布的《保险管理暂行规定》,[1]实质上相当于《保险法》关于保险业监督管理规定的实施细则。

为促进我国保险监管模式由以保险人行为监管为重心向以偿付能力监管为重心转移,保监会于2008年9月发布了《保险保障基金管理办法》(保监会令2008年第2号),废止了2004年12月发布的《保险保障基金管理办法》(保监会令〔2004〕16号)。

2018年1月17日,保监会通过《保险经纪人监管规定》,并自2018年5月1日起实施,《保险经纪机构监管规定》等有关规定同时废止。[2] 2018年1月17日,保监会通过《保险公估人监管规定》,并自2018年5月1日起实施,《保险公估机构监管规定》等有关规定同时废止。[3] 2019年12月19日,银保监会通过《保险代理人监管规定》,并自2021年1月1日起施行,《保险专业代理机构监管规定》等有

---

〔1〕 该规定已被保监会2000年1月5日发布的《关于公布停止执行保险规章及规范性文件目录(第一批)的通知》(保监发〔2000〕12号)废止。

〔2〕 《保险经纪人监管规定》(保监会令〔2018〕3号)第109条规定:"本规定自2018年5月1日起施行,中国保监会2009年9月25日发布的《保险经纪机构监管规定》(保监会令2009年第6号)、2013年1月6日发布的《保险经纪从业人员、保险公估从业人员监管办法》(保监会令2013年第3号)、2013年4月27日发布的《中国保险监督管理委员会关于修改〈保险经纪机构监管规定〉的决定》(保监会令2013年第6号)同时废止。"

〔3〕 《保险公估人监管规定》第111条规定:"本规定自2018年5月1日起施行,中国保监会2009年9月25日发布的《保险公估机构监管规定》(保监会令2009年第7号)、2013年1月6日发布的《保险经纪从业人员、保险公估从业人员监管办法》(保监会令2013年第3号)、2013年9月29日发布的《中国保险监督管理委员会关于修改〈保险公估机构监管规定〉的决定》(保监会令2013年第10号)同时废止。"

关规定同时废止。[1]

为顺应保险业不断发展的客观要求,监管机构还制定或修改了相关规定,对保险公司的组织或行为进行监管。2014 年修改了 2010 年公布的《保险公司董事、监事和高级管理人员任职资格管理规定》。2015 年 10 月 19 日公布了修改后的《保险公司管理规定》。

为加强对保险条款和费率的管理,监管机构于 2010 年 1 月 26 日通过了《财产保险公司保险条款和保险费率管理办法》(保监会令 2010 年第 3 号),2005 年 11 月 10 日发布的《财产保险公司保险条款和保险费率管理办法》(保监会令 2005 年第 4 号)自 2010 年 4 月 1 日起废止;2015 年 10 月 19 日公布了修改后的《人身保险公司保险条款和保险费率管理办法》(保监会令 2015 年第 3 号)。

▶ 法考链接

根据法的渊源及其效力原则,下列理解正确的是:(2012 年卷一第 88 题,不定项选择)

A. 相对于《公司法》规定而言,《保险法》对保险公司所作规定属于"特别法"

B.《保险法》对保险公司的规定不同于《公司法》的,优先适用《保险法》

C.《保险法》对保险公司没有规定的,适用《公司法》

D. 根据 2009 年修订的《保险法》第 94 条规定,对于保险公司的设立、变更、解散和清算事项,《保险法》没有规定的,可以优先适用其他有关法律、行政法规的规定

【解析】保险法就保险公司形式的规定属于特别法,特别法优于一般法,应优先适用《保险法》;如果《保险法》对保险公司的有关事项没有规定的,才适用《公司法》的规定。

【答案】ABC

▶ 拓展思考

结合《保险法》的修改情况,分析下述案例中应如何适用《保险法》。

2009 年 5 月 18 日,X 经被告 Y 保险公司原业务员 A 的推荐、引导,应邀参加

---

[1] 《保险代理人监管规定》(银保监会令 2020 年第 11 号)第 119 条规定:"本规定自 2021 年 1 月 1 日起施行,原中国保监会 2009 年 9 月 25 日发布的《保险专业代理机构监管规定》(保监会令 2009 年第 5 号)、2013 年 1 月 6 日发布的《保险销售从业人员监管办法》(保监会令 2013 年第 2 号)、2013 年 4 月 27 日发布的《中国保险监督管理委员会关于修改〈保险专业代理机构监管规定〉的决定》(保监会令 2013 年第 7 号)、2000 年 8 月 4 日发布的《保险兼业代理管理暂行办法》(保监发〔2000〕144 号)同时废止。"

被告Y召开的产品(险种)说明会,Y保险公司工作人员介绍该险种时明确表示,只要每年定期存入1万元以上的保费,最多存到12年后就不需要再交保费,不仅会获得较高的红利收益,而且保费交满期后就可以取回。在说明会现场,原告X在被告Y保险公司工作人员提供的空白投保单上签名,并向Y保险公司交付第一期保费5万元,购买了Y保险公司的"美满一生年金保险(分红型)"。在签订投保单时,Y保险公司从未向X说明过保险合同的具体内容及合同条款。除投保单外,Y保险公司也未向申请人出示格式条款等其他书面文件。X每年交纳保费5万元,至今已交纳4期保费,共计人民币20万元。

2010年1月,Y保险公司原业务员A又找到X,向其介绍、推荐"福禄双喜两全保险(分红型)",并邀请其参加Y保险公司召开的产品(险种)说明会。X应邀参会。会上,Y保险公司工作人员介绍该产品时明确表示:该种保险每年交3万元保费,3年保费到期,保费到期后就可以取回;如果不愿取回,可以获取红利。在会议现场,X根据Y保险公司工作人员对该险种的讲解,在Y保险公司工作人员提供的空白投保单上签名。与2009年的做法一样,当Y保险公司工作人员要求X在空白投保单上签字时,Y保险公司工作人员从未向X说明过保险合同的内容及条款,除投保单外,也未向X出示其他书面文件。

2013年1月,X已交满3年保费,共计9万元。后因X急需用钱,想把保费本金取出,于是向Y保险公司提出取回保费,被告知不得取回。后经多次拨打Y保险公司自动寻呼电话询问,被告知该种保险要到被保险人75岁时,保费本金才可以取回。这时X又想起其于2009年5月19日投保的美满一生年金保险(分红型),不知该保险保费交满12年后是否可以取回保费本金全额。经询问Y保险公司,X同样被其工作人员告知:该保险交满12年保费后,保费本金全额也不能取回。

在得知此情况后,X决定解除上述两份保险合同,并请求Y保险公司返还其交付的保险费本金及银行利息。提出请求时,其为两份保险已交保费29万元,而Y保险公司只同意退还其两份保险的现金价值15万元左右。双方协商未成,发生纠纷,X向法院提起诉讼,请求如下:第一,解除X与Y保险公司于2009年5月签订的美满一生年金保险(分红型)保险合同;第二,Y保险公司应退还X已经交付的保费本金及利息182,315.75元(已扣除Y保险公司曾向X支付的生存金、生存金利息、红利及红利利息);第三,诉讼费用及其他费用由Y保险公司承担。Y保险公司辩称:第一,同意X主张解除该保险合同;第二,应该按照保险合同约定和保险法的规定,退还相应的现金价值;第三,诉讼费用及其他费用由X承担。

第二编

本　　论

保险法本论旨在阐明保险法的主干部分。其内容主要包括保险合同当事人、关系人与辅助人,保险合同的概念及其特征,保险合同的订立,保险合同的履行,保险合同效力变动及保险合同的解释等。

本论部分亦在明了:保险法本为私法,人的主体性所倡导的意思自治为其本;保险的运行须臾离不开保险合同的订立、履行、效力变动及其解释;私法意义上的保险法主要指保险组织法与保险合同法。

第三章　保险合同

▶ 教学目的

认识并理解保险合同的概念、保险合同的法律属性及保险合同的主要分类等基础概念和基本原理。

▶ 教学重点

保险合同的特征,保险合同的主要分类。

第一节　保险合同的概念及其特征

一、保险合同的概念

"合同"一语视运用的不同场合而有多种不同含义。其概念有广义、狭义与最狭义三种。广义上,合同是指当事人之间达成的确定权利、义务的协议,既包括私法意义上的合同,例如,民事合同,也包括公法意义上的合同,例如,行政合同。狭义上,合同专指私法意义上的合同,例如,民法上的物权合同、债权合同、身份合同等。[1] 最狭义上,合同仅指债权合同,将合同限制于债的关系之内。《民法典》第464条规定:"合同是民事主体之间设立、变更、终止民事法律关系的协议。婚姻、收养、监护等有关身份关系的协议,适用有关该身份关系的法律规定;没有规定的,可以根据其性质参照适用本编规定。"《民法典》规定的合同,指债权合同。在我国学理上,商法是民法特别法,保险法是商法的组成部分,亦属民法特别法。

在民法实证法及民法学说史上,有合同与契约的区别。合同是当事人之间目的相同、意思表示方向一致的共同行为。契约系当事人双方的目的对立,意思表示方向相反的法律行为。我国台湾地区民法上区别契约与合同,我国大陆不做这种区分,而将二者均称为合同。

保险合同是债权合同的一种,是危险共同团体(保险人所代表的利益团体)和

---

〔1〕 参见崔建远主编:《合同法》(修订本),法律出版社2000年版,第1页。

其成员(投保人)以保险为目的所订立的合同。《保险法》第 2 条规定:“本法所称保险,是指投保人根据合同约定,向保险人支付保险费,保险人对于合同约定的可能发生的事故因其发生所造成的财产损失承担赔偿保险金责任,或者当被保险人死亡、伤残、疾病或者达到合同约定的年龄、期限等条件时承担给付保险金责任的商业保险行为。”该法第 10 条第 1 款规定:“保险合同是投保人与保险人约定保险权利义务关系的协议。”据此,保险合同是指投保人与保险人约定,投保人给付保险费,在保险事故发生时由保险人给付保险金的协议。在投保人一方,投保人应给付保险费,在发生保险事故时,被保险人或受益人有权请求给付保险金;在保险人一方,其有权受领投保人交付的保险费并承担约定的危险,在保险事故发生时给付保险金。

二、保险合同的特征

特征,是此事物与彼事物相区别时表现出来的事物的属性。法律特征,系事物间在法律上相区别时所表现出的该事物的法律属性。保险合同的特征是保险合同与其他民法上的合同相区别而表现出来的不同于其他民法上合同的属性。

(一)保险合同的债权性

在财产关系领域,债权合同与物权合同相区别而存在。保险合同属于债权合同,在投保人一方与保险人之间发生保险债权、债务关系。申言之,保险人对投保人有请求给付保险费的债权,保险人承担约定危险的债务(当保险事故发生时,则表现为依约给付保险金的债务)。

保险合同属债法上合同的一种,但因保险合同所生之债属于特种之债,故民法上有关债及合同的一般规定亦适用于保险合同。但是,其适用应以保险法无特别规定为限。

(二)保险合同的非典型双务性

以当事人是否互负对待给付义务为标准,合同可分为单务合同与双务合同。当事人互负对待给付义务的合同是双务合同,例如,买卖合同就是典型的双务合同。反之,若一方负有给付义务,他方不负对待给付义务,则只是当事人单方面负担义务,故称单务合同(或片务合同),典型的单务合同,如赠与。

区分双务合同与单务合同的法律意义在于:(1)对双方义务履行的顺序具有影响。双务合同,如法律没有另外规定或合同没有另外约定的,任何一方在自己没有履行义务时,无权要求对方履行。而单务合同的义务只是由一方负担,义务履行的先后顺序没有意义。(2)因不可归责于双方当事人的事由而不能履行合同的结果不同。在双务合同情形下,当事人因不可归责的事由不能履行时,无权要求对方履行。如对方已经履行,则应将其所得返还于对方。而单务合同不发生对等履行和返还问题。(3)双务合同的一方当事人违约时,若守约方已经履行了合同,则守约方可以请求另一方实际履行合同、给付违约金、损害赔偿或解除合同。解除合同并溯及既往时,守约方有权请求违约方返还受领的给付。单务合同不发生该种后果。保险合同属于双务合同,自应适用《民法典》关于双务合同的规定。《保险法》有特别规定的,则另当别论。

双务合同因对待给付是否为合同当事人的不同,分为典型双务合同与非典型双务合同。典型双务合同的当事人彼此互负对待给付义务,例如,买卖合同。非典型双务合同,合同当事人虽因合同成立生效而各自负给付义务,但并非当然彼此互负对待给付义务,有的合同当事人负有向他人给付的义务,而他人负有向第三人给付的义务。投保人应交付保险费,但保险人应向第三人给付保险金,即对被保险人或受益人负给付义务。保险合同虽系双务合同,但与一般民法上双务合同并非完全相同。例如,民法上的同时履行抗辩权,在保险合同上就不能适用。投保人应先给付保险费于保险人,不能主张同时履行抗辩权;在人寿保险中,保险人不得强制投保人履行保险费给付义务。《保险法》第 38 条规定:"保险人对人寿保险的保险费,不得用诉讼方式要求投保人支付。"保险人可中止人身保险合同的效力,或按照合同约定的条件减少保险金额,以使投保人交付保险费的义务和保险人的保险给付义务相适应。一般民事合同的不安抗辩权也不能同样地适用于保险合同。

保险合同作为双务合同,就投保人对保险人负有的给付保险费义务无甚争议,但对于保险人所负的合同义务则有不同认识,主要体现为金钱给付说与危险承担说。[1]

按金钱给付说,保险人的给付义务是附有停止条件的保险金给付义务。保险金给付以保险事故发生为要件。例如,只有盗窃发生后,盗窃险的保险人才应给付保险金。按此说,保险合同具有非典型双务合同的属性。而危险承担说则认为,保险人并非只是保险事故发生时才负给付保险金义务,而是在整个保险期间,保险人均有危险承担的义务。危险承担说是保险法学界的通说。

笔者认为,保险期间开始后,保险人开始承担危险。危险为损害发生的可能性,既可能发生,也可能不发生。既然保险人承担的危险是否发生在两可之间,就不能说保险事故(合同中约定的具体危险)不发生,保险人不负义务;也不能认为只有保险事故发生,保险人才负义务。危险承担的义务表现为:一方面,若不发生保险事故,权利人免于精神上的担忧,为其殚精竭虑因而省却;另一方面,若发生保险事故,则负给付保险金的义务,以填补因此造成的有形财产的损失。就时间而言,在保险期间开始后,权利人即具有保险金给付的期待权,只是此时危险承担处于隐性阶段;而当保险事故发生时,危险承担才由隐性阶段进入实现阶段,表现为期待权的实现。[2]

---

〔1〕 参见江朝国:《保险法基础理论》,台北,瑞兴图书股份有限公司 1999 年版,第 36 ~ 37 页。

〔2〕 参见江朝国:《保险法基础理论》,台北,瑞兴图书股份有限公司 1999 年版,第 37 页。

金钱给付说只注重于保险事故发生时的金钱给付,不能揭示保险的意义,亦无法恰当地解释投保人解除合同的,为何只返还解除之后的保险费。《保险法》第54条规定:“保险责任开始前,投保人要求解除合同的,应当按照合同约定向保险人支付手续费,保险人应当退还保险费。保险责任开始后,投保人要求解除合同的,保险人应当将已收取的保险费,按照合同约定扣除自保险责任开始之日起至合同解除之日止应收的部分后,退还投保人。”该法第14条规定:“保险合同成立后,投保人按照约定交付保险费,保险人按照约定的时间开始承担保险责任。”按危险承担说,保险合同又具有典型双务合同的属性,投保人与保险人互负对待给付义务,即投保人负无条件的保险费给付义务。保险人亦负无条件的对待给付义务,并不单纯是在保险事故发生时的给付保险金义务。

(三)保险合同的强制有偿性

以当事人取得权益是否须付出相应代价为标准,合同可分为有偿合同与无偿合同。若当事人一方取得合同约定的权益,应向对方当事人偿付相应代价,则为有偿合同。保险合同是典型的有偿合同。若当事人取得约定的权益,无须向对方当事人给付相应代价,则是无偿合同,赠与为其典型。双务合同当事人双方互负对价关系的结果自然是互为对价关系的给付。所以,双务合同皆为有偿合同,但有偿合同未必都是双务合同。有偿合同与无偿合同一般只能在财产关系中作出区分。

区分二者的法律意义在于:(1)对订立合同主体的要求不同。有偿合同的缔约当事人一般为完全行为能力人,限制行为能力人非经法定代理人同意,不得订立重大有偿合同。对接受赠与等纯获利益的无偿合同,限制行为能力人与无行为能力人即使未经法定代理人同意,亦可订立。(2)对当事人责任轻重的影响不同。有偿合同的债务人须尽善良管理人的注意义务来履行债务,负抽象轻过失责任,责任较重。而在无偿合同场合下,债务人履行债务只应尽与处理自己事务为同一的注意义务即可,负具体轻过失责任,责任较轻。

保险合同既为双务合同,亦属有偿合同。投保人应给付保险费,而保险人应承担危险,在保险事故发生时给付保险金。在历史上,有别于一般有偿合同,保险合同曾是强制性的有偿合同。无给付保险费的约定或约定免除投保人给付保险费义务的,保险合同通常无效。保险合同亦不能依当事人意思由有偿转化为无偿。例如,当事人一方转移所有权于他方,他方给付价金的买卖合同虽为有偿合同,但若卖方不要价金,其可转化为赠与。但保险人若免除保险费,保险合同通常无效,不能转化为赠与合同。到了现代,保险人营业技术不断改进,监管机构允许保险人赠送特定风险较小的人身保险合同。实务操作上,赠送人身保险对应的保险费,根据会计准则不应确认为保险费收入,但应计提责任准备金,同时将赔款计入赔付成本。[1]

（四）保险合同的射幸性

以当事人给付义务的内容（应为给付或给付范围）在缔约时是否确定为标准，合同可分为确定合同和射幸合同。确定合同是指在合同成立时，当事人的给付内容已经确定的合同，多数合同是确定合同。反之，在合同成立时，当事人给付义务的内容不能确定，需视将来不确定事实发生与否而定的合同是射幸合同。

保险合同是典型的射幸合同。保险合同中，投保人给付保险费的义务在合同成立时即已确定。但是，保险人是否会履行给付保险金义务及其应给付的具体数额，则须待不确定事实（保险事故）是否发生及其发生结果而定。保险合同的射幸性不能解释为所有保险合同都符合这个特征。例如，终身死亡保险合同、生死两全保险合同就不能完全符合射幸性。

保险合同作为一种不确定合同，是就个别保险合同而言的。若就承保同种危险的全体保险合同而言，保险费给付义务与保险金给付义务则是确定的。其以一定的统计、计算为基础，即就危险团体与保险人订立的合同总体而言，其保险费给付与保险金给付数额依据统计、数理计算而确定。需要注意，在保险人给付保险金义务是否确定上而不是在保险人危险承担义务是否确定上来说，保险合同才属于一种射幸合同。

（五）保险合同的不要式性

以成立是否须采用法律或当事人要求的形式为标准，合同分为要式合同与不要式合同。法律或当事人要求合同成立必须采取一定方式或完成一定程序的合同是要式合同。反之，法律或当事人不要求合同成立须具备一定形式或经过一定程序的合同是不要式合同。要式合同与不要式合同的意义不在于是否具备特定形式或经过特定程序，而是在于不具备一定形式或经过一定程序，该合同即不成立。同时，不要式合同并非排斥合同采用书面、登记等形式或程序。其意义在于法律不强求当事人必须采取特定形式，而是允许当事人自由选择合同形式。当事人可以约定合同须采用书面、公证等形式。不要式合同只需当事人意思表示一致即为成立，无须践行一定方式或程序。基于合同自由原则，除法律另有规定或当事人另有约定外，合同应为不要式合同。

法律规定或另有约定采取要式合同的，当事人未践行特定方式，其法律后果并不完全相同。法定要式合同应以法定方式为之；而当事人未经该特定方式的，法律行为原则上不成立，但亦有例外情形存在。有时，法律规定合同应以一定方式为

---

〔1〕 参见《中国保监会关于规范人身保险公司赠送保险有关行为的通知》（保监发〔2015〕12号）第6条："人身保险公司赠送人身保险对应的保费，根据会计准则不应确认为保费收入，但应按照监管规定计提责任准备金，同时将赔款计入赔付成本。"

之,但当事人未以法定形式为之,法律并不令其无效,而是将合同的法律效力进行转换。例如,《民法典》第 707 条规定:“租赁期限六个月以上的,应当采用书面形式。当事人未采用书面形式,无法确定租赁期限的,视为不定期租赁。”我国台湾地区“民法”第 422 条与其类似。

我国台湾地区“民法”第 166 条规定,契约当事人约定其契约须采用一定方式的,在该方式未完成前,推定其契约不成立。据此,在我国台湾地区,当事人约定采取特定方式订立合同,若未采取该约定方式,法律上“推定其契约不成立”,而非“视为”不成立。[1] 另一方可以提出反证,即主张成立的一方应就合同成立承担举证责任。

保险合同究竟是要式合同还是不要式合同,在解释上有不同主张。我国台湾地区“保险法”第 43 条规定,保险契约,应以保险单或暂保单为之。对此,也有不同解释,有人认为,其规定的是要式合同;但也有人认为,该条的规定系对保险人的“训示”规定,非强制规定,保险合同应为不要式合同。我国大陆也有要式说与不要式说之分。[2]

保险合同是否为要式合同,影响着保险人对其未签发保险单或其他保险凭证之前所发生的保险事故是否承担保险给付义务。实务中,保险人已经收取人身保险的保险费,被保险人完成体检,仅保险单尚未签发的,发生保险事故,若主张保险合同是非要式合同,即使保险单未签发,合同仍然成立生效,保险人也应给付保险金。反之,若为要式合同,以签发保险单或其他书面保险凭证为成立要件,因该要式没有完成,合同未成立。此种情形下,保险合同为非要式合同的解释对权利人有利。

法律规定某种合同形式采要式的理由在于:一是合同权利义务关系复杂,所涉关系重大,时间久,当事人之间的权利、义务不足以明确,须以要式保留证据,以明确其权利、义务关系;二是当事人之间的法律关系须向社会公示,为他人提供必要信息,让善意第三人能够知悉,以便于决定其行为,确保交易安全。

笔者认为,将保险合同规定为不要式合同的理由在于:其一,若采不要式合同说,将签发保险单或其他保险凭证作为合同义务,亦可保证保险权利义务的明确,不至于因此导致当事人间权利义务关系混淆。其二,保险合同涉及的法律关系只限于保险人、投保人、被保险人与受益人之间,并无向社会公示的必要。其三,若采不要式合同说,有利于实务中便捷地完成交易,切合效率价值的要求,亦能保留相当的自由选择空间,满足当事人的实际生活需要。若采要式说,则货物运送保险或

---

〔1〕 参见王泽鉴:《债法原理》(第 1 册),中国政法大学出版社 2001 年版,第 117 页。

〔2〕 从覃有土主编的《保险法概论》(北京大学出版社 2001 年版)第 167 页中的表述来看,主张保险合同为书面要式合同,而在该书第 100 ~ 105 页中的观点又主张保险合同为不要式合同。

家庭财产保险等要在签发保险单或其他保险单证后,合同才能成立,不能切合当事人的实际生活需要,也有违交易便捷要求。《保险法》第 13 条第 1 款规定:"投保人提出保险要求,经保险人同意承保,保险合同成立。保险人应当及时向投保人签发保险单或者其他保险凭证。"该条第 3 款规定:"依法成立的保险合同,自成立时生效。投保人和保险人可以对合同的效力约定附条件或者附期限。"据此,除另有约定外,投保人与保险人达成危险承担的合意时,合同成立,并未将某种特定形式或特定程序规定为保险合同成立的法定要件。

(六)保险合同的格式性

格式合同是指由一方当事人为与不特定多数人订约而预先拟定,并且不允许相对人对其内容进行变更的合同。格式合同又称为标准合同、定式合同、定型化合同,在法国又被称为附和合同。[1] 格式合同包含有格式条款,格式条款总是由一方当事人在未与对方协商的情况下事先拟订,重复使用。一方当事人若以格式条款方式缔约,会造成另一方当事人要么从整体上接受合同条件,要么不订立合同的结果。

格式合同的要约一般向不特定的多数人发出,包含了合同的全部条款,并在较长的一段时间内发生效力。格式合同的内容具有事先确定性和不变性。由于格式条款在合同成立之前已经确定,因此,当事人双方或者一方在合同成立之前已经知道其内容。同时,多份同类格式合同的条款是相同的,并且合同内容长期保持不变。格式合同当事人经济地位具有不平衡性。提供格式合同的一方往往在经济上占有较为明显的优势,在事实上或法律上居于垄断地位。同时,格式合同内容一般与日常生活密切相关,作为接受的一方,只能进行"要么同意,要么走开"的选择。格式合同的运用,在事实上限制了非格式条款提供方的意思自由,以形式上的缔约自由掩盖了事实上的不自由。

以格式合同缔约具有高效性和低成本的特点。格式合同的要约是事先拟定好的,能多次使用,缔约人每次交易不必单独拟定或发出要约。同时,格式合同的承诺亦相当简单。所以,格式合同的缔约过程较一般缔约而言,效率高,成本低。

在一般情况下,保险合同的订立,并非投保人与保险人自由协商的结果,而是投保人对保险人事先确定的合同内容表示"同意",亦即投保人对保险单的内容不能自行拟定,也不能对其修改。若需要变更保险合同的内容,投保人也只能采用保险人事先拟定的附加条款或附属单据。也就是说,投保人仍然只能对已提供的合同内容表示"同意"。

保险合同作为一种格式合同,其订立缺乏协商的过程。如果格式合同提供者拟定格式条款时,能站在公平正义的立场,不仅考虑自身利益,亦兼顾他方利益,诚

---

[1] 参见崔建远主编:《新合同法原理与案例评释》(上),吉林大学出版社 1999 年版,第 91 页。

为至美之事。但事实上,格式合同使用人无法处于超然地位,多借合同自由之名,利用其经验制定出倾向于自身利益的合同条款。因此,针对格式合同的特点,为了弥补此种不平等交易的缺陷,一般由政府监督管理机关制定基本条款,或在保险立法中予以控制。我国台湾地区"保险法"第 54 条规定,强制规定不得以契约变更之。但有利于被保险人者,不在此限,以此规范保险人在拟定保险合同内容时对合同相对人所设置义务的最低限度。有的国家或地区也通过特别立法对其加以约束,例如,德国的一般定型化营业条款法的主要原则为意外条款排除原则、不明确条款解释原则及内容控制原则。[1] 所谓意外条款排除原则,即如果定型化保险合同的条款,有依据一般情况当事人订立保险会发生所期望内容以外的条款,则非经保险人或其代理人在订约时告知被保险人或投保人,不得作为保险合同的内容。所谓不明确条款解释原则,即保险合同条款的内容既然由保险人所拟定,其在拟定时可以选择符合其利益的合同用语,同时亦负有清晰地将条款内容表达出来的义务,以使相对人能正确了解其文义。因此,如果保险合同条款有疑义应作不利于保险人的解释。所谓内容控制原则,即根据公平理念,如果保险合同条款的内容偏离于一般法律的规定,且依诚实信用原则对被保险人将产生明显的不利时,则该合同条款无效。

我国对保险合同格式性产生的弊端进行矫正的方式主要包括立法控制、司法控制、行政控制和社会组织控制。

1. 立法控制

立法控制,系指通过立法规定保险合同的格式条款内容发生效力的条件及其法律后果来约束合同内容,此为事前控制。

第一,采用保险人提供的格式条款订立保险合同的,向投保人提供的投保单应当附格式条款。

第二,采用保险人提供的格式条款订立保险合同的,保险人应当向投保人说明合同的内容。《保险法》第 17 条第 1 款规定:"订立保险合同,采用保险人提供的格式条款的,保险人向投保人提供的投保单应当附格式条款,保险人应当向投保人说明合同的内容。"

第三,采用保险人提供的格式条款缔约的,保险人应当采取合理方式提请投保人注意免责条款的内容,并对免责条款明确说明。根据社会通常观念,如果采取格式条款订立的保险合同存在超出投保人就合同内容期望之外的条款,非经保险人或其代理人于缔约时合理提示其内容,不能成为合同内容。《民法典》第 496 条规定:"格式条款是当事人为了重复使用而预先拟定,并在订立合同时未与对方协商的条款。采用格式条款订立合同的,提供格式条款的一方应当遵循

〔1〕 参见江朝国:《保险法基础理论》,台北,瑞兴图书股份有限公司 1999 年版,第 44 页。

公平原则确定当事人之间的权利和义务,并采取合理的方式提示对方注意免除或者减轻其责任等与对方有重大利害关系的条款,按照对方的要求,对该条款予以说明。提供格式条款的一方未履行提示或者说明义务,致使对方没有注意或者理解与其有重大利害关系的条款的,对方可以主张该条款不成为合同的内容。"《保险法》第17条第2款规定:"对保险合同中免除保险人责任的条款,保险人在订立合同时应当在投保单、保险单或者其他保险凭证上作出足以引起投保人注意的提示,并对该条款的内容以书面或者口头形式向投保人作出明确说明;未作提示或者明确说明的,该条款不产生效力。"根据《保险法》的规定,采用格式条款缔约的保险人违反合理提示义务,该未经合理提示的免责条款无效,保险人仍承担保险给付义务。

第四,采用保险人提供的格式条款缔约的,保险人应当公平确定当事人之间的权利、义务。保险人不得借助格式条款加重对方义务与责任或排除对方依法享有的权利,而减轻自己义务与责任。《民法典》第497条规定:"有下列情形之一的,该格式条款无效:(一)具有本法第一编第六章第三节和本法第五百零六条规定的无效情形;(二)提供格式条款一方不合理地免除或者减轻其责任、加重对方责任、限制对方主要权利;(三)提供格式条款一方排除对方主要权利。"《保险法》第19条规定:"采用保险人提供的格式条款订立的保险合同中的下列条款无效:(一)免除保险人依法应承担的义务或者加重投保人、被保险人责任的;(二)排除投保人、被保险人或者受益人依法享有的权利的。"

立法控制以成文法的制定约束保险合同内容,具有普遍性、影响对象广泛性和事前性的特点。

2. 司法控制

司法控制,指法院或仲裁机关通过对保险合同条款的认定及解释等方式约束合同内容,主要表现为疑义不利解释规则的适用,此为事后控制。在保险合同的内容发生争议时,裁判者应作出不利于起草人而有利于非起草人的解释。《民法典》第498条规定:"对格式条款的理解发生争议的,应当按照通常理解予以解释。对格式条款有两种以上解释的,应当作出不利于提供格式条款一方的解释。格式条款和非格式条款不一致的,应当采用非格式条款。"《保险法》第30条规定:"采用保险人提供的格式条款订立的保险合同,保险人与投保人、被保险人或者受益人对合同条款有争议的,应当按照通常理解予以解释。对合同条款有两种以上解释的,人民法院或者仲裁机构应当作出有利于被保险人和受益人的解释。"

司法控制以司法者对待决案件中的争议条款的解释来影响保险合同内容,具有消极性、个别性、事后性的特点。

3. 行政控制

行政控制,即由保险监管机构对保险合同条款的内容先行审查,经核准后才允许其作为保险人与投保人订约的基础，以事前监督的方式修正合同中可能存在的不公平因素。《保险法》第 135 条第 1 款前段、后段规定："关系社会公众利益的保险险种、依法实行强制保险的险种和新开发的人寿保险险种等的保险条款和保险费率，应当报国务院保险监督管理机构批准……其他保险险种的保险条款和保险费率，应当报保险监督管理机构备案。"行政控制具有保障力强大，对非格式条款方保护主动、直接和救济高效等特点。监管机构的运作是行政控制有效发挥作用的必要条件，其成本较高，受执法体系实际运作的有效性及执法水平等因素的影响较大。

4. 社会组织控制

社会组织控制，即通过保险行业协会、消费者协会等社会自治团体的力量影响合同内容。社会团体控制具有高效率与低成本的特点。《保险法》第 180 条规定："保险公司应当加入保险行业协会。保险代理人、保险经纪人、保险公估机构可以加入保险行业协会。保险行业协会是保险业的自律性组织，是社会团体法人。"但是，基于我国的社会控制体系传统，这些社会组织对保险条款内容的监督作用有限。[1]

第二节 保险合同的分类

一、财产保险合同与人身保险合同

以保险标的性质不同，保险合同分为财产保险合同与人身保险合同。《保险法》采取这种分类。

（一）财产保险合同

财产保险合同是指以财产以及相关利益为保险标的的保险合同。

（二）人身保险合同

人身保险合同是指以人的生命或身体为保险标的的保险合同。

（三）区分财产保险合同与人身保险合同的法律意义

1. 损失填补原则适用与否不同

财产保险合同适用损失填补原则。保险事故发生后，被保险人仅依其实际损失请求保险人给付，不得因此获取不当利益。人寿保险合同不适用损失填补原则。除具有医疗费用补偿性质的健康保险合同与伤害保险合同外，其他健康保险合同

---

[1] 有关保险业务的全国性数据还无法共享。保险行业协会作为自律组织，习惯于保险监管机构和政府的助手的角色，缺乏独立性和监管自主性，基于经济上的不独立、法律地位上的弱化，目前的体系之下，其自我管理功能有限。参见徐晓华、蒋铭编著：《中国保险行业及中介模式发展分析报告 2018》，中国金融出版社 2018 年版，第 185 页。

与伤害保险合同亦不适用损失填补原则。

2. 保险价值的概念是否适用不同

保险价值指财产保险中的保险标的的价格(又称保险价额)。人身保险中的保险标的(人的生命、健康)无法估价,不存在所谓保险价值。保险价值的概念只适用于财产保险合同而不适用于人身保险合同。

3. 保险利益的判断基础及其相关规则的运用不同

财产保险合同的保险利益为可用金钱估价的经济利益,包括现有利益、期待利益与责任利益;而人身保险合同的保险利益基于主观性关系,多属于非金钱可估价的利益。

4. 现金价值存在与否及其运用不同

财产保险合同无现金价值。人寿保险合同中的终身死亡保险合同与生死两全保险合同在交付保险费后具有现金价值,投保人可以该现金价值给付请求权设定债权质权。

5. 保险费的给付与返还不同

投保人不交付财产保险合同的保险费,保险人可以诉讼方式请求其交付欠交的保险费。而《保险法》第 38 条规定:“保险人对人寿保险的保险费,不得用诉讼方式要求投保人支付。”

财产保险合同生效后,投保人解除或终止保险合同,保险人须返还自解除或终止之日起至合同届期日止的保险费。当提前终止具有现金价值的人寿保险合同时,保险人应返还现金价值。

6. 对保险人营业范围的影响不同

以保险标的性质为准,保险人的营业范围可分为财产保险业务与人身保险业务。同一保险人不得同时兼营人身保险业务和财产保险业务。但是,经营财产保险业务的保险公司经银保监会批准,可以经营短期健康保险业务和意外伤害保险业务。[1]

二、损失填补型保险合同与定额给付型保险合同

根据保险金确定的方式,即以保险事故发生所致的经济损失为准给付保险金,还是以预先约定的固定金额(不论经济损失多少)为准给付保险金,保险合同可分为损失填补型保险合同与定额给付型保险合同。损失填补型保险合同以补偿被保险人因保险事故发生所致的实际经济损失为目标,保险金额的确定以可评价的客观经济利益为基础。该类合同适用超额保险、重复保险以及代位求偿规则,禁止超过实际经济损失而获得不当利益。《保险法解释(三)》第 18 条解释的“费用补偿

〔1〕《保险法》第 95 条第 1 款、第 2 款。

型的医疗费用保险金”即为损失填补型保险合同的内容。[1] 自2019年12月1日起施行的《健康保险管理办法》(银保监会令2019年第3号)第5条按照保险金的给付性质,将医疗保险分为费用补偿型医疗保险和定额给付型医疗保险。[2] 定额给付保险合同因保险事故发生即按约定给付固定金额,不以实际经济损失的数量确定保险金给付。财产保险合同属于损失填补型保险合同,人身保险合同中的人寿保险合同属于定额给付型保险合同。至于以被保险人因意外伤害或疾病、分娩等支出的医疗费用损失为保障对象而订立的医疗费用保险合同,如果约定按照实际支出的医疗费用计算保险金给付的数额,则其属于损失填补型保险合同;如果约定不论实际支出的医疗费用多少,每天给付固定的保险金额,按照被保险人遭受意外伤害或罹患某种疾病、分娩而住院治疗的天数计算总的给付数额,则其为定额给付型保险合同。

三、定值保险合同与不定值保险合同

以是否在合同中预先确定保险价值为准,保险合同可分为定值保险合同与不定值保险合同。保险价值指财产保险中的保险标的的价格(又称保险价额)。由于人身保险中的保险标的(人的生命、健康)无法以金钱估价,不存在所谓保险价值,所以,该种分类只适用于财产保险合同而不适用于人身保险合同。《保险法》第55条第1款规定:“投保人和保险人约定保险标的的保险价值并在合同中载明的,保险标的发生损失时,以约定的保险价值为赔偿计算标准。”

(一)定值保险合同

1.定值保险合同的含义

定值保险合同,指当事人双方缔约时,已经事先确定保险标的的价值,并载于保险合同中,作为保险标的于保险事故发生时的价值的保险合同。

定值保险合同成立后,发生保险事故的,双方在合同中事先确定的保险价值即应作为保险人给付保险金的计算依据。若保险事故发生造成保险标的的全部损失,无论该保险标的的实际损失如何,保险人均应给付合同所约定的保险金额的全部,不必对保险标的重新估价;若保险事故发生仅造成保险标的的部分损失,则只需确定损失的比例,该比例与双方确定的保险价值的乘积,即为保险人应给付的补

---

[1] 《保险法解释(三)》第18条规定:“保险人给付费用补偿型的医疗费用保险金时,主张扣减被保险人从公费医疗或者社会医疗保险取得的赔偿金额的,应当证明该保险产品在厘定医疗费用保险费率时已经将公费医疗或者社会医疗保险部分相应扣除,并按照扣减后的标准收取保险费。”

[2] 《健康保险管理办法》第5条规定:“医疗保险按照保险金的给付性质分为费用补偿型医疗保险和定额给付型医疗保险。费用补偿型医疗保险,是指根据被保险人实际发生的医疗、康复费用支出,按照约定的标准确定保险金数额的医疗保险。定额给付型医疗保险,是指按照约定的数额给付保险金的医疗保险。费用补偿型医疗保险的给付金额不得超过被保险人实际发生的医疗、康复费用金额。”

偿金额,亦无须估量保险标的的实际损失。

定值保险合同中,保险标的的保险价值由双方自愿约定。这便存在约定的价值高于或低于保险标的遭受承保危险时实际价值的问题。在发生保险事故后,除非保险人能证明投保人在确定保险价值上有欺诈行为,否则,保险人不得以保险标的的实际价值与双方约定的价值不符合为由,拒绝履行保险合同义务。实际生活中,定值保险合同多适用于以某些不易确定价值的财产(例如,古董、字画等艺术品)为保险标的的财产保险合同。在海上保险、内陆货物运输保险中,由于运输货物的价值在不同时间、不同地点可能存在很大差别,为避免在计算保险标的价值时发生争议,其当事人亦常采定值保险合同的形式。

2. 定值保险合同的存在价值

定值保险合同虽不如不定值保险合同那样符合财产保险以损失填补为目的,但仍具有下述优点:

(1)避免保险事故发生后定价困难。火灾保险或海上保险的保险事故发生后,保险标的或已化为灰烬,或已沉没海底,欲事后鉴定该保险标的在保险事故发生时的价值,事实上定有困难。若勉力为之,鉴定价额所需费用可能多于实际给付的保险金数额。为避免鉴定价额的困难,在保险合同订立时,合同双方当事人可预先约定保险标的的价值,并以其作为保险事故发生时的保险标的的价值,以杜绝争执。

(2)预先约定具有主观价值的保险标的的价值,可避免定价之争。某些保险标的的价值,具有相当的主观性,例如,文稿、古董、书画等。珍爱者视若至宝,反之则弃若敝履。若在保险事故发生后,才鉴定其价值,由于缺乏市场确定的价格作为参考,当事人见仁见智,流于主观,价格难定。为免争执,当事人缔约时即就保险标的的价值预先约定。例如,我国台湾地区"保险法施行细则"第 23 条规定,要保人以其所有之艺术品、古玩及无法依市价估定价值的物品要保者,应依第 73 条及第 75 条之规定约定价值,为定值之保险。

(3)在客观上,可使保险人在决定是否承保前更为审慎地评估保险标的的实际价值。定值保险合同的保险事故发生后,保险人即依约定价值,视保险标的的损失程度而为全部或部分保险金给付,一般不得重新鉴定保险标的的价值。因此,保险人在决定承保前,必须审慎确定保险标的的价值,以避免定价偏低而减少保险费收入或定价偏高而增加道德危险。

(4)防止保险人于保险事故发生后定价偏低。不定值保险合同的保险标的的价值须待保险事故发生后才予确定。保险人为减轻其保险给付义务,就保险标的的价值难免从严、从低定价。而定值保险合同就保险标的的价值已预先约定,在保险事故发生后,一般可避免保险人过于严苛定价。

3. 定值保险合同存在的问题

(1)以约定价值作为保险标的在保险事故发生时的价值只是一般规则。定值保险合同的约定价值,是被推定为“保险事故发生时”的保险标的的价值,而不是“缔约时”的保险标的的价值。也有立法规定,如果约定价值超过保险事故发生时保险标的的实际价值的数额较大,按损失填补原则,仍不得以约定价值作为保险事故发生时保险标的的价值。[1]

(2)定值保险合同仍有保险价值与保险金额不同的问题。定值保险合同中,固然存在以约定保险价值(缔约时预先约定保险标的在保险事故发生时的价值)作为保险金额,而投保“全部保险”的情况,但也可能存在约定的“保险金额”较当事人约定的“保险价值”为低的情况。此时,保险人所负担的义务,应以保险金额与保险价值的比例来决定。《保险法》第55条第4款规定:“保险金额低于保险价值的,除合同另有约定外,保险人按照保险金额与保险价值的比例承担赔偿保险金的责任。”

4. 定值保险合同保险人的撤销权与拒绝保险给付请求权

根据《民法典》第148条的规定,保险人因受欺诈致使保险标的定价错误而订立定值保险合同的,可以请求法院或者仲裁机构撤销该合同。《保险法》第27条第2款规定,投保人或被保险人故意促使保险事故发生的,保险人不负给付义务。

(二)不定值保险合同

不定值保险合同,指在合同订立时并未约定保险标的的价值,待保险事故发生后,再评估保险事故发生时保险标的的价值的保险合同。财产保险旨在填补被保险人因保险事故发生所致的损失,宜订立不定值保险合同。不定值保险合同要在保险事故发生后评估保险事故发生时保险标的的价值,以此评定被保险人损失,更切合填补损失的目的。《保险法》第55条第2款规定:“投保人和保险人未约定保险标的的保险价值的,保险标的发生损失时,以保险事故发生时保险标的的实际价值为赔偿计算标准。”

四、特定危险保险合同与一切危险保险合同

根据保险人承保危险的不同范围,保险合同可分为特定危险保险合同与一切危险保险合同。

(一)特定危险保险合同

特定危险保险合同,指保险人承保特定的一种或数种危险的保险合同。保险人承保的危险应在特定危险保险合同中明确列举,例如,家庭财产盗窃险。在特定危险保险合同中,以保险人承保危险为一种性质的危险还是多种性质的危险(以保险人承保危险性质的种类多寡),可分为单一危险保险合同与多种危险保险合同。保险人仅承保一种危险的保险合同,为单一危险保险合同,例如,机动车第三者责任险。保险人在一个保险合同中承保两种以上不同性质危险的,是多种危险

[1] 2008年修改前的《德国保险契约法》第57条中段即有类似规定。

保险合同。基于生活中危险的综合性以及人们多方面的分散危险需求,保险合同有从单一危险保险合同向多种危险保险合同转化的趋势。例如,火灾保险合同已不再单纯以火灾为承保危险,还包括洪水、地震、暴风雨、爆炸、雷电等多种危险。

(二)一切危险保险合同

一切危险保险合同,又称综合合同,是指保险人承保合同明确予以排除的危险以外的一切危险的保险合同。一切危险保险合同的承保危险仍有范围限制,并不是保险人承保一切可保危险。在此种保险合同中,保险人并不列举其承保何种危险,而是以"除外责任"的方式明确其不予承保何种危险。凡未除外的危险,皆为承保危险。例如,中国人寿保险股份有限公司国寿《99 洪福两全保险条款》(2000 年 6 月经中国保险监督管理委员会核准备案,备案号 01200003)第 5 条保险责任部分约定:"在本合同有效期内,本公司负以下保险责任:(1)被保险人于本合同生效之日起,生存至每 3 周年的生效对应日,本公司按保险单载明的保险金额的 6% 给付生存保险金。(2)被保险人身故,本公司按保险单载明的保险金额给付身故保险金,本合同终止。"该合同第 6 条责任免除部分约定:"……(8)战争、军事行动、暴乱或武装叛乱;(9)核爆炸、核辐射或核污染及由此引起的疾病。"在财产保险合同,一切险的表述一般为:保险期间内,本合同所列明的被保险财产因自然灾害或意外事故造成的直接物质损毁灭失,保险人依保险合同的约定负保险金给付义务。

一切险保险合同承保保险标的的多种危险,其多种危险状态难以区别,危险概率的确定较为困难。因合同承保多种危险,投保人交付的保险费与其分散危险的需求可能无法完全匹配。例如,被保险财产不可能因火灾损毁灭失,但若投保一切险,则其所付保险费应包括火灾险对应的保险费。其优点在于承保危险广泛,有利于被保险人获得全面保障;由于其危险范围大,易于确定保险给付义务的成立与否。

五、原保险合同与再保险合同

以两个以上互相牵连的保险合同的相互关系,即保险人承担保险给付义务的不同次序为标准,保险合同可分为原保险合同与再保险合同。

(一)原保险合同

原保险合同又称"第一次保险合同",是指在两个以上互相牵连的保险合同中,由投保人与保险人订立的保险合同。原保险合同的当事人为投保人与保险人,原保险合同中的保险人承保原投保人所欲转移的危险。相对于再保险合同而言,其保险给付义务具有"第一次"或"原"的意义。原保险合同相对于再保险合同存在。

(二)再保险合同

再保险合同又称"第二次保险合同""分保合同",是指再保险人与原保险人约定,将原保险人承担的部分保险给付义务转由再保险人承担所达成的协议。分出保险给付义务的一方为原保险人,原保险人又称“分出人”;接受原保险人分出的给付义务的保险人为再保险人,又称“分入人”。《保险法》第 28 条第 1 款规定:“保险人将其承担的保险业务,以分保形式部分转移给其他保险人的,为再保险。”应再保险接受人的要求,再保险分出人应将其自负保险给付义务及原保险的有关情况书面告知再保险接受人。

六、单保险合同与复保险合同

以是否以同一保险标的、保险利益与保险事故,在同一保险期间,与两个以上的保险人分别订立保险金额总和超过保险价值的两个以上的保险合同为标准,保险合同可分为单保险合同与复保险合同。

(一)单保险合同

单保险合同,指投保人对某一保险标的,基于某一保险利益、就某一保险事故与某一保险人订立的保险合同。

(二)复保险合同

复保险合同,指投保人对于同一保险标的,基于同一保险利益,以同一保险事故,在同一或重叠的保险期间内分别与两个以上的保险人订立保险金额总和超过保险价值的两个以上的保险合同。《保险法》第 56 条第 4 款规定:“重复保险是指投保人对同一保险标的、同一保险利益、同一保险事故分别与两个以上保险人订立保险合同,且保险金额总和超过保险价值的保险。”为控制危险,防止行为人通过重复保险合同不当得利,投保人应将重复保险的有关情况通知于各保险人。

七、为自己利益的保险合同与为他人利益的保险合同

以保险合同是否为自己利益而订立为标准,可将其分为为自己利益的保险合同与为他人利益的保险合同。

(一)为自己利益的保险合同

为自己利益的保险合同,指投保人以自己为给付保险金请求权人的保险合同。其分为两种情况(A、B、C 为不同的自然人):

1. 投保人以自己为被保险人,并指定自己为受益人。如图 3-1 所示:

图 3-1　保险合同主体关系结构图之一

2. 投保人以他人为被保险人，权利人指定投保人为受益人。如图 3－2 所示：

保险人 ⟷

投保人	被保险人	受益人(适用于人身保险)
A	B	A

图 3－2　保险合同主体关系结构图之二

（二）为他人利益的保险合同

为他人利益的保险合同，指投保人不享有保险金给付请求权的保险合同。其分三种情况：

1. 投保人以自己为被保险人，并指定他人为受益人。如图 3－3 所示：

保险人 ⟷

投保人	被保险人	受益人(适用于人身保险)
A	A	B

图 3－3　保险合同主体关系结构图之三

2. 投保人以他人为被保险人，权利人指定自己为受益人。如图 3－4 所示：

保险人 ⟷

投保人	被保险人	受益人(适用于人身保险)
A	B	B

图 3－4　保险合同主体关系结构图之四

3. 投保人以他人为被保险人，权利人另行指定该他人以外的第三人为受益人。如图3－5所示：

保险人 ⟷

投保人	被保险人	受益人(适用于人身保险)
A	B	C

图 3－5　保险合同主体关系结构图之五

▶ 法考链接

甲为其妻乙投保意外伤害保险，指定其子丙为受益人。对此，下列哪些选项是

正确的?(2010 年卷三 78 题,多选)

A. 甲指定受益人时须经乙同意

B. 如因第三人导致乙死亡,保险公司承担保险金赔付责任后有权向该第三人代位求偿

C. 如乙变更受益人无须甲同意

D. 如丙先于乙死亡,则出现保险事故时保险金作为乙的遗产由甲继承

【解析】根据《保险法》第 39 条第 1 款、第 2 款前半段规定,人身保险的受益人由被保险人或者投保人指定。投保人指定受益人时须经被保险人同意。故甲指定受益人时须经乙同意,A 项正确。根据《保险法》第 46 条的规定,被保险人因第三人行为发生死亡、伤残或者疾病等保险事故的,保险人向被保险人或者受益人给付保险金后,不享有向第三人追偿的权利,但被保险人或者受益人仍有权向第三人请求损害赔偿。所以,如因第三人行为导致乙死亡,保险公司在承担保险金给付义务后无权向该第三人代位求偿,B 项错误。根据《保险法》第 41 条的规定,被保险人或者投保人可以变更受益人并书面通知保险人。保险人收到变更受益人的书面通知后,应当在保险单或者其他保险凭证上批注或者附贴批单。投保人变更受益人时须经被保险人同意。《保险法》并未规定被保险人变更受益人应当经投保人同意,乙变更受益人不必甲同意,C 项正确,符合选择要求。根据《保险法》第 42 条第 1 款第 2 项的规定,受益人先于被保险人死亡,没有其他受益人的,在被保险人死亡后,保险金作为被保险人的遗产,由保险人依照《民法典》之继承编的规定给付保险金。据此,如丙先于乙死亡,发生保险事故的,保险金作为遗产,由乙的继承人继承。甲为乙的配偶,有继承权,D 项正确。

【答案】ACD

▶ 拓展思考

1. 保险合同的特征有哪些?

2. 请评析下述案例中的作法,并思考如何理解保险合同的强制有偿性?

2009 年 5 月 19 日,经 Y 保险公司业务员 A 推荐,X 与 Y 保险公司订立了险种名称为“美满一生年金保险(分红型)”的保险合同。被保险人为投保人 X 之子,保险金额为 65,600 元人民币,以年为单位分期交付保险费,每年保费 5 万元人民币,交费期间为 12 年,交至 2021 年 5 月 19 日止,保险期间为 57 年,即从 2009 年 5 月 20 日 0 时始至 2063 年 5 月 19 日 24 时止。投保人 X 当日交付首期保险费 5 万元,合同自 2009 年 5 月 20 日 0 时起生效。投保人 X 已于 2009 年 5 月 19 日、2010 年 6 月 1 日、2011 年 6 月 16 日、2012 年 6 月 26 日分别交付 4 期保险费,共 20 万元人民币。投保人 X 保险费已交付至 2013 年 5 月 19 日。被保险人在 2009 年 6 月 8 日领

取第一次生存保险金。2013 年 6 月 17 日,被保险人领取生存保险金 31,488 元、生存金利息 1725.50 元。2013 年 6 月 17 日,投保人 X 领取红利 1892.39 元、红利利息 133.36 元。权利人从 Y 保险公司领取上述款项合计 35,239.25 元。2013 年 5 月,因发生地震,X 的自有房屋在灾害中全部损坏,X 夫妇为救其子,被倒下的房屋墙体砸成重伤,双双截肢,生活不能自理,无力再向 Y 保险公司交付后续保险费。为了响应政府赈灾号召,Y 保险公司决定免去 X 应交付的后续保险费,仍为其提供相应保险保障,以支援灾区建设,发扬社会主义道德风尚,履行公司的社会责任。

第四章　保险合同的主体与客体

▶ 教学目的

掌握保险合同当事人、关系人相互之间的权利义务配置关系及保险利益的意义,熟悉保险代理人、保险经纪人和保险公估人在保险合同订立、履行中的功能及其应具备的条件,了解保险合同客体的含义,确立关于保险合同法律结构的基本观念。

▶ 教学重点

保险合同当事人、关系人的含义及法律地位,保险利益,保险合同辅助人的要件。

保险合同的主体,广义上,是指与保险合同的订立、履行具有直接关系、间接关系或辅助关系的人,包括保险合同的当事人、保险合同的关系人以及保险合同的辅助人。狭义上,保险合同的主体仅指保险合同的当事人。

保险合同的当事人,指订立保险合同,享有保险合同权利,负担保险合同义务的人,包括投保人与保险人。

保险合同关系人,指虽非保险合同当事人,但因保险合同的订立而与保险合同具有利害关系的人,包括被保险人与受益人。在保险合同订立、履行、消灭的过程中,还涉及保险合同的辅助人。保险合同的辅助人,指非保险合同当事人,亦非保险合同关系人,但对保险合同的订立、履行起辅助作用的人,包括保险代理人、保险经纪人与保险公估人等。

第一节　当　事　人

一、保险人

保险人,指与投保人订立保险合同,按约定有权收取保险费,并承担危险,在保险事故发生时给付保险金的人。《保险法》第10条第3款规定:“保险人是指与投保人订立保险合同,并按照合同约定承担赔偿或者给付保险金责任的保险公司。”在我国,经营商业保险的一般为保险公司及其他保险组织。《保险法》第 6 条规定:“保险业务由依照本法设立的保险公司以及法律、行政法规规定的其他保险组织经营,其他单位和个人不得经营保险业务。”而在我国台湾地区,保险人的组织形式原则上以股份有限公司、合作社为限,但依其他规定或经主管机关核准设立的,不在此限。

保险人的经营得失关乎危险分散、损失补偿与危险分担功能的发挥,牵连社会安定。大多数国家和地区对保险人的营业资格采特许主义,一般皆在法律上明确规定其条件和营业范围。保险人应具备法定条件并经过法定程序,才能在核定范围内从事保险业务。法律通常规定,只有法人才能经营保险业。但在英国则允许个人经营保险业务。在我国,保险企业以股份公司形式为主。

中华人民共和国成立后,保险业务由中国人民保险公司独家经营。为了改变这种不合经济规律的情况,1985 年,国务院颁布《保险企业管理暂行条例》(已失效)规定,经中国人民银行批准并向工商行政管理机关申请营业执照,可以设立保险公司,经营保险业务。1996 年,中国人民保险公司分拆,多元主体竞争的保险市场逐步形成。

二、投保人

(一)投保人的概念

投保人,指发出保险要约,与保险人订立保险合同,并按照约定交付保险费的人。[1] 投保人是为分散自己或他人因不可抗力或意外事故造成的损失,以特定标的与保险人订立保险合同的一方当事人。《保险法》第 10 条第 2 款规定:“投保人是指与保险人订立保险合同,并按照合同约定负有支付保险费义务的人。”

(二)投保人的资格

投保人的资格,指投保人应具备的必要条件。一般来说,其应包括:

1. 具有民事权利能力与相应的民事行为能力

凡具有民事权利能力的自然人、法人或其他组织,都可以成为保险合同的投保人,其资格不似保险人那样受到严格限制。当投保人为自然人的合伙或共有时,则由执行合伙事务的代表人,或依共有的性质及种类而由各共有人或全体共有人或其中之一人或数人,为该合同的投保人。当投保人为法人时,应由代表法人的自然人以法人名义为订立合同的意思表示,其权利、义务承受者亦为法人。再保险合同的投保人只能是原保险合同的保险人。

至于投保人是否应具有民事行为能力,有人认为,投保人应具有民事行为能

---

[1] 在我国台湾地区称“要保人”,之所以称其为要保人,是因在保险合同成立时,投保人对于保险人而言处于要约人的地位,保险人则为承诺人。在日本法上称为“保险契约者”。

力;有人认为,只应具有民事权利能力,是否有民事行为能力在所不问。[1] 如果作为民事特别法的保险法无特别规定,则适用民法关于合同的一般规定。根据《民法典》第143条第1项的规定,行为人具有相应的民事行为能力是民事法律行为有效的要件之一。据此,投保人应具有相应的民事权利能力与民事行为能力。保险合同成立以当事人意思表示合致为要素,订立合同的人须具备独立表达其意思、理解自己行为性质和控制行为后果的能力,即民事行为能力。

法人的民事权利能力与民事行为能力是一致的,民事行为能力受民事权利能力的限制。自然人的民事行为能力根据年龄、智力或精神状况不同,存在不同情况。《民法典》第17条至第22条将自然人的行为能力分为完全民事行为能力、限制民事行为能力与无民事行为能力三种。完全民事行为能力人包括年满18周岁,智力发育正常的成年人;已满16周岁不满18周岁,但以自己的劳动收入为主要生活来源的视为完全民事行为能力人。限制民事行为能力人指8周岁以上的未成年人及不能完全辨认自己行为的成年人。无行为能力人指不满8周岁的未成年人及不能辨认自己行为的成年人。在我国,具有完全民事行为能力的自然人可以独立订立法律允许自然人作为合同主体的一切合同,包括独立订立保险合同。限制民事行为能力人,订立合同应由其法定代理人代理或者经其法定代理人同意、追认;但是,可以独立实施纯获利益的合同或者与其年龄、智力或者精神健康状况相适应的合同。保险合同为有偿合同,投保人负有交纳保险费的义务,并非纯获利益的合同,也不属于与限制行为能力人的年龄、智力、精神健康状况相适应的合同,因此,限制行为能力人不能单独订立保险合同,应由其法定代理人代为订立,或者经其法定代理人追认。[2] 无行为能力人由其法定代理人代为订立保险合同。

2. 人身保险的投保人在合同订立时应当具有保险利益[3]

就投保人是否必须具有保险利益,有肯定说与否定说之争。肯定说认为,投保人应对保险标的具有保险利益。[4] 否定说认为,投保人只是保险合同中保险人的相对人,虽负有交付保险费义务,但并非必须是具有保险利益而于保险事故发生时

---

[1] 参见刘宗荣:《保险法》,台北,三民书局1995年版,第50页。

[2] 保险公司在指导投保人填写投保书的书面文件上的投保人签名栏中,常用红色字迹指示"未满18周岁不得作为投保人投保任何险种",参见中国平安人寿保险股份有限公司关于《人身保险投保书》填写的书面指导文件[单证代码7251]。

[3] 关于投保人是否应当具有保险利益,学说上有不同见解,此处仅依2015年第4次修改后的《保险法》的表述。

[4] 参见覃有土主编:《保险法概论》,北京大学出版社2001年版,第121页;刘宗荣:《保险法》,台北,三民书局1995年版,第50页。

受有损失的人。只有当被保险人与投保人为同一人的情况下，投保人才应具有保险利益。[1]

根据《保险法》第12条第1款和第2款、第31条第3款的规定，人身保险的投保人在保险合同订立时，对被保险人应具有保险利益，否则合同无效。这一规定旨在防止道德危险。保险利益是指投保人或者被保险人对保险标的具有的法律上承认的利益。《保险法》第12条第2款规定，“财产保险的被保险人在保险事故发生时，对保险标的应当具有保险利益”，投保人对保险标的无须具有保险利益。保险在于以保险金给付填补权利人因保险事故发生所致的损失。因此，享有保险金请求权的人应对保险标的具有保险利益。保险利益的存在是填补损失的必然要求，也可以防止道德危险发生。但是，投保人仅作为合同缔约人，不享有保险金给付请求权。在财产保险合同中，若投保人以自己的财产投保，以自己为被保险人，则发生保险事故，自己享有保险金给付请求权。其权利乃基于财产受有损失之被保险人地位，而非基于投保人地位。若投保人以他人财产投保，以他人为被保险人，则在保险事故发生时，受有损失的该他人有给付保险金请求权，而与投保人无关；若投保人以他人财产投保，以自己为被保险人，则在保险事故发生时，受有损失者为他人，投保人未遭受损失，不能请求保险金给付。因此，财产保险合同的投保人与保险标的之间不以具有保险利益为必要。

（三）投保人的法律特征

1. 投保人是保险合同的缔约人，应具有相应的民事权利能力与民事行为能力。保险合同属于一种民事法律行为，当然适用《民法典》关于民事法律行为的规定，投保人应当具有意思能力。

2. 投保人是保险合同的当事人，不是关系人。投保人虽负有交付保险费的义务，但合同利益并不当然为其存在。财产保险合同利益为被保险人而存在，人身保险合同利益为被保险人或受益人而存在。

3. 投保人作为保险合同的当事人，虽不当然享有合同利益，却须依约履行交付保险费的主给付义务。

第二节　关　系　人

保险合同主体的权利配置区别于一般民事合同主体权利配置之处在于，投保人非因投保成为合同当事人，合同利益便当然为其存在。保险合同利益实际上是

---

〔1〕 参见江朝国：《保险法基础理论》，台北，瑞兴图书股份有限公司1999年版，第141页。

为被保险人利益或受益人利益而存在，即为保险合同关系人的利益而存在。[1] 保险合同的关系人是指除保险合同的保险人和投保人之外，对于保险合同利益有独立请求权的人，包括被保险人与受益人。

一、被保险人

（一）被保险人的概念与资格

1. 被保险人的概念

《保险法》第 12 条第 5 款规定："被保险人是指其财产或者人身受保险合同保障，享有保险金给付请求权的人。投保人可以为被保险人。"在财产保险中，被保险人是保险事故发生时真正受有损失的人。在人身保险中，被保险人是保险事故发生的载体，是合同承保危险的承受者。

被保险人可以是自然人、法人或其他组织。自然人是基于自然规律出生而取得民事主体资格的人，包括本国人、外国人和无国籍人。法人是指具有民事权利能力和民事行为能力，并依法享有民事权利和承担民事义务的组织，包括企业法人、机关法人和社会团体法人。其他组织，指不具备法人资格的组织，主要包括：法人的分支机构，企业之间或企业、事业单位之间联营，不具备法人条件的组织，合伙组织，个体工商户等。

2. 被保险人的资格及其限制

为保护被保险人的人身安全，防止道德危险发生，对以死亡为保险事故的保险，区分被保险人不同的意思能力，对具有不同意思能力的被保险人分别进行规定。

《保险法》第 33 条规定，除未成年人的父母以外，投保人不得为无民事行为能力人投保以死亡为给付保险金条件的人身保险，保险人也不得承保。除父母为其无民事行为能力的未成年子女订立合同外，其他人不得为该无民事行为能力的未成年子女订立以死亡为给付保险金条件的人身保险合同。《保险法》第 33 条第 2 款、第 34 条第 3 款规定的父母应解释为具有完全民事行为能力，对未成年子女具有监护职责的人。无民事行为能力的子女的父母不仅可以自己直接订立死亡保险合同，其他履行监护职责的人经未成年人的父母同意，也可以为未成年子女订立以死亡为给付保险金条件的合同。[2] 否则，他人不能以未成年人为被保险人订立以死亡为给付保险金条件的合同。根据《民法典》第 20 条、第 21 条规定，无民事行为能力人包括不满 8 周岁的未成年人和不能辨认自己行为的成年人。前者限于年

---

〔1〕 参见高宇：《论被保险人及其同意权》，载《吉林师范大学学报（人文社会科学版）》2004 年第 12 期。

〔2〕 《保险法解释（三）》第 6 条规定："未成年人父母之外的其他履行监护职责的人为未成年人订立以死亡为给付保险金条件的合同，当事人主张参照保险法第三十三条第二款、第三十四条第三款的规定认定该合同有效的，人民法院不予支持，但经未成年人父母同意的除外。"

龄,心智尚未发育成熟;后者虽达到相应年龄,但因智力、身体发生障碍,不能独立认识、判断和控制自己的行为,不能预见行为后果。因其无独立的意思能力,不能独立思考、判断和控制自己的行为,不能辨认他人为图谋保险金而选择伤害被保险人的道德危险。父母虽可以为其未成年子女订立以死亡为给付保险金条件的人身保险合同,但不能为其已成年的无民事行为能力的子女订立该种合同。父母为其未成年子女订立以死亡为给付保险金条件的合同,其保险金额总和不得超过银保监会规定的限额。[1] 父母可以为无民事行为能力的未成年子女或限制民事行为能力的未成年子女投保任何人身保险。其未成年子女包括不满 8 周岁的无民事行为能力的子女、8 周岁以上不满 18 周岁的限制民事行为能力的子女,不包括已满 16 周岁不满 18 周岁,以自己的劳动收入为主要生活来源的子女。[2]

《保险法》第 33 条对以未成年人为被保险人投保死亡保险进行限制,解释上,只要人身保险合同约定以被保险人死亡为保险事故,包括人寿保险合同、健康保险合同和意外伤害保险合同,投保即应受到限制。在意外伤害保险合同的被保险人受到他人侵害未致死亡时亦需防范道德危险。我国台湾地区"保险法"也有类似规定,其第 107 条规定:订立人寿保险契约时,以未满 14 岁之未成年人,或心神丧失或精神耗弱之人为被保险人,除丧葬费用之给付外,其余死亡给付部分无效。前项丧葬费用之保险金额,不得超过主管机关所规定之金额。第 135 条规定:第 102 条至第 105 条、第 107 条、第 110 条至第 116 条、第 123 条及第 124 条,于伤害保险准用之。其死亡保险合同被保险人资格的限制也适用于伤害保险。

---

[1] 根据《中国保监会关于父母为其未成年子女投保以死亡为给付保险金条件人身保险有关问题的通知》(保监发〔2015〕90 号)第 1 条规定,父母以其不满 10 周岁的未成年子女投保人身保险,在被保险人成年之前,各保险合同约定的被保险人死亡给付的保险金额总和、被保险人死亡时各保险公司实际给付的保险金总和不得超过人民币 20 万元;父母以其已满 10 周岁但不满 18 周岁的未成年子女投保人身保险,保险金额总和不得超过人民币 50 万元。第 2 条规定,对于投保人为其未成年子女投保以死亡为给付保险金条件的每一份保险合同,以下三项可以不计算在上述限额内:(1)投保人已交保险费或被保险人死亡时合同的现金价值;对于投资连结保险合同、万能保险合同,该项为投保人已交保险费或被保险人死亡时合同的账户价值。(2)合同约定的航空意外死亡保险金额。此处航空意外死亡保险金额是指航空意外伤害保险合同约定的死亡保险金额,或其他人身保险合同约定的航空意外身故责任对应的死亡保险金额。(3)合同约定的重大自然灾害意外死亡保险金额。此处重大自然灾害意外死亡保险金额是指重大自然灾害意外伤害保险合同约定的死亡保险金额,或其他人身保险合同约定的重大自然灾害意外身故责任对应的死亡保险金额。而《民法典》规定的无民事行为能力人为不满 8 周岁的未成年人,限制民事行为能力人为已满 8 周岁不满 18 周岁的未成年人。该通知执行于《民法典》通过之前,《民法典》施行后,上述通知的精神应与《民法典》的规定保持一致,银保监会对该通知尚未进行文字表述上的调整,但在解释上,应按照《民法典》规定的年龄标准进行解释。

[2] 根据《民法典》第 18 条第 2 款规定,已满 16 周岁的未成年人,以自己的劳动收入为主要生活来源的,视为完全民事行为能力人。

财产保险的被保险人无上述资格限制，仅要求被保险人有民事权利能力，且在保险事故发生时对保险标的具有保险利益。

（二）被保险人的同意

1. 同意的根据

财产保险合同所承保的危险为客观的保险利益所防控，无须通过被保险人同意来防止道德危险。被保险人与保险标的之间客观利害关系的有无决定着合同利益的最后归属。与保险标的无利害关系的主体即使故意侵害保险标的，保险人在承保危险发生时也应将补偿给付于真正受有损失之人，而不会将补偿给付于侵害人。

被保险人与受益人非为同一人的人身保险合同，以人的生命或身体为保险对象。若无限制，无异于以他人生命为赌注，容易引发道德危险，所以应对以他人为被保险人投保的死亡保险加以限制。而保险利益在财产保险中防控道德危险的功能难以在人身保险合同中产生类似的效果。人身保险的保险金给付请求权人与被保险人之间的关系具有主观性，以具有某种金钱利益关系或亲属关系作为存在保险利益的判断标准并控制道德危险的机制难以在人身保险中适用。若以具有某种金钱利益关系或亲属关系为判断保险利益存在与否的标准，行为人之间具有该种关系则具有保险利益，就可以该被保险人为危险载体订立保险合同。被保险人认为不符合其意思时，却无法根据其意思否定该合同的订立。这种以形式上的经济利益关系或亲属关系来判定彼此之间保险利益有无的处理方法并不合理。人不能因经济利益关系而影响其生命或身体安全。人的亲属关系有亲疏远近，并非亲近之人恒为友善，夫妻反目、父子成仇、兄弟势如水火者亦非鲜见，如果仅凭借亲属防止道德危险的发生，难达初衷。

有人主张以某种利益关系作为标准，以控制道德危险。只是人与人之间的关系颇为复杂，什么样的利益关系才能确保对被保险人不会发生道德危险难以判断。若以被保险人的同意代替对客观上利益关系的判断，即保险合同的效力发生与否取决于被保险人是否同意，基本上可以缓解判断客观上利益关系对自身影响的困难。当投保人以第三人为被保险人订立包含死亡为给付保险金条件的人身保险合同时，须经被保险人同意，否则合同不生效力。此时，实际上将保险利益控制道德危险的功能系于被保险人同意与否的基础上。其优点在于：

首先，人身保险合同的投保人、被保险人与受益人之间关系复杂、多变，被保险人以同意决定自己是否参加保险，将主观的人与人之间的关系客观化。其前提是人的意志自由，能够认识、判断并选择自己的行为。

其次，当第三人为被保险人订立以死亡为给付保险金条件的合同时，由于以他人生命、身体为对象，涉及他人人格权，而人格权旨在维护个人人格的完整、独立与不可侵犯，因此，通过被保险人同意的行使，由其本人决定是否愿意以自己身体或生命为保险标的订立保险合同,以尊重被保险人的人格。

最后,对保险金额的同意的主要目的是凭借保险金额的约定,使被保险人自己来决定自己生命面临的危险状况,同时,也凭此来推察投保人的动机,可以在实际上更有效地控制风险。一般情况下,保险金额越大,危险概率越大,保险金额越小,危险概率较低。[1]

2. 同意的性质

学理上,同意分为事前的同意(允许)与事后的同意(承认)。[2] 被保险人的同意不能脱离保险合同而在法律上独立存在,也不能与保险合同当事人的意思表示结合起来而成为保险合同的成立要件。但是,如果未经其同意,保险合同不生效力。对以死亡为给付保险金条件的保险合同而言,被保险人的同意是来自合同外部的效力要件。

(1)事前的同意(允许)。①允许的性质。一般认为,允许的性质是有相对人的单独行为。单独行为即由当事人一方的意思表示而成立的民事法律行为。[3] 允许是事前所为同意的意思表示,应以积极的方式为之。②允许的方式。在民法上,允许的方式原则上为不要式行为。

(2)事后的同意(承认)。①承认的性质。承认是事后的同意,其性质为单独行为。承认权是通过对已成立的民事法律行为的事后同意而使法律关系确定的权利,属于形成权。形成权,即依权利人一方的意思表示而使法律关系发生、变更或消灭的权利。[4] 其与允许的区别在于,允许不能促使该法律关系立即发生变化,所以,允许不是形成权。[5] ②承认的方式。在民法上,承认的方式若无法定或特别约定的情况,为不要式行为。

为防止道德危险,以保护被保险人的人格权,《保险法解释(三)》第 1 条第 1 款将《保险法》第 34 条规定的同意解释为包括事前的同意和事后的同意,该解释将事后的同意称为"追认",对被保险人保护更为周全。[6] 该条第 2 款以列举方式确定了符合被保险人同意的情况,包括被保险人明知他人代其签名同意而未表示异议、同意投保人指定的受益人及足以认定被保险人同意投保的其他情形。

---

[1] 参见高宇:《论被保险人及其同意权》,载《吉林师范大学学报(人文社会科学版)》2004 年第 12 期。

[2] 参见王泽鉴:《民法总则》,中国政法大学出版社 2001 年版,第 499 ~ 500 页。

[3] 参见史尚宽:《民法总论》,中国政法大学出版社 2000 年版,第 309 页。

[4] 参见王泽鉴:《民法总则》,中国政法大学出版社 2001 年版,第 97 页。

[5] 参见江朝国:《保险法论文集》(一),台北,瑞兴图书股份有限公司 1997 年版,第 315 页。

[6] 《保险法解释(三)》第 1 条第 1 款规定:"当事人订立以死亡为给付保险金条件的合同,根据保险法第三十四条的规定,'被保险人同意并认可保险金额'可以采取书面形式、口头形式或者其他形式;可以在合同订立时作出,也可以在合同订立后追认。"

3. 同意的内容

在不同条件下，被保险人同意的内容不同：

(1)在订立保险合同时，同意包括对投保人以其为被保险人订立包含死亡为保险事故的人身保险合同的同意和对投保人与保险人间约定的保险金额的同意。[1]

(2)在指定受益人时，被保险人就谁为受益人应作出是否同意的意思表示。[2]

(3)在变更受益人时，被保险人对变换已指定的受益人为是否同意的意思表示。[3]

(4)在以死亡为给付保险金条件的保险合同转让或质押时，应经被保险人书面同意。[4]

合同订立时的同意是被保险人的第一次同意，而在该合同债权转让或质押时，需经被保险人的第二次同意，第一次同意不能代替第二次同意。

4. 同意的方式

依《保险法》第 34 条规定，就是否订立合同的同意，即被保险人的第一次同意，可以书面、口头等方式，不必限于书面形式。就是否转让或质押保险合同的同意，即被保险人的第二次同意，应以书面形式为之，属于要式行为。

在被保险人为完全行为能力人，具有完全的意思能力时，同意由其本人按自己的意思为之；当父母以其未成年子女为被保险人订立以死亡为给付保险金条件的保险合同时，无须经该未成年子女同意；该合同转让或质押的，亦无须经该未成年人本人的同意，而是以父母的意思代替未成年子女的意思。未成年子女为无民事行为能力人的，由其父母直接代为同意，没有疑义。但是，当未成年子女为限制行为民事能力人时，在是否可由该限制民事行为能力人的父母直接代为同意上，存在肯定说与否定说。肯定说认为，父母可以直接代为同意。这使防止道德危险与维护人格权的目的难以圆满达成。否定说认为，不可由其法定代理人直接代为同意，同意只能由被保险人(限制民事行为能力人)本人亲自为之，这可以使限制民事行为能力人有机会表现其部分意思能力。

5. 同意的时间

以死亡为给付保险金条件的人身保险合同，在订立保险合同、指定受益人、变更受益人及保险合同转让或以保险合同债权质押时，应经被保险人同意。由于被

---

[1] 《保险法》第 34 条第 1 款。

[2] 《保险法》第 39 条第 2 款。

[3] 《保险法》第 41 条第 2 款。

[4] 《保险法》第 34 条第 2 款。

保险人是危险载体，而享有保险合同利益的受益人可能危及被保险人的安全，因此，以死亡为给付保险金条件的保险合同在其订立、指定受益人、变更受益人以及保险合同转让或质押时，应经被保险人同意来控制危险。《保险法》第34条规定了合同订立、合同转让或质押时的同意。《保险法》第39条第2款、第3款规定："投保人指定受益人时须经被保险人同意。投保人为与其有劳动关系的劳动者投保人身保险，不得指定被保险人及其近亲属以外的人为受益人。被保险人为无民事行为能力人或者限制民事行为能力人的，可以由其监护人指定受益人。"该法第41条第2款规定："投保人变更受益人时须经被保险人同意。"按照《保险法解释(三)》第1条规定，订立以死亡为给付保险金条件的合同时至合同成立后的存续期间，只要被保险人有意思能力同意的，都可以同意。《保险法解释(三)》第3条还规定，审理人身保险合同纠纷案件时，人民法院应主动审查以死亡为给付保险金条件的合同是否经过被保险人同意并认可保险金额。

6. 同意的撤销

根据《保险法解释(三)》第2条规定，被保险人可以撤销先前的同意，即可以书面通知保险人和投保人撤销其先前根据《保险法》第34条第1款规定所为的同意。该条未直接规定撤销的后果，仅以"可认定为解除保险合同"作为撤销同意之后的技术处理。

二、受益人及其受益权

（一）受益人

1. 受益人的概念

根据《保险法》第18条第3款的规定，受益人是指权利人在人身保险合同中指定的享有保险金给付请求权的人，投保人、被保险人可以为受益人。受益人产生于指定权人的指定。受益人一般无资格限制，法人或自然人皆可。指定自然人为受益人的，不以具有民事行为能力的人或与被保险人有利害关系的人为限。《保险法》虽将受益人概念置于保险合同一般规定部分，但该法第18条第3款的立法概念，明确受益人仅适用于人身保险合同。我国台湾地区"保险法"将受益人置于总则中，可适用于财产保险合同与人身保险合同。有人认为该规定不应适用于财产保险；[1]亦有人认为，其可以适用于财产保险。[2]

2. 受益人的法律特征

（1）基于保险合同，在保险事故发生时，享有保险金给付请求权。

---

〔1〕 参见杨仁寿：《从财产保险契约之本质论为他人利益保险》，载《法令月刊》第46卷第9期；刘宗荣：《保险法》，台北，三民书局1997年版，第60页。

〔2〕 参见覃有土主编：《保险法概论》，北京大学出版社2001年版，第333页；李玉泉：《保险法》，法律出版社2003年版，第124页。

(2)受益人由权利人在保险合同中指定而产生。

(3)在以死亡为给付保险金条件的保险合同中,权利人指定受益人时,应经被保险人同意。

3. 受益人的种类

有观点认为,受益人分为原始受益人、后继受益人和法定受益人。原始受益人,指订立保险合同时投保人或被保险人最初指定的受益人。后继受益人,指在保险合同存续期间原始受益人死亡而被保险人仍然生存时(受益人先于被保险人死亡),被保险人再次指定的受益人。法定受益人,即以上两种受益人先于被保险人死亡的,由被保险人的法定继承人作为受益人并享有保险金给付请求权,其保险金不是基于被保险人的遗产而取得。[1] 从《保险法》第42条的规定来看,上述分类方法的合理性值得怀疑。分类的目的在于明确认识对象的不同法律意义,澄清不同类型主体的权利义务,减轻思维负担。在将受益人分为原始受益人、后继受益人和法定受益人的情形下,原始受益人是最初指定的受益人,而后继受益人实际上指的是经变更后的受益人,所谓后继与原始之间无任何法律关系。当已经被指定的受益人先于被保险人死亡时,权利人可重新指定受益人或不指定受益人。所谓法定受益人的概念亦无明确的实证法根据。《保险法》第42条规定的情况实质上是在无受益人时,即从来就没指定受益人或曾指定受益人而先于被保险人死亡(受益人不再存在)、受益人放弃受益权或受益人失去受益权时,对保险金的处理方式。也就是说,在上述几种情形下,若被保险人死亡,则将保险金作为被保险人的遗产来处理。这属于合同利益的继承。在此情形下,推定合同利益为被保险人利益而存在,由其继承人继承。保险人可以向持有保险单的被保险人的继承人给付保险金。[2] 据此,《保险法》未规定法定受益人。所谓的"法定受益人",非因其享有受益权之故,而是继承了作为遗产的保险合同利益的结果。如果实行遗产税,该继承人应按其继承的份额缴纳遗产税。

我国《保险法》未划分受益人类型,但其他国家或地区曾有立法上的分类。在美国,受益人以是否可由权利人变更为标准,分为可变更受益人与不可变更受益人。[3] 可变更受益人是指被保险人虽已指定受益人,但其保留处分权,仍可以以合同或遗嘱随时变更受益人,可变更受益人仅有一种期待利益。在死亡事故发生

---

〔1〕 有学者根据《简易人身保险条款》第13条"如果没有指定受益人或受益人先于被保险人死亡,被保险人的法定继承人即为受益人"的规定,认为此种情况下的被保险人的法定继承人即为法定受益人。但这只能表明该合同条款仅是对受益人指定方法的一种约定,并不能作为法定受益人存在的理由和根据。参见覃有土主编:《保险法概论》,北京大学出版社2001年版,第338~339页;李玉泉:《保险法》,法律出版社2003年版,第251~252页。

〔2〕 参见《保险法解释(三)》第14条。

〔3〕 参见施文森:《保险法论文》(第一集),台北,五南图书出版股份有限公司1982年版,第227页。

后,保险金应由受益人受领,不属于被保险人的遗产。不可变更受益人是指被保险人在指定受益人时,抛弃处分权,保险合同利益即归属于受益人,被保险人不得以任何行为妨害受益人的既得利益。其非经受益人同意,亦不得变更既定的受益人。

(二)受益权

1. 受益权及其性质

受益权是受益人基于保险合同享有的保险金给付请求权。受益权是基于合同产生并行使的权利,而非继受的权利,无须收取遗产税或个人所得税。已确定的受益人,其受益权以保险事故发生时,该受益人仍生存为限。若其在保险事故发生前死亡,受益权即行消灭。

权利依其实现要件是否已经全部具备,可分为既得权与期待权。既得权是指全部要件已经具备,权利人实际享有的权利。期待权是实现要件尚未全部具备,待其余要件发生后才能实际享有的权利。受益权属于期待权,而非既得权。

2. 受益权的产生

受益权因受益人的产生而存在,受益人的产生即为受益权的产生。根据《保险法》第 39 条的规定,受益人基于权利人指定而产生,非基于投保人与保险人或被保险人与保险人的约定而产生。

(1)指定权的主体。指定权是保险合同的权利人享有的确定受益人的权利。依《保险法》第 39 条的规定,当投保人与被保险人为同一人时,受益权的指定者为同一人。当两者非为同一人时,可能发生投保人或被保险人指定不同主体为受益人。此时,若投保人指定受益人,其指定不能产生形成权的法律后果,不直接产生权利发生、变更或消灭的效力,应受被保险人同意的限制。根据《保险法解释(三)》第 9 条第 1 款的规定,未经被保险人同意,投保人的指定无效。投保人的指定为被保险人同意所约束。据此,被保险人真正拥有受益人的指定权。

投保人的指定应经被保险人同意,是让作为危险发生载体的被保险人控制危险。被保险人可以明示或默示的方式为同意的意思表示。其可以事先允许,亦可事后承认。被保险人是无民事行为能力人或限制行为能力人时,由其监护人指定。受益人应从被保险人利益出发来指定。受益人的指定权不能由投保人享有,亦不能由投保人与被保险人共同享有,仅被保险人享有。如果没有指定受益人或者指定的受益人先于被保险人死亡,保险合同利益为被保险人而存在。

(2)指定权的行使。指定权的行使属于单方行为。权利人指定受益人,无须征得本人的同意,更不需与保险人达成意思的合致。《保险法》第 39 条、第 40 条并未直接将指定受益人的方式明文规定为要式行为。实务上,通常将《保险法》第 41 条规定的变更受益人的行为解释为要式行为。按当然解释,权利人指定受益人,从而使受益权产生的行为也应以要式方式为之,即采书面形式,且应在保险单上载明。当被保险人为无民事行为能力人或限制行为能力人时,应由其监护人指定受益人。

在订立保险合同时，权利人可以指定受益人，亦可以在合同成立后指定。在指定受益人时，只需载明受益人的姓名即可，无须说明受益人的身份或被保险人与受益人的关系。但是，当事人若在保单中有关于受益人身份或其与受益人关系的记载，能否将其视为保证在法律后果上大不相同。若视为保证，违反保证将使保险合同效力受到严重影响，对保险人的相对人而言，至关重要。一般认为，即使当事人在保险合同中有关于受益人身份或其与被保险人关系的记载，也不得视为保险合同的保证。其表述错误不影响受益人的受益权。[1]

根据《保险法解释(三)》第 9 条第 2 款的规定，如果约定的受益人存在争议，除投保人、被保险人另有约定外，按以下情形分别处理：(1)受益人约定为"法定"或者"法定继承人"的，以民法典规定的法定继承人为受益人；(2)受益人仅约定为身份关系，投保人与被保险人为同一主体的，根据保险事故发生时与被保险人的身份关系确定受益人；投保人与被保险人为不同主体的，根据保险合同成立时与被保险人的身份关系确定受益人；(3)约定的受益人包括姓名和身份关系，保险事故发生时身份关系发生变化的，认定为未指定受益人。

权利人可以指定一人或数人为受益人，原则上无人数的限制。

受益人的受益顺序，系指权利人在保险合同中确定的各受益人享有保险金给付请求权的先后次序。受益顺序在先的受益人，享有保险合同约定的全部保险金利益，受益顺序在后的受益人，只有在受益顺序在先的受益人不能行使受益权或丧失受益权时，才可以享有保险合同约定的保险金利益。受益份额，系指在保险合同中指定的相同受益顺序的各受益人所享有的保险金给付请求权的份额。权利人在指定受益人时，可以在合同中确定受益人的受益顺序与受益份额。未确定受益份额的，相同顺序的受益人按相等份额享有受益权。当受益人为数人时，未确定受益顺序和受益份额的，按同一顺序处理。同一顺序的受益人按相等的份额享有受益权。若指定了受益顺序，但未确定受益份额的，对于同一顺序的受益人，按相等的份额享有受益权。

《保险法解释(三)》第 12 条规定："投保人或者被保险人指定数人为受益人，部分受益人在保险事故发生前死亡、放弃受益权或者依法丧失受益权的，该受益人应得的受益份额按照保险合同的约定处理；保险合同没有约定或者约定不明的，该受益人应得的受益份额按照以下情形分别处理：(一)未约定受益顺序和受益份额的，由其他受益人平均享有；(二)未约定受益顺序但约定受益份额的，由其他受益人按照相应比例享有；(三)约定受益顺序但未约定受益份额的，由同顺序的其他受益人平均享有；同一顺序没有其他受益人的，由后一顺序的受益人平均享有；

---

[1] 参见施文森：《保险法论文》(第一集)，台北，五南图书出版股份有限公司 1982 年版，第 224 页。

(四)约定受益顺序和受益份额的,由同顺序的其他受益人按照相应比例享有;同一顺序没有其他受益人的,由后一顺序的受益人按照相应比例享有。"

3. 受益权的变更

受益权可因受益人、受益顺序或受益份额的变更而变更。受益人经指定后,可以变更。受益人的变更是指对先前已确定的受益人予以更换。如果先前未指定受益人,应指定受益人,而不属于变更受益人。变更内容包括人数增加或减少、数额分配的变化以及顺序变化等。

(1)变更主体。依《保险法》第 41 条规定,被保险人或者投保人可以变更受益人。投保人变更受益人时须经被保险人同意。根据《保险法解释(三)》第 10 条第 3 款规定,未经被保险人同意,包括事前允许与事后承认,人民法院应认定变更无效。可见,被保险人真正控制变更权,而不是投保人与被保险人共同变更受益人。变更受益人属于变更权人的意思自由,无须与保险人的意思表示达成合致。

(2)变更方式。《保险法》第 41 条未规定权利人应采取特定方式变更受益人,仅要求书面通知保险人。[1] 解释上,变更行为属于单方行为,[2] 根据《保险法解释(三)》第 10 条第 1 款、第 2 款规定,自变更的意思表示发出时生效,无须被变更人或保险人同意。变更受益人未通知保险人的,不能对抗保险人。保险人收到变更受益人的书面通知后,应当在保险单上批注。

(3)变更期限。保险合同成立并生效后,权利人可以在确定受益人后至保险事故发生前变更受益人。若当事人未指定受益人,则系指定而非变更。若保险事故发生后变更,受益权已由期待权变为既得权,事实既已确定,不能再行变更。《保险法解释(三)》第 11 条对此予以明确。

(4)变更内容。变更受益权的内容包括变更受益人的人数、变更受益人的受益份额以及变更受益人的受益顺序。

4. 受益权的放弃

确定受益人后,其作出拒绝享有保险金给付请求权的意思表示,为受益权的放弃。放弃受益权的行为为单方行为,自作出拒绝享有保险金给付请求权的意思表示后即成立并产生法律效力。

5. 受益权的移转

受益权在保险事故发生前为一种期待利益,当被保险人发生保险事故时,受益权才确定地变为现实的财产权。《保险法》第 34 条第 2 款规定:"按照以死亡为给

---

〔1〕《保险法》第 41 条第 1 款规定:"被保险人或者投保人可以变更受益人并书面通知保险人。保险人收到变更受益人的书面通知后,应当在保险单或者其他保险凭证上批注或者附贴批单。"

〔2〕参见高宇:《论我国保险法上受益人之变更》,载《当代法学》2004 年第 6 期。

付保险金条件的合同所签发的保险单,[1]未经被保险人书面同意,不得转让或者质押。”按反对解释,以死亡为给付保险金条件的合同所签发的保险单载明的债权,经被保险人书面同意,可以转让或者质押。根据《保险法解释(三)》第13条的规定,保险事故发生后,受益人可以将与其相对应的保险金请求权转让于第三人,但根据合同性质、当事人约定或者法律规定不得转让的除外。

6. 受益权的消灭

受益权的消灭分为绝对消灭与相对消灭。受益权的绝对消灭系指受益权行使后,最终实现而不再存在。受益权的相对消灭系指已确定的特定受益人因特定事由发生而使其受益权对该受益人而言不再存在,包括:受益人在保险事故发生前先于被保险人死亡,其受益权因而不再存在;由享有变更权的人变更已确定的受益人,原受益人的受益权不再存在;由撤销权人将已确定的特定受益人撤销以及特定受益人因对被保险人实施不法加害行为使其受益权不再存在。受益权的相对消灭涵盖了因已确定的受益人死亡而导致的消灭,受益权因变更权人变更原来既有的受益人而导致的消灭,撤销权人撤销既有的受益人而导致的消灭以及因受益权丧失而致的消灭。

受益权丧失系权利人指定受益人之后,如果其对被保险人实施不法加害行为,其受益权被剥夺而不再存在。《保险法》第43条第2款规定:“受益人故意造成被保险人死亡、伤残、疾病的,或者故意杀害被保险人未遂的,该受益人丧失受益权。”据此,受益权的丧失有两种情况:一是受益人故意造成被保险人死亡、伤残或疾病的,受益权丧失;二是受益人故意杀害被保险人未遂的,受益权丧失。而我国台湾地区“保险法”第134条规定,受益人故意伤害被保险人者,无请求保险金额之权。受益人故意伤害被保险人未遂时,被保险人得撤销其受益权利。据此,在受益人故意实施不法伤害并既遂时,其受益权丧失。而当受益人故意实施不法伤害,但对被保险人并未造成伤害结果时,被保险人得撤销其受益权。其撤销以意思表示为已足,不以提起诉讼为必要。撤销时,权利人须经通知始得对抗保险人。

变更受益权不同于丧失受益权。变更受益权是出于当事人的意定行为,而丧失受益权是基于法律的规定,出现法定情形即当然引发受益权不再存在的法律后果。变更受益权属于当事人意思自治的范围,丧失受益权则属于强制性规定调整的领域,涉及社会公共利益,故限制当事人基于其意思自由决定。受益权丧失与受益权撤销亦不同。撤销权人未撤销受益权时,其受益权仍有效,并不当然失效。撤销权人行使撤销权时,其受益权才不再存在。

受益人在保险事故发生前先于被保险人死亡,该受益人的受益权因而不再存

[1] 实际上指保险合同债权。

在,指定权人可另指定他人为新的受益人。根据《保险法》第 42 条第 2 款规定,当受益人与被保险人在同一事件中死亡,不能确定死亡先后时,推定受益人先于被保险人死亡,由被保险人的继承人享有保险金给付请求权。

第三节　辅　助　人

保险合同订立、履行乃至消灭的过程中,尚需其他人辅助当事人为相应行为,以圆满达成保险目的。与保险合同的订立或履行具有一定辅助关系的人即为保险合同辅助人,亦称补助人。《保险法》规定的辅助人主要有三种:保险代理人、保险经纪人与保险公估人。

在保险合同订立及履行过程中,涉及投保、核保、承保、保险合同的变更、解除、保险给付请求权的行使等环节,几乎每个环节都离不开保险的专门知识和技术。保险人的相对人一般为普通大众,需要具有专门知识、技能的人的辅助。保险合同当事人亦可通过中介人扩展意思自治的空间,避免事必躬亲的局限与不便,降低保险经营成本,扩大保险分散危险、安定社会的作用范围。

一、保险代理人

(一)保险代理人的概念及特征

1. 保险代理人的概念

根据《民法典》第 162 条的规定,民法上的代理,系指代理人在代理权限内,以本人(被代理人)名义与第三人为民事法律行为,其法律后果归属于本人。以他人的名义与第三人为法律行为的人,为代理人;对代理人的行为承担法律后果的人,称为本人(被代理人)。

一般民事代理特征包括:(1)代理人须以被代理人的名义与第三人为法律行为;(2)代理人须在代理权限范围内为代理;(3)代理人在代理权限内须独立作出意思表示;(4)代理行为的后果直接由被代理人承担。

保险代理为民法上代理的一种。《保险法》第 117 条第 1 款规定,保险代理人是指根据保险人的委托,向保险人收取佣金,并在保险人授权的范围内代为办理保险业务的机构或个人。保险代理人是保险人的代理人,代保险人办理保险业务。

2. 保险代理人的特征

保险代理人所进行的代理行为是民法上代理的一种,保险代理人首先应遵循民事代理的一般规定。但是,保险代理是一种专业代理,基于其功能的特殊性,对保险代理人的要求比一般代理人严格。除具有一般代理的特征外,保险代理人的特点主要表现如下:

(1)保险代理人的代理权一般是依据保险人的授权产生的(仅有委托代理),

即保险代理人是受保险人的委托而代为办理保险业务。一般民事代理人的代理权,既可由被代理人的授权而产生(委托代理),也可以因法律的直接规定而产生(法定代理),还可以因国家主管机关的行政命令或法院的裁定而产生(指定代理)。

(2)保险代理人的代理行为一般是有偿的,其可向保险人收取约定的佣金。一般民事代理人的代理活动,既可以是有偿的,亦可为无偿。法定代理根本不存在收取报酬的问题。

(3)一般民事代理只包括代理为民事法律行为,而不包括代理事实行为。在保险代理中,除代理为民事法律行为外,亦兼及事实行为与侵权行为。[1] 保险代理人欺诈投保人而与其订立保险合同,由保险人承担法律后果。保险代理人的有些规则与一般民法上代表的有些规则相似,而异于一般民事代理。保险代理人在业务范围内所为的行为,虽未经保险人指示,也约束保险人。即使保险代理人的行为侵害他人的利益,如以欺诈的方法诱使投保人订立保险合同,签发伪造的或未经保险人核准的保险单,对保险人也有约束力。一般民事代理人如果实施了未经被代理人指示的行为,对被代理人则无约束力。根据《民法典》第 171 条的规定,只有经过被代理人的追认,被代理人才承担民事责任。未经追认的行为,由行为人自己承担民事责任。

(4)保险代理人在业务范围内所知道的有关订立保险合同的重要事项,即使实际上并未告知保险人,也推定为保险人已知,保险人不得以投保人未履行如实告知义务而拒绝履行自己的保险金给付义务。例如,保险代理人订立保险合同之前,

---

〔1〕 关于法律行为、事实行为、侵权行为之间的关系,不同国家和地区的民法理论体系有不同的理解和认识。在德国民法理论中,法律行为是与事实行为相对应的概念,强调法律行为与事实行为是基于两种不同的调整方法而产生的两个概念,其分别适用不同的法律规则,有关法律行为的各项规则不能适用于事实行为。参见董安生:《民事法律行为——合同、遗嘱和婚姻行为的一般规则》,中国人民大学出版社 1994 年版,第 107 页。在对事实行为外延的理解上,各种民法理论的认识亦不一致。有人认为,侵权行为也可由事实行为构成。参见史尚宽:《债法总论》,台北,荣泰印书馆 1978 年版,第 119 页。在我国台湾地区的民法理论中,侵权行为属于违法行为,其法律后果是产生民事责任而非民事义务;事实行为属于适法行为,其行为后果是产生民事权利义务关系。适法行为是与违法行为相对应的概念,适法行为又分为表示行为与非表示行为,事实行为属于非表示行为,法律行为只是适法行为的一部分。参见王泽鉴:《民法总则》,中国政法大学出版社 2001 年版,第 258 页。我国大陆的民法理论以合法性为标准,传统民法中的事实行为必然包含有不法行为类型,这些行为与侵权行为存在互相转化的关系。参见董安生:《民事法律行为——合同、遗嘱和婚姻行为的一般规则》,中国人民大学出版社 1994 年版,第 118 页。我国大陆的一部分民法学者以合法性为标准将行为划分为合法行为与违法行为,侵权行为属于违法行为,事实行为属于合法行为。参见董安生:《民事法律行为——合同、遗嘱和婚姻行为的一般规则》,中国人民大学出版社 1994 年版,第 123 页。也有人认为,法律行为与事实行为都可能是合法行为或违法行为。参见马俊驹、余延满:《民法原论》(上),法律出版社 1998 年版,第 239 页。

明知被保险人患有重大疾病而不告知保险人，待保险事故发生时，保险人不得以投保人告知不实为由推卸责任。一般民事代理人没有履行其应尽职责而给被代理人造成损害的，应由代理人承担民事责任。

根据《保险法》第117条和2021年1月1日起施行的《保险代理人监管规定》第2条第1款、第2款规定，保险代理人包括保险专业代理机构、保险兼业代理机构及个人保险代理人。本规定所称保险专业代理机构是指依法设立的专门从事保险代理业务的保险代理公司及其分支机构。根据《保险代理人监管规定》第6条规定，除银保监会另有规定外，保险专业代理机构应采取有限责任公司和股份有限公司形式。根据《保险代理人监管规定》第2条第3款、第4款规定，保险兼业代理机构是指利用自身主业与保险的相关便利性，依法兼营保险代理业务的企业，包括保险兼业代理法人机构及其分支机构。个人保险代理人是指与保险公司签订委托代理合同，从事保险代理业务的人员。

（二）保险代理人的资格

保险专业代理公司、保险兼业代理法人机构在我国经营保险代理业务，应当符合银保监会规定的条件，取得相关经营保险代理业务的许可证。

1.保险专业代理公司的经营条件

根据《公司法》第26条、第81条和《保险代理人监管规定》的有关规定，保险专业代理公司经营保险代理业务，应当具备下列条件：

（1）股东符合《保险代理人监管规定》的要求，〔1〕且出资资金自有、真实、合法，不得用银行贷款及各种形式的非自有资金投资。（2）注册资本必须为实缴货币资本。经营限于注册登记地的保险代理公司的注册资本最低限额为2000万元；经营不限于注册登记地的，其注册资本最低限额为5000万元，〔2〕且按照银保监会的有关规定托管。（3）有符合要求的营业执照记载的经营范围。（4）有符合规定的公司章程。（5）公司名称应符合要求，包含“保险代理”字样，并标识所属行业细分类别，不得与保险公司混淆。其字号不得与现有的保险专业中介机构相同，与其

---

〔1〕《保险代理人监管规定》第8条规定：“单位或者个人有下列情形之一的，不得成为保险专业代理公司的股东：（一）最近5年内受到刑罚或者重大行政处罚的；（二）因涉嫌重大违法犯罪正接受有关部门调查的；（三）因严重失信行为被国家有关单位确定为失信联合惩戒对象且应当在保险领域受到相应惩戒，或者最近5年内具有其他严重失信不良记录的；（四）依据法律、行政法规不能投资企业的；（五）国务院保险监督管理机构根据审慎监管原则认定的其他不适合成为保险专业代理公司股东的情形。”

〔2〕《保险代理人监管规定》第10条规定：“经营区域不限于注册登记地所在省、自治区、直辖市、计划单列市的保险专业代理公司的注册资本最低限额为5000万元。经营区域为注册登记地所在省、自治区、直辖市、计划单列市的保险专业代理公司的注册资本最低限额为2000万元。保险专业代理公司的注册资本必须为实缴货币资本。”

他保险专业中介机构具有同一实际控制人的保险专业代理公司除外。[1] (6)高级管理人员符合任职资格条件。(7)有符合银保监会规定的治理结构和内控制度,商业模式科学合理可行。(8)有与业务规模相适应的固定住所。(9)有符合银保监会规定的业务、财务信息管理系统。(10)法律、行政法规和银保监会规定的其他条件。

2. 保险兼业代理机构的经营条件

根据《保险代理人监管规定》第12条规定:“保险兼业代理机构经营保险代理业务,应当符合下列条件:(一)有市场监督管理部门核发的营业执照,其主营业务依法须经批准的,应取得相关部门的业务许可;(二)主业经营情况良好,最近2年内无重大行政处罚记录;(三)有同主业相关的保险代理业务来源;(四)有便民服务的营业场所或者销售渠道;(五)具备必要的软硬件设施,保险业务信息系统与保险公司对接,业务、财务数据可独立于主营业务单独查询统计;(六)有完善的保险代理业务管理制度和机制;(七)有符合本规定条件的保险代理业务责任人;(八)法律、行政法规和银保监会规定的其他条件。保险兼业代理机构因严重失信行为被国家有关单位确定为失信联合惩戒对象且应当在保险领域受到相应惩戒的,或者最近5年内具有其他严重失信不良记录的,不得经营保险代理业务。”

3. 个人保险代理人的条件

个人保险代理人应当具有从事保险代理业务所需的专业能力。[2] 2015年修改后的《保险法》不再要求监管机构组织代理人从业人员资格考试,取得监管机构颁发的资格证书。个人代理人的专业能力考试和资格认定由保险公司自行管理。保险公司应当委托品行良好的个人保险代理人。[3] 根据《保险代理人监管规定》第36条第3款规定:“有下列情形之一的,保险公司、保险专业代理机构、保险兼业代理机构不得聘任或者委托:(一)因贪污、受贿、侵占财产、挪用财产或者破坏社会主义市场经济秩序,被判处刑罚,执行期满未逾5年的;(二)被金融监管机构决定在一定期限内禁止进入金融行业,期限未满的;(三)因严重失信行为被国家有关单位确定为失信联合惩戒对象且应当在保险领域受到相应惩戒,或者最近5年内具有其他严重失信不良记录的;(四)法律、行政法规和银保监会规定的其他情形。”

二、保险经纪人

(一)保险经纪人的概念

《保险法》第118条及《保险经纪人监管规定》第2条规定,保险经纪人是基于

---

[1] 《保险代理人监管规定》第11条。

[2] 参见《保险代理人监管规定》第37条。

[3] 根据《中国银保监会办公厅关于发展独立个人保险代理人有关事项的通知》(银保监办发〔2020〕118号),将发展独立个人保险代理人。

投保人的利益，为投保人与保险人订立保险合同提供中介服务，并依法收取佣金的机构，包括保险公司及其分支机构。

保险经纪人是居于投保人与保险人之间，从中撮合订立保险合同的人。其行为属于中介服务，适用《民法典》合同编第 26 章关于中介合同的相关规定。《民法典》第 961 条规定："中介合同是中介人向委托人报告订立合同的机会或者提供订立合同的媒介服务，委托人支付报酬的合同。"

中介人仅仅是缔约双方的中间人，而不是任何一方的代表人或代理人。在保险经纪中，有时保险经纪人受保险人的委托进行活动，且其佣金亦由保险人支付。但保险经纪人不是保险人的代理人，保险经纪人的行为不是保险人的行为，保险人亦不承担保险经纪人所为行为的法律后果。同理，保险经纪人亦不是投保人或其他保险关系人的代理人，投保人或其他保险关系人不承担其行为的法律后果。保险经纪行为的后果由自己承担。

保险经纪人可分为人身保险经纪人与财产保险经纪人。同一人可同时为人身保险经纪人和财产保险经纪人。保险经纪属于专门职业，保险经纪人并不隶属于某一保险人。经纪人同时可为投保人利益向数保险人进行订立保险合同的洽商，不生利益冲突的问题。这与保险代理人隶属于某特定保险人的规则相异。保险经纪人与保险代理人的主要区别在于：

（1）保险经纪人是基于投保人的利益为保险经纪行为的。保险代理人是为保险人的利益为保险代理行为的，其在双方当事人之间代表的是保险人的利益。而保险经纪人具有保险专业知识，熟悉保险技术。其利用自身具有的业务知识技术，基于投保人利益，为投保人争取有利的缔约条件，促成保险合同的订立。可见，两者的服务对象相异，行为作用方向相反。

（2）保险经纪人以自己的名义为保险经纪行为，并独立承担法律后果。保险代理人以保险人的名义进行保险代理业务，其行为的后果亦由本人承担。在辅助订立保险合同的过程中，保险经纪人是以自己的名义为经纪行为的，其行为的后果亦由其承担。保险经纪人居于独立的地位，既不依附于保险人，也不依附于投保人。

（3）保险经纪人的行为内容是为投保人与保险人订立保险合同提供中介服务，包括直接保险经纪与再保险经纪。这与保险代理人的行为内容是不同的。直接保险经纪是指保险经纪公司与投保人签订委托合同，基于投保人或被保险人的利益，为投保人与保险人订立保险合同提供中介服务，并按约定收取佣金的经纪行为。再保险经纪是指保险经纪人与原保险人签订委托合同，基于原保险人的利益，为原保险人与再保险人安排再保险业务提供中介服务，并按约定收取佣金的经纪行为。

（4）保险经纪行为关涉投保人、被保险人利益甚巨，我国法律将其主体形式严格限制为一定组织。《保险法》第118条明确规定保险经纪人应当为“机构”。根据2018年5月1日起施行的《保险经纪人监管规定》第6条的规定,保险经纪人应采取有限责任公司或股份有限公司形式。根据《保险法》第117条第1款的规定,保险代理人可以采取个人形式。这也是保险经纪人与一般经纪人的不同之处。

(5)保险经纪人收取佣金的方式与保险代理人不同。保险代理人是为保险人利益而为保险代理行为的,他只能从保险人处获取代理费。而保险经纪人的报酬取得方式与此相异。有时,保险经纪人虽为投保人的利益而从事保险经纪活动,但却由保险人从收取的保险费中提取一定比例作为佣金支付给保险经纪人。若被保险人委托保险经纪人向保险人请求保险金给付,佣金则由被保险人支付。保险经纪人的佣金既可由保险人给付,亦可由保险人的相对人给付。

现代意义的保险从海上保险发展而来,保险经纪人也从早期海上保险中逐渐产生。有据可查的保险经纪人出现于1757年。在过去,由于航海技术落后,海上事故经常发生,海上贸易的当事人要负担较大危险。在伦敦保险市场上,没有一个商人敢承担一次航行的全部危险,而只能承担保险金额的一部分。为了解决危险超出单个承保人所能承担的范围而无法充分分散的问题,需要中介人将超出部分的危险在其他承保人中分摊,保险经纪人应需而生。随着保险经纪业务的发展,保险经纪人在数量上不断增加,其业务也日趋多样化。在英国,保险经纪人的力量最为强大,行为人与劳合社的保险商订立保险合同时,承保人甚至只接受保险经纪人的业务。保险经纪人作为联系保险市场供需双方的媒介,发挥着不可替代的作用。美国的保险市场,特别是大城市的保险市场,大部分都由保险经纪人控制。[1]

(二)保险经纪公司的经营条件

根据《保险经纪人监管规定》第7条规定,经营保险经纪业务,应当具备下列条件:

(1)股东符合要求,[2]且出资资金自有、真实、合法,不得用银行贷款及各种形式的非自有资金投资。(2)注册资本应为实缴货币资本,经营区域不限于工商注册登记地的保险经纪公司注册资本最低限额为5000万元;经营区域限于登记地

---

[1] 参见冯俭光主编:《保险市场经纪人》,东方出版社2006年版,第2~3页;刘晓帆主编:《保险经纪人——风险识别、控制与转移》,中国大百科全书出版社2003年版,第6~7页。

[2] 其股东不能存在《保险经纪人监管规定》第8条规定的情形。《保险经纪人监管规定》第8条规定:“单位或者个人有下列情形之一的,不得成为保险经纪公司的股东:(一)最近5年内受到刑罚或者重大行政处罚;(二)因涉嫌重大违法犯罪正接受有关部门调查;(三)因严重失信行为被国家有关单位确定为失信联合惩戒对象且应当在保险领域受到相应惩戒,或者最近5年内具有其他严重失信不良记录;(四)依据法律、行政法规不能投资企业;(五)中国保监会根据审慎监管原则认定的其他不适合成为保险经纪公司股东的情形。”

的,其注册资本最低限额为1000万元,[1]且按照银保监会的规定托管。(3)营业执照记载的经营范围符合中国保监会的有关规定。(4)公司章程符合规定。(5)公司名称符合规定,应当包含“保险经纪”字样,字号不得与现有的保险专业中介机构相同,与保险专业中介机构具有同一实际控制人的保险经纪人除外。[2](6)高级管理人员符合规定的任职资格条件。(7)有符合银保监会规定的治理结构和内控制度,商业模式科学合理可行。(8)有与业务规模相适应的固定住所。(9)有符合银保监会规定的业务、财务信息管理系统。(10)法律、行政法规和银保监会规定的其他条件。

三、保险公估人

(一)保险公估人的概念

《保险法》第129条和2018年5月1日起施行的《保险公估人监管规定》第2条规定,保险公估人是指受当事人委托,对保险标的或者保险事故进行评估、勘验、鉴定、估损理算以及相关的风险评估,并依约收取报酬的机构,包括保险公估机构及其分支机构。保险公估机构包括保险公估公司和保险公估合伙企业。根据《保险公估人监管规定》第9条规定,保险公估机构可以采取合伙或公司形式。

(二)保险公估人的经营条件

根据《保险公估人监管规定》第16条规定,保险公估机构经营保险公估业务,应当具备下列条件:(1)股东或者合伙人符合本规定要求,且出资资金自有、真实、合法,不得用银行贷款及各种形式的非自有资金投资;(2)根据业务发展规划,具备日常经营和风险承担所必需的营运资金,全国性机构营运资金为200万元以上,区域性机构营运资金为100万元以上;(3)营运资金的托管符合银保监会的规定;(4)营业执照记载的经营范围不超出本规定第四十三条规定的范围;[3](5)公司章程或者合伙协议符合有关规定;(6)有符合规定的企业名称,应当包含“保险公估”字样,其字号不得与现有的保险专业中介机构相同,与保险专业中介机构具有同一实际控制人的保险公估人除外;(7)董事长、执行董事和高级管理人员符合规定条件;(8)有符合银保监会规定的治理结构和内控制度,商业模式科学合理可行;(9)有与业务规模相适应的固定住所;(10)有符合银保监会规定的业务、财务信息管理系统;(11)法律、行政法规和银保监会规定的其他条件。

---

[1] 《保险经纪人监管规定》第10条。

[2] 参见《保险经纪人监管规定》第11条。

[3] 《保险公估人监管规定》第43条规定:“保险公估人可以经营下列全部或者部分业务:(一)保险标的承保前和承保后的检验、估价及风险评估;(二)保险标的出险后的查勘、检验、估损理算及出险保险标的残值处理;(三)风险管理咨询;(四)中国保监会规定的其他业务。”

第四节　保险合同的客体

一、保险合同的客体

保险合同的客体是指保险合同当事人的权利和义务共同指向的对象。学理上，对于该共同指向的对象为何物有争议，主要表现为四种主张：其一，保险标的说，认为保险合同的客体不是保险利益，而是保险标的，即作为保险对象的物及其有关利益或者人的生命和身体。[1] 其二，给付行为说，认为保险合同是一种债，债权的客体为给付行为，保险合同的客体亦应是保险人对保险标的上利益提供保障的给付行为。[2] 其三，保险标的与给付行为统一体说，认为保险合同的客体应是保险标的与给付行为的统一体，是体现一定经济利益的行为，即在保险事故发生时，对保险标的损失进行补偿的行为。[3] 其四，保险合同客体的保险利益说，主张保险合同的客体既非保险标的本身，亦非给付行为，而是投保人对保险标的所具有的法律上承认的利益，即体现于该标的之上的保险利益。[4] 其争论的实质在于保险标的、给付行为以及保险利益的范畴与保险合同客体的关系。

二、保险标的说

保险标的说认为，保险合同的客体即为保险标的，是保险合同双方当事人的行为所指向的对象。[5] 其疑义在于，保险标的究竟属于保险的客体，还是保险合同的客体。保险的客体即保险的对象，是相对于保险主体而言的，具体系指作为保险对象的财产及其有关利益或者人的生命和身体。从该定义看，"保险标的"是"保险对象"，包括财产及其有关利益（财产保险）和自然人的人身（人身保险），是保险事故发生所在的本体。有学者认为："所谓保险的标的就是作为保险对象的经济上的财货（财产保险）或自然人（人身保险），也就是保险事故发生所在的本体。若为'物'时则称为'保险之标的物'，而必须载明于保险契约；若为'人'时，便同时是被保险人，当然也要载明于保险契约。"[6] 其同时指出："人身保险系以'人'为

---

[1] 参见李玉泉：《保险法》，法律出版社2003年版，第144页。

[2] 参见黄华明主编：《中国保险法理论与实务》，经济科学出版社1996年版，第54页。

[3] 参见黄华明主编：《中国保险法理论与实务》，经济科学出版社1996年版，第54页。

[4] 参见庄咏文主编：《保险法教程》，法律出版社1993年版，第62页；覃有土主编：《保险法概论》，北京大学出版社2001年版，第131页；黄华明：《风险与保险》，中国法制出版社2002年版，第95页。

[5] 参见李玉泉：《保险法》，法律出版社2003年版，第144页。

[6] 郑玉波：《保险法论》，台北，三民书局1987年版，第25页。

保险对象,别无所谓标的物,所以在人身保险里,其保险标的与被保险人为事之两面,与财产保险除了保险标的(物)之外,另有被保险人者,大不相同。"[1]亦有学者指出,人身保险中只有被保险人,而无所谓保险标的之存在。[2]

三、给付行为说

给付行为说认为,保险合同当事人权利、义务共同指向的对象是保险人向被保险人提供约定的保险保障行为。在债的法律关系中,客体不是物,而是行为,包括作为和不作为。保险合同的客体是保险人向被保险人提供保险保障的行为。[3]笔者认为,保险合同的客体是主体享有的权利和承担的义务所共同指向的对象,表明一个保险合同的客体是统一的。然而,保险给付行为却不具统一性。保险合同的保险人一方提供的是保险保障行为,投保人一方提供的则是交付保险费的行为。这两个行为的方向是相对的,且不具同质性,不能成为权利义务共同指向的对象。

四、保险利益说

保险利益说主张,保险利益是保险合同的客体,认为"保险标的,乃指保险之对象,不仅包括有形之人与物,且无形之责任与权利亦属之。保险利益,则为订立保险契约之对象,即对于特定之人或特定之物所具有之利益关系。故保险标的与保险利益,性质异殊"。[4]

保险合同的危险团体成员一方的保险利益是通过与其有利害关系的保险标的体现出来的。保险标的是保险利益的载体。如果没有具体的保险标的,保险利益将无所依附;反之,如果不将保险标的置于保险关系中,不与保险合同的权利义务发生联系,也就不成其为保险标的。由此可见,保险标的与保险利益是既有联系又有区别的两个范畴,既不能因二者有联系而相互混淆,又不能因二者有区别而否定其关联性。

保险标的本身不是保险合同的客体,因为保险合同的订立和履行并不能保障保险标的本身不受损失,仅能对保险事故发生后的被保险人在保险标的上的保险利益损失进行补偿。所以,笔者认为,保险利益是保险合同的客体。例如,《韩国商法典》第668条规定:"保险契约的标的,限于可以金钱计算的利益。"

---

[1] 郑玉波:《保险法论》,台北,三民书局1987年版,第26页。

[2] 参见桂裕编著:《保险法论》,台北,三民书局1981年版,第65页。

[3] 参见李嘉华主编:《涉外保险法》,法律出版社1991年版,第99页。

[4] 袁宗蔚:《保险学——危险与保险》,首都经济贸易大学出版社2000年版,第237页。

第五节 保险利益

一、保险利益的概念与作用

(一)保险利益的概念

1. 保险利益

保险利益又称可保利益,是指权利人对保险标的具有的法律上的利害关系,即在保险事故发生时可能遭受损失的利益。[1] 故享有保险利益者力求维持保险标的现状;反之,对保险标的的破坏则为其排斥。享有保险利益者,因保险标的的有关危险发生而受有损失,因危险不发生而继续保有其利益。保险利益表征了权利人与保险标的之间利害关系的存在,即保险标的的现存状态的维持或破坏,责任的发生与不发生,被保险人生存、死亡、疾病或伤害和当事人的利益得失休戚相关。《保险法》第12条第6款规定:"保险利益是指投保人或者被保险人对保险标的具有的法律上承认的利益。"保险利益也表征了财产保险的附着于保险标的之上的利害关系的存在范围,若超过其范围投保,超过部分无保险利益。

2. 保险利益在保险法上的意义

首先,对被保险人具有保险利益的人才能作为投保人订立人身保险合同。

其次,投保人对被保险人具有保险利益是人身保险合同的效力要件。《保险法》第31条第3款规定:"订立人身保险合同时,投保人对被保险人不具有保险利益的,合同无效。"根据《保险法解释(二)》第2条规定,人身保险中,因不具有保险利益导致保险合同无效的,投保人可以请求退还扣减相应手续费后的保险费。[2]《保险法解释(三)》第4条规定,保险合同订立后,投保人丧失对被保险人的保险利益的,不影响合同效力。根据《保险法》第31条第1款、第2款的规定,人身保险合同的投保人对下列人员具有保险利益:(1)本人;(2)配偶、子女、父母;(3)前项以外与投保人有抚养、赡养或者扶养关系的家庭其他成员、近亲属;(4)与投保人

---

[1] 本书并未将保险利益、最大诚信、近因及损失填补作为所谓保险法的基本原则来阐述。因为一般著述中所称的保险利益、最大诚信、近因原则和损失填补等原则就保险法的解释学而言,尚难以成为体系解释上独有的、内容确定的基本准则。其有些内容作为《保险法》的具体法律规则存在,有些在保险法解释学上,仅为学说上的存在。《保险法》将保险利益作为法律规则而规定,无最大诚信的表述,所谓的近因原则仅为确定为危险事故与损失之间的因果关系的规则,损失填补仅为解释《保险法》关于财产保险的具体法律规则时体现的法律价值准则。英美法上的所谓原则与我国法律体系上的法律原则不是一个意义,不能简单对应。

[2] 《保险法解释(二)》第2条规定:"人身保险中,因投保人对被保险人不具有保险利益导致保险合同无效,投保人主张保险人退还扣减相应手续费后的保险费的,人民法院应予支持。"

有劳动关系的劳动者；(5)被保险人同意投保人为其订立合同的，视为投保人对被保险人具有保险利益。

最后，根据《保险法》第48条的规定，在保险事故发生时，财产保险合同的被保险人应对保险标的具有保险利益，否则不得向保险人请求给付保险金。

(二)保险利益的功能

1. 区分保险与赌博，消除赌博的可能性。保险合同缺乏保险利益，与赌博无异。保险利益的概念，最早在英国法上使用，在18世纪前，人们还没有注意到保险利益的说法。在英国的先例中，也不要求被保险人具有保险利益。在英国保险发展史上，曾经承认赌博保险合同的效力。[1] 18世纪开始，法律才逐步要求被保险人具有保险利益，防止以保险的形式进行赌博。1745年，即有《海上保险法》要求关于英国船舶及船上货物的保险合同中应载明谁具有可保利益，否则无效。[2] 1774年《人寿保险法》也曾规定：人寿保险的投保人与被保险人之间必须具有保险利益，否则合同无效。[3] 英国《1906年海上保险法》第4条规定：任何游戏或赌博的海上保险契约均为无效。

2. 防止道德危险的发生。若以与自己无任何利益关系的财产、身体、生命作为保险标的订立保险合同，可能发生为图谋保险金而故意促使保险事故发生的行为，在人身保险中表现为谋财害命，在财产损失保险中表现为图财毁物。

3. 以是否具有保险利益作为判断标准，决定财产保险合同真正受有损失的人。基于财产保险的损失填补原则，保险事故发生时，真正受有损失的人才有权请求给付保险金。请求给付保险金的人与保险标的之间是否具有利害关系，即保险利益是否存在决定着谁受有损失。只有真正受有损失的人才有保险金给付请求权。保险利益的存在要求将保险金给付于受有损失之人。只有如此，才能够有助于达成人尽其力、物得其所的配置机制，使社会资源按照效益原则配置。反之，若将保险金给予无保险利益之人，会造成不劳而获的后果，亦增加保险人所收取的保险费的支出——实际上是参加保险团体成员聚集的资金。这将损及危险团体的利益，不能保证资源的优化配置。

4. 在财产保险中，以保险利益为判断标准限制损失填补额度。财产保险合同所承保的危险发生后，保险人应权利人请求给付保险金数额的多少，亦由保险利益来决定，根据权利人所受不利益的范围与程度确定保险人履行保险金给付义务的额度。

保险利益的有无及其大小的认定属于专业知识，一般人不具备相应能力。订

---

〔1〕 See John Birds, *Birds' Modern Insurance Law*, 10th edition, Sweet & Maxwell, 2016, p. 41.

〔2〕 参见杨良宜：《海上货物保险》，法律出版社2010年版，第107页。

〔3〕 参见温世扬主编：《保险法》，法律出版社2003年版，第34页。

立保险合同时,投保人或被保险人只需就保险利益的有无进行事实描述,无义务认定是否具有保险利益。保险利益有无的认定属于保险人的义务。若因无保险利益而使保险合同不生效力,应由保险人负责。保险利益的性质以及范围亦无须记载于保险合同。

(三)保险利益的立法方式

各国或地区的法律规定保险利益的方式并不一致,主要有三种情况:

1. 概括式,又称概括主义,系指在法律上对保险利益进行明确定义,符合定义的即具有保险利益。

2. 列举式,系指在法律上明确列出具有保险利益的具体情形,不在其列的即无保险利益。相对于概括主义来说,其优点在于外延清楚。但其规定僵硬而缺少变通,对于复杂多变的社会生活可能出现不周延的情形。

3. 折中式,系指将概括与列举结合起来规定保险利益。在立法上不仅有关于保险利益的抽象规定,亦在法律上明确列举属于保险利益的情形。

二、财产保险的保险利益

(一)财产保险的保险利益的含义

财产保险的保险利益既表征了一种利害关系,又表征了一种利益,即主体对保险标的所具有的适法的经济利益。其构成要件如下:

1. 保险利益应具有适法性,须为适法利益或为法律所允许的利益。适法是指不违反法律的强制性规范。反面表现为该利益不为法律所禁止。《保险法》第12条第6款规定:"保险利益是指投保人或者被保险人对保险标的具有的法律上承认的利益。"

2. 保险利益具有可估价性,应属于具有经济价值的利益,能够以货币来表征或衡量。但能否为货币所评价亦受时代观念与一国社会实际情况的影响。例如,账簿、纪念品等因各国或地区的立法政策不同而不同,有的将其纳入保险保障范围,有的将其排除于保险保障范围。

3. 保险利益具有可确定性,须为确定的利益或可得确定的利益。确定的利益是指主体对保险标的的现有利益,例如,动产或不动产的经济价值。可得确定的利益是指基于现有利益而产生的期待利益,例如,借贷人的金钱利息。其确定的时间或在保险合同订立时,或在保险事故发生时。现有利益较易确定,期待利益则不易确定。有的立法对期待利益曾明确禁止。但因保险营业技术的进步,期待利益在技术上亦能够较准确地计算,故各国或地区立法亦将期待利益纳入保险。我国台湾地区"保险法"第14条规定,要保人对于财产上之现有利益,或因财产上之现有利益而生之期待利益,有保险利益。

(二)财产保险利益的存在时间

《保险法》第12条第2款规定:"财产保险的被保险人在保险事故发生时,对保险标的应当具有保险利益。"有人对此作了类似"在合同订立时是否具有保险利益在所不问"的解释。[1] 而作为一种可以受保险保障的财产性利益,应该一直客观存在,不能一时存在而一时又不存在。只是这种受保险保障的利益在保险合同存续期间应归属的主体可能因生活关系的需要发生变化而已。保险利益在合同订立时存在,但在保险事故发生时丧失,被保险人对于保险标的已无利害关系,自然无损失或补偿可言,被保险人无保险金给付请求权。财产保险合同意在填补被保险人的经济损失,受有损失的人才能成为被保险人,应要求被保险人具有保险利益,而不必要求投保人具有保险利益。投保人与被保险人为同一人时,结果虽相同,但不是投保人有保险利益的结果,而是被保险人有保险利益使然。投保人若无保险利益,损失发生时自然不能获得补偿。所以,投保人无保险利益而投保,亦不会引发道德危险或赌博。

(三)财产保险利益的具体认定

财产保险的保险利益可分为积极的财产保险利益与消极的财产保险利益。积极的财产保险利益是对债权、物权以及准物权所享有的现存利益以及期待利益。消极的财产保险利益,是指因债务不履行所生的责任或侵权所致的不利益。

财产保险的保险利益一般包括:

1. 基于债权的现存利益,主要指基于有效合同而产生的利益,包括债权本身。例如,基于租赁合同而产生的租金债权。此外,该利益还包括基于有效合同而产生的其他权利。例如,因租赁合同而产生的承租人占有该租赁物的权利。

2. 基于物权的现存利益。物权包括所有权以及定限物权。所有权的存在形态包括单独所有与共有。不论所有人为单独所有、共同共有或按份共有,所有人对其所有物都具有保险利益。定限物权分为用益物权与担保物权。用益物权以标的物的存在为前提,若标的物不存在,自然无用益物权的存在。因此,用益物权的权利人对其标的物具有保险利益。而担保物权以担保标的物的存在为前提,若其损毁灭失,担保物权亦不复存在。主体对于用益物权或担保物权所负载的保险标的所具有的保险利益范围受利害关系大小的限制。当担保的债权额小于担保标的物的价值时,保险利益以担保的债权额为限;当担保的债权额大于标的物价值时,以标的物的价值为限。

3. 占有人对其占有物所具有的利益。占有人对其占有物基于有权占有,例如,因承租权而占有标的物,当然具有保险利益。在民法承认取得时效的情况下,基于无权占有,占有人可因时效取得所有权或定限物权。因此,占有物的损毁灭失与该物权占有人仍存在利害关系。占有人对其占有物仍具有保险利益。例如,无因管

---

〔1〕 参见夏庆锋:《保险合同效力因素之保险利益原则》,载《安徽大学学报(哲学社会科学版)》2014年第4期。

理人对于其保管的标的物具有保险利益。但如占有人系恶意占有,则无保险利益,典型的例子是小偷对于其窃得物以及窃得物的恶意买受人对于该物均无保险利益。

4. 基于股权的利益。股东对于公司的财产是否具有保险利益,理论上与实务中见解不一。英国的司法实践中认为,公司股东对公司财产无法律上利益,亦无衡平法上的利益。股东的自益权包括分享红利以及在公司终止时分配公司的剩余财产。若股东可以该公司的某一具体财产投保,则其保险利益应按其所持股份和该财产在毁损灭失时可分得的利益计算,而其计算在事实上是不可能的。[1] 美国法院在审判实践中,有的判例承认股东对公司的财产具有保险利益,有的州法院不认为股东对公司的财产具有保险利益。学理上,有学者主张,股东对公司财产是否具有保险利益应以股东与公司之间的关系而定。若公司为无限责任公司,则股东对公司财产具有保险利益;若为有限责任公司或股份有限公司,则股东对公司财产无保险利益。[2] 亦有学者认为,股东对公司财产具有保险利益,在理论上系属当然,但在实践中不宜运用。[3] 笔者认为,股东对于公司财产当然具有利害关系,但其对公司享有股权,不能对公司财产直接行使任何权利。股东享有的股权缺乏保险利益所要求的确定性,因此,其对公司财产不具有保险利益。

期待利益,包括积极的期待利益与消极的期待利益。积极的期待利益是指主体基于其正常的营业或现有财产的安全而可获得的利益。《保险法》对积极期待利益的保险无明文规定。我国实务中,保险人多将利润损失保险作为其他财产保险的附加险订立合同。消极的期待利益系指基于现有利益而期待某种责任不发生的利益,主要表现为责任保险。

实务中,同一财产之上可能存在多种保险利益,不同主体可以基于不同保险利益投保,成立不同的保险合同。例如,货物所有权人与货物承运人可分别就承运货物投保财产损失保险和承运人责任保险,货物所有人对货物享有所有权保险利益,而货物承运人对承运货物享有责任保险利益。如果发生保险事故,所有人及承运人仅能在所有权保险利益、责任保险利益范围内获得赔偿。根据《保险法解释(二)》第1条的规定,不同投保人就同一保险标的分别订立财产保险合同,保险事故发生后,被保险人可以在其保险利益范围内依据保险合同主张保险赔偿。

三、人身保险的保险利益

(一)人身保险的保险利益的含义及特点

人身保险的保险利益,指权利人对于被保险人的生命或身体所具有的利害关

[1] 参见李玉泉:《保险法》,法律出版社2003年版,第80页。

[2] 参见施文森:《保险法论文》(第一集),台北,五南图书出版股份有限公司1982年版,第28~29页。

[3] 参见李玉泉:《保险法》,法律出版社2003年版,第80页。

系。《保险法》第12条第1款规定:“人身保险的投保人在保险合同订立时,对被保险人应当具有保险利益。”人身保险的保险事故发生的对象是人本身,非物或其他具有财产价值的客体。若非经其本人同意而以其为危险发生的载体,可能诱发危险或有失其人格尊严。

人身保险的对象是特定人的生命或身体,该特定人即为被保险人。保险的目的在于填补该被保险人的生命或身体在保险事故发生后,承受的无法以金钱计算的“抽象损失”。享有保险金给付请求权的人应为被保险人自己或其指定的受益人。没有指定受益人时,由其继承人继承。投保人以他人为被保险人订立保险合同,被保险人仍为其身体或生命利益的负载者,保险金给付请求权仍应由被保险人处分,不能因其为投保人而当然处于保险合同受益人的地位。该他人须经被保险人书面同意才能成为受益人。由此,投保人以他人为被保险人订立人身保险合同而不是投保人以自己为被保险人订立保险合同时,保险事故发生后,投保人既非当然受益人,也就无须对被保险人具有保险利益。投保人以他人为被保险人订立人身保险合同,应经被保险人同意。合同订立后,也应由被保险人依其自由意思处分合同利益。

保险利益为特定人对特定对象的利害关系。财产保险中的保险利益决定保险价值的大小,被保险人只能在此范围内享有保险合同的损失补偿,故保险利益决定保险价值的功能于人身保险情形下无法发挥。在人身保险中虽亦有保险利益的关联对象,但其价值无法以金钱客观确定。行为人即使在人身保险中约定保险金额,该金额也仅是保险人给付范围的依据。被保险人受领之后并不能表示其所受的“抽象损失”完全获得填补,故有关复保险或保险代位权的规定不能适用。

与财产保险利益相比,人身保险利益的特点表现在:

1. 财产保险的被保险人应在保险事故发生时对保险标的具有保险利益。人身保险投保人应在合同订立时对被保险人具有保险利益。

2. 财产保险的保险利益的内容限于与经济利益有关的利害关系,人身保险的保险利益不以经济上的利害关系为必要。

3. 保险利益的大小、有无的客观标准不同。财产保险的保险利益的大小,依保险事故发生时,保险标的遭受经济损失的多少来决定。超过经济利益的范围投保,会导致超额保险,合同的效力将受影响。除实支实付型医疗费用支出保险外,人身保险以人的生命或健康为保险标的,不能以金钱估价,保险利益只存在有无之别,而无大小之量,不适用超额保险规则。若以人身保险合同补偿因保险事故发生而造成的医疗费用损失,在缔约时亦不能通过人身保险的保险利益确定损失大小。给付金额在事故发生后才能确定,不能如一般财产保险那样在缔约时即可确定。

4. 人身保险的保险利益不能以金钱估量,无双重受益或代位求偿存在的余地。

5. 在以死亡为保险事故的人身保险中,由于受益人是保险事故发生时享有保险金给付请求权之人,所以,该受益人与被保险人之间的关系决定着是否会引发赌博与道德危险。为控制危险,在以死亡为给付保险金条件的保险合同中,投保人以他人为被保险人投保人身保险须经被保险人同意。行为人在指定受益人或变更受益人时,仍由被保险人控制合同利益的归属。《保险法》第 34 条规定:"以死亡为给付保险金条件的合同,未经被保险人同意并认可保险金额的,合同无效。按照以死亡为给付保险金条件的合同所签发的保险单,未经被保险人书面同意,不得转让或者质押。父母为其未成年子女投保的人身保险,不受本条第一款规定限制。"第 39 条第 1 款及第 2 款前段规定:"人身保险的受益人由被保险人或者投保人指定。投保人指定受益人时须经被保险人同意。"第 41 条第 2 款规定:"投保人变更受益人时须经被保险人同意。"所以,在人身保险中如果采用保险利益概念,应要求受益人对被保险人具有保险利益。保险利益存在与否经由被保险人同意来判断,即委诸被保险人的自由意思来决定。当被保险人欠缺意思能力时,则通过特别规则来调整。据此,《保险法》第 33 条规定:"投保人不得为无民事行为能力人投保以死亡为给付保险金条件的人身保险,保险人也不得承保。父母为其未成年子女投保的人身保险,不受前款规定限制。但是,因被保险人死亡给付的保险金总和不得超过国务院保险监督管理机构规定的限额。"

(二)人身保险利益的具体认定

人身保险按投保方式不同,可分为投保人以自己的生命或身体投保的人身保险和投保人以他人的生命或身体投保的人身保险两种。

根据《保险法》第 31 条的规定,投保人对一定范围内的人员具有保险利益,可分为法定保险利益和意定保险利益。前者,只要投保人与被保险人具备法定的客观关系,即具有保险利益,与被保险人意思无关;后者,以被保险人的自由意思确定法律规定的客观关系之外的人对其是否具有保险利益。根据《保险法解释(三)》第 3 条的规定,人民法院应主动审查投保人在订立人身保险合同时是否对被保险人具有保险利益。

1. 法定保险利益

(1)本人对其自身具有保险利益,任何人对自己的生命或身体具有无限利益,皆得以自己为被保险人投保任何一种人身保险合同。

(2)亲属关系。亲属关系主要包括配偶、血亲与姻亲。首先,配偶。各国法律一般规定,配偶之间互有保险利益。更有美国少数州规定,妻子为丈夫投保死亡保险时,无须获得丈夫的同意或书面承认。[1] 其次,血亲关系与姻亲关系。在部分外国立法例中,对于投保人与被保险人之间存在血亲关系与姻亲关系是否足以构成保险利益见解并不一致。对于血亲而言,少数国家法院认为,若亲等较近,应承

---

[1] 参见覃有土主编:《保险法教程》,法律出版社 2002 年版,第 85 页。

认其具有保险利益。血亲关系的存在,一般不至于产生以谋害被保险人来获取保险金的道德危险,但亦未明确血亲之间应以几亲等为准才具有保险利益。通常认为,仅父母子女间、祖父母孙子女间、兄弟姐妹间才相互具有保险利益,可互为被保险人。叔侄间以及堂兄弟姐妹间除非有经济上的利害关系,否则,不认为有保险利益。[1]

一定亲属关系的存在未必适于防止道德危险。父母以其未成年子女投保人身保险而故意杀伤该未成年子女的情况并不鲜见。当父母子女之间存在拟制血亲的关系时,更易引发道德危险。

对于姻亲关系,如岳父母与女婿、公婆与儿媳、妯娌、继父母与继子女,一般认为无保险利益。值得注意的是,美国大多数法院认为,仅亲属关系的存在本身并不足以导致保险利益的产生,亲属间尚须一方对他方具有法律上的权利,如有请求他方提供劳务的权利,或因他方的死亡蒙受损失或担负责任,始能订立有效的保险合同。[2]

《保险法》规定,除配偶外,投保人对子女、父母(直系血亲)具有保险利益。此外,投保人对与其有抚养、赡养或扶养关系的家庭其他成员、近亲属亦具有保险利益。据此,有抚养关系的兄弟姐妹间、继父母与继子女间以及对公婆、岳父母尽了主要赡养义务的丧偶儿媳、丧偶女婿与公婆、岳父母间,都互有保险利益。

(3)雇佣人与受雇人。解释上认为,雇佣人与受雇人之间的经济关系决定它们之间具有保险利益。《保险法》第 31 条第 1 款第 4 项规定,投保人对与其有劳动关系的劳动者具有保险利益,但对雇佣人与受雇人之间的保险利益无明文规定。单位常以其员工为被保险人投保团体意外伤害保险并以此作为企事业优待员工的福利。

(4)债权债务关系。债权人的利益能否实现取决于债务人的给付。若债务人死亡,债权人的债权必受影响。债权人对债务人应具有保险利益。但需考虑的是,如何确定保险利益的范围,即保险金额与债权额之间的关系。若保险金额等于债权额,而债务人在生前对其债务尚未清偿,则保险金亦无法补足其交付保险费部分的支出,所以,其损失无法完全填补。因此,应允许其保险金额高于债权额。《保险法》对债权人和债务人是否具有保险利益无明文规定,但依第 31 条第 2 款规定,若债务人同意的,认为具有保险利益。

(5)合伙人。解释上认为,合伙系合伙人共同出资、共同经营、共担风险、共享

[1] See Robert H. Jerry, Ⅱ & Douglas R. ,*Richmond*, *Underslancling Insurance Law*, Fourth Edition, Lexis Nexis, 2007, p. 294 – 295.

[2] See Robert H. Jerry, Ⅱ & Douglas R. ,*Richmond*, *Underslancling Insurance Law*, Fourth Edition, Lexis Nexis, 2007, p. 294 – 295.

收益的协议。合伙人在经济上的利害关系密切。合伙人的死亡对于合伙的债权债务有重大影响。因此,合伙人之间应具有保险利益。

(6)其他情形。凡是当事人之间具有因一方死亡而使另一方受有利益影响的,亦被认为具有保险利益。在英美保险法上,还认为下列情形具有保险利益:未婚妻与未婚夫;继承人或利害关系人对于遗嘱执行人或遗产管理人;破产债权人对于破产管理人;保证人对于其所担保的债务人。

2. 意定保险利益

被保险人同意上述法定保险利益之外的人作为投保人为其订立合同的,视为投保人对被保险人具有保险利益。当他人以其为危险载体订立人身保险合同时,通过被保险人的自由意思确定该合同订立、履行对其自身的利害关系,以防控道德危险。

四、保险利益的转移

保险利益的转移,又称保险利益的变动。保险利益移转方式的不同对于保险合同的效力也有不同的影响。保险利益的转移主要指因被保险人死亡而发生的继承关系、保险标的因民事法律行为转让、投保人破产时其财产归入破产财团以备分配于破产债权人等情形下,保险利益是否为受让人利益继续存在。也就是说,在出现上述情形时,保险合同是否仍应为继承人、受让人或破产管理人存在。

1. 因继承关系引起的保险利益的转移

对于财产保险的被保险人死亡,是否发生保险利益的继承问题,《保险法》没有相应规定。《保险法解释(四)》第3条明确规定:“被保险人死亡,继承保险标的的当事人承继被保险人的权利和义务的,人民法院应予支持。”其他国家或地区的立法多采“同时移转主义”,即被保险人死亡,其财产保险合同仍为继承人利益而存在。

人身保险的被保险人死亡,如是人寿保险中的死亡保险或两全保险,属保险事故发生,保险人应给付保险金,合同终止,不发生保险利益转移。若属于其他人身保险合同或非因保险事故导致的死亡,合同因保险标的的消灭而终止,亦不存在保险利益的移转。

当投保人以他人为被保险人订立保险合同而投保人死亡时,若对被保险人的利益属于投保人专有,如因亲属关系、抚养关系而产生的利益,保险利益不得转移;若对被保险人的利益并非属于投保人所专有,如因债权债务关系产生的利益,则应认为人身保险合同仍可为继承人的利益而继续存在。

2. 保险标的因民事法律行为转让而导致的保险利益转移

因保险标的让与所生保险利益是否继续的问题仅限于财产保险,人身保险无类似情形。财产保险的保险利益是否因保险标的的转让而转移,各国或地区的法

律规定不尽相同,主要有三种立法方式:

(1)属人主义的立法例。其认为,保险合同是对人合同,以双方当事人相互之间的认识及信任为基础,故保险合同以不得转移为原则。[1] 受让人与保险人间并未有合同关系,若受让人未取得保险人的同意或承认,原保险合同即终止。属人主义立法例的国家或地区多规定,除另有约定外,保险合同不因标的的转移而转移。

(2)从物主义的立法例。其认为,保险标的若已转让他人,则保险利益亦应随之转移,以维持合同效力。采此立法例的多规定,除另有约定外,合同于标的转移后,保险合同仍为享有合同利益的人而存在。

(3)折中主义立法例。其认为,保险标的若为不动产的转让,则采"同时移转主义",保险合同仍为受让人的利益而存在;若为动产的转让,则为保险合同终止的原因。该立法例顾及保险人的责任较重的事实因素,所以仅允许在不动产的移转方面采"同时移转主义"。

2009 年修改前《保险法》第 34 条规定:"保险标的的转让应当通知保险人,经保险人同意继续承保后,依法变更合同。但是,货物运输保险合同和另有约定的除外。"据此,首先,保险标的转让时,原则上采取约定优先的处理方式,即通过当事人的自由意思约定保险合同是否仍为受让人利益而存在。有约定的,从其约定。其次,未约定时,应通知保险人,并须经保险人同意是否继续承保而决定保险合同能否为受让人利益继续存在。是否继续合同效力由保险人决定。最后,货物运输保险合同保险标的转让的,保险合同当然为受让人的利益而存在,为前项原则的例外。

2009 年修改后《保险法》第 49 条规定:"保险标的转让的,保险标的的受让人承继被保险人的权利和义务。保险标的转让的,被保险人或者受让人应当及时通知保险人,但货物运输保险合同和另有约定的合同除外。因保险标的转让导致危险程度显著增加的,保险人自收到前款规定的通知之日起三十日内,可以按照合同约定增加保险费或者解除合同。保险人解除合同的,应当将已收取的保险费,按照合同约定扣除自保险责任开始之日起至合同解除之日止应收的部分后,退还投保人。被保险人、受让人未履行本条第二款规定的通知义务的,因转让导致保险标的危险程度显著增加而发生的保险事故,保险人不承担赔偿保险金的责任。"据此,首先,保险标的转让的,保险利益仍为受让人利益而存在。《保险法解释(四)》将该条的转让解释为保险标的上负载的风险的转让。《保险法解释(四)》第 1 条就权利变动与风险负担转移出现时间差的情形下,谁享有保险金给付请求权进行解释。权利变动应经登记的保险标的的转让,承担保险标的损毁灭失风险的受让人

[1] 参见桂裕编著:《保险法论》,台北,三民书局 1981 年版,第 75 页。

享有被保险人的权利,发生保险事故,可以向保险人请求补偿。[1] 以房屋转让为例,出卖人根据买卖合同将房屋交付于买受人,但未办理不动产登记,因为完成了交付,房屋损毁灭失的风险由买受人承担,风险发生了转移。如果发生保险事故,承担风险的买受人可以根据房屋上的保险合同向保险人请求保险给付。其次,除货物运输合同和另有约定的合同,被保险人或受让人应及时通知保险人。再次,转让保险标的导致危险显著增加的,义务人及时通知后,保险人可以根据合同约定增加保费或解除合同。因转让保险标的导致危险显著增加的,合同未约定保险人可以增加保险费或解除合同的,保险人不能增加保险费或解除合同。《保险法解释(四)》第5条规定:"被保险人、受让人依法及时向保险人发出保险标的转让通知后,保险人作出答复前,发生保险事故,被保险人或者受让人主张保险人按照保险合同承担赔偿保险金的责任的,人民法院应予支持。"未及时通知的,保险人对于保险标的转让引起危险显著增加所致的损失不负保险金给付义务。最后,保险人欲增加保险费或解除合同的,应在接到通知之日起30日内请求增加保险费或解除合同。

除因存在债权债务关系订立的人身保险合同可随债权一同转让外,其他人身保险的保险利益不得因转让而转移。

3. 因破产引起的保险利益的转移

财产保险的被保险人破产时,保险标的成为破产财产。《保险法》没有明文规定其保险合同利益是否仍为破产债权人利益而存在。其他国家或地区的立法一般规定,被保险人破产时,保险合同仍为破产债权人利益而存在,但都有一定的时间限制。我国台湾地区"保险法"第28条规定,要保人破产时,保险契约仍为破产债权人之利益而存在,但破产管理人或保险人得于破产宣告3个月内终止契约。其终止后之保险费已交付者,应返还之。

人身保险合同为受益人利益而存在,而非为破产债权人利益而存在,不会发生上述问题。

五、保险利益的消灭

财产保险的保险标的灭失,保险利益即归消灭。人身保险的投保人与被保险人之间丧失构成保险利益的关系时,原则上保险利益随之消灭。

▶ 法考链接

1. 关于保险利益,下列哪些表述是错误的?(2009年卷三79题,多选)

A. 保险利益本质上是一种经济上的利益,即可以用金钱衡量的利益

---

[1] 《保险法解释(四)》第1条规定:"保险标的已交付受让人,但尚未依法办理所有权变更登记,承担保险标的毁损灭失风险的受让人,依照保险法第四十八条、第四十九条的规定主张行使被保险人权利的,人民法院应予支持。"

B. 人身保险的投保人在保险事故发生时，对保险标的应当具有保险利益

C. 财产保险的被保险人在保险合同订立时，对保险标的应当具有保险利益

D. 责任保险的投保人在保险合同订立时，对保险标的应当具有保险利益

【解析】《保险法》第 12 条第 6 款规定："保险利益是指投保人或者被保险人对保险标的具有的法律上承认的利益。"财产保险利益构成需具备如下要件：(1)必须是法律上承认的利益，即合法的利益；(2)必须是经济上的利益，即可以用金钱估计的利益；(3)必须是可以确定的利益。因此，A 项正确。

《保险法》第 12 条第 1 款规定："人身保险的投保人在保险合同订立时，对被保险人应当具有保险利益。"因此，B 项错误。

《保险法》第 12 条第 2 款规定："财产保险的被保险人在保险事故发生时，对保险标的应当具有保险利益。"因此，C 项错误。

《保险法》对责任保险的保险利益没有特别规定。责任保险属于财产保险的一种，应该适用《保险法》第 12 条第 2 款的规定。因此，D 项错误。

【答案】BCD

2. 根据《保险法》规定，人身保险投保人对下列哪一类人员具有保险利益？(2010 年卷三 31 题，单选)

A. 与投保人关系密切的邻居

B. 与投保人已经离婚但仍一起生活的前妻

C. 与投保人有劳动关系的劳动者

D. 与投保人合伙经营的合伙人

【解析】《保险法》第 31 条规定："投保人对下列人员具有保险利益：(一)本人；(二)配偶、子女、父母；(三)前项以外与投保人有抚养、赡养或者扶养关系的家庭其他成员、近亲属；(四)与投保人有劳动关系的劳动者。除前款规定外，被保险人同意投保人为其订立合同的，视为投保人对被保险人具有保险利益。订立合同时，投保人对被保险人不具有保险利益的，合同无效。"据此，人身保险的投保人对被保险人具有保险利益的情形包括：第一，本人；第二，配偶、子女、父母；第三，其他与投保人有抚养、赡养或者扶养关系的家庭其他成员、近亲属；第四，与投保人有劳动关系的劳动者；第五，不存在上述特定亲属关系或身份关系的，但同意投保人为其订立合同的被保险人。

与投保人关系密切的邻居、与投保人已经离婚但仍一起生活的前妻、与投保人合伙经营的合伙人，不具有《保险法》第 31 条第 1 款规定的亲属及其他身份关系，也不符合该条第 2 款规定，不应认为具有保险利益。因此，ABD 项错误。与投保人有劳动关系的劳动者属于《保险法》第 31 条第 1 款第 4 项规定，所以，C 项正确。

【答案】C

3. 甲公司代理人谢某代投保人何某签字，签订了保险合同，何某也依约交纳了

保险费。在保险期间内发生保险事故，何某要求甲公司承担保险责任。下列哪一表述是正确的？（2014年卷三34题，单选）

A. 谢某代签字，应由谢某承担保险责任

B. 甲公司承保错误，无须承担保险责任

C. 何某已经交纳了保险费，应由甲公司承担保险责任

D. 何某默认谢某代签字有过错，应由何某和甲公司按过错比例承担责任

【解析】《保险法解释(二)》第3条第1款规定："投保人或者投保人的代理人订立保险合同时没有亲自签字或者盖章，而由保险人或者保险人的代理人代为签字或者盖章的，对投保人不生效。但投保人已经交纳保险费的，视为其对代签字或者盖章行为的追认。"据此，谢某作为甲公司代理人代投保人何某签字，何某交纳了保险费，视为对该代签行为的追认，保险合同成立，甲公司应当承担保险给付义务。C正确，ABD错误。

【答案】C

▶ 拓展思考

1. X_1公司向X_2银行请求贷款，X_1公司董事长的朋友A以自己的山间独栋别墅两套为该公司提供抵押担保，订立抵押合同，并办理了抵押登记。抵押合同中约定：将抵押的两套独栋别墅向Y财产保险公司投保火灾保险，并在合同中载明以银行X_2为第一受益人，投保人、被保险人均为X_1公司。在此情况下，合同中约定的"第一受益人"银行X_2及被保险人X_1公司，谁可以直接向Y保险公司请求保险给付？

2. 富人X看到邻人Y一家生活困窘，所居茅屋年久失修，X为富者仁，悲天悯人，深恐"茅屋为秋风所破"，欲以邻人Y为被保险人，以邻人Y的茅屋为保险标的，订立房屋损失险保险合同，保险事故包括茅屋为秋风所破。在此情形下，是否符合《保险法》关于保险利益的有关规则？[1]

3. 分析下述案例，思考如何理解《保险法》规定的受益人变更的有关规则？

1999年10月，一退休老者A购买了一份具有分红性质的终身寿险，因与其儿子住在一起，相互关系也还融洽，于是A订立合同后，指定其儿子D为受益人。起初，A与其子D一同生活，相互关系融洽。后因D结婚生子，住房紧张引发矛盾，关系不断恶化，最后父子反目，竟不能相容。情非得已，A迁至其女儿E家居住。其女孝顺，悉心奉养其父。2001年12月，耄耋之年的A病危，弥留之际，想起保险

[1] 参见高宇：《保险合同权利结构与保险利益归附之主体——评〈中华人民共和国保险法(修改草案送审稿)〉第12条、33条、53条之规定》，载《当代法学》2006年第4期。

合同一事。追想其子之行，尤有余恨，遂召集亲戚、朋友为证，决定以其女儿E取代其子D为受益人。因由他人代书遗嘱以明之，亲友多人签字、盖章以证之，故未通知保险人。未几，A不幸辞世。其女E与其子D同时向保险人B提出保险金及分红给付请求。保险公司内部对于向谁给付问题产生了分歧。第一种意见认为，老人A临终前向家人宣布由其女儿作为受益人，合乎情理，同时其亦有权变更受益人，因而保险公司应向其女E履行给付保险金及分红的合同义务。第二种意见认为，A虽然有权变更受益人，但他并未通知保险人，因而变更行为无效，所以保险公司应将保险金给付其子D。[1]

4.2004年6月22日，A以自身为被保险人与保险人Y订立生死两全保险合同，保险金额为人民币100万元，保险期间为10年，并以其妻B为受益人。2004年8月30日，A与B乘车同去沈阳购取货物。天有不测风云，夫妻二人的汽车在归途中被C驾驶的汽车撞翻，两人不幸身亡。两人无子女，只是A尚有一70岁老父D，B尚有一60岁母亲E。事故发生后，D、E分别向保险人Y请求保险金给付。保险人Y认为，保险单上载明受益人为B，因此，B应有保险金请求权。现B本人已死，按照继承法应由B的继承人继承。所以，由B母E享有该保险金100万元。而A父D认为，被保险人A的继承人应享有保险金给付请求权，由于第一顺位的继承人只有D，所以，保险金应归属于D所有。纷争不下，遂诉诸法院。结合本案，思考如下问题：第一，我国保险法上被保险人的法律地位及其权利；第二，我国现行保险法上受益人的法律地位及其权利；第三，当被保险人与受益人在同一事件中死亡而不能确定死亡的先后时，根据《保险法》的规定，应如何处理保险金归属？[2]

---

〔1〕 参见高宇：《论我国保险法上受益人之变更》，载《当代法学》2004年第6期。

〔2〕 参见高宇：《被保险人与受益人同时死亡时保险金之给付》，载《当代法学》2005年第6期。

第五章　保险合同的订立与生效

▶ 教学目的

掌握保险合同的成立要件、生效要件、如实告知义务和说明义务，领会保险合同订立的基本程序，熟悉保险合同的主要形式及内容。

▶ 教学重点

保险合同的成立要件，生效要件，如实告知义务，说明义务。

第一节　保险合同的订立

一、保险合同的订立与成立

保险合同的订立系指投保人与保险人之间为保险的意思表示并达成合致的状态。其所揭示的是缔约人自接触、洽商直至达成关于保险的合意的过程，是动态行为与静态的保险协议的统一。前者包括投保人与保险人的接触和洽商，达成合致之前的过程。要约邀请、要约（要保）、反要约等制度调整着该阶段，产生先合同义务及缔约过失责任。静态合意（协议）系指投保人与保险人的意思表示达成合致，合同的主要条款已经确立，保险合同的权利义务得以固定，即合同成立。承诺（承保）、保险合同成立要件和保险合同条款等制度发挥作用。保险合同成立是指投保人与保险人之间达成的保险意思表示的合致，是经过了订立程序的静态结果。

保险合同成立与订立是不同的概念，保险合同的成立是合同订立的一部分，标志保险合同的产生与存在，是静态的协议结果；保险合同订立除了包括成立，还包括投保人与保险人接触和洽商的其他动态过程。保险合同的成立是认定其效力的前提。确定保险合同的效力，首先要确定保险合同是否已经成立，即在当事人之间是否有一个合同关系存在。如果没有合同关系存在，诸如其履行、变更、解除或解释等问题就无从谈起，保险合同的有效或无效的认定也就失去了最基本的前提。

保险合同的成立不同于保险合同的生效。保险合同的成立是指保险合意存在的法律事实，即保险合同的成立解决合同在法律上是否存在的问题。例如，有学者认为,“法律行为成立与否是一事实判断问题,其着眼点在于:某一法律行为是否已经存在,行为人从事的某一具体行为是否属于其他表示行为。而法律行为有效与否则是一法律价值判断问题,其着眼点在于:行为人从事的某一法律行为(或表意行为)是否符合法律的精神和规定,因而能否取得法律所认许的效力”;[1]“合同的成立指协议存在的事实。换言之,合同的成立只是解决合同是否存在的问题,至于对已经存在的合同如何进行法律的规范和评价,则是其他法律制度(如合同的效力制度)所要规范的内容”。[2] 笔者认为,合同成立不仅属于事实判断问题。合同是否存在不仅是客观事实本身,也包含了是否应纳入法律保护的价值评价因素。合同成立虽遵循意思自治原则,是当事人意思自由的结果,亦受法律的规范引导。对于已存在的保险合同进行何种的法律评价,是合同效力等制度所调整的内容。保险合同的生效是国家通过法律评价投保人与保险人的合意的表现,是法律肯认其意思的结果。成立的保险合同符合法律的要求才能生效,否则,或无效,或可撤销,或效力未定。

保险合同的订立是交易行为的法律表现。保险是保险人向投保人提供服务所形成的一种商品,保险人与投保人构成保险商品的供求双方。[3] 投保俗称买保险,承保俗称卖保险。其存在是保险交易(买卖保险商品)要求的产物,又因自己的存在而促进保险(保险商品)的交易。

保险合同作为动态过程,始于其订立、终结于适当履行或责任承担。其间可能涉及保险合同的变更、中止、复效、解除、消灭等环节。保险合同的订立是启动其他环节的前提,其质量亦影响着后续环节。

保险合同的订立是合同责任得以成立的前提。合同订立中的洽商阶段可产生先合同义务以及缔约过失责任。保险合同成立但无效、可撤销时亦可产生缔约过失责任。保险合同成立并有效,保险合同主体违约时可产生违约责任。

二、保险合同订立的一般程序

合同的本质是合意,合同的成立是双方当事人意思表示一致的结果。《民法典》第 471 条规定:“当事人订立合同,可以采取要约、承诺方式或者其他方式。”承诺的内容应与要约的内容一致。当事人意思表示一致,合同即成立。保险合同成立是指保险合同当事人投保与承保的意思表示的一致。《保险法》第 13 条第 1 款前半段规定:“投保人提出保险要求,经保险人同意承保,保险合同成立。”

保险合同成立的要件有缔约人,即投保人与保险人,以及关于保险保障的意思

---

〔1〕 董安生:《民事法律行为——合同、遗嘱和婚姻行为的一般规律》,中国人民大学出版社 1994 年版,第 183 ~ 184 页。

〔2〕 崔建远主编:《新合同法原理与案例评释》,吉林大学出版社 1999 年版,第 33 页。

〔3〕 参见祝向军:《保险商品价格形成的经济学分析》,中国金融出版社 2004 年版,第 7 ~ 9 页。

表示的一致。投保人与保险人就保险合同条款达成合意,保险合同成立。虽然保险人多采格式合同缔约,但仍表现为要约(投保或要保)与承诺(承保)构成的程序。

(一)保险要约

1. 保险要约的含义及构成要件

保险要约是指未来的投保人向保险人发出的订立保险合同的意思表示,也称为投保或要保。要约人即未来的投保人,常称为"投保人"、"要保人"或"保险申请人"。保险要约通常以投保人填写预先由保险人印制好的投保申请书,并将其交付给保险人的方式来完成。

构成保险要约须具备如下要件:(1)保险要约是由未来的投保人向特定保险人发出的订立保险合同的意思表示,通过填写并交付投保单的行为来完成。(2)保险要约须以缔结保险合同为目的。(3)保险要约内容须具体确定,其应确定到足以成立保险合同,能使对方明白要成立一个保险合同即可,不必要求毫无遗漏。(4)保险要约须到达受要约保险人,应能够到达保险人合理控制的范围之内。

2. 保险要约的方式

保险要约虽然可以口头方式为之,通常以投保人填写投保申请书的方式来进行。投保申请书,是投保人向保险人发出订立保险合同的意思表示的书面文件,又称投保书或要保书。投保书通常由保险人事先印制。其内容包括投保人和被保险人的基本情况(包括投保人、被保险人的名称或姓名、住址等)、保险标的的基本情况(包括坐落地点等)以及保险保障的范围等。

3. 保险要约的法律效力

保险要约有如下效力:(1)保险要约一旦到达受要约人,要约人不得撤回或进行变更扩张。(2)受要约人在保险要约到达后失效前取得承诺权。(3)保险要约一般以其到达受要约人时生效。根据《民法典》第137条、第474条的规定,保险要约的生效时间应依不同情况具体判断。当事人以直接对话方式(如电话)缔约时,以相对人了解要约内容那一刻为要约生效时间。若以非直接对话方式发出的保险要约,保险要约送达受要约人时生效。没有明确传达到受要约人的保险要约不产生效力。若保险要约人没有特别限定要约生效时间,以要约能够到达的合理时间为准。采用数据电文形式订立保险合同,数据电文进入受约人系统的时间为保险要约的生效时间。以电子邮件形式订立保险合同的,以其进入收件人电子邮件的地址、到达收件人系统的首次时间为保险要约的生效时间。保险要约的传达人须是要约人本人或其代理人,与此无关的第三人传达的,无效。

4. 保险要约的存续期间

自保险要约生效至其效力消灭之间的这段时间是保险要约的存续期间,也是承诺的有效期间。

5. 保险要约的终止

保险要约因下列事实而终止：(1)保险承诺期限届满，受要约人未作出保险承诺；(2)未约定时间，经过了合理期间，受要约人没有保险承诺的，视为终止；(3)受保险要约人明确拒绝保险要约，并且拒绝保险要约的通知到达保险要约人；(4)受要约人对保险要约的内容作出实质性变更；(5)保险要约人死亡；(6)保险要约被撤回或被撤销。

保险要约可以撤回，但撤回保险要约的通知应当在保险要约到达受要约人之前或者同时到达受要约人。与撤回不同，保险要约的撤销是指保险要约送达受要约人生效后，在受要约人承诺前，要约人将该保险要约取消，使其效力归于消灭。如给对方造成损失，保险要约人应负缔约过失责任。

保险要约可以撤销，但撤销保险要约的通知应当在受要约人发出保险承诺通知之前到达该受要约人。有下列情形之一的，保险要约不得撤销：(1)保险要约人确定了保险承诺期限或者以其他形式明示保险要约不可撤销；(2)受保险要约人有理由认为保险要约是不可撤销的，并且已经为履行保险合同作了准备。

保险要约引诱，又称保险要约邀请，是希望他人向自己发出保险要约的意思表示。有关保险的价目表的寄送、拍卖公告、招标公告、说明书、商品广告或宣传单均为要约邀请。商品广告的内容符合要约规定的视为要约。保险人提供投保书的行为一般被认为属于要约邀请。

(二)保险承诺(承保)

1. 保险承诺的概念

保险承诺，也称为承保，是指保险人完全接受投保人发出的保险要约的意思表示，即保险人接受投保人在投保请求书中载明的全部内容，在发生保险事故时承担保险给付义务。英美法上用收盘、接盘来表示。受要约人一旦作出保险承诺的意思表示，就不得随意变更保险承诺的内容。

2. 保险承诺的基本要求

保险承诺应具备如下要素：(1)应由受保险要约人作出。(2)应向保险要约人作出，受保险要约人向非保险要约人作出的意思表示不是保险承诺。(3)应在保险承诺期限内到达保险要约人。(4)保险承诺与保险要约应一致。保险要约与保险承诺完全一致后，发生争议时，才可适用保险合同解释。(5)保险承诺应表明受保险要约人决定与保险要约人订立保险合同的意思。

3. 保险承诺的方式

(1)法律规定须以一定方式作出的，承诺人作出的保险承诺须符合法律规定的方式。

(2)保险要约虽规定以某种方式作出承诺，但未规定非此不可的，只要受保险要约人作出保险承诺的方式在合理性方面不比保险要约规定的差，不违反法律的相应规定,该承诺就有效。

承保既可由保险人亲自作出,亦可由其代理人作出。其应无条件地为承保的意思表示。保险人或其代理人对投保请求作出承保的意思表示时又附加其他条件的,该意思表示不能作为保险承诺,而是一种新的保险要约。该新的保险要约,须经投保人为接受的意思表示后,保险合同才能成立。此时,投保人是承诺人,保险人则成为要约人。

保险人事先拟订保险条款或以一定方式招揽保险业务,例如,其从业人员或保险代理人向消费者发放的关于保险合同的宣传材料等,都不能视为保险要约,而是保险人的要约邀请。若将保险人的上述行为作为要约,相对人即取得保险承诺权。这样,只要相对人为接受的意思表示,则合同成立,使保险人无法对危险进行评估和控制(通常所说的核保)。

保险合同的订立一般表现为先由投保人投保,之后由保险人决定是否承保。保险人接到投保人填具的投保单,经过核保,可以完全接受或附加一定条件。当保险人对投保人的要约完全接受时,承保的意思表示一经作出,保险合同成立。当其接受的意思表示附有新的条件时(该附加条件以是否改变对方或第三人的权利义务为准),保险人的表示在法律上构成一个新要约。衡量是否构成一个新要约,应以其接受的意思表示与投保人提出要约时的内容相比是否发生实质性变化为标准来判断。并非所有保险合同的订立都以投保人为要约人,以保险人为承诺人。即使投保人为要约人,首先发出保险要约,也未必经过一次保险要约即能获得承保。通过保险人对投保人要约的接受或反要约的提出,合同的订立可能经过反复协商。采取特殊方式订立保险合同的,保险人的特定行为可以构成要约。例如,在机场或其他地点设置柜台销售航空旅客意外伤害保险(保险商品),保险人将保险的主要内容印制成投保书或投保卡,投保人阅读后要投保时,只需在投保书或投保卡上签名,留存一联,将另一联交回柜台,即为缔约。此时,保险人招揽保险的意思表示为要约,投保人的投保签名为承诺。再如,保险人为维持业务,常在保险期间届满前,向投保人发送续保投保单,并在该投保单中载有保险合同的主要内容,提示其是否续保。若续保投保单中记载的内容除了保险期间的变化外,其他均与原保险合同内容相同,而且保险人也未特别声明"本续保合同非经本公司同意承保,不生效力",即保险人对续保合同未保留核保权,保险人发出续保投保单的行为构成要约,投保人签名同意续保属于承诺。

4. 保险承诺的法律效力

经保险人承保后,保险合同成立。

三、保险合同成立与保险费交付

根据《保险法》第 13 条的规定,保险合同不是要物合同,其成立与保险费交付无必然联系,不因保险费未交付而不成立。

投保要约发出前,保险人已知标的发生危险,即不应接受要约并签发保险单证。若投保人构成欺诈,保险合同无效。《中华人民共和国刑法》(以下简称《刑法》)将投保人故意虚构保险标的诈骗保险金的行为作为犯罪来加以处罚。保险要约发出后,保险人同意保险要约前,保险标的发生危险致损的,保险合同尚未成立,更未生效,保险人无合同义务。《保险法》第 14 条前段规定,“保险合同成立后,投保人按照约定交付保险费”。据此,交付保险费是合同义务的履行,而不是合同的成立要件。订立人身保险时,常预收保险费。被保险人体检前预交一定数额金钱,并约定保险人承保时,预交的金钱自动转为保险费。保险人虽预收该项金钱,但不能认为其已接受了保险要约。

但是,根据《保险法解释(二)》第 4 条规定:“如果保险人接受了投保人提交的投保单并收取了保险费,尚未作出是否承保的意思表示,发生保险事故,被保险人或者受益人请求保险人按照保险合同承担赔偿或者给付保险金责任,符合承保条件的,人民法院应予支持;不符合承保条件的,保险人不承担保险责任,但应当退还已经收取的保险费。保险人主张不符合承保条件的,应承担举证责任。”

根据最高人民法院 2019 年 11 月公布的《全国法院民商事审判工作会议纪要》第 97 条的规定,约定以投保人支付保险费作为财产保险合同生效条件,但对该生效条件是否为全额支付保险费约定不明的,已经支付了部分保险费的投保人可以主张保险合同已经生效。

保险合同成立与保险费给付义务的履行时间未必一致。当事人可以约定承担保险费给付义务的时间。

四、保险合同成立与保险单交付

投保人通过填写投保申请书的方式发出要约后,保险人需对要约内容进行考虑,以决定是否承保。合同成立需要一个过程,存在时间差。其结果分三种情形:一是保险人拒绝承保;二是保险人有条件的承保,即提出新的保险要约;三是保险人无条件的承保,即全部接受其投保条件。第一种情况下,保险要约因受要约人拒绝而失去效力,投保人与保险人之间不成立保险合同关系。第二种情况下,保险人针对投保人的保险要约发出反要约,此时投保人取得承诺权,经投保人承诺后,保险合同成立。第三种情况下,投保人向保险人发出保险要约,保险人对该要约无条件地予以接受,即构成保险人的承保,保险人与投保人之间达成保险协议,保险合同成立。保险人、投保人及合同的关系人都受保险合同的约束。

投保人的要约是以标准化的投保单形式提出的。投保单经投保人如实填写交付给保险人,就成为投保人的保险要约。当其到达于保险人,即属于保险要约生效。保险人接到投保单未必会承诺,还要看保险人是否为承诺的意思表示。若保险人在投保单上签章同意接受保险要约,则保险合同成立。保险人向投保人直接签发保险单时,若保险单的签发内容与保险要约一致,则构成该保险要约的承诺。

若保险人签发的保险单内容与投保人填写的投保单内容不同,应属于保险人向投保人发出新要约。送达于投保人并为其接受,该保险单是保险合同成立的证据。当保险人虽同意投保人的保险要约,但未在投保单上签章时,则须通过其他方法证明保险合同成立。若投保人发出的保险要约是不可撤销的要约,保险人的承诺时间即应受明确限制。《保险法》第 13 条第 1 款规定:“投保人提出保险要求,经保险人同意承保,保险合同成立。保险人应当及时向投保人签发保险单或者其他保险凭证。”据此,保险单的作成和交付不是合同的成立要件,仅为合同成立的证明文件。

被保险人自己可以作为投保人订立保险合同,也可以由他人作为投保人为其订立合同。投保人可以自己订立合同,也可以通过代理人订立合同。《保险法解释(二)》第 3 条规定:“投保人或者投保人的代理人订立保险合同时没有亲自签字或者盖章,而由保险人或者保险人的代理人代为签字或者盖章的,对投保人不生效。但投保人已经交纳保险费的,视为其对代签字或者盖章行为的追认。保险人或者保险人的代理人代为填写保险单证后经投保人签字或者盖章确认的,代为填写的内容视为投保人的真实意思表示。但有证据证明保险人或者保险人的代理人存在保险法第一百一十六条、第一百三十一条相关规定情形的除外。”

第二节　保险合同订立中的先合同义务

一、保险人之相对人的先合同义务——告知义务

(一)告知义务的概念

告知义务,指保险合同订立时,义务人应将保险标的的有关重要事实情况向保险人如实陈述。虽然保险人常在合同中明确约定告知义务,但其属于法定义务,不因约定而存在。告知义务的履行决定保险合同订立的质量,影响合同的未来发展。

(二)告知义务的根据

关于告知义务存在基础的学说主要有以下五种:

1. 诚信说。该说认为,保险合同系最大诚信合同,其基础在于双方当事人的相互信赖。订约时,告知义务人自应将有关危险的重要事实向保险人如实陈述。但这不能说明其他合同也可依诚信原则而为告知的根据、保险合同告知的特性以及告知事实的判断标准,仅根据告知的事实难明了其本意。

2. 合意说。该说认为,保险合同以双方意思表示完全一致为必要,关于危险程度及范围亦须达成合意。告知即为达成合意,否则,保险合同可以解除。笔者认为,投保人难以准确判断保险标的所负载的危险状况,告知与事实稍有出入即解除合同,对危险团体成员未免过于苛刻。

3. 射幸说。该说认为,保险合同属于射幸合同,危险发生与否不能确定。行为人应将能够确定的事实最大限度地预先确定下来。如果双方对危险情况形成平等认识,投保人应负有告知已知事实的义务。射幸其实与诚信说、合意说无实质区别,其立足点亦在于当事人认识的一致。射幸性并非保险合同独有,尚不足以体现保险合同的个性。

4. 担保说。该说认为,有偿合同,如买卖合同的当事人须对买卖标的物负瑕疵担保责任,保证其并无瑕疵。保险合同既为有偿合同的一种,义务人不如实告知,即属隐匿瑕疵,自应负责。实际上两者有区别。买卖合同的瑕疵担保义务属于附随合同效力的义务,而告知义务是订立合同时投保人所负的法定义务。瑕疵担保义务在买卖合同成立并生效时附随存在,不决定合同命运。而如实告知义务在缔约之际即须为保险人的相对人所履行,其履行与否决定合同命运。瑕疵担保义务人是买卖合同的卖方而非买方。投保人似买卖合同的买方,保险人似卖方,两者相较,显非允当。

5. 危险测定说。该说认为,保险合同承保的对象为危险,与其他合同的交易对象不同。危险的程度与范围决定是否承保以及以何样的条件承保。合同成立前要先测定危险,计算保险费。因技术限制,危险状况多依赖投保人的如实陈述,不能完全依赖保险人的实地考察。所以,告知义务是据以测定危险的技术要求的结果。这与其他合同的订立明显不同。

诚信说、合意说、射幸说和担保说均有不妥,均难以澄明告知的本旨,而危险测定说则立足于保险技术,体现了保险的技术需求,故为现代多数学者所主张,成为通说。

《保险法》第 16 条第 2 款的规定似采取危险测定说。当事人缔结保险合同需要技术支持,以危险测定说解释告知义务的根据有其合理性。义务人在缔约之际必须履行如实告知义务,其目的在于使保险人对危险获得充分认识,从而基于双方自愿达成合意,使保险人承担的危险与获取的保险费符合对价平衡原则。但是,该学说仅注重危险测定技术的要求,忽略了诚信说或合意说所蕴含的合理因素。告知义务的存在源于技术和制度上的要求。吸收诚信说的合理内容有利于区分告知义务与保险合同义务的不同宗旨。告知义务产生于缔约之际,如同行为人之间基于诚信原则所派生的通知、忠诚、协助等义务一样,不是保险合同的约定义务,而是先合同义务。

(三)告知义务的性质

"债法的变迁和进步是建立在债之关系上各种义务形成和发展。"[1]合同法的发展表现为合同上义务群的不断扩张。合同义务包括给付义务、附随义务和不

---

〔1〕 王泽鉴:《债法原理》(第 1 册),中国政法大学出版社 2001 年版,第 34 页。

真正义务。给付义务又包括主给付义务与从给付义务。主给付义务,是指合同关系固有的、必备的,并用以决定合同类型的基本义务。如汽车买卖合同,交付汽车为主给付义务。从给付义务不具有独立的意义,仅有补充主给付义务的功能。其存在目的不在于决定合同类型,而在于确保债权人利益最大程度的满足。例如,汽车买卖合同中,交付汽车说明书为从给付义务。有的从给付义务是基于法律明确规定;有的从给付义务是基于当事人的约定;有的从给付义务是基于诚信原则及补充合同解释产生的。[1] 附随义务,是指以诚信原则为依据,随着合同关系发展而逐渐产生的照顾、协助、通知等义务。例如,汽车买卖合同中,告知该车危险性为附随义务。除给付义务、附随义务之外,在合同关系上,还有不真正义务,也称间接义务,其特征在于权利人通常不得请求履行,违反它也不发生损害赔偿责任,仅使负担该义务的一方遭受权利减损或丧失的不利益。

除因合同关系成立而发生的各种义务群之外,还有当事人为缔结合同而接触、准备或磋商时,亦会产生说明、告知、保护等其他义务,学说上称为先合同义务,违反之者,成立缔约上过失责任。[2] 告知义务属于先合同义务,即缔约之际基于诚信原则而发生的说明、告知、协助等义务。该义务存在于要约生效之后(投保申请到达保险人之后),保险合同成立之前(保险人承保之前)。

(四)告知义务的主体

学理上,就谁应如实告知主要有两种观点:一是投保人负有告知义务,被保险人或受益人无此义务;[3]二是投保人与被保险人都是告知义务的主体。[4]

《保险法》第16条第1款规定:"订立保险合同,保险人就保险标的或者被保险人的有关情况提出询问的,投保人应当如实告知。"据此,告知义务的主体是投保人,不包括被保险人。国外相关立法例如《意大利民法典》第1892条、第1893条规定投保人是告知义务主体;《韩国商法典》第651条规定投保人与被保险人负有告知义务;美国有的州保险法规定被保险人负有告知义务,有的州保险法规定投保人与被保险人负有告知义务,但美国理论与实务中普遍认为,投保人与被保险人皆负有告知义务。[5]

当投保人与被保险人为同一人时,无论二者谁为告知义务人,其客观结果是相同的。投保人与被保险人非为同一人的,被保险人是否同为义务人值得考虑。首先,发生保险事故时,财产保险的被保险人是因危险发生而真正受有损失的人。根

---

[1] 参见王泽鉴:《债法原理》(第1册),中国政法大学出版社2001年版,第37页。

[2] 参见王泽鉴:《债法原理》(第1册),中国政法大学出版社2001年版,第45页。

[3] 参见郑玉波:《保险法论》,台北,三民书局1994年版,第73页。

[4] 参见江朝国:《保险法基础理论》,台北,瑞兴图书股份有限公司1999年版,第251~253页。

[5] 参见邹海林:《保险合同的基本理论》,载王保树主编:《商事法论集》(第1卷),法律出版社1997年版,第253页。

据权利义务相一致的原则,被保险人亦应负有告知义务。其次,被保险人是危险发生的承受者,应最为关切保险标的的情况。被保险人是实际掌握和控制保险标的的人,对保险标的的危险情况亦应最为明了。若以其为告知义务人,比以投保人为义务人的理由更为充分,便于义务履行,易于实现告知义务的目的。再次,若被保险人故意不实告知,保险人若不享有解除合同的权利,有违保险的宗旨。最后,人身保险以被保险人的生命或身体为保险标的。一般来说,每个人应最关心自己的利益,每个人也应对自己的情况最为了解。只有自己才应最有资格判断自身的需要,并根据自身的需要进行相应的行为选择。所以,被保险人对自己的健康状况及其他信息应最为清楚,也只有被保险人才能判断以自身的生命或身体为保险标的对自己的利害关系。这会使保险人更充分地了解保险标的的危险状况,并在此基础上进行是否承保以及以什么条件承保的行为选择。所以,被保险人也应是告知义务人。

关于被保险人是否应如实告知,有学者认为,应该通过扩张解释,将义务人扩及至被保险人。[1] 笔者认为,《保险法》第16条第1款关于如实告知义务人的规定可以经当然解释,举轻以明重。既然为被保险人缔约的投保人都应告知,真正受保险保障的、处于合同权利结构重心的被保险人更应如实告知。[2] 私法规范不仅是裁判规范,也是行为规范,从法律规范的指引、评价或教育功能的全面发挥而言,对《保险法》第16条第1款规定进行修改,明文规定被保险人也应告知可能会产生更好的效果。

(五)告知的时间

义务人在合同订立时应就保险标的的重要情况向保险人如实陈述。订立合同时一般指保险人承保之前的一段时间,即义务人于投保时开始至保险合同成立时为止的时间段限。

1. 保险合同订立时

保险合同订立时,即义务人从投保时开始至保险合同成立时为止的时间段限内应对保险人如实陈述保险标的的重要情况。

2. 保险合同订立后

保险合同订立后,告知义务的履行可分为两种情况:

(1)续约时,应区分不同情况而定其是否须履行告知义务。保险合同的续约是指保险期限届满后,当事人为使原保险合同的效力持续,约定其保险合同效力继续。保险合同续约的,其本质原属两个合同,即续约在法律上的性质为再订约,所

---

〔1〕 参见邹海林:《保险合同的基本理论》,载王保树主编:《商事法论集》(第1卷),法律出版社1997年版,第253页。

〔2〕 参见高宇:《保险合同主体结构的解释方向与中国保险合同法的发展》,载《保险法学主要议题——林勋发教授七秩华诞祝寿论文集》,台北,元照出版有限公司2021年版,第123页。

以投保人应负如实告知义务。但若该合同的续约是基于双方当事人在原合同内订有“自动续约条款”而产生的,表示双方当事人有意不加改变原合同的内容而继续维持其效力。保险人系以投保人在原合同订立时所告知的内容为其承保的条件,故投保人亦无须再履行如实告知义务。若合同内并无“自动续约条款”,而在期间届满时或届满前以协议方式延长该合同的效力时亦同。原合同因期间届满而丧失效力,经一段期间后,当事人以原合同为内容而续约时,才属新合同订立,义务人应重新履行如实告知义务。

(2)保险合同复效时,不应再为告知。复效时义务人是否应负告知义务,学理上有肯定说与否定说两种主张。

主张肯定说者认为,人身保险合同暂时停止效力后复效的,旨在缓解投保人交付后续当期保险费的困难,难以避免被保险人发现自身患病才请求复效的情况,即出现危险的逆选择。通过义务人如实告知,可以防止危险逆选择。否定复效时的告知义务,会诱使义务人订立合同时故意不告知,合同成立后再设法使之处于停止效力的状态,待保险人解除权的除斥期间经过后再申请复效,有违保险的宗旨。此说逻辑上合理,但被保险人处于危险时才会申请复效的假设欠缺统计上的根据。《保险法》第37条规定,保险合同复效须经保险人与投保人协商并达成协议,此时保险人可以通过告知义务测定保险标的上的危险。

否定说者认为,保险合同复效旨在使被保险人获得充分的保险保障。复效是指合同效力暂时停止后,当效力停止事由不再存在时,合同效力自行恢复如未停止的状态。在该合同订立时,保险人已通过义务人的如实陈述测定了承保危险,并收取相应保险费。复效时不应再要求义务人履行告知义务,否则有违复效的本意。笔者认为,否定说更具合理性,但贯彻否定说无法杜绝个别人的危险逆选择。

3. 保险合同变更时

保险合同变更的,如属于合同要素变更,则应履行告知义务。保险合同内容的变更是指保险关系依双方当事人的协议而变更。合同变更可分为合同要素变更与非要素变更。所谓合同要素变更,系指给付发生重要部分的变更,导致合同关系失去同一性。非要素变更,则指给付发生非重要部分的变更,该变更并未导致合同关系失去同一性。保险合同变更时,义务人是否应履行告知义务,应以保险合同变更后是否与原合同保持同一性来决定。有学者认为,保险合同变更并不属新合同的订立,但改变的内容对保险人的危险估计有影响时,则为新合同的订立,投保人应再如实告知,例如,增加保险标的或保险灾害。不影响对价平衡的,不属于新合同的订立。我们须区分合同要素变更与非要素变更,据此判断义务人是否应履行如实告知义务。若合同变更属于要素变更,因保险合同失去同一性,成为一个新合同,则应履行告知义务。若属于未失去同一性的非要素变更,可通过危险增加的通知义务控制危险。

(六)告知的方式

保险人依赖告知义务了解承保危险的状况,告知不必拘泥于一定方式。义务人可采书面形式,亦可采口头形式。实务中,有约定的,从其约定;若无约定,告知义务人可采上述方式履行。义务人若主张自己已履行告知义务,则须负举证责任。

(七)告知的范围

告知范围包括应告知的事项与免予告知的事项。

1. 应告知的事项

应告知的范围限于重要事实,而不是事无巨细,尽数告知。其判断标准有二:第一,客观上重大是判断是否构成重要事实的客观标准,即该事实存在与否成为保险人决定是否承保或以何种的保险费率来承保的因素。应告知事项须为"实质性重要事实",即足以影响保险人是否承保及以何种的保险费率承保的事实。第二,主观上已知或应知。重要事实应属于义务人在投保时已知或应知的事项。《保险法解释(二)》第5条规定:"保险合同订立时,投保人明知的与保险标的或者被保险人有关的情况,属于保险法第十六条第一款规定的投保人'应当如实告知'的内容。"合同成立后知悉的,义务人即使未告知,亦不构成告知义务的违反。

法律发展史上,曾有两种确定应告知事项的方式:第一,自动申告主义。所谓自动申告主义,指除了对书面询问的内容应如实告知外,对于保险人未以书面询问但足以影响危险评估的内容,义务人就所知悉的事项,仍应告知。采自动申告主义模式的国家或地区主要有日本、意大利、英国、美国(多数州)等。第二,书面询问主义。所谓书面询问主义,指告知义务人仅应对书面询问的内容如实告知;如果保险人未以书面询问,无论是否以口头方式询问,义务人均不负告知义务。采取此种模式的主要有德国、韩国及我国台湾地区等。书面询问主义的优点有三:首先,可以限缩投保人告知义务范围及推定重要事实的含义;其次,将应告知的内容限于知道或应知的事项,采过错责任原则归结义务人的责任;最后,可以避免举证的困难。

《保险法》第16条第1款规定:"订立保险合同,保险人就保险标的或者被保险人的有关情况提出询问的,投保人应当如实告知。"根据《保险法解释(二)》第6条第1款规定,告知义务限于保险人询问的范围和内容。当事人对询问范围及内容有争议的,保险人负举证责任。投保人应如实回答保险人对保险标的的危险状况提出的询问,对保险人未询问的情况,义务人无须陈述。对于投保单询问表中存在的概括性条款,投保人无须告知,但该概括性条款有具体内容的除外。[1] 概括性条款是指诸如"其他""除此以外"等字样表征的兜底性的询问条款,由于其内涵

---

[1] 《保险法解释(二)》第6条第2款规定:"保险人以投保人违反了对投保单询问表中所列概括性条款的如实告知义务为由请求解除合同的,人民法院不予支持。但该概括性条款有具体内容的除外。"

和外延难以让人确定，无法对此如实告知。根据《保险法解释(三)》第5条规定，保险人在合同订立时要求被保险人在指定医疗机构体检的，不能以此免除义务人的告知义务。因应告知事项不限于经体检而确定的内容，例如，被保险人的饮酒、吸烟、运动习惯等情况不能经体检具体测定而为保险人所知悉。如果保险人知悉被保险人的体检结果，就不能以义务人未就相关情况如实告知为由解除合同。

实务中，保险人的询问通常采书面形式，要求投保人如实填写投保单上载明的询问事项。该规定虽采取询问告知主义模式，但对告知范围的确定并未采取书面询问主义模式。书面询问主义模式似乎更适合义务人履行告知义务。一般民众身为保险的"外行人"，难以要求其必须知道何为重要危险，何为不重要危险。故其尚不足以承担自动申告主义下的无限告知义务。询问主义可以限缩投保人告知义务范围及推定重要事实的含义，让拥有专业知识技术优势的保险人去判断何种事实足以影响其决定承保与否及评估费率的高低。

《海商法》第222条规定："合同订立前，被保险人应当将其知道的或者在通常业务中应当知道的有关影响保险人据以确定保险费率或者确定是否同意承担的重要情况，如实告知保险人。保险人知道或者在通常业务中应当知道的情况，保险人没有询问的，被保险人无需告知。"此规定系采自动申告主义。根据特别法优于普通法的原则，海上保险应优先适用《海商法》的规定。

2. 免予告知的事项

对于某些事项，义务人可不必告知，一般包括：(1)保险人已知的事实；(2)保险人应知但因故意或重大过失而未知的事实。

(八)违反告知义务行为的构成要件

1. 主观要件

义务人故意或重大过失未如实告知。《保险法》第16条第2款规定："投保人故意或者因重大过失未履行前款规定的如实告知义务，足以影响保险人决定是否同意承保或者提高保险费率的，保险人有权解除合同。"据此，对违反告知义务的主观归责原则亦采过错主义，不仅将告知义务人主观上无过错的情况排除在外，而且将义务人的过失限制为重大过失，排除了轻过失。其合理性在于：(1)告知义务人在保险专业知识方面与保险人相比，居于弱势地位，若对其施以无过错责任，有失公允。(2)由于技术因素或对客观事实的认识因素的影响，可能导致告知义务人(甚至包括保险人)对保险标的的危险状况无法知晓或不能正确认识。(3)从义务性质上而言，告知义务系属派生于诚实信用原则的先合同义务。违反先合同义务构成缔约过失[1]责任，缔约过失责任的构成在主观要件上须具有过错，违反告

〔1〕过失有两种意义，一种是广义上的与"过错"同义，指故意或过失；另一种是狭义上的与故意相对的概念，仅指过失。此处实为过错的意思。

知义务的主观归责原则亦应如此。

2. 客观要件

综观各国立法，在客观要件上，存在不同观点，包括危险评估说、因果关系说和危险评估兼因果关系说。

（1）危险评估说认为，告知义务人只要未对重要事项如实告知，保险人即可解除合同，至于保险事故发生与未如实告知的事项之间是否具有因果关系在所不问。意大利立法采此说。

（2）因果关系说认为，保险事故须基于未如实告知事项而发生，若告知义务的违反与保险事故发生致损之间无因果关系，则保险人不得解除合同。例如，A 与 Y 之间订立了以 A 为被保险人的终身死亡保险合同。订立合同一年后，A 因尿毒症死亡。A 的保险金受益人 X 向 Y 请求给付保险金。Y 在理赔时发现，A 在投保时，隐瞒了患有梅毒性脊椎炎的既往病史，违反了订立保险合同时应履行的如实告知义务。Y 据此以 A 违反告知义务为由，解除保险合同，拒绝向 X 给付保险金。于是，X 向法院提出诉讼，认为 A 死于尿毒症，并非死于未向保险人告知的梅毒性脊椎炎，A 的未告知和其死于尿毒症之间不存在因果关系。按因果关系说，如果义务人未告知的事项没有导致保险事故发生，保险人不能行使解除合同的权利。

（3）危险评估兼因果关系说认为，若告知义务人不如实告知足以变更或减少保险人对于危险的估计，保险人得解除合同，危险发生后亦同。但若义务人证明未如实告知的事项与保险事故发生所致损失之间无因果关系存在，则保险人不得解除合同，不构成告知义务的违反。

根据《保险法》第 16 条第 2 款的规定，在客观要件上似采危险评估说，但该条第 4 款、第 5 款的规定同时采取了危险评估说和因果关系说。依《保险法》第 16 条第 4 款、第 5 款的规定，因义务人主观状态不同而异其效果。出于故意的，保险人得解除保险合同。不论是否解除合同，保险人对保险事故发生导致的损失不承担给付义务，采危险评估说。出于重大过失的，当义务人未告知事项对保险事故发生有严重影响的，保险人才不承担给付保险金义务。若告知义务的违反出于重大过失，但对保险事故的发生无严重影响的，保险人对于保险合同解除前发生的保险事故，仍应负保险给付义务。义务人因重大过失未履行告知义务时，采因果关系说。关于该条规定，解释上一般认为具有以下两种含义：一是认为投保人因重大过失未履行如实告知义务，对保险事故发生有严重影响的，保险人对于保险合同解除前发生的保险事故，不承担保险给付义务，但可以退还保险费；二是按反对解释，若投保人因重大过失未履行如实告知义务，对保险事故的发生无严重影响的，保险人对于保险合同解除前发生的保险事故，仍负保险给付义务。

（九）违反告知义务的法律后果

义务人违反告知义务的法律后果在各国立法上的规定不尽相同，有规定保险合同无效的,有规定保险合同终止的(如韩国),有规定保险合同可撤销的(如意大利),但多数国家规定保险人享有保险合同解除权。

根据《保险法》第16条的规定,订立保险合同时,义务人就保险人有关询问因故意或重大过失未如实陈述保险标的的有关重要情况的,保险人可以行使解除权,但受除斥期间的限制。对于违反告知义务的情形及法律后果见图5-1。

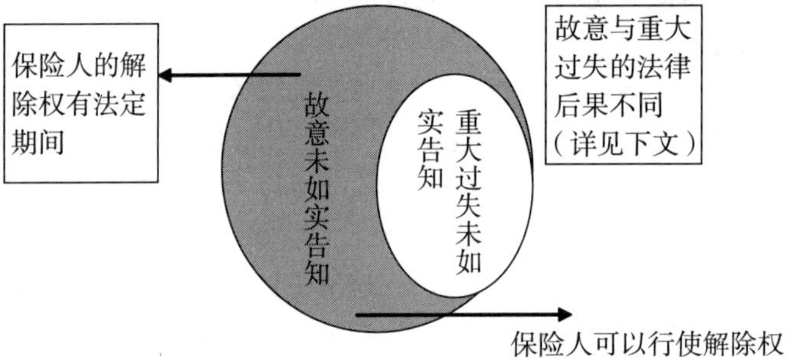

图5-1 违反告知义务的情形及法律后果

1. 义务人故意不履行告知义务

根据《保险法》第16条第2款、第4款的规定,当保险人询问有关保险标的的重要事实时,义务人故意不如实陈述的,保险人可以解除合同,该合同因解除而自始无效。保险人对于合同解除前发生的保险事故,不承担保险金给付义务,并不退还保险费。如果保险人在法定除斥期间内不行使解除权,期间经过,解除权消灭,不能再解除合同。在保险期间内发生保险事故,保险人应依约承担保险金给付义务。解除权属于形成权,其行使应有除斥期间的限制,除斥期间分为不定期间和确定期间。根据《保险法》第16条第3款的规定,该解除权自保险人知道有解除事由之日起,超过30日不行使而消灭,此为不定期间。并且,该解除权自保险合同成立之日起超过2年不行使的,保险人不能再解除合同,此为确定期间。

2. 义务人因重大过失没有如实陈述

重大过失,指义务人不但没有尽到法律要求的较高的注意义务,甚至没达到普通人应尽注意义务的一般标准。在义务人因重大过失而没有如实告知时,保险人可以行使上述解除权,并为上述除斥期间所限制。对于合同解除前发生的保险事故,如果义务人因重大过失没有如实告知对其发生有严重影响的,保险人不承担保险金给付义务,但应退还保险费;如果义务人因重大过失未如实告知对其没有严重影响的,保险人仍应承担保险金给付义务。

但是,如果在合同成立时,保险人已经知悉义务人未如实告知而仍与投保人订立合同,无论故意不实告知,还是重大过失而不实告知,都视为保险人同意承保并放弃合同解除权,保险人不得再解除合同。在保险期间内发生保险事故,保险人依约承担保险金给付义务。根据《保险法解释(二)》第7条的规定,保险人在保险合同成立后知道或者应当知道投保人未履行如实告知义务,仍然收取保险费的,不能依照《保险法》第16条第2款的规定主张解除合同。

具备解除条件的,解除权人应行使解除权,不行使解除权,合同不能自动解除。[1]

二、保险人的先合同义务——说明义务

(一)说明义务的概念及依据

保险人的说明义务是指保险人在与投保人订立保险合同时,须对合同内容作确定的解释和澄明,使投保人能够了解合同的内容。订立合同时,保险人应向相对人说明的理由在于:

(1)保险合同内容具有专业性和技术性,对于一般投保人来说,缺乏相关专业知识,难以确切理解合同条款的含义。

(2)保险合同虽由双方订立,但其条款内容均由保险人预先印就,投保人实际上不能真正平等地与保险人协商,其与保险人订立保险合同的过程,相当程度上基于信赖保险人就其保险条款的内容所作的解释或者阐明。

(3)保险合同条款的格式化,使得保险人在订立保险合同时居于较优于投保人的地位,其所拟定的保险合同条款若含有免除保险人责任的规定,投保人往往缺乏认识。在这种状态下,若保险人事先不对该内容详加阐明,就等于实际上使投保人被强制接受该条款。为此,保险人在保险合同成立时应向投保人详细说明保险合同的各项条款,特别是免责条款,并对投保人有关保险合同条款的疑问予以确切解释。

(二)说明义务的性质

说明义务属于先合同义务,即在订立合同之际,当事人双方由一般社会关系转变为特殊社会关系,由素不相识到相识、相知,彼此形成相互依赖关系。基于信赖,保险人应向相对人说明保险合同内容,投保人应将保险标的的重要事实告知保险人。

(三)说明义务与告知义务的区别

告知义务与说明义务同为影响保险合同效力的要素,属法定义务,但两者不同,其区别在于:

(1)义务主体不同。说明义务的主体是保险人。《保险法》规定,告知义务的主体为投保人。其他国家或地区的立法也有规定,投保人或被保险人应如实告知。

---

[1] 《保险法解释(二)》第8条规定:"保险人未行使合同解除权,直接以存在保险法第十六条第四款、第五款规定的情形为由拒绝赔偿的,人民法院不予支持。但当事人就拒绝赔偿事宜及保险合同存续另行达成一致的情况除外。"

(2)义务作用的对象不同。说明内容是保险人制定的格式合同内容。告知内容是有关保险标的的重要事实,即足以影响保险人决定是否同意承保或者提高保险费率的事实。

(3)违反义务的法律后果不完全相同。一般来说,说明免责条款义务的违反可能导致合同部分无效,告知义务的违反将导致保险合同的解除。

(4)两者的目的不同。通过说明义务的履行使投保人充分了解将订立的合同能否提供其所需要的保险保障,亦要借此限制保险人不适当地排除其义务。通过告知义务的履行,使保险人能够了解与保险标的危险确定有关的重要事实,据此测定危险,计算保险费,是保险经营必需的技术要求。保险人无法亲自逐一检查、勘验各保险合同承保的保险标的的状况,只能通过告知义务弥补其在获取资讯上的不利状况。

(四)说明的内容

通过保险人的说明,使投保人确切了解保险合同内容,据此判断该合同是否符合自己的情况,能否实现自己分散危险、获得保险保障的目的。因此,说明的内容主要包括保险合同条款的有关情况。保险人的说明应以一般人的理解程度为履行标准,达到足以使假设为一般人的相对人明了保险合同内容的程度。说明范围的广狭取决于是否能够使相对人充分地了解到其所订立的保险合同提供的保险保障。《保险法》第17条第1款规定:“订立保险合同,采用保险人提供的格式条款的,保险人向投保人提供的投保单应当附格式条款,保险人应当向投保人说明合同的内容。”即应向投保人解释保险合同的条款内容,以使投保人充分了解其投保的险种中保险人承保的危险范围、免责条款、被保险人义务、保险费等内容。该条第2款规定:“对保险合同中免除保险人责任的条款,保险人在订立合同时应当在投保单、保险单或者其他保险凭证上作出足以引起投保人注意的提示,并对该条款的内容以书面或者口头形式向投保人作出明确说明;未作提示或者明确说明的,该条款不产生效力。”

《保险法》第17条第1款、第2款规定的说明义务是不同的。该条第1款规定的“保险人应当向投保人说明合同的内容”已经包括了免责条款。既然向投保人说明保险合同全部条款的内容是保险人的一项义务,那么对任何条款(当然包括保险人责任免除条款)的未说明或说明不实就违反了说明义务。

该条第2款规定保险人应对免责条款明确说明。《保险法解释(二)》第9条规定:“保险人提供的格式合同文本中的责任免除条款、免赔额、免赔率、比例赔付或者给付等免除或者减轻保险人责任的条款,可以认定为保险法第十七条第二款规定的‘免除保险人责任的条款’。保险人因投保人、被保险人违反法定或者约定义务,享有解除合同权利的条款,不属于保险法第十七条第二款规定的‘免除保险人责任的条款’。”实务中,保险人将法律、行政法规中的禁止性规定情形作为保险合同免责条款的免责事由,能否以其未明确说明而主张该条款无效?《保险法解释(二)》第10条规定:"保险人将法律、行政法规中的禁止性规定情形作为保险合同免责条款的免责事由,保险人对该条款作出提示后,投保人、被保险人或者受益人以保险人未履行明确说明义务为由主张该条款不成为合同内容的,人民法院不予支持。"还有另外一种观点认为,法定禁止情形不必保险人明确说明,义务人自应遵守,此处要求保险人对其进行提示的解释是不妥的。解释上认为,为充分保护被保险人或受益人,要求保险人在一般程度说明的基础上,对免责条款应明确说明。[1] 由于是否构成"明确"说明需要判断标准,而标准的不明确使保险合同免责条款的效力处于一种不确定状态。投保人对保险人的说明是否明确有异议的,法院或仲裁机构就要对保险人的说明是否明确作出事实判断,以确定保险合同的免责条款的效力。当事人常因是否明确说明发生纠纷,客观上,也影响到合同的稳定性。最高人民法院研究室在《关于对〈保险法〉第十七条规定的"明确说明"应如何理解的问题的答复》(2000年1月24日,法研〔2000〕5号)中认为:"这里所规定的'明确说明',是指保险人在与投保人签订保险合同之前或者签订保险合同之时,对于保险合同中所约定的免责条款,除了在保险单上提示投保人注意外,还应当对有关免责条款的概念、内容及其法律后果等,以书面或者口头形式向投保人或其代理人作出解释,以使投保人明了该条款的真实含义和法律后果。"《保险法解释(二)》的解释与其相同。《保险法解释(二)》第11条第2款规定:"保险人对保险合同中有关免除保险人责任条款的概念、内容及其法律后果以书面或者口头形式向投保人作出常人能够理解的解释说明的,人民法院应当认定保险人履行了保险法第十七条第二款规定的明确说明义务。"

(五)说明的时间和方法

保险人应在合同成立前或当时向投保人说明保险合同的内容。合同一经成立,双方权利义务即已确定,故在保险合同成立后,不存在说明义务。《保险法解释(四)》第2条就保险标的转让时不必再次向受让人说明予以明确。《保险法解释(四)》第2条规定:"保险人已向投保人履行了保险法规定的提示和明确说明义务,保险标的受让人以保险标的转让后保险人未向其提示或者明确说明为由,主张免除保险人责任的条款不成为合同内容的,人民法院不予支持。"

说明义务的履行方法是指说明的具体方式与步骤。保险人可以书面或者口头形式向投保人作出说明,也可以通过本人或代理人向投保人作出说明。保险人向投保人说明保险合同条款的内容,无须投保人询问或请求,保险人应主动对该条款

---

〔1〕 也有另一种主张认为,从明确说明的表述可以推出还有不明确的说明,这在逻辑上是矛盾的。进而指出,该条同时使用说明和明确说明,属于用词的不当。

的内容、术语、目的及适用范围等作出解释。《保险法解释(二)》第 13 条第 1 款规定:“保险人对其履行了明确说明义务负举证责任。”

实务中,说明义务的履行大致有三种做法:(1)书面形式,即在保险单背面印就保险合同的主要条款,并附加免责条款及其有关专门术语的书面说明,根据《保险法解释(二)》第 13 条第 2 款的规定,投保人在保险单上签字即是对保险人已履行说明义务的肯认,但另有证据证明保险人未履行明确说明义务的除外。(2)在投保人办理投保手续时,保险人以口头方式告知投保人有关免责条款的内容及其含义。(3)在投保人请求订立保险合同时,保险人将已印就的有关免责条款的书面说明交由投保人阅读,投保人有疑义的,保险人及时向其作出说明,并就阅读及说明事实进行记载。在第一种方式中,投保人能否以此明确保险合同内容,不无疑问。保险合同中的有关术语或概念,即使达到一定教育程度的人亦不见得能明确其含义。例如,“暴雨”作为保险合同中的专门术语,其内涵外延与人们日常生活所指称的“暴雨”大不相同。通常,下得很大、很急的雨会被认为是“暴雨”。保险合同上,暴雨不是泛指“下得非常大的雨”,而有明确的衡量标准,即“降雨量每小时在 16 毫米以上,或 24 小时降雨量大于 50 毫米”。仅凭阅读,投保人亦未必了解其真意。第二种方式没有用凭证形式作成,发生纠纷时会造成举证的困难。第三种方式将前两者结合,有利于对投保人的保护与当事人举证。

另外,《保险法解释(二)》第 12 条规定:“通过网络、电话等方式订立的保险合同,保险人以网页、音频、视频等形式对免除保险人责任条款予以提示和明确说明的,人民法院可以认定其履行了提示和明确说明义务。”

(六)违反说明义务的法律后果

根据《保险法》第 17 条第 2 款的规定,保险人未明确说明保险合同的免责条款的,该免责条款的内容无效。《保险法》规定了未明确说明免责条款的法律后果,而未明文规定保险人未说明免责条款以外的合同内容的法律后果,对此,笔者认为,该免责条款无效不影响合同其他内容的效力。此外,受保险人委托的保险代理人,就保险合同条款向投保人所作的说明,应当由保险人负责。

第三节 保险合同的生效

保险合同成立后,才有所谓合同生效与不生效。危险转移的意思表示不一致,保险合同本质上最低限度的要求尚不具备,合同根本无法构成,不发生拘束力。有学者称合同成立后生效前的拘束力为形式拘束力,[1]或称契约之拘束力,[2]系指当事人不得随意反悔解除合同或撤销合同;而生效后的拘束力为实质拘束力[3]或契约之效力,[4]系指基于合同而生的权利义务。合同成立即对当事人产生拘束力,而不待合同发生效力,合同即发生形式拘束力。合同成立但不生效,依不生效力的强弱,可分为无效、效力待定、意思表示被撤销而视为无效、合同因撤销而无效、停止条件未成就、始期未届至而不生效等几种情形,而无效仅为不生效的一种,是不生效中最严重的情形。因此,保险合同无效与不生效在概念上应有所不同。[5]

一、保险合同的法律效力

(一)保险合同法律效力的含义

保险合同的法律效力,系指法律赋予依法成立的保险合同具有拘束当事人及第三人的强制力,包括对当事人的效力与对第三人的效力。保险合同的效力原则上局限在合同当事人之间,这不仅是由合同的相对性所决定的,而且也是由合同在本质上是当事人之间的合意所决定的。

保险合同对当事人各方的拘束力包括:(1)当事人负有适当履行保险合同的义务;(2)违约方依法承担违约责任;(3)当事人不得擅自变更、解除保险合同,不得擅自转让保险合同的权利义务;(4)当事人享有请求给付的权利、保有给付的权利、自力实现债权的权利、处分债权的权利、保全债权的代位权和撤销权、担保权等;(5)法律规定的附随义务也成为保险合同效力的内容。

保险合同除了对当事人具有约束力外,对第三人也有约束力。保险合同在很多情况下为第三人的利益而订立,即投保人以他人为被保险人订立保险合同,依双方当事人的约定,保险人将向第三人(被保险人或受益人)承担保险给付义务。保险合同对第三人的效力,还表现为任何第三人不得侵害保险合同债权,在合同债权人行使撤销权或代位权时也涉及第三人。

广义上,保险合同的第三人不仅指称一般民事合同当事人以外的人,还指被保险人和受益人,即保险合同的关系人。一般合同对第三人的约束力仅体现为第三人不得妨害合同当事人履行合同义务,即第三人不法侵害合同债权时当事人享有请求赔偿损失的权利。而保险合同对第三人的约束力则是第三人直接对保险合同享有权利和承担义务。投保人可以为自己利益订立保险合同,亦可为他人利益订

---

[1] 参见陈自强:《民法讲义Ⅰ:契约之成立与生效》,法律出版社2002年版,第102页。

[2] 参见王泽鉴:《债法原理》(第1册),中国政法大学出版社2001年版,第193页。

[3] 参见陈自强:《民法讲义Ⅰ:契约之成立与生效》,法律出版社2002年版,第103页。

[4] 参见王泽鉴:《债法原理》(第1册),中国政法大学出版社2001年版,第193页。

[5] 参见陈自强:《民法讲义Ⅰ:契约之成立与生效》,法律出版社2002年版,第279页。

立,合同利益由被保险人或受益人享有。被保险人或受益人享有向保险人请求给付保险金的权利,亦承担与保险金给付请求权相关的义务。被保险人或受益人不履行合同义务的,可以构成保险人解除合同的法定事由或不承担保险给付义务的抗辩事由。

(二)保险合同法律效力的根据

基于意思自治原则及其派生的合同自由原则,当事人应受合同拘束。保险合同的效力是当事人基于意思自主,自我决定并自我拘束的结果。基于对个人意思自主的尊重,在意思自治限度内,肯认其约定内容,在当事人间发生与实证法相同的效力,即"合同为当事人之间的法律"。

保险合同的效力是保险法赋予保险合同的,是由国家强制力保障实现的。在债务人违约时,法律依守约方的请求强制违约方履行或承担其他后果。保险合同的效力,是法律评价当事人各方合意的结果,法律评价中体现的是国家意志。当事人为了使其合意达到自身需要,亦需寻求法律的依据与支持,将自己的意思置于国家法律的保护之下。《民法典》第 465 条规定:"依法成立的合同,受法律保护。依法成立的合同,仅对当事人具有法律约束力,但是法律另有规定的除外。"

法律评价保险合同的效力时,有如下效果:当保险法对保险合意予以肯定评价时,保险合同会发生当事人预期的法律效果,当事人依其约定,享有保险合同权利,负担保险合同义务;当法律对其保险合意予以彻底否定的评价时,会发生合同无效的法律效果;若法律对各方的保险合意予以相对否定的评价,会发生保险合同可撤销或效力待定的效果。法律把决定权在一定条件下交给权利人行使,以使保险合同的效力能够得以确定。

二、保险合同的生效要件

为评价当事人各方的合意,法律规定了保险合同的有效要件,作为合同效力的评价标准。符合有效要件的保险合同,按当事人的合意赋予法律效果;不符合有效要件的保险合同,区分情况,分别按无效、可撤销或效力待定处理。

合同的有效要件是法律评价当事人合意的标准。根据《民法典》第 143 条的规定,合同有效的要件应包括行为人具有相应的民事行为能力;意思表示真实;不违反法律、行政法规的强制性规定,不违背公序良俗。有学者认为,该三项要件再加上标的可能与合法(适当),[1]为合同的一般有效要件。

此外,《保险法》将保险利益作为人身保险合同的效力要件。

---

〔1〕 参见王家福主编:《中国民法学·民法债权》,法律出版社 1991 年版,第 323 页;崔建远主编:《合同法》,法律出版社 2000 年版,第 83 页;陈自强:《民法讲义Ⅰ:契约之成立与生效》,法律出版社 2002 年版,第 343 页。

在我国,保险合同为民事合同的一种,自应适用《民法典》有关合同的规定。保险合同的生效要件包括《民法典》规定的一般生效要件和《保险法》规定的特别生效要件。

(一)保险合同的一般生效要件

1. 缔约人具有相应的民事行为能力

主体合格是指订立保险合同的当事人(保险人和投保人)应具有订立保险合同的资格。保险人应经国家允许经营保险业务,且必须在其营业执照核准范围内为保险业务。例如,依法经核准登记经营人寿保险业务的保险人没有资格经营财产保险业务,不得订立财产保险合同。投保人应有订立保险合同的民事行为能力。《保险法》第 31 条还规定,人身保险合同的投保人对被保险人还应具有保险利益。

《民法典》第 13 条规定:"自然人从出生时起到死亡时止,具有民事权利能力,依法享有民事权利,承担民事义务。"《民法典》第 59 条规定:"法人的民事权利能力和民事行为能力,从法人成立时产生,到法人终止时消灭。"法人订立合同严格受其经营范围限制的法律规定及其理论遭到批判。行为人超越经营范围订立合同,但只要内容不违反效力性强制性规定,合同就应有效。法人分支机构,取得法人书面授权后,可以自己名义订立合同。合伙企业、法人的筹备组织等其他组织有资格独立签订合同。非法人组织也具有独立缔约能力。

自然人订立合同,原则上须有完全民事行为能力,法律规定其须达到相应的年龄,具有相应的精神智力状况。完全民事行为能力人可以独立缔结合同。限制行为能力人不得独立缔约,应由其法定代理人代为签订,但有如下例外:(1)可独立签订接受奖励、赠与、报酬等纯获利益或被免除义务的合同;(2)可以签订与其年龄、智力和精神健康状况相适应的合同;[1](3)可独立签订日常生活中的定式合同和事实合同,如利用自动售货机、乘坐交通工具、进入游园场所等;(4)订立学费、旅费等由法定代理人预定使用目的的财产处分合同;(5)订立其他征得法定代理人同意的合同。限制民事行为能力人订立了与其行为能力不相适应的合同属于效力待定合同,该合同须经过其法定代理人同意。不满 8 周岁的未成年人和不能辨认自己行为的成年人是无民事行为能力人,由其法定代理人代为订立保险合同,不能独立缔约。

2. 意思表示真实

意思表示真实,系指保险合同缔约人的表示行为应真实地反映其内心的效果意思,即效果意思与表示行为相一致,是意思自治原则在保险合同中的自然要求。

---

〔1〕 参见《民法典》第 145 条。

在订立保险合同时,一方当事人不得欺骗对方。经保险人询问,投保人应向其如实告知有关保险标的的有关重要情况。否则,影响保险合同的效力,即使保险合同订立后发生保险事故,保险人也未必应承担保险给付义务。保险人应向投保人说明保险合同条款的内容,不得诱骗其订立保险合同。

保险合同订立须基于双方当事人的自愿。除法律规定的强制保险以外,一方不得将自己的意志强加对方,强迫对方订立或者接受保险合同。

3. 内容合法

作为法律行为,保险合同内容应合法,即不违反法律的强行性规则。当事人应将自己的意志符合于体现国家意志的法律。内容合法的保险合同,才受法律保护,才能达到当事人的预期目的。其内容合法包括如下含义:(1)不得与《保险法》及其他法律、法规的强制性规定相抵触。例如,约定投保人免交保险费的合同无效,约定交付保险费属于强行性规则,当事人不能以约定排除。(2)保险标的应属于法律允许保险的财产及其利益或人的身体、生命。(3)不得违反公序良俗,不得损害他人利益。(4)承保危险不属于不存在的危险。

(二)保险合同的特别生效要件

保险合同的特别生效要件包括附条件、附期限情况下的特别生效要件与《保险法》规定的特别生效要件。根据保险合同的效力是否由当事人的意思表示决定,保险合同的特别生效要件分为意定生效要件与法定生效要件。

1. 意定生效要件

意定生效要件包括附条件、附期限保险合同的特别生效要求。

(1)条件。所谓条件,指法律行为效力的发生或消灭,取决于将来客观上不确定事实是否成就。[1] 附条件的保险合同,指当事人在保险合同中约定一定的条件(不确定的将来事实),把条件的成就(发生或出现)与否作为合同效力发生或终止的依据。合同中所附的条件可以是事件,也可以是行为,但是能够作为条件的事实,应是由当事人任意选择的、合法的、尚未发生的、客观不确定的事实。

以条件成就的法律效力不同,可将所附条件分为延缓条件和解除条件。所谓延缓条件,也称生效条件,指合同效力的发生取决于所附条件的成就。延缓条件是限制合同效力发生的条件,将保险合同生效依赖于所附条件成就,即条件成就时保险合同生效;条件不成就时,保险合同不生效力。《民法典》第158条规定:"民事法律行为可以附条件,但是根据其性质不得附条件的除外。附生效条件的民事法律行为,自条件成就时生效。附解除条件的民事法律行为,自条件成就时失效。"在延缓条件成就前,即使保险合同已经成立,但其效力因受条件限制而处于停止状态,只有所附条件成就后才发生效力。保险合同不立即生效不是基于法律的原因,

〔1〕 参见王泽鉴:《民法总则》,中国政法大学出版社2001年版,第420页。

而是当事人自由约定的结果。解除条件是限制保险合同效力消灭的条件。在条件不成就时,合同保持效力;条件成就时,合同失其效力。[1]

(2)期限。所谓期限,指法律行为效力的发生或消灭,系于将来确定发生的事实。[2] 条件与期限都以将来的事实为内容,主要区别在于条件系针对客观上不确定事实,而期限为确定发生的事实。附期限的保险合同,指当事人约定以一定期限(确定的将来事实)的到来作为合同效力发生或终止的依据。期限的特点是将来事实肯定会发生,尽管发生时点可能不确定。根据所附期限对保险合同效力限制的方式不同,可分为始期与终期。始期是决定合同效力开始的时间,终期是决定合同效力结束的时间。所谓始期,也称生效期限,是指所附时点到来之时,保险合同始发生效力的期限。《民法典》第160条规定:"民事法律行为可以附期限,但是根据其性质不得附期限的除外。附生效期限的民事法律行为,自期限届至时生效。附终止期限的民事法律行为,自期限届满时失效。"据此,所附生效期限届至前,合同效力处于停止状态;始期届至时,效力发生。基于生效的保险合同,当事人开始享有合同权利,履行合同义务。《保险法》第13条第3款后半段规定:"投保人和保险人可以对合同的效力约定附条件或者附期限。"以始期限制保险合同效力较为常见,普遍采行的零时起保制即将合同成立的次日零时或未来某一日的零时作为生效的时间。

附生效条件的合同,条件成就时生效;附生效期限的合同,期限届至时生效。在此之前发生的保险事故,即使保险人收取保险费、签发保险单或其他凭证,也不承担保险给付义务。生效条件成就,始期届至后,保险事故发生,保险人不论是否收取保险费、签发保险单或其他保险凭证,应负保险给付义务。

2. 法定生效要件

第一,全部无效:(1)《保险法》第31条第3款规定,人身保险合同订立时,投保人对被保险人无保险利益的,合同无效。《保险法》第48条规定,保险事故发生时,财产保险合同的被保险人对保险标的无保险利益的,不得向保险人请求给付保险金。(2)根据《保险法》第34条第1款的规定,以死亡为给付保险金条件的合同,未经被保险人同意并认可保险金额的,合同无效。(3)根据《保险法》第33条第1款、第2款前段的规定,投保人不得为无民事行为能力人投保以死亡为给付保险金条件的人身保险,保险人也不得承保,否则合同无效。但父母

---

[1] 也有一种观点认为,当事人约定以投保人交纳保险费作为合同生效的条件,投保人交纳保险费时,合同生效;投保人交纳保险费前,生效条件未成就,合同不发生约束双方当事人的效力。但是,笔者认为,民事法律行为的条件,应是一种将来或然性事实,不属于民事法律行为本身的内容,附属的条件应与民事法行为中的交付保险费义务相区分。

[2] 参见王泽鉴:《民法总则》,中国政法大学出版社2001年版,第420页。

为其未成年子女投保人身保险的除外。另外,有的立法例区分善意复保险与恶意复保险的不同效果,构成恶意复保险的,合同无效。我国台湾地区"保险法"第36条规定,复保险,除另有约定外,要保人应将他保险人之名称及保险金额通知各保险人。其第37条规定,要保人故意不为前条之通知,或意图不当得利而为复保险者,其契约无效。而我国大陆《保险法》未区分善意复保险和恶意复保险而规定不同的后果。

第二,部分无效:(1)根据《保险法》第17条的规定,订立保险合同时,保险人应向投保人合理提示和明确说明合同中免除保险人义务的条款。未合理提示或明确说明的,该条款不生效力。(2)根据《保险法》第55条第3款、《海商法》第220条的规定,财产保险合同的保险金额不得超过保险价值;超过保险价值的,超过的部分无效。(3)根据《保险法》第33条第2款后段的规定,父母以其未成年子女为被保险人订立人身保险合同,以死亡为给付保险金条件,其死亡给付保险金额总和不得超过银保监会规定的限额,超过部分无效。对于父母为其未成年子女投保的人身保险,在被保险人成年之前,各保险合同约定的被保险人死亡给付的保险金额总和、被保险人死亡时各保险公司实际给付的保险金总和均不得超过银保监会规定的限额。[1]

三、保险合同的生效时间与保险期间

(一)生效时间

保险合同生效的时间,即保险合同效力开始产生的时间。通常,保险合同成立即生效,此为合同生效的原则。保险合同以所附条件成就、所附期限到来始生效力为例外。保险合同的成立时间与生效时间通常是一致的。保险合同依法成立,即生效,当事人便开始依约享有保险合同权利并承担相应的保险合同义务。当保险合同附条件或附期限时,则满足其条件或期限要求时,合同始生效力。

附条件保险合同生效的时间,以条件成就的时间来决定。例如,投保人甲和保险人乙于2003年1月1日订立财产保险合同。双方在合同中约定,投保人交付保险费时,合同始生效力。若甲于1月10日交付保险费,而该保险财产在1月10日以前发生了保险事故,因甲交纳保险费的条件尚未成就,保险合同的效力尚未发生,故乙不承担保险给付义务。

实务中,以始期限制保险合同效力最为常见。例如,普遍采用的零时起保制即将保险合同的生效时间约定为合同成立的翌日零时或未来某日的零时。例如,中

---

[1] 关于以未成年人为被保险人订立包括死亡给付内容的保险合同的保险金限额,见本书第四章第二节关系人的被保险人部分。同时参见2015年9月14日公布的《中国保监会关于父母为其未成年子女投保以死亡为给付保险金条件人身保险有关问题的通知》(保监发〔2015〕90号)关于限额的规定。

国人寿保险公司的《国寿团体传染性非典型肺炎疾病保险条款》(保监会备案号:012003008)第5条约定:“本合同的保险期间为一年,自本公司同意承保、收取保险费并签发保险单的次日零时起至期满日二十四时止。”

(二)保险期间

保险期间是保险人承担保险给付义务的时间段限。生效时间是合同生效的始点。两者的意义并非完全相同。保险合同成立并生效后,投保人即于当日依约履行交付保险费的义务,保险人则通常于翌日零时开始承担保险给付义务。此时,不能谓保险合同尚未生效,亦不能认为仅对投保人生效。当事人通常以日历时间或确定时间标准的方式在合同中约定保险期间。约定日历时间指在明确约定保险期间开始和终止的日历时间,例如,约定“保险期间自2002年1月1日零时起至2002年12月31日二十四时止”。有的通过指出保险期间识别标准的方式约定保险期间,例如,海上货物运输保险的“仓至仓”条款通常约定“保险责任从货物运离发货人在起运地的最后一个仓库或储存处所时开始,至货物到达收货人在目的地的第一个仓库或储存处所时止”。

四、保险合同的无效

(一)保险合同无效的概念

保险合同的无效是指合同虽然成立,但因法定或约定原因,自始不发生效力。保险合同无效不同于保险合同失效,无效是指合同成立时即不具有法律拘束力。保险合同无效,即不能再失效。失效是指保险合同有效成立后,因一定原因发生使其不再有效。保险合同失效后,即不能再复效。效力中止的保险合同符合一定条件可以恢复效力。经过一定期限,投保人未申请复效或不符合复效条件,保险人可行使解除权终止合同。

依保险合同无效的范围不同,可将其分为全部无效和部分无效。全部无效是指保险合同的内容完全自始不发生效力。部分无效是指保险合同的内容部分无效,其他部分仍然有效。有效的部分,当事人仍应按约定履行。

(二)保险合同无效的原因

保险合同无效的原因可由当事人约定。除约定无效原因外,立法一般也规定无效原因。这些规定常属于强行性规则,当事人不得以合意变更。

一般来说,立法上规定的保险合同无效原因主要有:

(1)承保危险不存在。保险合同订立时,危险已经发生或根本不存在,保险合同无效。保险在于填补因危险事故所造成的损失,无危险无保险,保险以危险为存在条件。如果合同订立时不存在承保危险,保险即失去意义。即使保险合同已经成立,亦不生效力。

(2)投保人对被保险人不具有保险利益。《保险法》第31条第3款规定,人身保险的投保人在保险合同订立时对被保险人没有保险利益的,合同无效。

(3)行为人订立以死亡为给付保险金条件的保险合同,须经被保险人同意,否则合同无效。无行为能力人的父母以外的人以其为被保险人订立以死亡为给付保险金条件的合同,无效。

(三)保险合同无效的确认及法律后果

保险合同一经被确认无效后,当事人之间的权利义务关系即告消灭,可视为合同未成立。保险合同尚未履行的不再履行,已经履行的应恢复原状。保险人如果已给付保险金,投保人应予返还;保险人对已交付的保险费亦应返还给投保人。[1]

第四节 保险合同的形式与内容

一、保险合同的形式

保险合同的形式是当事人双方合意的载体,是保险合同内容的外部表现。历史上,合同形式经历了从重形式到重意思的变化。这是在信用不断提高的情况下,法律对经济关系追求交易便捷价值的反映。重意思不等于否定形式。法律难以评价纯粹的内心意思,只能评价以一定形式表现出来并能被人们把握和认定的意思,所以合同的形式不可或缺。1804 年《法国民法典》把合同视为一种单纯的合意,过分忽视合同的形式,难免矫枉过正,在证据法上弊端严重,也有悖于合同形式应促进交易便捷的性质。现代合同法兼顾交易安全与交易便捷二项价值,对某些重要的合同、关系复杂的合同强调书面形式。[2]《民法典》第 469 条第 1 款规定:“当事人订立合同,可以采用书面形式、口头形式或者其他形式。”《保险法》第 13 条第 1 款、第 2 款规定,投保人提出保险要求,经保险人同意承保,保险合同成立。保险人应当及时向投保人签发保险单或者其他保险凭证,并载明当事人双方约定的合同内容。当事人也可以约定采用其他书面形式载明合同内容。《保险法》未将保险合同规定为要式合同,双方当事人意思表示一致,合同即成立,未要求以特定书面为成立要件。保险合同成立并生效后,交付书面凭证为合同义务的履行。

保险合同的书面凭证大体分为两类:一是保险单证,这是实务和惯例中采用最多的保险合同形式,如图 5 – 2 所示;二是保险单证以外的其他书面形式。

---

[1] 《保险法解释(二)》第 2 条规定:“人身保险中,因投保人对被保险人不具有保险利益导致保险合同无效,投保人主张保险人退还扣减相应手续费后的保险费的,人民法院应予支持。”

[2] 参见崔建远主编:《合同法》,法律出版社 2000 年版,第 76 页。

图 5－2　中国人寿保险股份有限公司的保险合同

(一)投保单

投保单亦称投保申请书,是指投保人为订立保险合同向保险人发出的书面要约。投保单经保险人签章承诺后,即成为保险合同的一部分。投保单由保险人事先印就,并提供给投保人,投保人按投保单所列条款逐一填写后交给保险人,经保险人盖章作出承诺后,保险合同即成立。如图 5－3 所示。

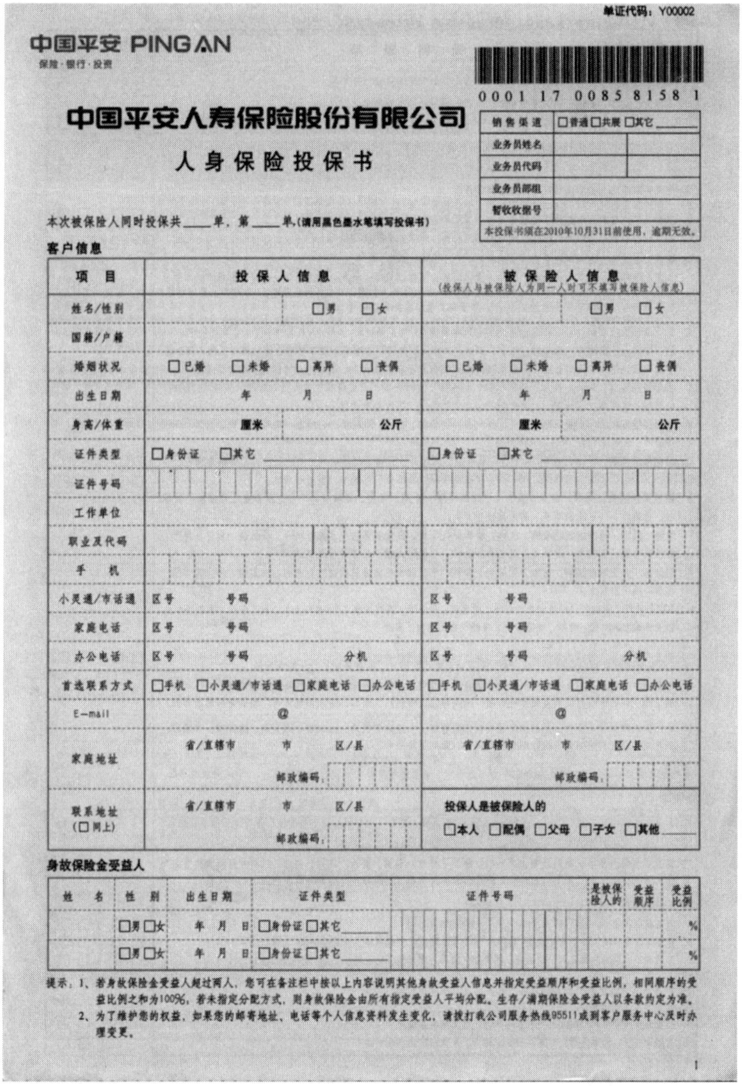

单证代码：Y00002

中国平安 PING AN

保险·银行·投资

0001 17 0085 8158 1

中国平安人寿保险股份有限公司

人身保险投保书

销售渠道	□普通□共展□其它______
业务员姓名	
业务员代码	
业务员部组	
暂收收据号	
本投保书须在2010年10月31日前使用，逾期无效。	

本次被保险人同时投保共____单，第____单。(请用黑色墨水笔填写投保书)

客户信息

项目	投保人信息	被保险人信息 (投保人与被保险人为同一人时可不填写被保险人信息)
姓名/性别	□男 □女	□男 □女
国籍/户籍		
婚姻状况	□已婚 □未婚 □离异 □丧偶	□已婚 □未婚 □离异 □丧偶
出生日期	年 月 日	年 月 日
身高/体重	厘米 公斤	厘米 公斤
证件类型	□身份证 □其它______	□身份证 □其它______
证件号码		
工作单位		
职业及代码		
手机		
小灵通/市话通	区号 号码	区号 号码
家庭电话	区号 号码	区号 号码
办公电话	区号 号码 分机	区号 号码 分机
首选联系方式	□手机 □小灵通/市话通 □家庭电话 □办公电话	□手机 □小灵通/市话通 □家庭电话 □办公电话
E-mail	@	@
家庭地址	省/直辖市 市 区/县 邮政编码：	省/直辖市 市 区/县 邮政编码：
联系地址 (□同上)	省/直辖市 市 区/县 邮政编码：	投保人是被保险人的 □本人 □配偶 □父母 □子女 □其他______

身故保险金受益人

姓名	性别	出生日期	证件类型	证件号码	是被保险人的	受益顺序	受益比例
	□男□女	年 月 日	□身份证□其它______				%
	□男□女	年 月 日	□身份证□其它______				%

提示：1、若身故保险金受益人超过两人，您可在备注栏中按以上内容说明其他身故受益人信息并指定受益顺序和受益比例，相同顺序的受益比例之和为100%，若未指定分配方式，则身故保险金由所有指定受益人平均分配。生存/满期保险金受益人以条款约定为准。

2、为了维护您的权益，如果您的邮寄地址、电话等个人信息资料发生变化，请拨打我公司服务热线95511或到客户服务中心及时办理变更。

1

图5－3　中国平安人寿保险股份有限公司的投保单

投保单的法律意义在于：(1)投保单所载内容是投保人发出的书面保险要约，对投保人具有约束力；(2)投保单上所载内容经保险人承诺后，成为合同的一部分，其真实与否直接影响合同效力。

(二)暂保单

暂保单亦称临时保险单，指在签发正式保险单之前，保险人出具的临时保险凭证。暂保单的内容较为简单，一般只包括被保险人姓名、保险标的、保险金额、保险费率、保险责任范围等保险合同的主要内容。暂保单与正式保单的法律效力相同，待正式保单签发后，自动失效。

暂保单不是保险合同的必要凭证，也不是订立保险合同的必经程序，只是在正式保险单签发前出具的临时保险凭证，一般在如下情形中使用：(1)保险代理人在争取到保险业务而尚未向保险人办妥正式保险单时，向投保人出具暂保单；(2)保险公司的分支机构接受某些须由其总公司批准的保险业务后，在总公司尚未批准前向投保人出具暂保单；(3)投保人与保险人已就保险合同的主要条款达成协议，但还有其他具体问题尚待协商，保险人可以出具暂保单；(4)出口贸易结汇时，保险人可以出具暂保单作为结汇凭证之一，证明出口货物已保险。

暂保单的法律意义在于：在正式保险单签发前，系为被保险人提供保险保障的书面凭证。在暂保单出具后，若保险事故发生，保险人应当据此承担保险给付义务。

(三)保险单

保险单，简称"保单"，曾有人称"保险证券"，[1]是指保险合同成立后，保险人向投保人签发的正式书面凭证，以载明保险权利、义务。保险单由保险人制作，经签单后交付于投保人(见图5－4)。在英文中，保险单表述为"policy"，自中古时代拉丁文"polizia"转变而来，原意为折叠之文书。《保险法》第13条第1款、第2款规定，保险合同成立后，保险人应及时向投保人签发保险单，保险单应载明保险合同内容。

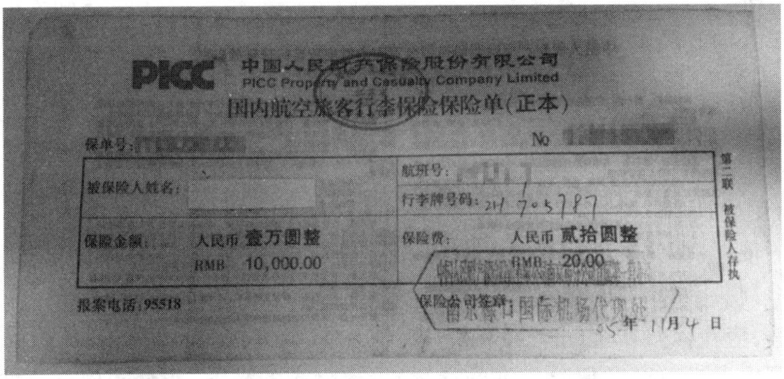

图5－4　中国人民财产保险股份有限公司的国内航空旅客行李保险保险单

实务中，保险合同一般体现为保险单等书面形式。立法上，随着保险合同形式从要式主义向不要式主义的变化，保险单的效力亦随之发生变化。在将保险合同规定为要式合同的情况下，保险单证是保险合同成立的要件，如果不完成该法定形

[1] 覃有土主编：《保险法概论》，北京大学出版社2001年版，第169页。

式或程序,保险合同不成立,而不问当事人是否可以提出证据。保险合同形式的不要式主义又称为证据主义,采该主义的立法模式认为保险单或保险凭证的签发并非保险合同的成立或生效要件。保险合同于一方为保险要约,他方为保险承诺时即成立,保险单或暂保单仅为保险合同的凭证。

在我国保险立法史上,保险合同形式经历了从要式向不要式的转变。1981年《经济合同法》(已失效)第25条和1983年《财产保险合同条例》(已失效)均曾将保险合同规定为要式合同。在不要式主义立法下,保险合同成立可在保险单签发之前,即保险合同成立在前,保险单签发和交付在后。保险合同的效力不取决或始自于保险单(证)的交付,由此决定保险单证的性质和效力亦从合同的成立要件或生效要件转变为保险合同的证据,即不采取保险单(证)形式的保险合同,并非不成立或不生效,只可能因缺乏证据,承担举证责任不利的后果。在通常情形下,若双方当事人保险的意思表示一致,保险合同即成立生效,若保险事故发生在正式保险单签发之前,保险合同亦具约束力。《保险法》第13条的规定即采证据主义(不要式主义)。

实务中,保险单与保险合同常互相通称。严格说来,保险单并非合同,而是缔结合同的正式书面凭证。

保险单的法律意义表现在如下方面:

(1)证明保险合同的成立。根据《保险法》第13条的规定,保险合同成立在前,签发保险单证在后。保险人签发保险单应以已经存在的保险合同为前提。保险单证是保险人依据已成立的保险合同签发的,证明保险合同存在的书面凭证。

(2)证明保险合同内容。根据《保险法》第13条的规定,保险合同无论采取何种形式,保险人都应及时签发保险单并载明合同内容。发生纠纷时,书面保险单成为仲裁机构或人民法院裁处案件的基本依据。

(3)明确当事人合同权利和义务。当事人双方应以保险单所载内容为履行保险合同的依据,据此享有权利承担义务。合同成立后,保险人有义务向对方出具保险单证。《保险法》第17条第1款规定,采用保险人提供的格式条款订立的保险合同,保险人应在保险单上附格式条款。持有保险单的权利在可转让或质押的人身保险合同中尤为重要。保险单证的交付,是保险人的义务,非合同成立要件。请求交付保险单证是投保人的合同权利。

保险单并不是有价证券,其效力与“银行存折”类似。在损失补偿性保险中,保险单上权利拥有人仍旧是在保险事故发生时保险利益的享有人。若认为指示式或无记名式保险单为有价证券,可能发生保险单持有人并不是保险利益享有人(不是真正受害人),却成为保险单上权利拥有人的矛盾现象。例如,在国际买卖惯例上,卖方基于CIF价格向保险人投保海上运输保险,保单采取无记名式,保险人在订约之后即签发无记名保险单于卖方。卖方在收到之后连同提单一起寄给买方。不幸的是,该货物在工厂码头时因保险单内所承保的危险事故发生而毁损。这时保险单的持有人为买方,但危险因该货物尚未上船的缘故仍由卖方负担,即如果该毁损不是由卖方的故意、过失所致,卖方虽依民法的规定可免除给付,但同时买方也免除对待给付。因此,如果此保险单视为有价证券,则依有价证券的性质,文件持有人即为文件内权利拥有人,买方仍然可以持单向保险人请求保险给付,保险人不得拒绝。反之,卖方虽然是真正受损害的人,仍无法受保险合同保护。

在财产保险中,保险的目的在于补偿具体的损害。所以不论保险单为记名、无记名或依背书转让,保险给付请求权应归属于保险事故发生时保险利益所附载之人,而所谓指示式或无记名式保险单,仅具有类似提示证券的作用,即行使权利须提示保险单,且保险人在对持单人给付后对真正权利人的债务即消灭。保险单上权利人可以在持单人未受领保险给付前向持单人请求交付保险单,若其已经受领保险给付,则系不当得利,应予返还。保险单并不具有完全有价证券的特性,充其量不过是具有有价证券的类似特征。保险单的移转交付,并不是保险合同利益的移转。保险合同利益移转的时间须以保险利益,而不是以保险单移转交付的时间为准。

(四)保险凭证

保险凭证亦称小保单,是保险人向投保人签发的证明保险合同已经成立的书面凭证,是一种简化了的保险单(见图5-5)。其法律效力与保险单相同,只是内容较为简单。在实践中,保险凭证没有列明的内容,以同一险种的正式保险单为准;保险凭证与正式保险单内容相抵触的,以保险凭证的特约条款为准。我国通常在下述保险业务中使用保险凭证:(1)为简化单证手续而使用保险凭证,即以保险凭证代替保险单。(2)在保险单以外签发保险凭证。例如,在团体保险主保险单之外,对参加团体保险的个人再分别签发保险凭证。

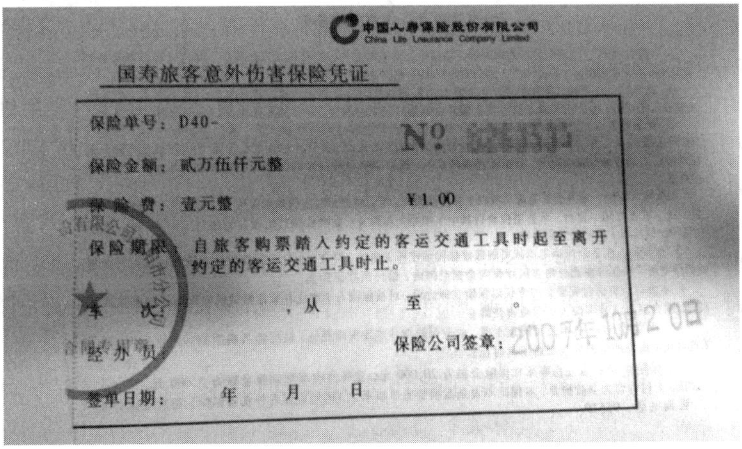
中国人寿保险股份有限公司
China Life Insurance Company Limited

国寿旅客意外伤害保险凭证

保险单号：D40-

保险金额：贰万伍仟元整

保险费：壹元整 ¥1.00

保险期限：自旅客购票踏入约定的客运交通工具时起至离开约定的客运交通工具时止。

车次 ，从 至 。

保险公司签章：

经办员：

签单日期： 年 月 日

图5-5 中国人寿保险股份有限公司的旅客意外伤害保险凭证

保险凭证的意义在于,其既具有保险单的法律效力,又简化了保险单证的手续。

(五)其他形式

其他形式的保险合同,指除保险单和其他保险凭证以外的以书面形式表现的保险合同。依《保险法》第13条第2款的规定,保险合同的书面形式不限于保险单等正式保险合同形式,经投保人与保险人双方根据实际需要协商,保险合同亦可采用保险单或其他保险凭证以外的其他书面形式。

二、保险合同的内容

保险合同的内容,系指双方当事人约定的权利义务,表现为保险合同的格式条款以及特约条款。格式条款固定了当事人各方的权利义务,成为法律关系意义上的合同内容。

(一)基本条款

1.基本条款的含义与内容

保险合同的条款,可分为基本条款与特约条款。通常所谓"基本条款",指保险合同必须具备的条款,否则影响合同成立。基本条款决定合同类型,确定当事人各方权利义务的质和量。一般认为,《保险法》所规定的必备事项即为基本条款。保险人根据法律的规定及不同险种的要求,在保险单中预先拟定的关于当事人权利义务的基本事项主要包括:当事人的姓名及住所、保险标的、保险金额、保险费、保险责任、保险期限等。此即为保险合同的必备内容,缺此则合同不成立。《保险法》第18条规定,保险合同应当包括下列事项:保险人的名称和住所;投保人、被保险人的姓名或者名称、住所,以及人身保险的受益人的姓名或者名称、住所;保险标的;保险责任和责任免除;保险期间和保险责任开始时间;保险金额;保险费以及支付办法;保险金赔偿或者给付办法;违约责任和争议处理;订立合同的年、月、日。

(1)保险合同当事人、关系人的名称及住所。当事人和关系人包括保险人、投保人、被保险人及受益人。其为合同约定的权利享有者与义务承担者。在我国,若为企业法人,其名称应使用市场监督管理注册机关核准登记的名称;若为机关事业单位,应当使用机关事业法人登记的名称;若为个人,应使用身份证或户口本上所记载的姓名。关于住所,法人应当使用登记的住所;个人应使用保险期间能与之联系的住所。

当事人的名称、住所与合同的履行密切相关。明确保险合同当事人和关系人的住所对当事人准确、及时地通知、催告、履行保险给付义务、确定争议的管辖等具有重要意义。

(2)保险标的。保险标的指保险合同欲保障的对象。一般认为,保险标的是指作为保险对象的财产及其有关利益或人的生命和身体。在财产保险中,保险标的是被保险的财产及其有关利益;在人身保险中,则是被保险人的生命和身体。订立保险合同时，保险标的应通过记载于合同的方式加以固定，包括标的的名称、数量、坐落地点及投保时标的的状况等。保险标的固定化的意义在于：一是认定保险利益是否存在；二是确认保险利益的范围，明确保险人在何种范围内承担给付义务，决定保险金额及保险价值的多少；三是确定保险人对哪些对象承担保险给付义务，从而评价其附载的风险。不同的标的面临的危险性质、危险因素和危险程度各异，适用的保险费率也有差异。保险标的属于合同不可缺少的内容。

(3)保险责任和责任免除。[1] 保险责任是指合同承保的危险事故发生造成被保险财产损失或人的伤残、疾病以及生死，保险人因此应承担的保险给付义务。保险合同种类不同，保险人承担的保险给付义务亦不同。投保人一般根据保险标的的性质及危险事故在保险标的上发生的可能性选择保险种类，约定保险人的保险给付范围。保险合同当事人通过保险责任条款(也称危险条款)明确保险人承担的危险范围。保险合同种类不同，保险给付义务(保险责任)也不同。保险责任条款通常包括两方面内容：一是保险人承担的主要危险(基本险)发生所需承担的保险给付义务，明确哪些危险为保险人接受作为承保危险；二是保险人的特约危险发生所需承担的保险给付义务，明确某些危险应经投保人与保险人特别约定才为保险人承保，一般称为附加险或特保危险。在此情况下，投保人需增加相应保险费。

责任免除又称除外责任，是指保险人不承担保险给付义务的范围。广义而言，保险合同未明确列举的危险事故属于保险人不承担义务的范围；狭义言之，是指对保险合同所列危险事故的限制。一般情况下，除外责任应在保险合同中载明。除外责任因投保不同种类的保险而不同。下列危险一般为各类保险所不予承保：被保险人的故意行为所致的损失；物品的自然损耗；因战争或罢工造成的损失(投保战争险或罢工险的除外)；核辐射所造成的损失；其他道德危险所造成的损失。

(4)保险期间。保险期间是保险人承担保险给付义务的起讫期限，亦即在此时段内，保险人应当依合同负保险给付义务，在保险事故发生前，表现为危险承担；保险事故发生后，表现为给付保险金。保险金给付义务的履行时间与合同生效的时间并不一致，例如，养老保险中养老金给付的时间与养老保险生效的时间即是如此。保险期间是保险合同不可缺少的内容。保险期间不同于一般民事合同约定的各方主体实际履行合同义务的期限，亦不是保险人履行保险金给付义务的期限。在保险合同中，保险人实际履行保险金给付义务的时间可能不在保险期限内，有时是在保险期间届满之后才能履行。保险期间开始之时，即为保险人开始负担保险合同义务之际。通常情形下，保险责任开始之日，与保险合同成立之日相同。但当事人可将保险人责任期间的开始溯及合同成立以前，形成追溯保险。当事人也可

---

[1] “责任”实质上是指保险人的保险给付义务，在保险公司的合同条款中一般称为“保险责任”。

以约定保险人的保险给付义务开始于保险合同成立后。保险期间与保险合同的有效期限并非同一，保险合同的有效期限系保险合同从生效到终止的时间段限。

保险期间既是计算保险费的依据，亦为保险人承担保险给付义务的时间范围要件。保险期间依当事人约定可长可短。它既可以日历上的某一段时间为依据来确定，亦可以一个事件的始末来确定。例如，以一个航程为期，以从启运地启运至目的地到达为期限。

(5)保险金及其给付方法。保险金是指合同约定的保险事故发生后，保险人应当依约给付权利人的一定数额的金钱。保险金额是指合同约定的投保人对于保险标的实际投保的金额或保险人承担给付保险金义务的最高限额。保险金额在财产保险中以保险标的的实际价值来确定，约定的财产保险的保险金额不得超出保险标的的保险价额或者保险标的的实际价值。保险金额超过保险标的的实际价值，构成超额保险，其超过保险标的实际价值的部分无效。在人身保险中，投保人和保险人一般依据被保险人或者受益人的实际需要和投保人交付保险费的能力等因素来确定保险金额。保险金额是计算保险费的基础，又是保险人承担保险给付的最高限额，所以保险合同对其须明确约定。

保险事故发生后，保险人能否按合同约定的数额、时间、方式等及时履行给付保险金的义务，关涉相对人权利的实现，合同应确定保险金的计算及支付方式。补偿性保险合同的保险标的发生保险事故，保险人应按保险标的实际所受损失给付保险金。定额给付保险合同的被保险人发生伤残或死亡的保险事故，保险人应按约定的数额给付保险金。

(6)保险费及其给付方法。保险费简称保费，是投保人为获得保险人承担的保险保障，依约向保险人给付的对价。保险合同是有偿合同，投保人转移危险，获得保险保障，须付出相应的代价，即投保人应支付的保险费。保险费是保险基金的来源，交付保险费是投保人的基本义务。保险费的多少，由保险金额、危险程度和保险期限等因素决定。保险费率的高低取决于保险给付范围的大小以及该范围内危险造成的标的损失率和经营成本。一般情况下，保险人事先以损失率为科学根据，通过计算来确定一定的保险费率。投保人交付的保险费为保险金额与保险费率之乘积。一般保险金额越高，承担危险越大，承保时间越长，则投保人交付的保险费就越多；反之，则越少。

保险费的交付方法指采用现金支付还是转账付款，使用人民币还是外币，一次性付清还是分期支付以及具体支付的时间等。投保人交付保险费可采趸交方式(一次性交纳全部保险费)，亦可采分期交付的方式，约定每次交付的时间与数额。若合同没有约定保险费交付的时间和方式，投保人应在保险合同成立时一次性交付。

(7)违约责任和争议处理。违约责任是指当事人违反保险合同约定的义务所应承担的法律后果。当事人不履行或不完全履行保险合同时，即须承担法律责任，这是合同效力的必然要求。违反合同义务，在投保人而言，表现为其逾期支付或不支付保险费，不履行危险增加通知义务等；在保险人而言，表现为逾期支付或不支付保险金等。一般情况下，保险合同一经成立即生法律效力，构成违约即须承担合同责任，这是合同法律效力的逻辑结果。所以，违约责任是保险合同不可缺少的条款。

争议处理，是指保险合同当事人发生纠纷以何种方式解决。当事人在订立、履行合同的过程中，对合同的有效无效、变更和解除等难免发生争议。而争议如何解决，以及解决的时间、成本等对双方利益而言殊为重要。因此，当事人一般都在保险合同中约定争议处理的方法，包括约定解决争议的机构或处理方法。处理方法有两种：一是通过诉讼解决；二是采用仲裁方式，以何种方式解决由当事人选择。

(8)关于订立合同的年、月、日。保险合同订立时间，对于确定保险利益是否存在、保险危险是否发生具有重要意义。对于成立即生效的保险合同来说还关系保险期限的计算。在特定情形下，合同成立时间或生效时间不明确的，合同订立的时间对于确定保险合同的成立或生效时间至关重要。

2. 基本条款的效力

(1)解决基本条款效力的原则。《保险法》第 18 条规定的合同必须具备的事项，属于保险合同的基本条款，经投保人与保险人约定，对当事人及关系人发生约束力。《保险法》没有规定漏列或欠缺法定事项对保险合同效力的影响。一般来说，如果漏列或欠缺的事项损害合同的实质存在，保险合同不生效力。如无害于合同的实质存在，保险合同不因此受有效力上的影响。当事人姓名、保险标的、事故的种类、保险金额、保险费、订约的日期一般不可漏列。如有欠缺，即属合同内容不完备，可能影响合同的实质成立。若漏列保险责任开始的时日及保险期间，则以合同订立的时日为保险给付义务开始的时日，以保险费可算定的期间为保险期间。

(2)漏列或欠缺法定事项，事后补充的效力。当事人应在缔约时议定《保险法》第 18 条所列法定事项，并由保险人将其记载于保险单。如果保险单漏列或欠缺某事项无碍于合同的成立与效力，投保人可以要求保险人添列，或以投保单或其他文件加以补充。订立保险合同后，当事人对于法定事项在事后用补充条款予以补充，属于保险合同内容的变更，须经当事人双方同意。所谓补充条款，是指保险合同订立后，对合同内容的增删变动，作为内容的补充，又称追加条款。例如，财产保险合同订立时，当事人无“承保房屋不得出租，如出租时，合同失效”的约定。保险单签发后，保险人以书面通知被保险人声明“承保房屋不得出租，如出租，合同失效”。通说认为，正式保险单一经制作签发，当事人先前议定的条件或文件已全部纳入保险单中，成为合同的组成部分，当事人一方不得另行提出补充。但保险单内订明

"其他文件仍作为保险合同的部分"的,不在此限。按"承保房屋不得出租,如出租,合同失效"的补充内容,是约定保险合同失效的原因,属于基本条款所规定的事项,不得在保险单发出后,以"补充条款"方式增删或改变。即使被保险人对该补充条款未表示反对,该变更亦不生效力。

(二)特约条款

1. 特约条款的含义

特约条款是指保险人与投保人在已经拟定的基本条款基础上,为满足各自特殊需要而约定的合同内容。特约条款的事项,由当事人自行约定。如有关被保险人在保险有效期间为保证标的安全而应遵守的规定,或者适应被保险人的特殊保险需要而应由保险人承担的特定义务。特约条款是对保险合同基本条款的补充或更改。

2. 特约条款、除外条款与不包括条款

特约条款是保险人控制危险的方法。无论何种事项,无论其本质上是否重要,一经特约,即成为保险合同的一部分,产生相应效力。该特约不得违反保险法的强制性规定。

特约条款与除外条款及不包括条款,虽均为保险人控制并确定其所承担的危险而设,但有如下不同:

(1)含义不同。特约条款是指当事人在保险合同的基本条款外,约定特定权利义务的条款。除外条款,是指将原包括在保险合同之内的危险,明文加以排除的条款。保险人可以通过该类条款缩小承保危险的范围。不包括条款,是指原不属保险合同包括在内的危险,因条款明文约定将其包括在内。例如,被保险人故意自杀或因犯罪处死、拒捕或越狱致死的,属人寿保险合同的不包括危险。除外条款的意义与不包括条款正好相反:前者本属于保险合同包括的危险,因其条款约定而将其排除;后者本来属于保险合同当然不包括的危险,因其条款约定而将其包括在内。

(2)效力不同。违反特约条款,保险人可以解除合同。除外条款,在于缩小危险范围。订有该类条款的,仅能免除保险人在该除外危险下的保险给付义务,不可将其作为解除合同的理由。不包括条款,在于扩大危险的范围,因其规定而加重保险人的义务。

(3)内容不同。违背特约条款,因保险人弃权而不得再行主张;至于除外条款所约定的危险,不在合同范围内,即使经事后承认或抛弃,也不发生责任。不包括条款所列危险属于承保范围,事故发生时,保险人应负保险给付义务。

3. 特约条款的形式

特约条款的常见形式,大约有下列 4 种:

(1)附加条款,又称为追加条款、补充条款。附加条款是指当事人在合同基本条款基础上约定的补充条款,是为增加或限制基本条款所作的补充。当事人在保险合同订立时或订立后,为适应特殊需要,经当事人双方同意,对原有基本条款的规定可以补充或变更。

追加条款可事先由投保人或被保险人填写变更申请书,并经保险人认可。由于基本条款通常事先印在保险单上,所以追加条款通常加注于保险单的空白处,或以印就的条文加贴在保险单上,成为保险合同的一部分,称为批注。例如,以附加条款增加被承保的危险、被保险财产等。若附加条款的内容影响保险的危险范围,则保险费亦须随之调整。附加条款是对基本条款的修改或变更,其效力高于基本条款;在前附加条款的效力受在后附加条款的拘束。

(2)共保条款。共保条款,是指保险人与投保人约定就保险标的的一部分,由投保人自行负担因合同承保危险所致的损失。该条款一般仅适用于财产保险,不适用于人身保险。其宗旨在于促使投保人或被保险人对保险标的的安全善尽注意义务,防范保险事故因未尽注意而发生,有利于保险人控制危险。一般保险标的大多为投保人或被保险人持有或控制,投保人或被保险人赖有保险,对保险标的的安全可能疏于注意,易诱发保险事故。若使投保人与保险人就保险事故造成的损失共同分担,则投保人会更加谨慎地防范危险发生。若有此约定,投保人不得将未经保险的部分,另外与其他保险人订立保险合同。违反的,保险人可以解除合同。保险人如果在事前或事后予以同意,即无异于抛弃共保条款,基于合同自由原则,保险合同的效力不受影响。

(3)协会条款。协会条款是指同业组织之间经协商一致而制定的保险合同条款,主要指伦敦保险人协会制定的有关船舶和货物运输的海上保险合同条款。协会条款的作用有时比原保单更为重要,是对原保单的修改、补充、限制或变更。

(4)保证条款。保证条款是指投保人确保为或不为某种行为或确保某事实存在或不存在的条款,例如,人身保险合同的投保人保证其申报的被保险人年龄真实。保证条款一般由法律规定或同业协会制定,是投保人或被保险人必须遵守的条款,如有违反,保险人有权解除合同或拒绝给付。

保险合同双方当事人自由协商的约定条款,不得违反《保险法》及其他法律、法规的强行性规定,不得违背公序良俗。

▶ 法考链接

1. 甲公司将其财产向乙保险公司投保。因甲公司要向银行申请贷款,乙公司依甲公司指示将保险单直接交给银行。下列哪一表述是正确的?(2013 年卷三 34 题,单选)

A. 因保险单未送达甲公司,保险合同不成立

B. 如保险单与投保单内容不一致,则应以投保单为准

C. 乙公司同意承保时,保险合同成立

D. 如甲公司未缴纳保险费，则保险合同不成立

【解析】《保险法》第 13 条规定："投保人提出保险要求，经保险人同意承保，保险合同成立。保险人应当及时向投保人签发保险单或者其他保险凭证。保险单或者其他保险凭证应当载明当事人双方约定的合同内容。当事人也可以约定采用其他书面形式载明合同内容。依法成立的保险合同，自成立时生效。投保人和保险人可以对合同的效力约定附条件或者附期限。"据此，投保人向保险人提出保险要求，经保险人承保，保险合同成立。如果没有附条件或附期限的特别约定，合同成立时生效，保险人应及时向投保人签发保险单或其他保险凭证。因此，C 正确，ABD 错误。

【答案】C

2. 关于投保人在订立保险合同时的告知义务，下列哪些表述是正确的？(2014 年卷三 76 题，多选)

A. 投保人的告知义务，限于保险人询问的范围和内容

B. 当事人对询问范围及内容有争议的，投保人负举证责任

C. 投保人未如实告知投保单询问表中概括性条款时，则保险人可以此为由解除合同

D. 在保险合同成立后，保险人获悉投保人未履行如实告知义务，但仍然收取保险费，则保险人不得解除合同

【解析】《保险法解释(二)》第 6 条规定："投保人的告知义务限于保险人询问的范围和内容。当事人对询问范围及内容有争议的，保险人负举证责任。保险人以投保人违反了对投保单询问表中所列概括性条款的如实告知义务为由请求解除合同的，人民法院不予支持。但该概括性条款有具体内容的除外。"据此，A 正确，B、C 错误。《保险法解释(二)》第 7 条规定："保险人在保险合同成立后知道或者应当知道投保人未履行如实告知义务，仍然收取保险费，又依照保险法第十六条第二款的规定主张解除合同的，人民法院不予支持。"据此，D 正确。

【答案】AD

3. 甲以自己为被保险人向某保险公司投保健康险，指定其子乙为受益人，保险公司承保并出具保单。两个月后，甲突发心脏病死亡。保险公司经调查发现，甲两年前曾做过心脏搭桥手术，但在填写投保单以及回答保险公司相关询问时，甲均未如实告知。对此，下列哪一表述是正确的？(2015 年卷三 34 题，单选)

A. 因甲违反如实告知义务，故保险公司对甲可主张违约责任

B. 保险公司有权解除保险合同

C. 保险公司即使不解除保险合同，仍有权拒绝乙的保险金请求

D. 保险公司虽可不必支付保险金，但须退还保险费

【解析】AB 项考查投保人违反如实告知义务，保险公司可否主张违约责任。根据《保险法》第 16 条第 1 款、第 2 款规定："订立保险合同，保险人就保险标的或

者被保险人的有关情况提出询问的，投保人应当如实告知。”“投保人故意或者因重大过失未履行前款规定的如实告知义务，足以影响保险人决定是否同意承保或者提高保险费率的，保险人有权解除合同。”甲未如实告知其病情，保险公司有权解除合同，但无权要求甲承担违约责任。A项错误、B项正确。

C项考查投保人违反如实告知义务，保险公司不行使合同解除权，能否拒绝乙的保险金请求。根据《保险法》第16条第3款规定：“前款规定的合同解除权，自保险人知道有解除事由之日起，超过三十日不行使而消灭。自合同成立之日起超过二年的，保险人不得解除合同；发生保险事故的，保险人应当承担赔偿或者给付保险金的责任。”保险公司如果怠于行使合同解除权，超过期限后则需给付保险金。C项错误。

D项考查保险公司在投保人违反如实告知义务时，是否需要退还保险费。根据《保险法》第16条第4款规定：“投保人故意不履行如实告知义务的，保险人对于合同解除前发生的保险事故，不承担赔偿或者给付保险金的责任，并不退还保险费。”D项错误。

【答案】B

▶ 拓展思考

1. 为什么保险人应负有说明义务？如何履行说明义务？违反说明义务的责任如何？

2. 分析如下案例，思考如何理解以死亡为给付保险金条件的保险合同的效力？X、H系配偶，H系A、B之独女。1999年11月24日，H由烟台乘“大舜”号客货混装船前往大连出差，天有不测风云，该船在当日午夜间沉没，H亦不幸遇难。X与H生前青梅竹马，感情甚笃，在H死后，X继续赡养其妻H之年过半百的父母A、B。2001年2月15日，经在保险公司工作的好友C劝说，X以其岳父A为被保险人订立了生死两全保险合同，保险期间为10年，约定在A死亡时，保险人Y给付死亡保险金100万元，并由X交付了保险费。由于工作繁忙，订立合同时，投保人X未将订立保险合同的情况告知于A，A对此亦不知情。祸不单行，2001年10月5日，A、B在游泰山时不幸失足，从山上跌落，B魂归天国，A亦身负重伤，成植物人，全凭X照料。事发后，X遂请求保险人Y给付保险金100万元，Y以该合同未经被保险人A书面同意为由拒绝给付其保险金，X遂起诉至法院，请求判决Y给付其保险金100万元。[1]

---

〔1〕参见高湘宇等：《被保险人同意与保险合同之效力》，载《黑龙江省政法管理干部学院学报》2006年第3期。

第六章　保险合同的履行

▶ 教学目的

掌握投保人的交付保险费的义务、危险增加的通知义务、防险的义务、危险事故发生的通知义务、危险事故发生后的施救义务、提供资料或其他证据的义务；掌握保险人的保险给付义务；熟悉解释保险合同的基本准则；理解保险人的通知义务及减少保险费的义务；领会保险人的保密义务。

▶ 教学重点

投保人的交付保险费的义务、危险增加的通知义务、防险的义务、危险事故发生的通知义务、危险事故发生后的施救义务，保险人的保险给付义务，解释保险合同的基本准则。

第一节　投保人义务及履行

保险合同是双务合同，分析其义务即为对方权利的澄明，而无须另论其权利。在保险合同成立之前，投保人有如实告知义务，在保险合同成立时以及生效后，投保人负有交付保险费、危险增加的通知义务、防险的义务、危险事故发生的通知义务、危险事故发生后的施救义务、提供资料或其他证据的义务。

一、交付保险费的义务

（一）保险费的法律性质

在学理上，关于保险费的法律性质主要有三种主张：(1)保险费约定是保险合同的生效要件；(2)保险费交付是保险合同的生效要件（延缓条件）；(3)保险费约定是保险合同的成立要件。按合同自由原则，则应采保险费约定为生效要件说；若以交付保险费为成立要件或生效要件则系要物合同。要物合同是早期市场信用不发达的产物，不是合同发展的方向。交付作为合同的成立要件或生效要件，不是原则，而是例外。采交付为生效要件，即成立不生效，保险合同将长期处于不确定状态。

《保险法》第13条第1款前段规定:“投保人提出保险要求,经保险人同意承保,保险合同成立。”据此,保险合同是诺成合同,而非要物合同,不以交付保险费为成立要件或生效要件。除将保险单或暂保单之签发或保险费之交付特别约定为保险合同生效的停止条件外,保险合同的成立应以保险要约与保险承诺合致的时点为准。《保险法》第14条规定:“保险合同成立后,投保人按照约定交付保险费;保险人按照约定的时间开始承担保险责任。”据此,保险费是投保人交付于保险人作为其负担危险对价的金钱,投保人交付保险费是合同义务,非合同的效力要件,亦非成立要件。危险团体的成员通过保险人实现对危险的分散,当危险发生时,实际上是以各自交付的保险费集中对危险发生承受者的损失予以补偿,体现了团体互助性。当危险在自己身上不发生时,对危险发生承受的他人而言,其交付的保险费作为保险金,由保险人给付于该受有损失之人,未发生危险的人交付的保险费汇集成给付他人的保险金,表现为“我为人人”;而对危险发生的人而言,表现为“人人为我”。因此,保险人不能无偿地为他人承保危险。否则,必害及危险团体的利益,使保险无法存续。所以,保险费的约定应是保险合同的生效要件,即无此约定,保险合同不生效力。

以保险费约定为合同生效要件的主张较为合理。保险合同应遵循意思自治原则,只要双方当事人约定,一方负给付保险费的义务,他方于保险事故发生时负保险给付义务,保险合同即可有效成立。若坚持将保险合同认定为要物合同,以保险费交付为生效要件,保险合同虽然已经成立,但投保人尚未给付保险费致使保险合同不生效,则该保险合同将长期处于成立但未生效的不确定状态,合同当事人的权利义务自然无法得到法律保护。这亦使分期交付保费的保险合同的存续产生理论上的困难。投保人如果要使保险合同效力一直延续下去,就必须于保险费到期之日或到期之前交付,否则保险合同便会失去效力。投保人对于此后发生的保险事故不得请求给付,保险人也无法主张第二期以后的各期保险费的给付,对当事人都无实益。

保险合同应以保险费约定为生效要件,保险费的交付一般仅为保险合同生效后,投保人应履行的保险合同义务,当事人另有约定的除外。保险合同成立后,保险费为既得债权,保险人可以容许投保人迟延交付保险费。如到期不获交付,则保险人有权终止合同或请求投保人交付保险费。《保险法》第35条规定:“投保人可以按照合同约定向保险人一次支付全部保险费或者分期支付保险费。”

交付保险费是投保人的主给付义务。根据《保险法解释(三)》第7条规定,如果被保险人、受益人或者他人已经代为支付保险费,当事人可以主张投保人对应的交费义务已经履行。这与《民法典》第 524 条[1]规定的非债清偿要求第三人与债的清偿具有合法利益关系不同,这里的第三人没有上述限制。

(二)交付保险费通知与宽限期间

根据合同法原理,债务人不按期履行债务的,债权人应给予其适当的宽限期间,不得即刻解除合同。基于此,若投保人怠于给付保险费,保险人也不得以付费迟延立即主张解除保险合同。

《保险法》第 37 条规定了人身保险合同的投保人未按期交付后续当期保险费的,保险人可以催告,但未规定催告的期限,催告也不是法定义务。《保险法》并未规定财产保险合同中保险费迟延交付的催告。那么,一旦投保人怠于给付保险费,是否意味着保险人可以立即解除保险合同,对此后发生的保险事故不负保险给付义务呢?鉴于《保险法》对此没有规定,应考虑适用《民法典》第 563 条的规定,即在"合理期限内"进行催告,但合理期限的具体起止时点并不确定。有学者认为:"按保险费之给付,性质十分单纯,与民法上其他给付之种类繁多者不同,故不须以'相当期间'之不确定性法律概念,以求具体之妥当性。"[2]2008 年修改前的《德国保险契约法》曾规定,不论何种保险,催告期间皆为"至少两周"。[3] 而我国《保险法》第 36 条规定,自保险人催告之日起超过 30 日,投保人仍未支付当期保险费的,合同效力中止。该法仅对催告时的宽限期进行规定,未明确规定催告期限以及催告方式。解释上,催告既可以书面方式,亦可以口头方式。与此相较,德国立法则明文规定,催告应以书面为之,且应记载逾期仍不履行的法律后果。催告的费用由投保人负担。[4]

依《保险法》规定,承保危险于宽限期间内发生的,保险人仍须依约定承担保险给付义务。在宽限期间届满后,保险人若行使合同解除权,则对此后发生的保险事故不承担保险给付义务。至于在宽限期间届满后至合同解除之前,保险事故发生的,保险人享有拒绝承担给付义务的抗辩权。

在催告期间的规定之外,付费通知义务亦很重要。因为当投保人违反约定时,保险人不能坐视其违约,而应采取必要措施敦促违约方履行义务以避免损失,付费通知便表明了保险人的这种意图。且在现代社会中,保险人相对于投保人个体而言,无论在经济实力还是信息占有方面都有不可比拟的优势,要求保险人履行通知

---

[1] 《民法典》第 524 条规定:"债务人不履行债务,第三人对履行该债务具有合法利益的,第三人有权向债权人代为履行;但是,根据债务性质,按照当事人约定或者依照法律规定只能由债务人履行的除外。债权人接受第三人履行后,其对债务人的债权转让给第三人,但是债务人和第三人另有约定的除外。"

[2] 刘宗荣:《保险法》,台北,三民书局 1995 年版,第 156 页。

[3] 2008 年修改前的《德国保险契约法》第 39 条(1)。

[4] 2008 年修改前的《德国保险契约法》第 39 条(1)。

投保人付费的义务是可行的,有利于发挥保险的本旨。《保险法》对此没有规定。其他国家或地区立法则有关于保险人须于保险费到期前一定时间为付费通知,否则保险合同效力于一定期间内不停止的规定。例如,美国大多数州规定,付费通知应在保险费到期前 45 日发出,载明保险金额、到期日、付费地点等内容,保险人如不在法定期间为通知,则保险合同自保险费到期日起 6 个月至 1 年不中止。[1]

(三)怠于给付保险费的法律后果

保险合同为强制性的有偿合同,投保人交付保险费是保险合同义务之一,也是保险人承担保险给付义务的前提,若怠于给付保险费,则属于保险合同义务的不履行。人身保险与财产保险相异,人身保险的保险费的法律性质亦具特殊性,因而怠于给付保险费产生的法律后果亦不同于财产保险。

1. 怠于给付财产保险合同保险费的法律后果

合同约定为一次交付保险费而投保人未交保险费,或约定分期交付保险费而投保人未付首期保险费的,若保险合同有特别约定,应从其约定;若无特别约定,保险人可以请求投保人承担债务不履行的违约责任,即请求其交付保险费及利息,保险人经定期催告后也可解除合同。[2] 在投保人怠于给付保险费之后至其交付保险费之前的期间内,保险人基于同时履行抗辩权对发生的保险事故不承担保险给付义务。若以保险费的交付为保险合同的生效要件,未交付保险费的结果仅使保险人于保险事故发生时无须负担保险给付义务,保险人亦不能向投保人请求交付保险费。保险人只能依缔约过失责任请求投保人偿付缔约费用,而不能请求投保人继续履行合同,以使合同效力持续。这不仅对保险人的利益保护欠周,亦不利于保险业的发展。所以,投保人怠于交付保险费的,将合同认定为有效而追究其违约责任,似更合理。当然,保险人应当给予投保人一个给付保险费的宽限期间,保险人同时履行抗辩权必须在该宽限期间届满之后行使。

投保人与保险人约定在合同成立后的某一时间或期间内交付保险费的,如果超出约定的时间仍未给付保险费,保险人可依上述理由拒绝承担保险给付义务。如果在约定期间内发生保险事故,保险人不得以投保人未交付保险费为由拒绝承担保险给付义务。此种情况下,保险合同已生效,当事人应履行各自的给付义务。保险人应自合同生效时起承担危险,不得在投保人尚未违约时便自行中止合同的履行。

若保险费经约定分期交付,陆续到期的保险费为既得确定之债务,投保人对之

---

[1] Vance, *Insurance*, 3rd., 1951, p. 336.

[2] 2008 年修改前的《德国保险契约法》第 38 条规定,保险契约成立后,若投保人怠于给付保险费的,在投保人给付保险费前,保险人得撤销保险契约;投保人怠于给付保险费,保险人自保险费到期日起 3 个月未提起诉讼请求给付保险费的,视为撤销保险契约。

有履行的义务。投保人对于任何一期保险费到期而未交付的,应承担履行迟延的责任,保险人有权以诉讼方式请求其给付,亦可据此经合理催告后解除合同。

2. 怠于给付人身保险合同保险费的法律后果

《保险法》第35条规定:"投保人可以按照合同约定向保险人一次支付全部保险费或者分期支付保险费。"分期交付保险费的,首期保险费未必在合同成立时一并交付。不交付首期保险费的,合同也未必不能生效。但是,义务人不交付首期保险费的,不能适用该法第36条、第37条关于效力中止和复效的规定。保险合同成立、生效与保险费的交付之间不具有必然的相互依存关系。当事人可以约定投保人在合同成立后交付保险费。

《保险法》第36条规定:"合同约定分期支付保险费,投保人支付首期保险费后,除合同另有约定外,投保人自保险人催告之日起超过三十日未支付当期保险费,或者超过约定的期限六十日未支付当期保险费的,合同效力中止,或者由保险人按照合同约定的条件减少保险金额。被保险人在前款规定期限内发生保险事故的,保险人应当按照合同约定给付保险金,但可以扣减欠交的保险费。"

根据《保险法》第37条规定,合同效力中止的,经保险人与投保人协商并达成协议,在投保人补交保险费后,合同效力恢复。但是,自合同效力中止之日起满两年双方未达成协议的,保险人有权解除合同。保险人解除合同的,应当按照合同约定退还保险单的现金价值。

(四)保险费的返还

保险合同因法定或约定而终止时,关于保险费是否返还的规定不尽相同。"英美法院坚持'危险不可分'之原则",[1]即保险人所提供的保险构成对其所受领保险费的整个对价。"契约一经生效,全部保险费视为已赚得,除非法律或契约另有相反之规定,保险人对已收之保费不予返还。"[2]该规定对于投保人有失公平。我国《保险法》规定在某些情形下保险人应当返还保险费,某些情况下则无须返还。

1. 保险合同无效情形下保险费的返还

在以下情形,保险合同无效:(1)根据《保险法》第31条的规定,投保人对被保险人不具有保险利益的,保险合同无效。(2)投保人恶意投保或保险人恶意承保的,保险合同无效。(3)财产保险的投保人超额保险的,超过保险价值的部分无效。(4)保险合同订立时,保险标的危险已经发生或已经消灭的,该合同无效。(5)违反法律、法规的效力性强制性规则或损害社会公共利益的,保险合同无效。例如,投保人为无民事行为能力人投保以死亡为给付保险金条件的人身保险;未经

---

〔1〕 施文森:《保险法论文》(第二集),台北,五南图书出版股份有限公司1982年版,第75页。

〔2〕 施文森:《保险法论文》(第二集),台北,五南图书出版股份有限公司1982年版,第75页。

被保险人同意并认可保险金额的以死亡为给付条件的人身保险合同。[1]

在上述无效情况下，已经交付的保险费是否应予返还取决于投保人是否可归责。如果投保人出于恶意则不应返还保险费，如果出于善意，投保人本身并没有过失，可请求保险人返还保险费。但在有些情形下，投保人是否可归责较难认定。例如，对于被保险人无保险利益而投保，或以他人死亡为给付条件订立保险合同而未经允许等。如果仅因投保人有可归责事由，即令保险人免负返还保险费的责任，对于投保人未免过于严苛。因此有学者认为，在此情形下，"应以要保人与保险人双方所处之地位客观衡量，除非要保人隐瞒事实，否则应认为保险人本即有调查之义务。换言之，除非保险人能够证明要保人有诈欺之意图，原则上皆认为保险人仍应负返还保费之责"。[2]

2. 保险合同解除情形下保险费的返还

保险合同解除后，保险人是否应当将已收取的保险费返还，应区分以下不同情况：

（1）投保人违反如实告知义务，足以影响保险人决定是否同意承保或提高保险费率的，保险人有权解除保险合同。投保人故意不履行如实告知义务的，保险人不退还保险费；投保人因重大过失未履行如实告知义务的，保险人应退还保险费。

（2）行为人故意谎报、制造保险事故的，保险人有权解除合同，并不退还保险费。

（3）投保人、被保险人未按照约定履行其对保险标的安全应尽的义务的，保险人有权要求增加保险费或者解除合同。保险人解除合同的，应当将已收取的保险费，扣取自承担危险开始之日起至合同解除之日止的部分后，退还投保人。

（4）根据《合同法》第 52 条的规定，在危险程度显著增加的情况下，义务人应通知保险人而怠于通知的，除不可抗力外，不论故意或过失，保险人均可解除保险合同。保险人解除合同的，应当将已收取的保险费，按照合同约定扣除自保险责任开始之日起至合同解除之日止应收的部分后，退还投保人。

（5）人身保险合同因投保人怠于给付保险费而效力中止的，自合同效力中止之日起两年内双方未达成复效协议的，保险人有权解除合同。保险人解除合同的，应当按照合同约定退还保险单的现金价值。

（6）根据《保险法》第 58 条第 1 款前段的规定，保险标的发生部分损失的，保险人给付保险金之日起 30 日内，投保人可以解除合同。此时，该规定对投保人的任意解除权予以限制，超过 30 日的，投保人不能再行使解除合同的权利。根据《保险法》第 58 条第 1 款后段的规定，保险标的发生部分损失的，除合同约定保险人不

---

[1] 《保险法》第 33 条、第 34 条。

[2] 施文森：《保险法判决之研究》（上册），台北，五南图书出版股份有限公司 1983 年版，第 247 页。

得解除的以外,保险人也可以解除合同,但其解除的意思表示发生效力的时间受15日的时间限制,其向投保人发出解除合同的通知15日后才能发生效力。该条第2款规定:"合同解除的,保险人应将保险标的未受损失部分的保险费,按照合同约定扣除自保险责任开始之日起至合同解除之日止应收的部分后,退还投保人。"据此,保险人应收取受损失部分的保险费;对未受损失部分的保险费,保险人应先计算出整个保险期间内保险标的未受损失部分的总保险费,再计算出自危险承担义务开始之日至合同解除之日止之间的应收保险费,以总保险费减去应收保险费,剩余保险费还给投保人。

(7)投保人解除保险合同时,保险费的返还分人身保险和财产保险而有不同。在人身保险合同中,根据《保险法》第47条的规定,保险人应当自收到解除合同通知之日起30日内,按照合同约定退还保险单的现金价值。在财产保险合同中,《保险法》第54条规定:"保险责任开始前,投保人要求解除合同的,应当按照合同约定向保险人支付手续费,保险人应当退还保险费。保险责任开始后,投保人要求解除合同的,保险人应当将已收取的保险费,按照合同约定扣除自保险责任开始之日起至合同解除之日止应收的部分后,退还投保人。"

我国台湾地区"保险法"还规定违反合同特约条款也构成解除合同的事由。其第66条规定即特约条款,为当事人于保险契约基本条款外,承认履行特种义务之条款。第68条规定,保险契约当事人之一方违背特约条款时,他方得解除契约;其危险发生后亦同。如果是保险人解除合同,则应负返还保险费的义务。我国大陆未有类似的规定。台湾地区该特约条款的内容不得违反法律法规的强行性规则,也不得违反当事人权利义务的公平原则,以防止保险人利用其优势地位损害投保人、被保险人利益。

3. 保险合同终止情形下保险费的返还

保险合同终止时,其效力自终止之时起消灭。保险人对于已收取的保险费中属于终止前的已承担危险的对价,无须返还。至于属于终止后的保险费是否应予返还,则应视具体情形而定。

(1)保险标的非因保险事故完全灭失致保险合同终止时,或保险人因危险增加而要求增加保险费,投保人不同意而终止的,保险人应返还保险合同终止后的保险费。

(2)保险合同因投保人破产或保险人破产而终止,终止后的保险费应予返还。因此时保险人与投保人已经失去了继续履行义务的能力,合同自无存在的必要。但依《保险法》第92条的规定,"经营有人寿保险业务的保险公司被依法撤销或者被依法宣告破产的,其持有的人寿保险合同及责任准备金,必须转让给其他经营有人寿保险业务的保险公司;不能同其他保险公司达成转让协议的,由国务院保险监督管理机构指定经营有人寿保险业务的保险公司接受转让。转让或者由国务院保险监督管理机构指定接受转让前款规定的人寿保险合同及责任准备金的,应当维护被保险人、受益人的合法权益”,人寿保险合同不适用上述情形。

4. 其他情形下保险费的返还

(1)据以确定保险费率的有关情况发生变化,保险标的危险程度明显减少的,除合同另有约定外保险人应当降低保险费,并按日计算退还相应的保险费。《保险法》第 53 条第 1 项规定:“有下列情形之一的,除合同另有约定外,保险人应当降低保险费,并按日计算退还相应的保险费:(一)据以确定保险费率的有关情况发生变化,保险标的危险程度明显减少的……”

(2)保险标的的保险价值明显减少的,除合同另有约定外,保险人应当降低保险费,并按日计算退还相应的保险费。《保险法》第 53 条第 2 项规定:“有下列情形之一的,除合同另有约定外,保险人应当降低保险费,并按日计算退还相应的保险费:……(二)保险标的的保险价值明显减少的。”

(3)依据《保险法》第 32 条第 1 款前段的规定,人身保险合同的投保人申报的被保险人年龄不真实,并且其真实年龄不符合合同约定的年龄限制的,保险人可以解除合同,并按照合同约定退还保险单的现金价值。

(4)《保险法》第 44 条规定:“以被保险人死亡为给付保险金条件的合同,自合同成立或者合同效力恢复之日起二年内,被保险人自杀的,保险人不承担给付保险金的责任,但被保险人自杀时为无民事行为能力人的除外。保险人依照前款规定不承担给付保险金责任的,应当按照合同约定退还保险单的现金价值。”

(5)根据《保险法》第 45 条前段的规定,被保险人故意犯罪或者抗拒依法采取的刑事强制措施而导致其自身伤残或者死亡的,保险人不承担给付保险金的义务。根据《保险法解释(三)》第 23 条的规定,保险人应当证明被保险人的死亡、伤残结果与其实施的故意犯罪或者抗拒依法采取的刑事强制措施的行为之间存在因果关系。被保险人在羁押、服刑期间因意外或者疾病造成伤残或者死亡,保险人应当给付保险金。《保险法》第 45 条后段规定,投保人已交足 2 年以上保险费的,保险人应当按照保险合同约定退还其现金价值。《保险法解释(三)》第 22 条规定,被保险人故意犯罪的认定,应当以刑事侦查机关、检察机关和审判机关的生效法律文书或者其他结论性意见为依据。

二、危险增加的通知义务

(一)危险增加通知义务的设置目的

投保人以给付保险费为代价换取保险人承担约定的危险,从而在投保人与保险人之间实现危险转移,在危险团体成员之间则形成危险分散。因此,保险合同在保险精算的科学基础上,要求保险人承担的危险与投保人所交付的保险费具有对价关系,遵循对价平衡原则。由于保险人承担的保险标的的危险处于无体不确定的状态,不能转移占有,因此,“保险人无论于缔约时或定约后关于危险的掌握及控制于事实上几乎立于无能之地位”。[1] 但保险标的的危险处于不断变化之中，保险合同缔结时承担的危险与合同成立后的危险难免发生变化。保险合同属于继续性合同，若危险严重超出缔约时承保的程度，势必会提高保险事故发生的概率，加重保险人的义务，破坏对价平衡。保险标的情况的变化严重增加了保险合同缔结时所承保的危险的，相对人负有危险显著增加的通知义务，以使保险人对危险显著增加的事实作出正确估量，决定是否继续承保或以何种条件继续承保，采取相应的措施控制危险。

（二）危险增加通知义务的构成要件

1. 积极要件

首先应存在危险显著增加的客观事实，此为积极要件。[2] 在保险合同履行过程中，保险标的的危险状况深受多种无法控制因素的影响而致危险增加的，义务人应通知保险人。只有危险显著增加，即达到足以影响保险费率及保险人是否承保的程度，才应通知保险人。

构成危险显著增加应具备如下要件：

（1）程度要件。危险构成显著增加，即达到严重超过缔约初的程度，使保险人不增加保险费不足以承保或以何种条件都不能承保。并非所有危险增加皆须通知保险人，若所有无关痛痒的危险增加皆须通知，对义务人而言不仅扩大交易成本，费时费力，对保险人而言亦无实益。危险增加至一定程度，对保险人的危险负担构成实质性影响，义务人才负通知义务。因危险增加通知义务的本旨在于保险合同履行过程中，保险人承保的保险标的的危险为无体状态，保险人不能具体控制保险标的，亦无从控制其无体的危险状态，只有实际控制标的物的人对其所处的危险状态才最为关切，保险标的面临的危险变化只有投保人或被保险人最为明了。危险增加的客观事实若使保险人承保的危险概率增大，以致达到必须增加保险费或即使增加保险费亦不能承保，则构成危险增加的程度要件。例如，在财产保险中，甲为其所有的房屋投保火灾保险，其邻居原为民居现已改为制造爆竹的工厂。在人身保险中，甲投保意外险，其原为武术教师现为海关缉私侦察员。《保险法》第 52 条规定，危险显著增加时，义务人应及时通知保险人。类似规定，如我国台湾地区“保险法”第 59 条第 2 项“其危险达于应增加保险费或终止契约之程度者”；2008 年修订前的《德国保险契约法》第 29 条中的“非重要危险增加不予考虑”。

---

〔1〕 江朝国：《保险法论文集》（一），台北，瑞兴图书股份有限公司 1997 年版，第 140 页。

〔2〕 《保险法解释（四）》第 4 条第 1 款规定：“人民法院认定保险标的是否构成保险法第四十九条、第五十二条规定的‘危险程度显著增加’时，应当综合考虑以下因素：（一）保险标的用途的改变；（二）保险标的使用范围的改变；（三）保险标的所处环境的变化；（四）保险标的因改装等原因引起的变化；（五）保险标的使用人或者管理人的改变；（六）危险程度增加持续的时间；（七）其他可能导致危险程度显著增加的因素。”

(2)时间要件。时间上的要求,一指危险增加发生于合同订立之后,二指危险增加事实本身在时间上应具持续性。危险增加除程度须达致一定标准外,还须满足时间上的要求。首先,危险增加的事实须发生在合同成立后,[1]而不是投保人发出要约后,保险人承诺以前。其次,相对于原合同缔结之初的危险状况而言,其具备程度条件的危险增加的事实本身应不间断地持续一定时间。此时,需要考虑两种情况:一是该重要危险增加一出现即刻引起危险事故,二是该重要危险增加发生过,后又消失。例如,在汽车责任保险中,该汽车制动器失灵马上引起撞车事故,此为保险事故的促成,非为危险增加。而若该汽车制动器失灵的情况发生后,该司机在1周时间内仍继续使用该车则构成危险增加。但在制动器失灵后,马上被司机修理好,则不属于危险增加。在第二种情况下,涉及时间上持续性的认定。若持续8小时、1天、3天、10天、1个月……则何种时间期限才算具有持续性,单纯从时间上判断殊难定论。因此,是否具有持续性,只有留待法官根据各种不同性质的保险合同的不同要求来进行具体判断。

(3)主观要件。在危险评价上,其尚须具备未被评价性,即在双方缔约时,未把该危险显著增加的情况计算在保险合同约定承担的危险里,并核定相应的保险费。有学者称为"不可预见性",[2]但不可预见性易使人理解为对危险增加本身的不能预见,而有时保险人对缔约后危险增加是有预见的。例如,汽车责任保险中,保险人可能会认识到该汽车的使用会导致制动器老化而达危险增加,但其已包括于承保危险中。然而,若该司机在制动器失灵后仍不为修理继续使用该汽车竟致半个月的时间,则属危险增加。因为该保险人在评估汽车责任危险时,是以该汽车制动器功能正常为前提的,而存在制动器功能失灵的事实则远超出保险人对汽车使用危险的正常估价。又如,在人身保险中,保险人会想到被保险人将来有变动职业的可能,所以,在合同中约定变动职业时须通知保险人。此时,危险增加显然已被保险人预见,而不是不可预见。因此,不可预见性不若"未被评价性"一语中的,又不致误解。《保险法解释(四)》第4条第2款规定:"保险标的危险程度虽然增加,但增加的危险属于保险合同订立时保险人预见或者应当预见的保险合同承保范围的,不构成危险程度显著增加。"

2. 消极要件

构成危险显著增加通知义务的前提条件是危险显著增加的事实发生,此为积极要件。同时,法律还对特定条件下的危险显著增加的通知义务予以排除,此为消极要件。危险显著增加除上述积极要件外,还应符合消极要件,即无下列条件之一的,义务人才负通知义务。

---

[1] 参见徐卫东:《保险法论》,吉林大学出版社2000年版,第364页。

[2] 江朝国:《保险法论文集》(二),台北,瑞兴图书股份有限公司1997年版,第186页。

(1)为履行道德义务而致危险显著增加。从积极要件上来说,因履行道德义务而致危险增加当然满足危险增加的事实条件,使对价平衡遭到破坏,但因履行道德义务本身是发挥人类间互助互济的行为,乃人类善良天性的张扬。如果法律对人们发挥善良天性的行为还横加归责,显然有违人之为人的本旨,反而使人不成其为人。因此,因履行道德义务而发生的危险增加由保险人承担,一方面有助于鼓励人类道德的发挥,另一方面亦凸显出保险制度除了计较保险给付和保险费之间的对价平衡外,还具有"道德性之本质"。[1] 我国台湾地区"保险法"第61条第3项将"为履行道德上之义务者"规定为危险增加通知义务的免责性规定,2008年修改前的《德国保险契约法》第26条亦有相似规定。

(2)为减轻或避免损害的必要行为。2008年修改前的《德国保险契约法》第26条规定:"若危险增加是由于为了保险人之利益……则不适用第23条至第25条之规定"(危险增加通知义务的规定)。我国台湾地区"保险法"则于第61条第2项规定"为防护保险人利益者"而免除危险显著增加通知义务。因避免或减轻保险事故所致损失的行为,从保险人与投保人间看,有利于保险人,而从保险团体的立场看来,则是出于主观上为减少或避免危险发生的善意。法律上免去危险增加的通知义务在于鼓励人们善意地行为以减免损害发生,从而有利于减少保险事故造成的社会财富的无谓损失,增进社会财富的积累。

(3)保险人所知悉。通知义务的本旨在于使保险人对于危险显著增加由不知转为知悉,据此重估危险,恢复对价平衡。因此,为保险人所知的危险显著增加不必再行通知。若仍令义务人通知,有违道德性,亦显苛刻,反而给保险人以未尽通知推卸责任提供理由。

(4)依通常注意义务,危险增加为保险人应知或无法推诿为不知的情形。既然保险人应知而未知,说明保险人欠缺其注意义务,主观上具有过失。此种情形免除义务人的通知义务符合法律不应鼓励过错的精神,同时亦是诚信原则对保险人的要求。

(5)经声明不必通知。在此场合既已明示不必通知,则表明保险人对危险增加无须再由义务人通知而重估危险与恢复对价平衡。不通知当然不违反保险人的意志,符合合同自由原则,法律无干涉之必要,再予以保险人特别的保护。

(三)危险显著增加通知义务的履行

《保险法》第52条第1款规定,在危险显著增加时,义务人应及时通知,而保险人有要求增加保险费或解除保险合同的权利。该条第2款明定,危险显著增加怠为通知的,对因危险显著增加而致发生的保险事故,保险人不承担给付义务。据此可分为两种情形:一是义务人及时通知,保险人有增加保险费和解除合同的权利。

---

[1] 江朝国:《保险法论文集》(二),台北,瑞兴图书股份有限公司1997年版,第199页。

二是怠于通知,依当然解释,保险人当然可以要求增加保险费或解除合同,并且无论是要求增加保险费还是解除合同,保险人对因危险显著增加而致保险事故发生皆不负保险给付义务。从立法技术上来说,前款规定了危险增加通知义务人履行义务后对保险人的法律后果,后款则是对怠于通知的法律后果的规定。

1. 通知义务的适当履行

危险显著增加使保险人在缔约之初对危险的估计与现实不符,其收取保险费亦与其承担的危险处于不平衡状态,需要重新评估危险与计算保险费,以及决定继续承保与否。而这一切又以保险人知悉为条件。因此,经通知义务的履行,使保险人利益得以维护,间接利于危险团体。同时,亦赋予保险人增加保险费或解除合同的权利,以对保险人承担了高于原合同约定危险的事实予以救济,排除其因此所受的不利益,使合同关系恢复于平衡状态。

(1)通知义务的主体。《保险法》将危险显著增加通知义务规定于财产保险合同。据此,财产保险中的被保险人负通知义务。我国台湾地区"保险法"第 59 条,将危险显著增加通知义务适用于财产保险与人身保险。被保险人在财产保险中是财产的所有人或利害关系人,直接管领控制该财产,与保险标的间的关系密切,对其了解最为直接全面,没有人比自己更能注意自己的利益。在人身保险中,被保险人的生命或身体即为保险标的,其对自身情况自然最为明了,自应负通知义务。虽然其他国家或地区将投保人与被保险人规定为通知义务人,但其规定的方式并不相同。有的将投保人与被保险人并列规定,例如,"或于保险法中设所谓'被保险人视为要保人条款',如西德及奥地利保险法是"。[1] 而我国台湾地区"保险法"第 59 条区别不同情况,有时只将投保人列为义务人,有时将投保人与被保险人并列为通知义务人。[2] 笔者认为,《保险法》第 52 条将危险显著增加的通知义务规定于财产保险部分,使通知义务不能适用于人身保险,[3] 而人身保险中危险增加的情况是客观存在的。例如,投保意外伤害险情形下,被保险人职业由教师改为警察,或由办公室工作人员改为某化学品生产车间工人等。人身保险出现上述危险显著增加情况的,依《保险法》第 52 条的规定,通知义务的规定无法适用。若因该危险增加而致损害发生,保险人将负给付义务。这不利于保险人控制危险,最终危及保险人的营业乃至危险团体的利益。《保险法》将危险显著增加通知义务规定在财产保险部分,由于人身保险和财产保险在危险性质、给付原则及运营方面殊然有别,亦不能简单进行类推适用。根本之道在于修改现行规定,将危险显著增加通知义务规定

---

〔1〕 江朝国:《保险法论文集》(二),台北,瑞兴图书股份有限公司 1997 年版,第 190 页。

〔2〕 但有学者认为,这样规定是立法者的疏漏,参见江朝国:《保险法论文集》(二),台北,瑞兴图书股份有限公司 1997 年版,第 189 页。

〔3〕 参见徐卫东:《保险法论》,吉林大学出版社 2000 年版,第 364 页。

于保险合同章一般规定部分,或在人身保险合同部分增加关于危险显著增加通知义务的规定,同时,增列投保人为通知义务人。

关于受益人是否应为通知义务人,素有争议。有观点认为,受益人是否应负通知义务,“应以其所处之法律地位及其是否知悉危险变动为决定之依据”。[1] 笔者认为,受益人虽为保险合同利益的享有人,但不应令其负担额外的义务。受益人对被保险人的财产及人身的危险情况变化未必能够了解和控制,不宜将其列为义务人。

(2)通知的时间。危险显著增加通知义务旨在恢复对价平衡,对保险人承担比缔约时更大的危险的不利益进行救济,最终控制危险,在危险团体成员间合理分担危险。因此,投保人或被保险人知悉后应立即通知保险人。

其他国家或地区立法对通知时间的规定不尽一致。2008 年修改前的《德国保险契约法》规定,不论危险之增加与“要保人意思有关”或“与要保人意思无关”,要保人于知悉危险增加之事实后,均应立即通知保险人,不得迟延。[2] 我国台湾地区“保险法”将通知时间依危险增加发生之不同而分为下列三种情况:一是危险增加为保险合同所载明的,投保人须于知悉后通知保险人;二是危险增加由投保人或被保险人的行为所致的,投保人或被保险人应先通知保险人;三是危险增加非由投保人或被保险人所致的,投保人或被保险人应于知悉后 10 日内通知保险人。对于第一种情形,姑且不论将记载于合同的“危险增加”皆视为重要危险增加妥当与否,对于将履行期限规定为知悉后通知,实际上并未规定具体的履行期。[3] 对于第二种情形,学理上认为,主观危险增加既然为其行为所致,理应先知悉亦应先于危险增加的事实通知于保险人。但在由被保险人不作为所致危险增加的场合,投保人与被保险人可能未必会先知。例如,投保盗窃险者,其住宅房屋防盗警报已破坏,此时其未必会先知悉其事实,亦无法先通知保险人。至于第三种情形是客观危险增加于知悉后 10 日内通知,通知义务旨在使保险人重估危险,以恢复对价平衡、控制危险。因此,应以尽速通知为必要,10 日规定与通知义务本旨不合。《保险法》对危险显著增加未进行类型化规定,其通知时间在该法第 52 条以“及时通知”为概括规定,所谓“及时通知”,即知悉后立即通知。

(3)通知方式。《保险法》未明确规定通知的方式。保险法为民法特别法,应遵循意思自治原则,只要不违反强制性规定,义务人可以书面或口头形式通知保险人。

---

〔1〕 施文森:《汽车保险:保单条款及判决例之研析》,台北,三民书局 1980 年版,第 136 页。

〔2〕 参见刘宗荣:《保险法》,台北,三民书局 1995 年版,第 133 页。

〔3〕 我国台湾地区学者亦有相同见解。参见江朝国:《保险法论文集》(二),台北,瑞兴图书股份有限公司 1997 年版,第 193 页。

2. 保险人可增加保险费或解除合同

(1)关于保险费的增加权和选择权。危险显著增加破坏了投保人与保险人间的对价平衡。对价平衡被破坏的结果不仅不利于保险人,亦有害于危险团体。危险显著增加的,保险人接到通知重估危险后,认为可以继续承保,则应根据对价平衡原则对显著增加的危险加收保险费,以恢复对价平衡。通知义务旨在使保险人对于变更了的危险重新评估,决定以何种条件继续承保或不再承保。若在加收保险费即可恢复对价平衡的情形下,应首先选择增加保险费。只有在加收保险费亦不能符合承保条件,危险增加致事故发生概率超出保险危险性质所允许的程度的,保险人才能选择他种权利进行救济,因此,应限制其选择权的行使。[1]

(2)保险人的解除权。保险人因危险显著增加具备行使解除权的条件的,只是合同解除的前提。我国立法并未采取“当然解除主义”,具备解除条件时合同并不当然解除。若使合同消灭,还须解除行为。解除行为,是单方法律行为,应以意思表示为之。保险人一方只需将解除保险合同的意思表示于相对人,无须对方同意即发生合同解除的效果。其意思表示的对象为合同的相对人即投保人,而不能向其他人为之。但当投保人不再存在并且没有其他主体继受其地位时,解除的意思表示也可以向他人为之。

《保险法》第52条没有明确规定以何种方式为解除的意思表示。保险人可以采取书面或口头形式。根据该条第1款后段规定,保险人解除合同的,应当将已收取的保险费,按照合同约定扣除自保险责任开始之日起至合同解除之日止应收的部分后,退还投保人。

若权利人长期不行使解除权,反使社会关系处于不稳定的状态,有违秩序价值,对相对人不利,应对其予以限制,使当事人间的法律关系确定,实现法律的秩序价值。例如,我国台湾地区“保险法”第64条、第68条,《韩国商法典》第651条、第652条将保险人行使解除权的时间限定为自其知道有解除原因时起1个月。

3. 义务人怠于履行通知义务的法律后果

《保险法》第52条第2款规定,在义务人怠于通知时,保险人对因该危险显著增加而致的保险事故不负保险给付义务。依当然解释,在义务人未及时通知时,保险人自得增加保险费或解除合同,这对保险人较为有利。在危险增加怠于通知时,由于危险增加使合同双方的对价平衡状态破坏,应通知而未通知,也破坏了诚信原则。因此,法律自可规定义务人承担比适当履行通知义务情形为重的后果。

---

〔1〕 参见徐卫东、高宇:《论我国保险法上危险增加的类型化与危险增加的通知义务》,载《吉林大学社会科学学报》2002年第2期。

三、防险的义务

（一）防险义务的含义

防险的义务，即保险合同义务人为维护保险标的安全，避免危险发生或减少危险发生可能性而为或不为一定行为。保险属于危险发生后的一种救济措施，本身不能保证危险不发生或保险标的不受损。但“今日一般保险业者，已自事后补救，转向于事前预防之努力，正与疾病之预防胜于治病，同一理由”。[1]《保险法》第51条第1款规定了义务人的防险减损，维护保险标的安全的义务。其为法定义务，不依赖于当事人的约定才负此义务，也不能以特约排除。

（二）防险义务的履行

《保险法》第51条规定，防险义务的履行主体是被保险人。被保险人应该遵守国家有关消防、安全、生产操作、劳动保护等方面的规定，维护保险标的的安全。在实务中，各保险条款又根据不同险种所针对的不同标的，对其安全维护作出不同的规定。例如，《机动车辆保险条款》要求被保险人及其驾驶员应当做好保险车辆的维护、保养工作，保险车辆的装载必须符合规定，使其保持能够安全行驶的技术状态。保险人根据合同约定有权对保险标的的安全状况进行检查。保险人通过对投保人或被保险人履行义务的协助，体现了在保险期间保险人与投保人的共同防险，不仅是为了保险人的利益，更是为了保护危险团体的利益。通过安全检查，可能有两种结果：(1)采取安全预防措施。如果保险人认为有必要，并且征得被保险人的同意，可以对保险标的直接采取安全预防措施。例如，对投保火灾保险的财产增设防火设备等。(2)向投保人、被保险人提出消除不安全因素和隐患的书面建议。如果保险人向投保人或被保险人提出消除不安全因素和隐患的书面建议，投保人、被保险人须接受。为了维护保险标的安全，义务人应依保险人的建议为或不为一定行为。

（三）违反防险义务的法律后果

投保人或被保险人未按照约定履行其对保险标的的安全应尽的义务，保险人有权要求增加保险费或者解除合同。可以增加保险费予以承保的，保险人不得解除合同。

四、保险事故发生的通知义务

保险事故，系指保险合同约定的保险保障范围内的危险。保险事故发生时的通知义务，也称出险的通知义务，指在保险期间内，合同约定的承保危险发生后，投保人、被保险人或受益人应当将此事实及时通知保险人。为使保险人及时确定和控制危险，防止或减少损害，一般都分阶段分别设定投保人或保险人须尽特定义务。在合同成立前有如实告知义务；合同成立后保险事故发生前有危险增加通知

---

[1] 袁宗蔚：《保险学——危险与保险》，首都经济贸易大学出版社2000年版，第158页。

义务或变更合同内容通知义务等,保险事故发生后则有保险事故发生通知、有关资料的告知及证明、防止及减少损害等义务。其主要目的在于使保险人能及时采取必要的措施,防止损失扩大,保全标的的残余部分,以减轻其损失,并调查事实、搜集证据,保护其权益。《保险法》第21条前段规定:"投保人、被保险人或者受益人知道保险事故发生后,应当及时通知保险人。"《海商法》第236条第1款前段规定:"一旦保险事故发生,被保险人应当立即通知保险人。"

(一)保险事故发生通知义务的主体

《保险法》第21条规定,出险通知义务人是投保人、被保险人及受益人,其中一人通知,义务即为履行,无须三者皆为通知。保险事故发生,保险人是否因此将承担的保险给付义务转化为保险金给付义务的履行以及如何去履行,都取决于对事故发生事实情况的调查结果。只有义务人及时通知保险人,才便于保险人迅速查清事故发生的原因及有关事实,核定损失,确定履行保险金给付义务的范围。知悉保险事故发生的义务人应及时通知保险人。在各种财产保险中,保险事故发生,通知义务人应仅为投保人或被保险人,因为投保人为保险合同订立人,被保险人则是保险事故发生时直接受损害的人。人身保险合同的投保人、被保险人为同一人的,因保险事故发生而死亡的,受益人既然是直接可以向保险人请求保险金的人,也应负有通知义务。我国台湾地区"保险法"第58条有类似规定,即要保人、被保险人或受益人,遇有保险人应负保险责任之事故发生,除另有规定或契约另有订定外,应于知悉后5日内通知保险人。

(二)保险事故发生通知义务的履行时间

保险事故发生通知义务的宗旨在于使保险人能及时采取必要的措施,防止损失扩大,保全标的的残余部分,以减轻其损失,并调查事实、收集证据。若通知义务人没有及时履行通知义务,则保险事故发生时的现场客观状况很可能发生变化,从而影响保险给付义务的确定,甚或引起双方当事人的纠纷,保险人不能及时履行保险金给付义务,被保险人或受益人亦不能及时受领给付。通知时间应以不影响保险人查明事故发生真实情况和评定损失为设定标准。《保险法》规定投保人、被保险人或受益人"及时"通知保险人。"及时"应指除因不可抗力而不能履行通知义务外,在保险事故发生后能够通知的"最短时间内",将发生保险事故的事实通知保险人。在实务中,许多保险合同条款对此都有明确的约定。例如,1999年保监会制定的《机动车辆保险条款》第25条规定:"保险车辆发生保险事故后,被保险人应当采取合理的保护、施救措施,并立即向事故发生地交通管理部门报案,同时在48小时内通知保险人。"与此类似,英国相关法律也规定,事故发生的通知期限一般亦规定为"立即"或"尽快",但有的事故发生后10个月才通知,仍被法院认定为已尽通知义务。[1]

(三)保险事故发生通知义务的履行方式

《保险法》并未特别规定通知的方式,义务人可以口头或书面形式通知保险人。若当事人在合同中约定通知方式的,以其约定不得不利于投保人或被保险人为准;无约定的,可以任何方式通知保险人。

(四)保险事故发生通知的内容

保险事故发生后,义务人应将事故发生的事实通知保险人。其只以通知发生保险事故的事实为已足,无须将损失数额等一并通知保险人,即出险的通知并不包括保险给付义务的详细内容。

(五)违反保险事故发生通知义务的法律后果

《保险法》第 21 条后段规定,行为人故意或者因重大过失未及时通知,致使保险事故的性质、原因、损失程度等难以确定的,保险人对无法确定的部分,不承担赔偿或者给付保险金的责任,但保险人通过其他途径已经及时知道或者应当及时知道保险事故发生的除外。

对出险通知迟延的后果立法例一般包括以下三种情况:(1)若因迟延通知而导致损失扩大,就扩大部分的损失,保险人可以不承担保险给付义务,但不能解除保险合同。(2)因通知迟延,保险人可以不承担保险给付义务。例如,在英国 1885 年的"萨塞尔诉兰开夏和约克夏意外伤害保险公司"一案中,意外伤害保险单条款要求义务人须在保险事故发生后 14 天内通知保险人,直到保险事故发生后 8 个月被保险人才知道他因该事故受有伤害,然后他通知了保险人。但是根据法院判决,保险人不负保险给付义务。[2] (3)区分通知义务人的主观过错程度来决定迟延通知的后果。若被保险人故意不履行通知义务,保险人不负保险给付义务;若因过失未履行通知义务而给保险人造成损失的,可以相应地减少保险金。《意大利民法典》第 1915 条即采此例。

五、保险事故发生时的施救义务

(一)保险事故发生时的施救义务及其立法目的

保险事故发生时的施救义务,是指保险合同约定的危险事故发生时,投保人、被保险人除及时通知保险人外,亦应采取积极合理的措施抢救出险的保险对象,以避免或减少损失。《保险法》第 57 条规定:"保险事故发生时,被保险人应当尽力采取必要的措施,防止或者减少损失。保险事故发生后,被保险人为防止或者减少保险标的的损失所支付的必要的、合理的费用,由保险人承担;保险人所承担的费

---

[1] See Malcolm A. clarke, *The Law of Insurance Contracts* (Third Edition), LLP London Hongkong, 1997, p. 715.

[2] 参见覃有土主编:《保险法概论》,北京大学出版社 2001 年版,第 232 页。

用数额在保险标的损失赔偿金额以外另行计算,最高不超过保险金额的数额。”《海商法》第240条规定:“被保险人为防止或者减少根据合同可以得到赔偿的损失而支出的必要的合理费用,为确定保险事故的性质、程度而支出的检验、估价的合理费用,以及为执行保险人的特别通知而支出的费用,应当由保险人在保险标的损失赔偿之外另行支付。保险人对前款规定的费用的支付,以相当于保险金额的数额为限。保险金额低于保险价值的,除合同另有约定外,保险人应当按照保险金额与保险价值的比例,支付本条规定的费用。”

保险事故发生时,投保人或被保险人应依法通知保险人,使其采取必要措施防止损失进一步扩大,这是保险事故发生通知义务的目的所在。同时,面对危险发生,投保人或被保险人亦不应袖手旁观,尽赖保险人处理,而应主动设法防止损失扩大。这表面上直接有利于保险人,实则惠及危险团体成员之间的危险分散。在危险发生时,若人人漠然处之,必致损失扩大,最终不利于危险团体成员。如果没有保险,人们会积极救助载有自身利益之物,但是,现有保险反而不主动救助,任损失发生或者怠于施救,使本不该发生的损失发生,则有违保险的本意。保险事故发生后,保险人固然可依赖通知而采取必要措施防止损失扩大,但保险标的为被保险人所控制,在危险发生时与标的最近的人的防止损失行为可能最为及时、有效。施救人往往因为采取救助行为受有损失,为鼓励行为人对处于保险事故中的保险标的实施救助,根据《保险法》第57条第2款的规定,为防止或减少损失扩大所支付的必要的、合理的费用可以先由施救人支付,最终由保险人负担,并且独立于保险金给付义务之外。

(二)施救义务的履行

保险事故发生时,义务人对保险标的采取了必要的施救措施,即为施救义务的履行。其要件主要包括:(1)时间上,应在保险事故发生之后;(2)主观上,以防止或减少损失为目的;(3)对保险标的实施合理的、必要的救助行为,但不要求施救行为一定产生积极的实际效果。《保险法解释(四)》第6条对此作出了明确规定。[1]

(三)义务人履行施救义务的法律后果

1.保险人的施救费用承担

义务人履行施救义务的,产生保险人的救助费用承担义务。投保人、被保险人在保险事故发生时采取施救措施的费用支出,应当由保险人承担。施救费用是在保险标的出险时,义务人为防止或减少损失而支付的抢救、保护、整理保险标的的

---

[1] 《保险法解释(四)》第6条规定:“保险事故发生后,被保险人依照保险法第五十七条的规定,请求保险人承担为防止或者减少保险标的的损失所支付的必要、合理费用,保险人以被保险人采取的措施未产生实际效果为由抗辩的,人民法院不予支持。”

必要的、合理的费用。

保险人承担施救费用义务的构成要件包括:(1)义务人已对保险标的施救,即当保险事故发生后,为防止或减少损失,对保险标的采取了救助措施。(2)义务人受有损失,损失包括因施救而支出费用或破坏现有财产而发生的不利益,且损失限于合理的、必要的损失。若其支出的额度明显超出合理的标准,则其超出部分属于不合理的施救费用。只要施救费用的支出是必要的、合理的,即使未能避免损失的发生,保险人也应承担义务。被保险人为避免或减少损害而采取施救措施直接给保险标的造成的损失。例如,为防止火灾的蔓延而将未被火烧到保险房屋的一部分拆掉等,保险人对该部分损失也要承担给付义务。(3)该损失与行为之间具有因果关系。

2. 施救费用补偿范围

关于施救费用的补偿范围有全部补偿说与不能超过保险金额说。

(1)全部补偿说。该说认为,因救助出险保险标的所致的损失应依损失的实际数额全部补偿。施救费用因防止损失扩大或减小损失而生,因此,为鼓励义务人在危险发生时主动地、尽最大可能地施救,其因施救所支出的费用应足额得以补偿,否则,不利于鼓励当事人为施救行为。即使勉强为之,亦不能极尽救助之全力,若此,必不利于施救的效果。长此以往,直接害及保险人,间接害及整个危险团体。因此,只要该施救行适当(必要的、合理的),即使最终并未达到防止或减少损失的效果,其费用损失亦应由保险人全部负担。并且,该费用损失的补偿额不应以保险金额为限,以免当事人采取施救行为时踌躇不前,患得患失之间,贻误良机,不能克尽全功。

(2)不超过保险金额说。该说主张,义务人的施救费用以不超过保险金给付义务的范围为限,即当其低于保险金额时能全部获得补偿,而当高于保险金额时,则为不足额补偿。这不利于投保人或被保险人极尽全力为救助保险标的的行为。《保险法》第 57 条的规定即采此说。施救费用的数额,在保险金额以外另行计算。施救费的计算是否受保险价值、保险金额相等与否的影响,《保险法》没有明确规定,而《海商法》第 240 条规定,当保险价值与保险金额相等时,施救费的最高限额以保险金额为准;当保险价值与保险金额不相等时,即投保人未足额投保,保险金额低于保险价值,施救费应当按照保险金额与保险价值的比例计算。中国人民银行 1996 年印发的《财产保险基本险条款》(已废止)第 14 条规定:"发生保险事故时,被保险人所支付的必要、合理的施救费用的赔偿金额在保险标的损失以外另行计算,最高不超过保险金额的数额。若受损保险标的按比例赔偿时,则该项费用也按与财产损失赔偿相同的比例赔偿。"例如,投保人投保的金额相当于保险标的价值的 50%,那么,由保险人承担的施救费也以 50% 的比例计算。若被保险人支出的施救费用共 1000 元,保险人承担的部分是:

1000(元)×50% =500(元)。将施救费的计算与保险金额和保险价值的比例结合,有其合理性。当投保人不足额投保时,保险人对保险标的只承担保险金额范围内的危险,其他危险由被保险人自己承担。保险事故发生时,被保险人的施救行为不仅是为保险人的利益,也是为自己的利益而实施的,为此支出的费用也应当由双方按比例承担。

(四)违反施救义务的法律后果

被保险人履行施救义务,必须以知道或应当知道保险事故的发生为条件。一般来说,被保险人未履行施救义务的构成要件包括:主观上,已经知道保险事故发生;客观上,没有施救的行为;若义务人违反此义务致损失扩大,则保险人对扩大的损失不承担保险给付义务。此时,须考虑扩大的损失与投保人或被保险人违反该义务之间是否具有因果关系。在主观要件上,违反此义务只能要求投保人或被保险人有重大过失或故意,而不包括具体轻过失或抽象轻过失。其救助行为适当与否依一般人的标准来要求,即以危险团体成员在其相应情形下可期待的行为判断,而不应以善良管理人的注意义务要求其履行该义务。

六、提供资料或其他证据的义务

保险事故发生后,通知义务人须在法定或约定期限内将事故的发生通知保险人,保险人在接到通知后应履行保险给付义务。保险人为确定保险事故的发生、发生原因及给付范围或保全其代位权等所需的资料,应由被保险人或投保人协助提供。保险事故发生后投保人或被保险人的资料提供义务系法定义务,当事人不得以约定排除。

《保险法》第 22 条第 1 款规定:“保险事故发生后,按照保险合同请求保险人赔偿或者给付保险金时,投保人、被保险人或者受益人应当向保险人提供其所能提供的与确认保险事故的性质、原因、损失程度等有关的证明和资料。”该条也规定了对其他涉及保险事故发生资料的进一步提供的义务。该条第 2 款规定:“保险人按照合同的约定,认为有关的证明和资料不完整的,应当及时一次性通知投保人、被保险人或者受益人补充提供。”

保险事故发生后资料提供或通知义务存在的理由在于,使保险人正确估计损害范围及确定事故发生的原因或时间,以保护其法益。其性质在保险法上的评价应与保险事故发生通知义务相同。所以保险人在投保人和被保险人未依约定期限提供或告知有关资料时,不得解除合同或主张不负保险给付义务,而只能请求因此产生的损害赔偿。

第二节 保险人义务及履行

保险合同属于双方当事人互负对待给付的双务合同,在此分析其义务即为对方权利的澄明,而无须另论其权利。保险人在订立保险合同时有对保险合同内容的说明义务,此为先合同义务。在合同成立以及生效后,有保险事故发生之前的危险承担义务及各种通知义务;当保险标的的危险减少时,有减少保险费的义务。当保险事故发生后,危险承担义务具体化为给付保险金的义务以及其他给付义务,此外,还有保密义务。

一、保险事故发生之前的保险给付义务——危险承担义务

保险合同是双务合同,保险人有权取得保险费。投保人交付保险费是合同的主给付义务,与此相对应,保险人有危险承担的义务,该危险承担的主给付义务分为两个阶段,一在危险发生之前,一在危险发生之后,潜在的危险承担义务显现为保险金给付义务。

保险人的主给付义务是危险承担义务,即保险人依合同所负担的提供保险保障的义务。在保险事故发生时,危险承担表现为保险金给付。保险事故未发生的,被保险人也免除了经济上或精神上的忧虑。《保险法》第 14 条规定:“保险合同成立后,投保人按照约定交付保险费,保险人按照约定的时间开始承担保险责任。”其中的“保险责任”即危险承担义务。保险人承担的危险范围如下:

1. 基本危险

危险,系因不可抗力或不可预料之事故所致的损失。“危险”一词有多种含义,可指不可抗力或意外事故的本体,例如,车祸、洪水等;亦可指因不可抗力或意外事故所致的损失,例如,因车祸而导致身体伤残,房屋因洪水而损毁;亦可指不可抗力或意外事故(灾害)发生的可能性。而保险法上的危险,除因不可抗力或不可预料的事故所致,还须将其包括在保险合同范围内。保险人不可能承保所有危险,只有某些特定化的危险才能依大数法则计算其合理的保费,以为对价,使保险得以运行。基于保险合同属于承保范围内的危险,称为保险危险。保险危险具有如下特征:保险危险具有限定性;保险危险非仅指保险灾害本体,而是指灾害引起的损失;该损失危险已属于保险合同范围之内;该损失是对被保险人而言造成的不利后果。若灾害为保险灾害,造成损失亦应在承保范围内,只是该损失与被保险人无任何关系,则保险人无承担危险义务。任何保险合同都须将保险危险予以确定并力求明确。一般而言,灾害——不可抗力或意外事故,即“事故”本体,是损失的可能性。因灾害种类繁多,不可能尽数,因此,合同上常用抽象性名词概括,再针对具体情况将何种条件下的损失包括或排除于其承保危险范围。

保险人常在合同中通过不包括或除外条款来控制危险。技术处理上,保险人在合同中一边尽可能从正面确定保险灾害的样态,一边从反面通过不包括条款或除外条款限制承保范围。基于客观上灾害种类确定不予承保的危险为客观上的除外危险。保险危险应为偶然意外发生的损失,若损失基于当事人故意,或损失发生为其意思所支配,保险人对该损失不应当承担保险给付义务。该危险因被保险人自身行为所致,称为主观上的除外危险。如果保险人承保主观危险,可能诱发危险,有违保险本旨。因此,主观危险及其引起的法律后果皆直接在法律上规定,当事人不能以约定排除。

合同通常载明《保险法》第 33 条、第 34 条、第 43 条、第 44 条、第 45 条规定的内容,以限制承保范围。此外,《保险法》上的危险范围应当包括履行道德义务所致的损失、防损防险所致的损失。

2. 特约危险

除了以上基本的保险义务外,保险人与投保人可以在基本险基础上根据其需要特别约定扩大危险承担范围,称为特约的危险范围。特约责任,又称附加责任,是指投保人与保险人约定扩大基本危险承担范围而承保的危险。当事人在合同中就扩大的危险范围有明确约定的,依合同的约定。当事人据此另算保险费。

二、保险人的催告义务

保险合同效力终止是否从保险费迟延给付的事实发生后"立即"或"经相对人限期催告后"才发生,不同立法例有不同的处理。如 2008 年修改前的《德国保险契约法》第 39 条规定,支付保险费迟延的,应经保险人两周以上的时间催告交付,否则无效。经催告后,如果超过一定期间仍未交付保险费,保险人才可以终止合同。因此,保险人主张义务人未交付保险费而合同中止的,应证明履行了催告通知义务。经催告并设有宽限期的规定与民法上因合同迟延履行解除合同前的催告的法律价值相同,是为迟延给付人的利益而设。该规定也是为保护被保险人利益而设的相对强行性规则(或半强行性规则)。保险人不得约定与其相比对被保险人不利的内容。2008 年修改前的《德国保险契约法》关于保险人对陆续到期保险费未付的通知义务,与民法上的给付迟延催告相比,更严格。民法上的宽限期只需相当即可,而 2008 年修改前的《德国保险契约法》则规定为 1 个月。民法上的催告不以书面方式为必要,2008 年修改前的《德国保险契约法》第 39 条(1)则规定催告方式须为书面,且须送达于投保人或负有交付保险费义务的人的最后住所或居所;该书面通知还要求保险人在为催告时,须将保险费未付的效果在通知上载明,否则不生效力。《保险法》第 36 条第 1 款规定:"合同约定分期支付保险费,投保人支付首期保险费后,除合同另有约定外,投保人自保险人催告之日起超过三十日未支付当期保险费,或者超过约定的期限六十日未支付当期保险费的,合同效力中止,或者由保险人按照合同约定的条件减少保险金额。"据此,在迟延履行后续当期保险费债务时,续交保险费催告不是保险人的法定义务,仅为计算合同效力中止宽限期的起算点的方法。

三、危险减少时减收保险费的义务

《保险法》第53条规定:"有下列情形之一的,除合同另有约定外,保险人应当降低保险费,并按日计算退还相应的保险费:(一)据以确定保险费率的有关情况发生变化,保险标的危险程度明显减少的;(二)保险标的的保险价值明显减少的。"危险高低,是计算保险费的重要基础。危险增加时,固然存在义务人的通知义务,保险人则有解除合同或增加保险费的权利。而当危险减少时,投保人或被保险人虽无通知保险人的义务,但可以请求保险人重新评估危险,确定其保险费给付义务的范围,减轻其义务负担,以求公平。若保险人不同意,投保人可以根据《保险法》第15条的规定解除保险合同。而我国台湾地区"保险法"第26条规定,保险费依保险契约所载增加危险之特别情形计算者,其情形在契约存续期内消灭时,要保人得按订约时保险费率,自其情形消灭时起算,请求比例减少保险费。保险人对于前项减少保险费不同意时,要保人得终止契约。其终止后之保险费已交付者,应返还之。依此,投保人可终止合同。

四、保险事故发生后的保险给付义务——保险金给付义务(危险承担的具体化)

(一)危险事故与保险给付义务之间的因果关系

当保险合同约定的给付保险金的条件成就时,保险人承担的保险给付义务即由应然存在转化为实际履行。该给付的履行条件即保险合同约定的危险事故在保险期间内发生。

1. 民法上因果关系的价值

在保险合同履行中,保险事故发生时的保险金给付是保险人的主要义务。在危险发生后,首先须确定该危险是否属于承保危险范围之内,因危险发生所致不利益是否为被保险利益,以及受有损失的程度与范围。其中,最重要的是确定保险事故与损失之间的因果关系,即损失是否因保险事故(承保危险)所致。若承保危险与损失之间具有因果关系,保险人则须负保险金给付义务。否则,保险人无保险金给付义务。

保险法为民法特别法,保险法上的因果关系须以民法上因果关系的理论学说为基础。在一般民法上,在民事责任的归结中,侵权或违约行为发生与损害之间,即侵权或违约的原因事实与损害后果之间须具有因果关系。若损害结果与原因事实之间无因果关系,则不构成损害赔偿责任。因此,因果关系问题在民法中的作用首先在于确定是否成立民事责任。其次,因侵权或违约的原因事实致损害发生,若允许行为人对该损害引发的其他损害负责,则其所负责任过分伸延。例如,第三人身体为被保险人驾驶的汽车所伤,在医院救治时发生医疗费用的损失,该侵权行为与医疗费用支出之间具有因果关系。但若该病人在医院期间因感染某种病菌而破坏脑神经,导致住院期间杀伤同房病人,毁坏医院医疗器具。此时,则须考虑加害人是否对该损害负责。若因该加害人的一次过错行为,要对如此绵延不绝的损害负责,将使其陷入万劫不复的境地。因此,民法上要求对于加害行为与第一次损害后果和后继延伸的损害之间亦须具有因果关系。此种意义上的因果关系,在于限制行为人的责任范围。因此,在民法上,因果关系的功能在于确定损害赔偿责任是否成立,以及对其责任范围进行限制。

2. 保险法上因果关系的意义

在保险法上,其因果关系发挥的功能与一般民法上并非完全相同。当事人对保险合同承保的危险发生所致损失负担的给付义务范围有明确的约定,一般不会出现限制其给付范围的问题。因此,保险法上因果关系的重要功能在于确定保险给付义务是否成立,而不是限制保险给付义务范围。民法上一般并不规定赔偿责任的最高限额,只要构成损害赔偿责任,无论额度多少,赔偿责任人皆须负担。在保险法上,有保险金额限制保险给付义务的范围,因此,不同性质的损失及其给付范围几乎由保险法明确规定或保险合同明确约定。因果关系所解决的问题一般是判断某一保险危险是否与损失结果之间具有法律上的因果关系,从而确定保险人是否承担保险金给付义务。至于因此损失再延伸的损失范围是否仍由保险人负给付义务则由法律规定或合同约定。

3. 关于因果关系的三种学说

(1)条件说。在哲学或自然科学意义上的因果关系,即一事件与另一事件引起与被引起的关系链条。引起者为因,被引起者为果。其包括某结果的发生无法排除的所有因素,即若无此因素则无此结果发生。按此说,任一无法排除的因素都是结果发生的原因。并且,每一因素对结果的发生具有因果作用。例如,学校发生火灾,学生放假外出到长白山旅行游玩,登长白山坠入天池而发生意外死亡。若学校不发生火灾,则不会出去游玩登山,不登山则不会意外坠山死亡。则火灾是死亡结果的因素之一,此因素对于结果的发生无法排除,因此,火灾与学生死亡之间具有因果关系。若依条件说,则保险人对因一危险发生所致的延伸结果皆负保险给付义务,即对缔约当事人依一般人的观念无法预料的危险事实的连锁反应所致损失都应负责,其关于因果关系的标准范围过大。

(2)适当因果关系说。针对条件说的不足,19 世纪末期以后,法学家将生理学家提出的把造成结果的各项条件因素再予以个别评价来确定因果关系的想法理论化,以适用于法律上的损害赔偿责任的确定,即为“适当因果关系说”或“相当因果关系说”。该说认为,事故发生时,依一般人的观念显然适当的以非不重要的方式提升该结果发生的可能性的条件是结果发生的原因。[1] 从反面来说,也就是以一

〔1〕 参见江朝国:《保险法论文集》(一),台北,瑞兴图书股份有限公司 1997 年版,第 264 页。

般客观情形而言,若某事实对后果的发生无任何重要关系,只有加上特别因素才能构成结果发生,则不能构成适当条件,法律上的因果关系不能成立。此学说在民法上经学术界的认可和判决确定后,对保险法上的因果关系影响至深。有观点认为,陆上保险应适用该学说。[1]

该说以一般客观观念为判断标准,认为其他只有在特殊情况下才能造成某结果的,为保险合同当事人不能考虑的因素所致的损失,不能构成保险人给付义务的因果关系。但亦有学者反对将其适用于海上保险与陆上保险。其认为,固然须就所有导致损失发生的条件加以个别评价,找出适当条件。但若将适当条件界定为依一般客观观念,不附加其他特殊情形,也可能引发该结果的因素,则可能发生某一结果可能同时具备多种相当条件的情况。这会造成如何判断保险人是否负保险给付义务的困扰。所以其不仅不适用于海上保险,也不适用于陆上保险。[2]

(3)最近因果关系说。针对适当因果关系说存在的问题,出现了所谓的最近因果关系说,有学者亦称为海上保险中的近因原则理论。其要旨在于从多数适当条件中找出唯一具有法律效果的原因事实——最近因果关系。若该原因事实属于保险合同所承保的范围,则保险人须负保险给付义务。反之,保险人无义务。海上保险中之所以产生近因问题,在于海上保险事故的发生多由各种原因事实的结合所致。例如,海上灾难与人为因素等。如依相当因果关系说,一般客观观念皆可能造成损失的结果,即适当条件与损失结果之间皆有法律上的因果关系。若该各种适当条件都属于承保范围,不生问题。若其中有的不属于承保范围,则保险人对因该条件引起的损失是否成立保险给付义务,要通过近因原则来找出单一的条件为具有法律效果上的条件,其他则为远因。大陆法系海上保险中的近因理论源于英美法系,其理论渊源可上溯至14世纪初期民法解释学者的著述中。[3] 近因理论经历了如下演化过程:时间上的最近原因。早期的近因理论认为,结果由多种原因事实引起时,以最后发生的事实作为结果的原因条件。其以时间先后作为判断尺度解决因果关系问题,易于解决原因与结果的锁状顺序关系链条的情形,若其以网状形态出现,则难以适用。效果上的最近原因。为弥补时间上最近原因的不足,该说认为,近因并非以时间的顺序性作为判断标准,而是就原因事实与结果事实之间的效果来判断,即在各种原因事实并存时,以对结果发生具有最重要影响的条件为法律效果上的原因。近因理论传入大陆法系后始遭反对,后为多数人所肯认。

德国学者认为,保险法上的因果关系应将英美的近因与相当因果关系说予以

---

[1] 参见江朝国:《保险法论文集》(一),台北,瑞兴图书股份有限公司1997年版,第265页。
[2] 参见江朝国:《保险法论文集》(一),台北,瑞兴图书股份有限公司1997年版,第266页。
[3] 参见江朝国:《保险法论文集》(一),台北,瑞兴图书股份有限公司1997年版,第267页。

融合,即将英美法上直接就各种原因事实中选出近因的方式转而变为将其限定在适当原因事实中寻找,既补充了适当条件说的不足,又以一般观念判断原因事实与结果事实间的因果关系。[1] 也就是说,一结果源自多种条件,若条件中只有一个为适当,则该适当条件为近因,无适用近因原则的余地;而若多种原因皆适当,则须以其中最有效力的为近因(以一般通念,不可避免地引起结果发生的原因事实,如达到50%以上),即多种条件都可能造成损失结果,而其中一条件致损失结果的可能性超过50%,则其他必低于50%,故不能产生多因。但是,当多种条件都为50%以下或各占50%时,则又陷入相当因果关系说。

某一损失结果的发生可能因数个原因事实引起。若数个原因皆为保险合同所承保的危险,皆为适当条件,保险人当然应负给付义务。若数个原因事实中,一个原因为所承保危险,其他则不是,在学说上有不同见解。一说认为,既然数个原因之一为适当条件,则该损失亦由该原因条件引起,保险人自应负合同义务。另一说认为,保险人应该只就承保危险所致损失占全体损失的比例负给付义务。[2] 大陆法系保险法学的通说是承保危险事故与损失之间既具有相当因果关系,又符合其他给付条件时,保险人给付义务的要素具备,当然负保险给付义务。至于该事故是否可单独造成该损失结果或其致损条件在致损结果中所占的比例则无需讨论。当承保危险与未承保危险并存造成损失结果时,若未承保危险为保险合同明确约定或法律明确规定为不包括危险的,则适用不包括危险占优的原则,保险人不构成给付义务。这种观点的理由在于,承保危险与不承保危险并存造成损失,但以承保危险与损失之间具有相当因果关系为构成保险人给付义务成立的必要条件,进而决定保险人是否负保险给付义务,符合保险合同的目的。若承保危险与法律明确规定或合同明确约定的不包括危险并存致损时,则依保险合同的目的可推知,双方当事人对不包括危险的评价显然不同于属于不包括危险以外的不承保危险。未被法律明确规定或合同明确约定的不承保危险虽然都是在某种程度上属于不包括危险,但该种未明确的不包括危险与明确的包括危险相较之下,明确的包括危险的效力明显高于不明确的不包括危险。而明确包括危险与明确的不包括危险冲突时,可推知当事人有意在缔约时以不包括危险的约定排除包括危险所具有的危险,因此,若损失发生,由包括危险与明文规定的不包括危险并存引起,两者皆为适当条件时,保险人不负给付义务。数个原因引起损失结果发生,而其中一原因为明文规定的不包括危险,则此不包括的效力优于其他。

因此,保险法上的因果关系在理论与实务中,以适当条件说加近因说来予以补充。因果关系说实际上以大陆法上的适当因果关系说与英美法上的近因理论为补

---

〔1〕 参见江朝国:《保险法论文集》(一),台北,瑞兴图书股份有限公司1997年版,第268页。

〔2〕 江朝国:《保险法论文集》(一),台北,瑞兴图书股份有限公司1997年版,第269页。

充,在判例中则由法官据此以自由裁量权来解决。民法上因果关系理论中的适当因果关系说原则上适用于保险法。海上保险主要适用近因原则。

(二)保险金给付范围

保险金给付义务是保险人依保险合同而生的危险承担义务的具体化。在定额保险中,保险事故发生后,保险人皆以金钱给付为保险给付义务的履行。定额保险并非与人身保险同义,人身保险中的健康保险或意外伤害保险中的实支实付型医疗费用保险亦属于损失填补性保险。保险人应给付的范围只限于实际产生的损失数额。在损失填补性保险中,保险人履行义务以金钱给付为原则,例外情况以其他方式给付,例如,恢复原状。保险人可在合同中约定,若损毁可恢复的,以修复至损毁发生前与原状相似的状况为给付。

给付的范围一般限于保险合同双方当事人所约定的保险金额内,损失保险不得超过被保险人所受的损失范围。在损失范围确定后,还需考虑保险金额和保险价值之间的关系,是否有不足额保险与超额保险的情形存在。若有,则须按比例给付。保险人在保险事故发生之后所负的给付义务最高不能超过保险金额。

保险法上的救助费用,指投保人或被保险人在保险事故发生时为防止或减少损失为必要行为所支出的费用损失。此种费用由保险人承担。保险事故发生时,为抢救保险标的或防止灾害蔓延,在采取必要而合理的措施时对保险标的所致的损失,仍由保险人承担。例如,在发生火灾时,保险标的在抢救过程中遭受碰撞所致的损失。关于承担费用的范围,有不超过保险金额说与实际支出说。前者主张救助费用由保险人在不超过保险金额范围内负担;后者主张该救助费用由保险人承担,并不以保险金额为限,即使其救助费用超出保险金额亦应由保险人承担。保险人除了就损失需承担给付义务外,评估损失费用亦应承担。

(三)给付保险金的期限

保险人给付保险金的数额一经确定,并与权利人达成协议,即应分下列情形履行给付义务:(1)保险合同中明确约定保险金给付期限的,保险人应当在合同约定的期限内给付。(2)保险合同中没有约定保险金给付期限的,保险人应依法律规定的期限给付。《保险法》第23条第1款规定,保险人与被保险人或受益人达成有关给付保险金额的协议后10日内,应履行给付保险金义务。

根据《保险法》第23条、第24条的规定,保险人在接到投保人、被保险人或受益人的出险通知及给付请求后,应立即对事故进行调查,确定是否属于给付义务的范围。对属于保险给付义务范围的,应及时作出给付决定;对不属于保险给付义务范围的,应当自作出核定之日起3日内向被保险人或者受益人发出拒绝给付保险金通知书,并说明理由。情形复杂的,应当在30日内作出核定,但合同另有约定的除外。《保险法解释(二)》第15条明确,此处的30日核定期间,应自保险人初次收到索赔请求及投保人、被保险人或者受益人提供的有关证明和资料之日起算,应当扣除投保人、被保险人或者受益人补充提供有关证明和资料期间。扣除期间自保险人根据《保险法》第22条第2款规定作出的一次性补充提供证明和资料的通知到达投保人、被保险人或者受益人之日起，至投保人、被保险人或者受益人按照通知要求补充提供的有关证明和资料到达保险人之日止。根据《保险法解释(二)》第18条规定，就当事人提供的行政管理部门依据法律规定制作的交通事故认定书、火灾事故认定书等证明资料，人民法院应当依法审查并确认其相应的证明力，但有相反证据能够推翻的除外。

权利人根据保险合同享有的保险给付请求权属于债权请求权，适用诉讼时效。《保险法》第26条规定，人寿保险以外的其他保险，在发生保险事故后，被保险人或受益人向保险人请求给付的权利，适用2年的时效期间；人寿保险，适用5年的时效期间。时效期间以被保险人或受益人知道发生保险事故之日起开始计算。海上保险被保险人享有的给付请求权适用《海商法》第264条规定的2年的诉讼时效期间，其自保险事故发生之日起计算。

保险人应当将核定结果通知被保险人或者受益人。解释上，一般认为适用近因原则确定给付的性质及其归属，即被保险人因危险事故发生而遭受经济损失或人身伤害的，能否从保险人处得到补偿，取决于危险事故的发生与损失结果形成之间是否存在直接的因果关系。危险事故的发生与损失结果之间存在直接因果关系，保险人就应当承担保险给付义务。

(四)给付保险金的数额

通过对事故发生原因的调查，保险人认定属于保险危险范围而应为保险金给付的，应依约及时确定给付保险金的具体数额，财产保险合同是补偿性合同，保险金给付须贯彻损失填补原则，即补偿的结果不得使被保险人额外获利。保险人给付保险金额的确定，应当以合同约定的保险金额以及被保险人实际遭受的损失(保险标的的损失程度)为依据。人身保险合同中除具有补偿性的险种外，基本上属于给付性合同(定额保险)，其保险金数额的确定应当依约定。由于保险金数额的确定关系被保险人或受益人的切身利益，亦关系保险人义务能否顺利履行，一般情况下，保险人需就此问题在依合同约定前提下，与合同权利人进行协商解决。

(五)未及时履行保险金给付义务的法律后果

《保险法解释(二)》第19条规定，保险事故发生后，被保险人或者受益人可以根据侵权或违约等责任关系向第三人请求承担损害赔偿责任，也可以根据保险合同向保险人请求给付保险金。如果对保险人提起诉讼，保险人不能以被保险人或者受益人未要求第三人承担责任为由抗辩不承担保险责任。财产保险事故发生后，被保险人就其所受损失从第三人取得赔偿后的不足部分可以提起诉讼，请求保险人补偿。《保险法解释(二)》第20条规定，保险公司依法设立并取得营业执照的分支机构可以作为保险合同纠纷案件的当事人参加诉讼。

保险人未及时履行保险金给付义务的，除支付保险金外，应当赔偿被保险人或者受益人因此受到的损失。

（六）保险金的先予给付

1. 保险金先予给付的含义

保险金的先予给付，又称“预付赔款”，[1]是指保险人对给付请求权人提供的证明、资料进行认定后，认为事故属于保险给付义务范围，在最终确定给付金额之前，预先给付其可以确定的最低数额的金钱。保险事故发生后，被保险人或受益人向保险人提供有关证明、资料请求给付。保险人对有关证明、资料进行审核后，如果给付金额可在短时间内确定，保险人可以在核定后一次性支付全部金额。但在某些情况下，给付金额在短期内无法确定，例如，海上保险中发生共同海损事故，往往需要一年或更长时间才能理算完毕。在保险人与被保险人或受益人对给付金额发生争议情况下，经协商、仲裁或诉讼等程序解决，亦须一定时间。例如，机动车车体损失保险或机动车第三者责任保险中，若发生保险事故致车身受损，亦产生对第三人的赔偿责任。即使保险人与被保险人对车身损失给付金额达成协议，对第三人责任的给付金额仍有可能存在争议。保险事故发生时，被保险人往往需要资金恢复生产或生活。若保险人须经过较长时间才能最终确定给付金额，被保险人若为企业，有可能停产、停业；若为自然人，可能生活已陷入困境。为此，保险人应依可确定的最低给付金额预付，待全部给付金额最终确定后，再补足差额。

2. 保险金的先予给付的立法目的

因保险事故发生而给被保险人造成损失的，被保险人正常的生产或生活必然遭致影响。若被保险人能从保险人处得到及时给付，其正常的生产或生活就有机会尽快恢复。据此，《保险法》规定了保险金先予给付。

3. 保险金先予给付的要件

保险金先予给付的适用条件包括：

（1）须已经认定事故属于保险给付范围内。若事故是否属于保险范围尚不能确定，须先认定事故是否属于保险范围，否则不能适用预先给付。

（2）须在收到给付请求或有关证明、资料60日不能最终确定给付金额。保险金先予支付有其特定的适用条件，即必须是在法定期限内对给付的数额不能确定。这一法定期限就是自收到给付保险金的请求和有关证明、资料之日起60日。不具备法律规定的条件，就不存在先予支付。保险人收到权利人请求给付时提供有关证明、资料后，若认为不完整，可以要求补充提供。在证明、资料完整后，保险人应及时进行调查、核定。若在60日内已经认定事故属于保险范围，只是不能确定最终给付金额，就应适用预先给付，或者自被保险人提供的给付请求的证明、资料完

---

[1] “赔款”“预付赔款”是保险公司业务中的习惯称呼，实际上为保险合同的先予给付义务。

整齐全之日起60日内，若保险人不能提供相反证明，即应预先给付。

(3)预付金额是可以确定的给付的最低数额。由于预付金额一旦履行，若将来确定的最终给付金额低于预付金额，则势必增加保险人追回多付的预付给付的成本，甚至不能追回。所以，预付金额一般不超过可以确定的最低给付金额。

(4)预付金额须从最终给付金额中抵销。最终给付金额系指保险人最终确定应对保险事故给付的保险金总额。最终给付金额确定后，保险人应完全履行给付义务。由于此前已先行给付部分数额，所以保险人应从最终给付金额扣除已预付的金额，只向权利人给付最终确定的保险金额与预付金额间的差额。预先给付是保险业的惯例。《保险法》对预先给付迟延履行的责任予以规定。保险人未依合同约定或者法律规定的期限给付保险金的属于违约，应承担违约责任。根据《保险法》第23条第2款规定，保险人未及时履行给付保险金义务所应承担的违约责任，包括承担给付保险金以及赔偿被保险人或者受益人因此受到的损失。

五、保险事故发生后的其他费用承担义务

给付保险金是基于保险合同的基本义务。此外，在特定情形下，保险人还应当承担其他费用。

(一)施救费用

在保险事故发生时，义务人为防止或减少损失继续发生，采取施救措施而支出必要的、合理的费用，应当由保险人承担。[1]

(二)为查明和确定保险事故的性质、原因和保险标的损失程度所支付的必要的、合理的费用

查明和确定保险事故的性质、原因和保险标的损失程度是保险人履行合同义务的一个必经程序。勘查和确定的结果关系到保险人是否承担保险给付义务以及义务的额度，这亦影响到被保险人的利益。确定保险事故的性质、原因和保险标的损失程度一般由保险人与被保险人协商进行。若协商不成，当事人可能会请有关的技术专家或公估机构的技术人员进行专业调查和评估。《保险法》第64条规定，不论是应保险人的请求还是应被保险人的请求而为的专业调查和评估，为此而支出的必要、合理的费用，均应由保险人承担。

(三)仲裁或者诉讼费用

依《保险法》第66条规定，在责任保险合同中，因被保险人给第三人造成损害的保险事故发生而被提起仲裁或者诉讼的，除合同另有约定外，由被保险人支付的仲裁或者诉讼费用以及其他必要的、合理的费用，亦由保险人承担。

---

〔1〕 施救费用的具体范围详见第六章第一节“投保人义务及履行”中的保险事故发生时的施救义务部分。

六、保密义务

保险人与投保人订立保险合同和再保险合同时,要向投保人询问保险标的或被保险人的有关情况,义务人也应当如实告知。保险人难免知悉投保人、被保险人或受益人的业务情况(当其为法人或其他组织时)、财产情况或被保险人个人的身体状况。同样,再保险人对原保险人及原保险合同中的投保人、被保险人、受益人的商业秘密或个人隐私等难免有所了解。只要投保人、被保险人不愿将这些情况对外公开或传播,保险人或再保险人及其工作人员依法应负保密义务。《保险法》第116条规定:"保险公司及其工作人员在保险业务活动中不得有下列行为:……(十二)泄露在业务活动中知悉的投保人、被保险人的商业秘密……"

第三节 保险合同的解释

一、保险合同解释的含义及其必要性

保险合同的解释,系对保险合同内容(表现为格式条款或其批注)的理解和说明。

合同解释的必要性在于合同的条款内容具有抽象性。抽象性的条款内容反复适用于不同的保险标的、被保险人、投保人,而当危险发生时,针对每个具体合同的个别情况如何适用,必将导致抽象的合同条款转化为个别事实的具体运用。这一过程是通过合同解释来完成的。保险合同解释的必要性还在于保险合同内容的专业性特点。专业的合同用语使得未受过专门保险知识训练的合同相对人无法准确了解合同的具体含义。同时,合同用语是通过自然语言来表述的,而自然语言本身具有多义性,同一自然语言在不同场景下会有不同的意义。自然语言的多义性导致针对个别案件可能出现不同的人对同一自然语言理解上的差别,当其意义理解涉及权利义务的时候,即须对其进行解释。这是合同解释存在的根本原因。

合同解释在其发展理念上曾历经意思主义到表示主义的转变。意思主义解释原则认为,在合同中当事人的行为目的是使其意思表现于外,故其行为仅在正确表达意思的范围内方有价值。若其表示行为不合于其内心真意,即其意思与表示不一致,则应尊重其意思。否则,其表示行为非其本意,而以强力加诸其身,迫使其受非真意的表示行为拘束,有违当事人意思自由的实现。据此,合同解释应探求行为人的内心真意。而在探求其真意过程中,应从当事人缔约时的主观上去认定,而不应从缔约时或缔约后的客观情况去推定。表示主义则认为,合同乃当事人间的合意,基于其合意而受约束,但其合意并不是一种心理状态,而是行为。其内心的意思是从行为中推断出来的。要判断当事人的内心意思,"不是看他心里想什么,而

是要看他说过什么,写过什么,做过什么”。[1] 我国学者对合同解释力主采客观主义与主观主义标准相结合的原则。针对保险合同的解释而言,一般认为,基于保险合同的格式性,一方面,保险合同条款在一定时间里反复适用于不同的人、不同的保险标的,从而具有一定客观性,亦限制了对其过分考虑个别主观标准去解释;另一方面,保险合同的内容有的需经保险监管机构批准,有的需经备案,以保证合同内容不得侵害公共利益,而强调个体利益的主观标准与此相悖。所以,在解释上应注重客观标准。

保险合同通常应遵循一般合同的解释原则进行解释。基于保险合同的特殊性,也有自己的特殊解释原则。

二、保险合同的解释方法

(一)文义解释

文义解释,系指在保险合同内容中,若其用语与合同目的无明显的冲突或违背,一般应按该用语最常用、最普遍的含义进行理解的一种解释方法。当保险合同内容发生争议而条款文字表述又很明确时,首先应按照该用语的文义进行理解。在同一合同中若数次出现同一用语,其理解应保持一致。文义解释方法构成解释保险合同条款的基本方法。

保险条款的文字含义不清或文字的多义性是解释的通常原因。此外,保险条款之间亦会发生冲突,需经解释确定合同内容。根据《保险法解释(二)》第 14 条的规定,保险合同中记载的内容不一致的,按照下述规则认定:

(1)保险合同的书面约定与口头约定不一致的,以书面约定为准。

(2)投保单与保险单或者其他保险凭证不一致的,以投保单为准。但不一致的情形系经保险人说明并经投保人同意的,以投保人签收的保险单或者其他保险凭证载明的内容为准。

(3)非格式条款与格式条款不一致的,以非格式条款为准。

(4)保险合同的条款内容因记载方式不一致的,按照批单优于正文、后批注优于前批注、加贴批注优于正文批注、手写条款优于打印条款的规则解释。

(5)若保险合同由数份文件构成而发生冲突,保险合同的条款内容因记载时间不一致的,时间上在后的文件优于时间上在前的文件。

(二)专业解释

在保险合同的用语中,有些日常用语由于保险技术性已经成为该领域的专业用语时,其含义应按该行业通用的含义进行解释而与一般生活用语不同。例如,《机动车辆保险条款解释》(保监发〔2001〕102 号)关于“自燃”的定义是:“没有外界火源,保险车辆也没有发生碰撞、倾覆的情况下,由于保险车辆本身漏油或电器、

---

〔1〕 王家福:《合同法》,中国社会科学出版社 1986 年版,第 65 页。

线路、供油系统、载运的货物等自身发生问题引起的火灾。”又如“暴风”，在保险危险中的意义并非指通常含义的“非常大的风”，而是指风速在 17.2～20.7 米/秒（相当于风力表中的 8 级风）的风，若小于该标准，则不属于保险危险的“暴风”。而按照气象部门制定的风力等级表的规定，暴风系指风速在 28.5～32.6 米/秒的风，即风力等级表中的 11 级风。

（三）目的解释

目的解释，即当合同中的用语含混不清而按其文义解释会背离合同目的时，应根据合同内容与合同订立时的背景材料进行逻辑分析来推断缔约时当事人的真意，由此说明和理解合同内容。目的解释只适用于合同的条款用语混乱、模糊而导致当事人对同一条款所表述的实际意思理解有分歧的情形。若文字表达清楚，须依字面意思进行解释。目的解释体现了对当事人意思的尊重。

（四）疑义不利解释

疑义不利解释，即当事人对保险合同条款内容发生争议，运用文义解释、目的解释等不能合理解决的，对条款用语应作出不利于保险人的解释。疑义不利解释来自古罗马的谚语：“有疑义应为表意人不利益之解释”，又称“疑义利益解释”。就非起草人的角度而言，即对含混的合同用语做有利于非起草人的解释。对非起草人有利，即对起草人不利，因此，对起草人而言，为不利解释。[1]《保险法》第 30 条规定：“采用保险人提供的格式条款订立的保险合同，保险人与投保人、被保险人或者受益人对合同条款有争议的，应当按照通常理解予以解释。对合同条款有两种以上解释的，人民法院或者仲裁机构应当作出有利于被保险人和受益人的解释。”不利解释在于因保险合同格式化客观上造成投保人在缔约时只有选择与不选择的自由，合同自由原则受到实际上的限制。同时，合同内容由保险人拟定，其应当比相对人更充分地理解合同内容，也可能因此使用更有利于自己的方式表达其内容。为危险团体提供安全保障又涉及危险团体成员生活的安定，使保险合同的私人性有社会化的特点，应对其缔约过程中的不利地位进行救济。因此，不利解释在实际上是对其不利的缔约地位在司法过程中的救济手段，以此控制合同内容。

适用不利解释的基本条件如下：

（1）只有采用保险人提供的格式条款订立的保险合同，保险人与投保人、被保险人或者受益人对合同条款有争议的，才可以适用不利解释。

（2）当格式条款内容的用语本身有歧义，按照文义解释存在两种以上相互冲突的最通常、最普遍的含义，合同当事人的目的通过该用语难以表明时，才可以适用不利解释。若用语明确，无歧义，无须适用。若该用语含混不清，经当事人解释

---

〔1〕 参见徐卫东主编：《商法基本问题研究》，法律出版社 2002 年版，第 354 页。

清楚而被排除亦无须适用不利解释；若当事人用文义解释、目的解释等方法可以澄明该用语，亦不必适用不利解释，即合同用语双方的理解都是合理的情况下作出解释。[1]

(3)须对保险人相对一方当事人予以必要限制。若保险人的相对方不属于缔约上的弱者，不利解释失去基础，不适用不利解释。[2] 例如，保险人的相对人是一个类似大公司的组织，聘请专门律师为其缔约。

至于格式条款中非保险专业术语的专业解释与不利解释之间的关系，《保险法解释(二)》第17条规定："保险人在其提供的保险合同格式条款中对非保险术语所作的解释符合专业意义，或者虽不符合专业意义，但有利于投保人、被保险人或者受益人的，人民法院应予认可。"

▶ 法考链接

1. 甲公司交纳保险费为其员工张某投保人身保险，投保单由保险公司业务员代为填写和签字。保险期间内，张某找到租用甲公司槽罐车的李某催要租金。李某与张某发生争执，张某打碎车窗玻璃，并挡在槽罐车前。李某怒将张某撞死。关于保险受益人针对保险公司的索赔理由的表述，下列哪些选项是正确的？(2013年卷三76题，多选)

A. 投保单虽是保险公司业务员代为填写和签字，但甲公司交纳了保险费，因此保险合同成立

B. 张某的行为不构成犯罪，保险公司不得以此为由主张免责

C. 张某的行为属于合法的自助行为，保险公司应予理赔

D. 张某的死亡与张某的行为并无直接因果关系，保险公司应予理赔

【解析】通常，投保人填写投保单交于保险人为投保，经保险人承保，保险合同成立。未约定附条件或附期限的，合同自成立时即生效。保险公司业务员代投保人填写投保单的内容，并签字，投保人向保险人交付保险费的行为表明对自己投保的确认，合意达成，保险合同成立。A正确。张某作为人身保险的被保险人，为了替公司追回债款，采取了打碎李某租用的槽罐车玻璃窗等行为，虽不适当，构成民事侵权行为，但尚未构成犯罪。《保险法》第45条规定："因被保险人故意犯罪或者抗拒依法采取的刑事强制措施导致其伤残或者死亡的，保险人不承担给付保险金的责任。投保人已交足二年以上保险费的，保险人应当按照合同约定退还保险单的现金价值。"据此，保险人应按照合同约定给付保险金。B正确，C错误。张某

---

[1] 参见徐卫东主编：《商法基本问题研究》，法律出版社2002年版，第365页。

[2] 参见徐卫东主编：《商法基本问题研究》，法律出版社2002年版，第367页。

死亡的直接原因在于李某开车故意碰撞,而不是其打碎车窗玻璃并挡在槽罐车前的行为,D 正确。

【答案】ABD

2. 姜某的私家车投保商业车险,年保险费为 3000 元。姜某发现当网约车司机收入不错,便用手机软件接单载客,后辞职专门跑网约车。某晚,姜某载客途中与他人相撞,造成车损 10 万元。姜某向保险公司索赔,保险公司调查后拒赔。关于本案,下列哪一选项是正确的?(2017 年卷三 34 题,单选)

A. 保险合同无效

B. 姜某有权主张约定的保险金

C. 保险公司不承担赔偿保险金的责任

D. 保险公司有权解除保险合同并不退还保险费

【解析】A 项考查保险合同是否有效。保险合同成立,不具备《民法典》第 144 条、第 146 条、第 148 条至第 150 条、第 153 条和第 154 条规定的情况。A 项错误。

BCD 项考查被保险人违反危险显著增加通知义务的责任。本题姜某违反危险显著增加通知义务,根据《保险法》第 52 条的规定,保险标的的危险程度显著增加的,被保险人应当按照合同约定及时通知保险人,保险人可以按照合同约定增加保险费或者解除合同。保险人解除合同的,应当将已收取的保险费,按照合同约定扣除自保险责任开始之日起至合同解除之日止应收的部分后,退还投保人。

被保险人未履行前款规定的通知义务的,因保险标的的危险程度显著增加而发生的保险事故,保险人不承担赔偿保险金的责任。B 项错误,C 项正确,D 项保险公司解除合同的,应当将其已收取的保险费,按照合同约定扣除自保险责任开始之日起至合同解除之日止应收的部分后,退还投保人。D 项错误。

【答案】C

3. 甲公司投保了财产损失险的厂房被烧毁,甲公司伪造证明,夸大此次火灾的损失,向保险公司索赔 100 万元,保险公司为查清此事,花费 5 万元。关于保险公司的权责,下列那些选项是正确的?(2016 年卷三 76 题,多选)

A. 应当向甲公司给付约定的保险金

B. 有权向甲公司主张 5 万元花费损失

C. 有权拒绝向甲公司给付保险金

D. 有权解除与甲公司的保险合同

【解析】ACD 项考查夸大保险事故损失的法律责任。《保险法》第 27 条第 3 款和第 4 款规定:“保险事故发生后,投保人、被保险人或者受益人以伪造、变造的有关证明、资料或者其他证据,编造虚假的事故原因或者夸大损失程度的,保险人对其虚报的部分不承担赔偿或者给付保险金的责任。投保人、被保险人或者受益人有前三款规定行为之一,致使保险人支付保险金或者支出费用的,应当退回或者赔偿。”保险人只对虚报的部分不承担给付保险金的责任，实际损失部分应当按照约定给付保险金，保险人不享有解除保险合同的权利。因此，A 项正确，CD 项错误。

B 项考查保险公司调查费用的承担。根据《保险法》第 27 条第 4 款规定，夸大损失致使保险人支付保险金或者支出费用的，应当退回或者赔偿。题中甲公司伪造证明，虚报、夸大损失，保险公司因此花费的调查费用，不属于为查明和确定保险事故损失而支付的必要、合理费用，应当由甲公司承担，B 项正确。

【答案】AB

▶ 拓展思考

X 以其厂房向 Y 财产保险股份有限公司投保火灾保险，合同中约定应加装防火喷水装置，并确保其能够正常使用。合同订立后，X 并未配备人员对该设施进行日常检查，也未采取维护措施。后来发生火灾，启动喷水设施，没有反应，导致其厂房全部焚毁。X 向 Y 请求保险给付，保险人以 X 未尽施救义务而拒绝保险给付。根据《保险法》，如何处理本案？

第七章　保险合同的效力变动

▶ **教学目的**

理解保险合同的变更、终止,掌握保险合同的转让、中止、复效和解除。

▶ **教学重点**

保险合同的转让,保险合同的中止,保险合同的复效,保险合同的解除。

第一节　保险合同的变更

学理上,合同变更有广狭两义。广义的合同变更包括合同内容和主体的变化,而主体的变化实际上属于合同权利、义务的转让。狭义的合同变更仅指合同内容的变化,不包括合同主体的变化。我国保险立法史上,《财产保险合同条例》(已失效)第9条前半段规定:“在保险合同有效期内,投保方和保险方可以协议变更保险合同的内容。”曾有解释认为:“保险合同的变更是指保险合同的存续期间,其主体及内容有所变更。”[1]《民法典》第543条规定:“当事人协商一致,可以变更合同。”解释上,此处的合同变更仅指合同内容的变化。主体变化称为债权转让、债务转移或合同的权利和义务一并转让。《保险法》第20条规定:“投保人和保险人可以协商变更合同内容。变更保险合同的,应当由保险人在保险单或者其他保险凭证上批注或者附贴批单,或者由投保人和保险人订立变更的书面协议。”据此,变更仅指变更保险合同内容,主体变更称为保险合同的转让。保险合同订立后,可能出现情况变化,当事人对合同内容进行补充或修改。其与罗马法上的更改概念相异。罗马法上,合同变更指消灭旧合同而成立新合同,包括合同债权人的更改、合同债务人的更改以及合同内容的更改。[2] 后世立法关于合同更改的法律规定多仿罗马法。《法国民法典》专设一节规定债的更改。变更后的合同应与原合同

---

〔1〕 庄咏文主编:《保险法教程》,法律出版社1986年版,第92页。

〔2〕 参见王家福主编:《民法债权》,法律出版社1991年版,第62页。

具有同一性，若无同一性，则为债的更改，而非债的变更。[1] 债的更改，发生旧债关系消灭和新债关系产生的效果。债的更改为债的消灭原因，而债的变更并不导致债的消灭。《德国民法典》在第二编第二章"因契约而生的债"中规定"变更债的内容"，未采用罗马法债的更改概念。《民法典》未设债法总则，而在其第545条规定债权转让，实质上统领债法。《民法典》第三编合同之下第一分编通则之下第六章规定合同的变更和转让。此处的合同的变更与德国民法所称债的变更相似。

一、保险合同变更的含义

保险合同的变更是指同一保险标的基础上的保险合同权利、义务发生变化，而当事人并未改变，表现为保险合同条款的变化，例如，保险标的、保险价值、危险程度、保险期限、保险费、保险金额等约定事项的改变。其特点如下：

(1)仅修改或补充保险合同的内容，不改变合同主体。

(2)保险合同的变更，发生在合同成立后，尚未完全履行完毕前。

(3)一般由当事人协商一致完成变更，不能擅自变更。

(4)变更仅使合同内容发生部分变化或部分修改，而不是全部内容的变化。

(5)仅修改或变化的内容效力发生改变，未修改的部分效力不变，仍要按照原内容履行。

保险合同的变更可分为两种情况：一是法定变更，即因危险标的的危险情况发生变化，投保人依法通知保险人而作出变更。二是约定变更，即保险人或投保人根据自身需要提出的变更，例如，因保险标的价值增加而增加保险金额。改变的内容有：合同履行条件的变更，即履行期限、履行地点、履行方式、保险金、保险费或结算方式等的改变；合同所附条件或期限的变更，例如，所附条件的除去或所附期限的延长或提前；其他内容的变更，例如，选择裁判机构的变更等。

二、保险合同变更的要件

(一)原已存在保险合同关系

保险合同的变更是改变原合同的权利、义务，无原合同关系，则无变更对象。当事人之间已存在的保险合同是变更的前提。无效的保险合同，自始即无合同关系；合同被撤销，合同自始失去效力，亦无合同关系；效力待定合同权利人拒绝追认，无合同关系。上述情形，当事人无变更余地。如果不存在原合同，可能构成合同的订立，而不是合同变更。

(二)保险合同内容发生变化

保险合同内容发生变化是合同变更不可或缺的条件。合同内容的变化一般包括保险标的的用途、范围、存放地点、危险程度等发生变化，当事人据此对保险责任、保险费、保险期限及保险金额等约定的修改或补充，均可引起保险合同内容的

---

[1] 参见史尚宽：《债法总论》，中国政法大学出版社2000年版，第702页。

改变。

《民法典》未规定合同更改,未强调变更后的合同与原合同的同一性。解释上认为,《民法典》规定的合同变更既包括合同要素变更,也包括非要素变更。鉴于此,保险合同内容变更应包括:

(1)危险的变更。危险变更包括危险增加和危险减少。危险增加是指缔约时保险人未曾预料或未予评价的保险标的所载危险发生的可能性的增加。危险增加涉及保险合同的对价平衡,对合同效力产生的影响表现在保险人可选择另定保险费或解除合同。根据《保险法》第 51 条第 3 款及第 52 条第 2 款规定,投保人、被保险人未按照约定履行其对保险标的的安全应尽的义务的,或者在合同有效期内保险标的危险程度增加的,保险人有权要求增加保险费。危险减少,系指据以确定保险费率的有关情况发生变化,保险标的的危险程度明显减少。除合同另有约定外,保险人应减低保险费并按日计算向投保人退还相应的保险费。根据《保险法》第 53 条规定,保险标的危险程度明显减少或保险价值明显减少,必然会引起保险费条款的变更。此种情形的变更,应属强行性规则,目的在于保护保险人的合同相对人,保险人不得以约定方式排除。

(2)重复保险情形下的变更。根据《保险法》第 56 条的规定,重复保险的保险金额总和超过保险价值的,各保险人给付保险金的总和不得超过保险价值。除合同另有约定外,各保险人按照其保险金额与保险金额总和的比例承担保险给付义务。如果构成重复保险,既存保险合同因重复保险的成立依法发生内容变更。

(3)超额保险情形下的变更。根据《保险法》第 55 条第 3 款规定:"保险金额不得超过保险价值。超过保险价值的,超过的部分无效。"即在超额保险情况下,依法发生保险合同内容的变更。

(4)不足额保险情形下的变更。根据《保险法》第 55 条第 4 款的规定,保险金额低于保险价值的,除合同另有约定外,保险人按照保险金额与保险价值的比例承担赔偿责任。

(三)保险合同的变更,或经协议或依法律规定或经法院裁判或依形成权人的意思表示

当事人可以依据约定变更保险合同。双方达成协议,产生变更合同的效果。与保险合同的订立一样,当事人通过协商变更保险合同内容的,也应遵守平等、自愿原则,不允许采取欺诈、胁迫等方式强制对方接受变更要求,否则被变更的部分不能成立,当事人仍应按原合同履行。

基于法律的直接规定而变更合同,可直接发生法律效果,不以法院裁决或当事人协议为必经程序。如因保险合同债务人违约使履行债务变为损害赔偿债务,当然发生效果,但当事人可以协商损害赔偿数额,也可诉请法院裁判。

依法院或仲裁机构裁决而变更合同,是指适用情势变更的规定,根据《民法

典》第533条的规定,无论是解除合同还是履行合同,均须法院或仲裁机构裁决。

根据《民法典》第543、544条的规定,当事人应协商一致完成保险合同内容的变更,达不成协议或者约定不明确即不发生合同变更的效力。这里的协商一致,就变更的内容而言,实际上是一个新约定,应经过要约、承诺的程序。要约是变更原合同的要约,应包含变更原合同内容这一要点,若含有责任有无及分担的意思则更具体。

在特定情形下,保险合同的变更可基于形成权人的单方意思表示,例如,选择权人行使选择权,使合同变更。无论如何变更,当事人对合同变更内容的约定必须明确。不明确的,推定为未变更。[1] 变更后的合同内容不得具有违法性,不得规避法律的规定或者损害国家、集体或个人利益,不得有违公序良俗,否则合同的变更无效。

(四)保险合同变更应遵守法律要求的方式

对合同的变更法律要求采取一定方式的,须依该方式为之。基于情事变更原则变更合同,须经法院裁判。当事人协议变更合同,有时应当采用书面形式,有时无此要求。《民法典》第502条第3款的规定,法律、行政法规规定变更合同应当办理批准、登记等手续的,依其规定。因债务人违约而变更合同一般不强求特定方式。《保险法》第20条第2款规定:"变更保险合同的,应当由保险人在保险单或者其他保险凭证上批注或者附贴批单,或者由投保人和保险人订立变更的书面协议。"即保险合同的变更应当采用书面形式。批单是变更保险合同常用的书面凭证。批单要列明变更条款的内容,一般附贴在原保险单或保险凭证上。如果不用批单,投保人和保险人也必须订立变更保险合同的书面协议。

三、保险合同变更的效力

保险合同变更,主要是在原保险合同的基础上,修改或补充合同内容。合同变更的实质是以变更后的合同代替原合同。所以,保险合同变更生效后,当事人应当按照变更后的合同内容履行各自的义务,任何一方违反变更后的合同内容都构成违约。合同变更原则上仅向将来发生效力,对已经按原合同所为的履行无溯及力,已经履行的债务不因合同变更而失去法律依据。

保险合同的变更并不会引起保险合同效力的中止或中断。在当事人就合同的变更未达成一致之前,原保险合同继续有效,当事人承担的合同义务当然也需要继续履行。例如,因保险标的的危险程度降低,投保人要求保险人减少保险费,在保险人与投保人就保险费是否可以降低的问题达成一致前,投保人不能拒绝按照原保险合同的约定交纳保费。另外,由法律规定的保险合同双方应享有的权利、应尽的义务,以及由保险监督管理机构批准的保险基本条款的内容,不能通过协议加以变更。

---

[1] 《民法典》第544条。

第二节　保险合同的转让

一、保险合同转让的概念

保险合同的转让，是指当事人一方依法将保险合同的权利和义务全部或部分地转让于第三人。《民法典》规定的合同转让包括债权转让、债务转移与权利义务一并转让。

保险合同的转让不同于保险合同的变更，其区别在于：(1)保险合同的转让是合同当事人的改变，而并不改变保险合同的内容；而合同变更是改变合同内容，当事人并不发生变化。(2)保险合同的转让，可产生两个法律关系，涉及三方当事人。两个法律关系系原保险合同当事人之间的关系和转让人与受让人之间的关系。这两个法律关系既相互独立，又有联系。涉及三方当事人系指转让虽主要是在转让人和受让人之间发生，但当保险合同的转让发生时，转让人对原保险合同的权利义务关系即告结束，退出原来的合同关系，由受让人取代转让人的地位，而成为原保险合同的一方当事人。

保险合同的转让因财产保险合同和人身保险合同而有不同呈现。财产保险合同的转让一般是由保险标的的转让引起的。[1] 保险标的的转让，可以引起合同权利的转让，也可以导致合同权利义务的一并转让。人身保险合同的转让一般因保险人被强制解散或宣告破产引起。[2]

二、保险合同转让的类型

根据《保险法》规定，保险合同转让有以下两种情形：

(一)财产保险合同的转让

财产保险合同的转让分为法定转让与约定转让。法定转让，是指法律规定保险标的转让的，保险合同权利义务由受让人承继。根据《保险法解释(四)》第3条的规定可知，[3]被保险人死亡的，由继承保险标的的人承继被保险人的权利义务，明确了《保险法》第49条第1款的规定。约定转让是指合同订立后投保人或被保险人因为保险标的或危险转移等事实发生，通过合意将权利义务转移于第三人。欲使保险标的不因转让而将危险暴露于保险合同之外，通常可采两种方式处理：一是投保人、被保险人向保险人提出请求，解除合同，保险人退还部分保险费后，保险

---

[1] 《保险法》第49条。

[2] 《保险法》第92条。

[3] 《保险法解释(四)》第3条规定："被保险人死亡，继承保险标的的当事人主张承继被保险人的权利和义务的，人民法院应予支持。"

合同终止，同时由受让人与保险人订立新的保险合同。二是在保险标的转让（危险转移）同时，经保险人同意批改，合同权利义务转让于受让人，由其作为新的主体承继合同权利义务。采用保险合同转让的办法不仅手续简便，节省时间、费用，而且可以使权利人不间断地获得保险保障。

财产保险合同以保险标的存在为基础和前提，但保险合同并不随保险标的的转移而自动转让。关于保险标的转让（危险转移）的合同与附着于保险标的上的保险合同是各自独立的法律关系。《保险法》第 49 条第 1 款规定，保险标的转让的，附着于保险标的之上的保险合同权利义务为受让人承继，此时发生保险合同的法定转让。

首先，保险标的转让的，保险标的的受让人承继原来的合同中的被保险人的地位，享有保险合同中的权利，也承担相应的义务，保险利益的主体也转变为受让人。当投保人与被保险人为同一人时，受让人成为新的投保人和被保险人，属于保险合同的转让。但是，如果当投保人与被保险人非为同一人时，投保人是否也相应地由受让人承继，该款却未予明示。因合同主体变换才属于合同转让，如果合同主体没有变换，仅受让人承继被保险人的权利义务，则保险合同转让与保险利益的转移未必完全一致，也就是说，保险标的转让，保险利益发生转移，可是保险合同未必转让，属于保险合同内容发生变化，但作为合同当事人的投保人却保持不变。《保险法》第 49 条第 1 款的规定，解释上应属于调整保险标的转让时保险利益是否同时转移的一般性规定，体现了当然移转主义的思想。该规定属于强制性规定，不能为行为人约定排除。

其次，被保险人或受让人应及时通知，但该条对通知义务的规定属于任意性规则，是否通知，可通过当事人的自由意思来约定，当事人也可以约定无须通知，有约定的从其约定，在当事人未约定的情况下，则应通知保险人。通知义务人是被保险人或受让人，一人通知即可，也没有限定通知的方式和具体时日。解释上，通常认为，义务人应在转让事实发生后立即以任何方式通知保险人即可。未及时通知的，保险人对保险标的所有权转让所增加的危险导致的损失不负给付保险金义务。通过该规定，明示未通知不是保险人不负保险给付义务的免责事由，仅对因转让所增加的危险导致的损失不负保险金给付义务。

再次，根据《保险法》第 49 条第 2 款的规定，货物运输保险合同保险标的所有权转让的，原被保险人权利义务当然为受让人承继并无须通知，这属于保险标的所有权移转时应通知保险人规则的例外。

最后，义务人应及时履行通知义务，保险人在接到转让通知之日起 30 日内，可以按照合同约定增加保险费或者解除合同。义务人未履行及时通知义务的，保险人对因转让使保险标的危险显著增加导致的损失不负给付保险金义务。

(二)人身保险合同的转让

人身保险合同的转让,主要指因保险人资格的消灭而引起人寿保险合同权利义务的概括转让。人寿保险合同一般期限长并具有储蓄性,而保险人可能因竞争而优胜劣汰。为了不因保险人的变化而使被保险人或受益人的利益受到损害,《保险法》第92条规定:“经营有人寿保险业务的保险公司被依法撤销或者被依法宣告破产的,其持有的人寿保险合同及责任准备金,必须转让给其他经营有人寿保险业务的保险公司;不能同其他保险公司达成转让协议的,由国务院保险监督管理机构指定经营有人寿保险业务的保险公司接受转让。转让或者由国务院保险监督管理机构指定接受转让前款规定的人寿保险合同及责任准备金的,应当维护被保险人、受益人的合法权益。”据此,因保险人的原因导致的人寿保险合同转让包括如下含义:

(1)保险公司被依法撤销或者被依法宣告破产,是引起人寿保险合同转让的法定原因。

(2)转让的双方当事人包括被依法撤销或被依法宣告破产的经营人寿保险业务的保险公司(简称终止保险公司,即转让人)和接受转让的经营人寿保险业务的保险公司(受让人)。转让人不得将人寿保险合同及准备金转让给没有经营人寿保险业务的保险公司。

(3)转让的对象包括人寿保险合同及依该合同而提取的准备金。

(4)受让人的接受包括自愿接受和强制接受。

第三节 保险合同的中止

一、保险合同中止的含义

保险合同的中止,是指在保险合同有效期限内,因某种事由出现而使合同效力处于暂时停止的状态。从中止到效力恢复时止,保险合同的效力处于待定状态。保险合同亦从一个已生效的合同变成一个效力待定的合同。其效力可能恢复,亦可能不再恢复。投保人未交付当期保险费,保险人对该期间发生的保险事故亦不承担保险给付义务。但是,中止期间的保险合同并非无效,亦非失效。中止的保险合同在未来的效力处于不确定状态。《保险法》第36条规定了人身保险合同的效力中止。

其他国家立法例对保险合同中止适用范围的规定不尽相同。2008年修改前的《德国保险契约法》关于续期保险费经宽限期未交付的法律规定适用于大部分险种,不限于人身保险。财产保险中的长期保险或高额保险,亦可分期交付保费。

《意大利民法典》关于保险合同中止的规定适用于所有分期支付保险费的合同。[1] 该法第1901条第2款规定："如果约定的期间届满，投保人没有继续支付保险费，自期间届满后第15日的24时起，保险契约处于效力未定状态。"

二、保险合同中止的立法目的

首先，对于长期保险合同，投保人难免会因疏忽或一时经济困难而未按时交付保险费。为了不轻易让合同失去效力，保险合同效力中止的适用使危险团体成员能够获得更为稳定的保险保障。

其次，这也避免了因一时未履行合同义务而导致此前的适当履行化为乌有、合同丧失效力的结果，确保被保险人公允地受到保险合同的保障。表面上看，投保人不交付保险费而令合同无效对其无所谓不公，但实质上对危险团体成员并不公平。

最后，合同中止可以使保险人继续保有合同业务，巩固其已有营业。

其基本价值在于前两者，继续保有合同业务属于附带价值。

三、保险合同中止的构成要件

《保险法》第36条规定："合同约定分期支付保险费，投保人支付首期保险费后，除合同另有约定外，投保人自保险人催告之日起超过三十日未支付当期保险费，或者超过约定的期限六十日未支付当期保险费的，合同效力中止，或者由保险人按照合同约定的条件减少保险金额。被保险人在前款规定期限内发生保险事故的，保险人应当按照合同约定给付保险金，但可以扣减欠交的保险费。"据此，在具备如下条件时，保险合同效力暂时停止：

（1）保险合同的效力中止仅适用于人身保险合同，而不适用于财产保险合同。

（2）保险合同的投保人没有选择一次性清偿保险费债务的交付方式履行合同债务，而是采取分期交付方式履行交付保险费债务。

（3）投保人在保险合同成立时已经交付了第一期保险费。

（4）义务人超过宽限期仍没有交付后续当期保险费。第二期以后的保险费交付期限届至，义务人未交付的，自保险人催告之日起超过30日未支付当期保险费；保险人未催告的，义务人超过约定期限60日未交付当期保险费。该30日、60日称为宽限期。所谓宽限期，是指人身保险合同约定，投保人支付首次保险费后未按时交付后续当期保险费，在该期限内合同效力继续，保险人对该期间内发生的保险事故仍应承担保险金给付义务，但可以扣除义务人欠交的保险费。宽限期是对保险人的相对人——危险团体成员的一种保护期间。其起止具体时点对合同当事人的意义至关重要，涉及危险承担义务的有无，在解释上应明确其起算日。《保险法》未规定期间的起算，适用《民法典》关于期间的规定。《民法典》第200条规定："民法所称的期间按照公历年、月、日、小时计算。"第201条规定："按照年、月、日计算

---

〔1〕 参见覃有土主编：《保险法概论》，北京大学出版社2001年版，第202页。

期间的，开始的当日不计入，自下一日开始计算。按照小时计算期间的，自法律规定或者当事人约定的时间开始计算。”第204条规定：“期间的计算方法依照本法的规定，但是法律另有规定或者当事人另有约定的除外。”据此，如果当事人没有特别约定，保险人催告的，宽限期开始之日自催告到达之日的次日起算，催告到达当日不计入；未催告的，自约定当期履行日的次日起算。宽限期结束之日为第30日或第60日保险人停止业务活动的时间，如果宽限期的结束之日为星期日等法定休假日，则以休假日的次日或变通后的实际休假日的次日为宽限期的最后一日。[1]

宽限期可以另行约定，但保险人不能通过格式条款约定短于30日或60日的法定期限，该法定宽限期的规定属于半强制性规定，旨在保护被保险人利益，是为保险人一方履行义务所设置的最低限度，并不妨碍保险人在合同履行中给予被保险人所代表的危险团体成员更多的优惠，约定长于上述时间段限的期限，但不能低于上述期间。[2]

（5）保险合同没有约定其他处理办法。保险合同对于如何处理投保人未交保险费的情形，没有规定中止合同效力以外的其他解决办法，诸如减少保险金额、保险费自动垫交等。

四、保险合同中止的法律效果

保险合同中止并非合同终止，终止是合同效力完全结束，当事人之间的权利义务关系亦须了结，之后即不再存在。而中止仅是合同效力的暂时停止，在保险人一方，保险事故发生，保险人不依合同约定承担保险给付义务；投保人一方也未交付当期保险费。只要具备一定的条件，合同的效力即可恢复，当事人之间的权利义务无须了结。

第四节 保险合同的复效

一、保险合同复效的概念

保险合同复效，是指导致中止的法定事由消除后，具备相应条件，保险合同的效力即行恢复如未停止前的状态。恢复效力的合同是暂时停止效力前的保险合同

---

〔1〕《民法典》第203条规定：“期间的最后一日是法定休假日的，以法定休假日结束的次日为期间的最后一日。期间的最后一日的截止时间为二十四时；有业务时间的，停止业务活动的时间为截止时间。”

〔2〕参见高宇：《理念·功能·技术：意思自治原则的伸展与评鉴》，吉林大学2007年博士学位论文，第102~104页。

的继续。根据《保险法》规定,复效仅适用于效力已经暂时停止的人身保险合同。

复效的意义在于,逾期未交当期保险费而暂时停止保险合同的效力后,经投保人请求恢复效力并与保险人达成协议,保险人仍继续承担保险给付义务,该合同回归于效力未停止前的状态。根据《保险法》第 37 条的规定,保险合同自其效力中止之日起 2 年内,投保人和保险人未能达成复效协议的,保险人有权解除合同。据此,投保人虽可申请,却由保险人决定合同效力能否再行恢复。

二、保险合同的复效条件

根据《保险法》第 37 条的规定,人身保险合同的复效应具备如下要件:

1. 投保人向保险人提出复效请求

如果要恢复效力中止的保险合同的效力,投保人首先应当向保险人提出复效申请,以求得保险人的同意。不提出复效请求,保险合同的效力不能自行恢复。在保险合同中止效力后 2 年内,投保人请求复效的,保险人应当和投保人协商复效的各项条件。

2. 提出复效请求的期间

投保人提出复效申请的保留期间,为恢复合同效力的前提条件。投保人提出复效申请,不得超过复效申请的法定期间。根据《保险法》第 37 条的规定,保险合同中止效力后 2 年内,投保人可以申请复效。在此期间,除另有约定外,保险人不得解除保险合同。这就是说,如果中止效力后经过 2 年,保险人有权解除保险合同。保险合同中止效力后的 2 年期间,并不是限制投保人提出复效申请的时间,而是限制保险人行使解除权的期间。超过 2 年的,保险人仍然可以接受投保人提出的复效请求。所以,投保人向保险人提出复效申请,可以在保险合同中止效力后任何期间提出,除非保险合同另有约定或者保险人已经依法解除中止效力的保险合同。

3. 投保人补交保险费

在保险合同效力中止前未交的保险费以及中止期间应当交纳的保险费及其利息,投保人应当一次交清。

4. 被保险人请求复效时应符合投保条件

在效力中止期间,被保险人的身体情况可能发生变化,最终不符合缔约时的承保条件。根据《保险法》第 37 条的规定,实务上,提出复效请求时,如果被保险人不符合保险人要求的承保条件,保险人往往选择拒绝恢复合同效力。这种处理实际上要求被保险人在保险合同中止期间应维持与投保时相同的危险程度。如此看来,该法第 37 条的规定似对被保险人利益已尽关照,实际上,来自保险人的复效障碍在所难免。在停止效力期间,即使被保险人身体状况发生变化,该危险变化亦属于最初订立合同时的危险评估范围之内。效力中止后,当事人提出复效时,保险人不应再将这种变化作为拒绝承担危险的借口。但《保险法解释(三)》第 8 条规定,复效时,被保险人的危险程度显著增加的,保险人可以拒绝复效请求。

5. 保险人和投保人就复效条件达成协议

根据《保险法》第 37 条的规定,如果投保人请求复效,只有保险人接受该请求,保险合同才能恢复效力。如果双方就保险合同复效不能达成协议,即不能复效。将达成协议作为复效要件,主要是防止当事人的危险逆选择,并且使保险人能够重新评估危险。

恢复效力,只是延续原先保险合同的效力。复效的合同对于中止的合同而言,在性质上没有什么变化,并不是一个新合同,而只是一个中止后又复效的合同,应与一个效力未曾中止而持续进行的保险合同在法律上具有相同的评价。有人主张,只要投保人交付了保险费,中止的保险合同即应恢复效力,完全不必经过投保人和保险人双方的协议。若将是否能够复效委诸于当事人的协议,表面看来,似乎颇为公平合理,究其实际,并不符合保险合同复效的立法宗旨。

将达成协议作为复效要件以防止危险逆选择的理由实际上难以成立。被保险人身体状况在最初缔约时已完成了危险评估,后来的自然变化应属于承保危险范围之内的情况,而根据《保险法》第 37 条的规定,保险人可以通过协议不成的方式达到拒绝履行义务的目的。

在美国,只要被保险人符合复效条件,且已交付所欠保费,合同自动复效。[1] 我国台湾地区"保险法"第 116 条第 3 项前段规定:第 1 项停止效力之保险契约,于停止效力之日起 6 个月内清偿保险费、保险契约约定之利息及其他费用后,翌日上午零时起,开始恢复其效力。保险合同中止后复效的,仅以保险费及其他相关费用是否再次交付为条件,而不以达成协议为要件。[2]

笔者认为,《保险法》第 37 条的规定不应以达成协议作为复效要件,并应朝着这样的方向转变:只要行为人交付了保险费,合同效力即恢复。同时,为了防止危险逆选择,避免行为人当被保险人身体健康时拖欠保险费,有疾病时才补交保险费的情况出现,在其补交的保险费中应包含中止效力期间的保险费及其孳息。该孳息根据银行利率及保险资金运用情况决定,可高于银行利息。

《保险法解释(三)》针对《保险法》第 37 条在适用中发现的问题作了进一步解释。根据《保险法解释(三)》第 8 条的规定,效力中止的保险合同复效应具备条件包括:第一,投保人请求恢复效力;第二,同意[3] 补交未支付的当期保险费;第三,

---

[1] See John S. Appleton, FLMI, ALHC, *Claim Administration Principles and Practice*, 2nd, 1989, p. 88. 转引自江朝国:《保险法论文集》(二),台北,瑞兴图书股份有限公司 1997 年版,第 391 页。

[2] 参见江朝国:《保险法论文集》(二),台北,瑞兴图书股份有限公司 1997 年版,第 381 页。

[3] 但是,《保险法解释(三)》第 8 条第 3 款又规定自补交保险费之日恢复效力,这与第 1 款规定的"同意补交保险费"的复效条件难以协调,逻辑上导致即使满足了"同意补交保险费"等复效条件,但因未现实补交欠交的当期保险费而合同效力仍未恢复的实际结果。按照《保险法》第 37 条规定的精神,恢复效力时,应现实交付欠交的保险费,而不仅是"同意补交保险费"。

被保险人的危险程度在中止期间未显著增加。只要危险未显著增加,保险人就不能拒绝复效。但是,如果危险在合同订立时已经确定,即使后来危险显著增加了,也在缔约时测定的承保危险之内,这样的要求可能不符合保险费与承担危险之间的对价平衡。解释的本意是限制保险人享有的过大的决定是否复效的权利,但是这样的限制可能不符合保险精算原理和实质公平。实务操作程序上,要求提出可保证明,会增加了行为人的负担。

根据《保险法解释(三)》第8条规定的精神,提出复效请求的后果,即保险人应及时同意恢复效力。根据该条规定,提出复效请求后,不同意复效的,保险人应在30日内明确拒绝,否则,推定其同意恢复效力。保险人可以在30日内审核复效请求,以免久拖不决。如果同意复效,根据该条第3款规定,自补交保险费之日恢复合同效力。补交保险费,包括补交欠交当期保险费债务的利息。

第五节　保险合同的解除

一、保险合同解除的含义

保险合同的解除是指在保险合同有效期间内,有解除权的一方当事人向他方作出解除合同的意思表示,使保险合同关系归于消灭。《保险法》第15条规定,除本法另有规定或者保险合同另有约定外,保险合同成立后,投保人可以解除合同,保险人不得解除合同。据此,除《保险法》另有规定或者保险合同另有约定外,投保人可以任意解除保险合同。对比而言,保险人的解除权受到较多限制,仅在符合法定解除条件或与投保人有约定时,才可以解除合同。

二、投保人解除合同的条件

保险合同解除的条件分为投保人的解除条件和保险人的解除条件。除《保险法》第50条规定的货物运输保险合同和运输工具航程保险合同在保险责任开始后的法定不得解除、保险合同特别约定投保人不得解除合同外,投保人可以任意解除保险合同。

《保险法解释(二)》第17条规定,投保人解除人身保险合同的,不必经被保险人或者受益人同意,但被保险人或者受益人已向投保人支付相当于保险单现金价值的款项并通知保险人的除外。

三、保险人法定解除合同的条件及适用情形

保险人解除合同的条件可分为法定解除条件和约定解除条件。《保险法》第16条、第27条、第32条、第37条、第52条、第54条、第58条规定了保险人的法定解除条件。法定解除条件是指法律规定的保险人可以解除合同的事由,包括:(1)投保人违反告知义务;(2)谎称发生保险事故或故意制造保险事故;(3)投保人

或被保险人未按约定维护保险标的的安全;(4)保险标的的重要危险增加;(5)投保人申报的被保险人年龄不真实;(6)合同效力中止后,经过两年未达成复效协议;(7)保险标的部分损失。在具备上述情形时,保险人可以行使法定解除权。

(一)保险人法定解除合同的适用情形

1. 投保人违反如实告知义务

《保险法》第16条根据不如实告知的主观过错不同,分两种情况规定保险人的解除权。

(1)故意不如实告知。缔约时,当询问有关保险标的的重要事实时,义务人故意不如实告知,足以影响保险人决定是否同意承保或者提高保险费率的,保险人可以解除合同,合同因解除而自始无效。如果保险人在知道有解除事由之日起超过30日或自合同成立之日起超过两年不行使解除权,解除权消灭,不能再解除合同。

(2)重大过失未如实告知。重大过失,是指义务人不但没有尽到较高的注意义务,甚至未达到常人应尽注意义务的一般标准。在缔约时,义务人因重大过失而未如实告知重要事实的,保险人可以行使上述解除权,并为上述除斥期间所限制。但是,如果在合同成立时,保险人已经知悉义务人未如实告知的,无论故意不实告知,还是重大过失而不实告知,都视为保险人同意承保并放弃合同解除权,保险人不得再解除合同。

投保人故意或重大过失未履行如实告知义务,违反了诚实信用原则。不实告知将影响保险人对保险标的危险状况的判断,也破坏了对价平衡。《保险法》规定保险人可以解除合同,以求救济。

2. 谎称发生保险事故或故意制造保险事故

《保险法》第27条第1款规定:"未发生保险事故,被保险人或者受益人谎称发生了保险事故,向保险人提出赔偿或者给付保险金请求的,保险人有权解除合同,并不退还保险费。"

第2款规定,投保人、被保险人故意制造保险事故的,保险人有权解除保险合同,不承担赔偿或者给付保金的责任。《保险法解释(三)》第16条第2款规定,投保人故意造成被保险人死亡、伤残或疾病的,并已交足2年以上保险费的,保险人应依约向其他权利人返还保险单现金价值。其他权利人按照被保险人、被保险人的继承人的顺序确定。在此情形下,行为人故意造成保险事故,主观恶性深并且客观使保险人承担的危险与缔约时收取的保险费之间失衡,保险人可以解除合同。《保险法解释(三)》第16条第1款规定,投保人与被保险人、受益人为不同主体的,除另有约定外,被保险人或者受益人无权请求向其退还保险单的现金价值的。

3. 投保人、被保险人未尽维护保险标的安全的义务

《保险法》第 51 条第 3 款规定："投保人、被保险人未按照约定履行其对保险标的安全应尽的责任的，保险人有权要求增加保险费或者解除合同。"投保人、被保险人未按约定履行应尽的安全维护义务，违反诚信原则；同时，由于其未尽注意义务致保险标的的危险程度较订约时有所增加，对价平衡关系被改变，保险人可以解除合同，以求救济。

4. 保险标的危险程度显著增加

《保险法》第 52 条第 1 款规定："在合同有效期内，保险标的的危险程度显著增加的，被保险人应当按照合同约定及时通知保险人，保险人可以按照合同约定增加保险费或者解除合同。"

5. 投保人申报的被保险人年龄不真实

《保险法》第 32 条第 1 款前半段规定："投保人申报的被保险人年龄不真实，并且其真实年龄不符合合同约定的年龄限制的，保险人可以解除合同，并按照合同约定退还保险单的现金价值。"该情况属于义务人违反告知义务在人身保险合同中的具体表现。订立人身保险合同时，被保险人年龄足以影响保险人是否承保或决定保险费率的高低。如果义务人故意或重大过失而未向保险人告知被保险人真实年龄，且其真实年龄与合同要求的年龄限制不符，保险人如知悉该事实也就不会承保，保险人据此可以解除合同。

根据《保险法》第 32 条第 2 款、第 3 款的规定，如果被保险人真实年龄符合合同约定的年龄范围，投保人申报的被保险人年龄不真实，致使投保人支付的保险费少于应付保险费的，保险人有权更正并要求投保人补交保险费，或者在给付保险金时按照实付保险费与应付保险费的比例支付。如果投保人申报的被保险人年龄不真实，致使投保人支付的保险费多于应付保险费的，保险人应当将多收的保险费退还投保人。

6. 保险合同效力中止后，经过两年未达成复效协议

《保险法》第 37 条第 1 款后段规定："自合同效力中止之日起满二年双方未达成协议的，保险人有权解除合同。"对于分期支付保险费的人身保险合同，投保人由于一定原因未及时交付后续当期保险费，在法律规定的 30 日或 60 日宽限期届满后仍未交付的，保险合同效力中止。其后经过两年，双方仍未达成复效协议的，保险人可以解除合同。

7. 保险标的发生部分损失

根据《保险法》第 58 条的规定，保险标的发生部分损失的，自保险人履行给付保险金义务之日起 30 日内，投保人可以解除合同；除合同另有约定外，保险人也可以解除合同，但应当提前 15 日通知投保人。

（二）保险合同解除权的行使

1. 保险合同解除权的性质

解除权属于形成权。解除行为是单方法律行为，即享有解除权的一方当事人只需将解除保险合同的意思表示于相对人，无须对方认可，即发生解除合同的效力。

2. 行使保险合同解除权的方式

保险合同解除的条件只是解除合同的前提。由于我国立法未采取“当然解除主义”，即使解除条件具备，合同也不当然解除，解除合同还需要解除行为。解除行为即解除权人行使解除权的意思表示。解除权人是保险合同的一方当事人，行使解除权的对象是合同的另一方当事人。投保人解除合同的，应当向保险人行使解除权。保险人解除合同的，应当向投保人行使解除权。投保人死亡的，除具有人身专属性的保险合同外，合同仍为继承人的利益而存在，保险人应向投保人的继承人行使解除权。解除权人应以通知形式行使解除权，至于是口头通知还是书面通知，不影响其效果。一般来说，采用书面通知的形式在举证上较为有利，行为人多采用该种做法。例如，投保人解除合同的，向保险人寄送解除合同书。解除合同的通知到达相对人时即发生合同解除的效力。权利人可以行使解除权解除合同，也可以不行使解除权，使合同保持原有效力。

3. 行使保险合同解除权的时间

根据《保险法》第 15 条的规定，只要法律或合同没有特别规定，投保人可随时解除保险合同，解释上称为任意解除权。投保人根据自身情况决定是否行使解除权。投保人解除合同的，保险人利益并不会因此受到重大影响，至多返还所收取的保险费。

保险人的解除权包括法定解除权和约定解除权，当法定解除条件或约定解除条件成就时，保险人的解除权发生。其可以在保险合同成立时发生，也可以在保险合同成立后发生，而不论保险人的保险给付义务是否开始。由于保险人的解除权有确定的发生时间，如果解除权发生后，保险人不行使权利也不放弃权利，势必使合同效力处于不稳定状态，从而对投保人或被保险人不利，所以，《保险法》对保险人行使解除权的时间予以限制。保险合同解除权行使期间的性质是除斥期间。除斥期间届满后，权利即行消灭。

（1）因违反如实告知义务而发生的解除权的行使期间。根据《保险法》第 16 条第 3 款的规定，如果义务人违反告知义务，保险人的解除权自其知道有解除事由之日起，超过 30 日不行使而消灭。自合同成立之日起超过 2 年的，保险人不得解除合同；发生保险事故的，保险人应承担保险金给付义务。

（2）投保人申报的被保险人年龄不实时解除权的行使时间。根据《保险法》第 32 条第 1 款的规定，投保人申报的被保险人年龄不实，并且其真实年龄不符合合同约定的年龄限制的，保险人可以解除合同，但其解除权自知道有解除事由之日起，超过30日不行使而消灭。自合同成立之日起超过2年的，保险人不得解除合同。

(3)自保险合同中止之日起满2年未达成复效协议而发生的解除权的行使期间。根据《保险法》第37条第1款后半段规定，保险合同效力中止之日起2年未达成复效协议的，保险人可以解除合同，并未规定此种情况下解除权的行使期限。人身保险合同一般期限较长，投保人经过宽限期后仍未交付当期保险费，合同效力即中止。保险人的解除权的发生时间为合同效力中止之日在2年后的对应日，这一时间可以从投保人应交付而未交付当期保险费之日推算出来，不存在保险人解除权已发生但保险人不知道的情况。所以，解除权的行使期间应从合同效力中止之日在2年后的对应日起算。由于合同效力中止可以发生在合同有效期内的任何时间，所以无法规定解除权行使的最长期间。因此，应规定上述情形下保险人行使解除权的除斥期间，保险法可以规定保险人应于合同效力中止之日在2年后的对应日起1个月内行使解除权，否则，解除权消灭。

(4)约定解除权的行使期间。约定解除权是依保险合同当事人的约定发生的。在订立约定解除条款时，除了约定解除条件外，还可以约定解除权的行使期间，超过该期间不行使，其解除权即行消灭；如果当事人未约定该期间，对方得确定相应期限，催告解除权人于期限内表示是否解除，如逾期不为解除行为，则解除权亦消灭。

(三)保险合同解除权行使的阻却

若保险人明知有解除条件，仍没有行使解除权的行为，使投保人误信其有继续维持合同效力的意思，而在保险事故发生后，若仍允许保险人有解除合同的权利，对于投保人、被保险人有失公平。所以，保险人行使解除权应为弃权规则所限制。弃权，是指行为人事先有意识地放弃已知的权利，则其嗣后不能再主张该权利。根据《保险法》第16条第6款的规定，义务人因故意或重大过失未如实告知，保险人在合同订立时已经知道投保人未如实告知的情况的，保险人不得解除合同；发生保险事故的，保险人应当履行保险给付义务。依《保险法》第32条第1款规定，投保人申报的被保险人年龄不真实，并且其真实年龄不符合合同约定的年龄限制的，保险人可以解除合同，并按照合同约定退还保险单的现金价值。但保险人在合同订立时已经知道投保人未如实告知被保险人的真实年龄的，保险人不得解除合同。

四、保险人约定解除合同的条件及适用情形

基于合同自由原则，在不违反强制性规定、社会公共利益的前提下，保险人也可以与投保人约定解除合同的条件。约定解除条件是指保险合同当事人事先在合同中约定的合同解除事由。这种约定通常在订立保险合同时就在合同条款中约定，当约定的条件成就时，保险合同当事人即可行使解除权。依约定解除条件而发生的约定解除与协议解除不同。协议解除是合同成立后,未履行或未完全履行前,当事人双方认为有必要时,通过协商达成协议而解除合同,使合同效力消灭的行为。协议解除的性质是一种双方法律行为,是以新合同达到消灭原合同的目的,这个新合同称为解除合同的合同——解除协议,不存在解除权约定。约定解除是一种单方法律行为,是当事人一方享有解除权,其行使解除权无须征得对方同意,仅应将解除合同的意思表示于相对人即发生解除合同的效力。

第六节　保险合同的终止

一、保险合同终止

合同终止有广义与狭义之别。狭义的终止,是指当事人行使终止权,使继续的合同关系向将来发生效力消灭。其特点在于当事人须行使终止权,合同效力始向将来消灭。广义的终止,除此狭义外,还包括非因行使终止权的终止。《民法典》第557条所称的终止即为广义的终止。在此,保险合同的终止也采广义,是指保险合同在其存续期间内,因一定事由发生,使合同效力不再存在而向将来归于消灭。

二、保险合同终止的原因

(一)因保险期间届满而终止

保险期间是保险人为被保险人提供保险保障的时间段限。一旦超过约定的保险时间段限,保险人不再承担保险给付义务,合同自然终止。这是最普遍的保险合同终止的原因。

(二)因保险人终止而终止

保险人终止,是指保险人彻底停止保险业务而消灭其主体资格。依法设立的保险公司,因为被撤销、被宣告破产或者解散而终止。保险合同因为自然人的死亡或者法人的终止而终止。我国台湾地区"保险法"第27条规定:保险人破产时,保险契约于破产宣告之日终止,其终止后之保险费,已交付者,保险人应返还之。我国大陆《保险法》没有明文规定保险合同因保险公司终止而终止。但是,保险公司经营保险业务的资格因其终止而消灭,不再具有享受权利和承担义务的能力,尚未履行完毕的保险合同应当终止。保险合同因保险人的终止而终止也有例外情况。根据《保险法》第92条规定,在保险公司被撤销或者被宣告破产时,尚未到期的人寿保险合同应当继续维持其效力,被撤销或者被宣告破产的保险公司,应当将其持有的人寿保险合同和准备金,转移给其他经营有人寿保险业务的保险公司;对于终止保险业务的保险公司持有的人寿保险合同及准备金,其他保险公司不予接受而无法转让的,由监管机构指定经营有人寿保险业务的保险公司予以接受。所以,尚未到期的人寿保险合同,不因保险公司终止业务而终止,应当依法被转让给其他经营人寿保险业务的保险公司，被保险人或者受益人依该人寿保险合同所享有的利益不受影响。

（三）保险事故发生后因保险人适当履行保险给付义务而终止

保险人最主要的义务就是承担给付保险金的义务。但该种义务不仅有期限的限制，也有数额的限制。只要保险人履行给付保险金义务达到保险合同约定的保险金额总数时，无论一次还是多次给付，均属于保险人已实际适当履行了其全部的保险给付义务，即保险人的保险合同义务已履行完结，保险合同终止。

（四）因保险标的物全部灭失而终止

财产保险的保险标的，非因保险事故发生而因其他原因导致全部灭失的，保险合同终止。若其他原因导致保险标的发生全部损失，保险合同因其保险标的的不存在，效力当然终止。

（五）因主体行使解除权而终止

投保人可以解除成立并生效的保险合同，解除后，保险合同关系终止。保险人可以与投保人协议终止保险合同。在具备法定解除条件时，保险合同可因保险人行使解除权而终止。

（六）因法律规定的情况出现而终止

由于法定情况出现，无须当事人行使权利，保险合同即终止。保险人不承担保险给付义务，而且，在余下的保险期间也没有履行保险给付义务的可能或必要。《保险法》第 43 条第 1 款规定："投保人故意造成被保险人死亡、伤残或者疾病的，保险人不承担给付保险金的责任。投保人已交足二年以上保险费的，保险人应当按照合同约定向其他权利人退还保险单的现金价值。"此类情况发生即导致合同终止。

三、保险合同终止的法律效果

1. 保险合同终止的效力

保险合同的终止，其效力自终止时起向将来消灭而不再继续，并不溯及既往。双方当事人无恢复原状的义务。保险人在合同终止前已收受的保险费不必返还，合同终止后保险费如已交付，投保人对于已交付的保险费有返还请求权。例如，保险标的非因保险合同所载的保险事故所致完全灭失或部分损失而终止合同，终止后的保险费已交付的，应返还。保费非以日历时间为计算基础的（例如，以航程为计算基础），则不必归还。保险合同自终止时起，效力消灭。保险合同效力在终止后不能再恢复，不同于保险合同的中止。

2. 保险合同的终止与无效

保险合同终止在性质上与保险合同无效不同。保险合同的无效属自始无效，故与其有关的一切给付均无法律上的原因。已受领的，权利人原则上可依不当得利请求返还。保险合同的终止只向将来发生消灭的效力，终止前仍属有效。终止前已为给付，受领人无须返还，但法律另有规定的除外，例如，因故意违反如实告知义务而解除合同的,无须返还保险费,但投保人出于重大过失的,保险人应返还保险费。

▶ 法考链接

2007 年 7 月,陈某为其母投保人身保险时,为不超过保险公司规定的承保年龄,在申报被保险人年龄时故意少报了二岁。2009 年 9 月保险公司发现了此情形。对此,下列哪些选项是正确的?(2010 年卷三 77 题,多选)

A. 保险公司有权解除保险合同,但需退还投保人已交的保险费

B. 保险公司无权解除保险合同

C. 如此时发生保险事故,保险公司不承担给付保险金的责任

D. 保险人有权要求投保人补交少交的保险费,但不能免除其保险责任

【解析】《保险法》第 16 条第 1 款、第 2 款规定:"订立保险合同,保险人就保险标的或者被保险人的有关情况提出询问的,投保人应当如实告知。投保人故意或者因重大过失未履行前款规定的如实告知义务,足以影响保险人决定是否同意承保或者提高保险费率的,保险人有权解除合同。"在保险合同订立过程中,根据诚信原则,投保人应负如实告知义务。如果义务人故意违反该义务,保险人享有解除保险合同的权利。如果在合同成立后的履行过程中,保险人发现义务人没有如实告知重要事项,在符合相应条件下可以行使解除权。根据《保险法》第 32 条规定:"投保人申报的被保险人年龄不真实,并且其真实年龄不符合合同约定的年龄限制的,保险人可以解除合同,并按照合同约定退还保险单的现金价值。保险人行使合同解除权,适用本法第十六条第三款、第六款的规定。投保人申报的被保险人年龄不真实,致使投保人支付的保险费少于应付保险费的,保险人有权更正并要求投保人补交保险费,或者在给付保险金时按照实付保险费与应付保险费的比例支付。投保人申报的被保险人年龄不真实,致使投保人支付的保险费多于应付保险费的,保险人应当将多收的保险费退还投保人。"根据《保险法》第 16 条第 3 款、第 6 款规定,该合同解除权,自保险人知道有解除事由之日起,超过 30 日不行使而消灭。自合同成立之日起超过两年的,保险人不得解除合同;发生保险事故的,保险人应当承担赔偿或者给付保险金的责任。保险人在合同订立时已经知道投保人未如实告知的情况的,保险人不得解除合同;发生保险事故的,保险人应当承担赔偿或者给付保险金的责任。

本题中,保险合同成立已超过两年,保险人不得解除合同。发生保险事故的,保险人应当承担保险给付义务,但保险人有权要求投保人补交因少报被保险人年龄而少交的保险费。故 A、C 项不符合规定,B、D 项符合规定。

【答案】BD

▶ 拓展思考

迟某于2001年5月11日从张某处购买黑B－51765号货车,但未办理过户手续。同年5月21日13时许,迟某雇用的司机驾驶该车行驶至沈丹公路东陵区五三乡教场公路桥时与他人驾驶的三台车辆发生碰撞事故,迟某车辆负交通事故全部责任;迟某购车前,车主张某已于2000年9月14日与中国人民财产保险股份有限公司沈阳市苏家屯支公司签订了机动车辆保险合同一份。现迟某要求中国人民财产保险股份有限公司沈阳市分公司、中国人民财产保险股份有限公司沈阳市苏家屯支公司赔偿其车辆清障费690元及诉讼费用。在诉讼过程中,迟某增加诉讼请求,要求中国人民财产保险股份有限公司沈阳市分公司、中国人民财产保险股份有限公司沈阳市苏家屯支公司赔偿车损险28,633元、第三者责任险39,000元。

一审法院认为,迟某所购车辆的保险合同是原车主张某与中国人民财产保险股份有限公司沈阳市苏家屯支公司签订的,迟某没有提供足够证据证明其本人是该法律关系主体的证据,因此,迟某以保险合同为依据主张权利没有事实和法律依据,且在法定举证期限内没有提供相应证据,故不予支持。另迟某在诉讼过程中增加诉讼请求,但没有交纳案件受理费,也不予支持。一审法院判决驳回迟某诉讼请求。案件受理费50元由迟某负担。

宣判后,迟某不服上述判决,向沈阳中院提出上诉。二审查明的事实与一审相一致。二审认为,原车主张某作为车牌号为黑B－51765货车的投保人,在出售该车给迟某前未通知保险公司,未经其同意,亦未申请批改过户,已违反合同约定和法律规定。从该车出售时起,保险公司的保险责任已经终止。迟某要求保险公司赔付无法律依据,迟某的上诉理由不成立。判决驳回上诉,维持原判。二审案件受理费50元由迟某负担。

判决生效后,迟某以一审法院认为申请人主体不适格应裁定驳回起诉、二审不应实体审理为理由向中院提请再审,主张:依据《保险法》第21条、《合同法》第142条,申请人是本案财产的被保险人,应当得到赔付。再审中,法院认为,再审查明的事实与原审相一致,迟某向投保人张某购买了车辆,支付了车款,取得了对车辆的支配收益权,其是车辆的实际占有人,是车辆权利义务的承受人,对因交通事故致使该车辆受损,其具有赔偿请求权。根据《保险法》的规定,保险合同中规定有关保险人免责条款的,保险人在订立合同时应当向投保人明确说明,未明确说明的,保险人不得免责。保险公司的格式机动车辆保险条款虽然规定了投保人转让保险标的应通知保险人,但机动车辆保险条款并非规定投保人未履行该项义务时,保险人免除责任,故虽然张某与迟某未按机动车辆保险条款约定在转卖车辆时事先通知保险人并办理批改手续,并不导致保险公司免责。关于690元拖车费应否属理赔范围的问题,根据《机动车辆保险条款》第1条第2款“发生保险事故时,被保险人或其允许的合格驾驶员对保险车辆采取施救、保护措施所支付的合理费用保险人负责赔偿”的规定,本案发生的690元拖车费属于采取施救所支付的合理费用,保险公司理应赔偿。在本次再审中,迟某表示放弃对中国人民财产保险股份有限公司沈阳市分公司的诉讼请求,本院予以准许。综上,迟某申请再审理由成立,应予支持。依据《中华人民共和国民事诉讼法》第153条第1款第2项、第184条之规定,判决如下:一、撤销本院(2004)沈中民(3)合终字第592号民事判决及沈阳高新技术产业开发区人民法院(2004)沈高新法民合初字第128号民事判决;二、中国人民财产保险股份有限公司沈阳市苏家屯支公司于判决发生法律效力后立即给付迟某车辆损失险赔偿金690元。三、驳回当事人其他诉讼请求。[1]

结合案情,思考如何适用《保险法》解决如下问题:第一,保险标的因买卖合同转让时,附着于保险标的上的保险合同是否为受让人所当然继受?第二,保险标的因买卖合同转让时,义务人未履行通知义务,保险人是否据此免责?第三,保险标的因买卖合同转让,保险利益应如何认定?

---

[1] 根据判决书内容整理,有文字调整、删节,以上案情详见迟某与中国人民财产保险股份有限公司沈阳市分公司、中国人民财产保险股份有限公司沈阳市苏家屯支公司保险合同纠纷民事判决书,(2007)沈民再字第17号,载法律图书馆网2013年4月8日,http://www.law-lib.com/cpws/cpws_view.asp?id=200401001713。

第三编

各　　论

保险法各论是保险法本论的枝蔓部分，旨在澄明各种类型保险合同的特殊性。该部分主要包括人身保险合同、财产保险合同的具体类型。

第八章　人身保险合同通论

▶ 教学目的

熟悉人身保险合同的主要条款，领会人身保险合同的种类，掌握人身保险合同主体。

▶ 教学重点

人身保险合同的种类，人身保险合同的主要条款。

第一节　人身保险合同绪说

一、人身保险合同的含义

（一）人身保险合同的概念

《保险法》在第二章第一节中第12条第3款规定了人身保险的定义，在第二节规定了人身保险合同，但在第二章保险合同之下未规定人身保险合同的种类。《保险法》在第四章保险经营规则中第95条第1款第1项，规定了人身保险业务的种类，包括人寿保险、健康保险、意外伤害保险等保险业务。解释上，结合《保险法》第2条、第12条第3款和第95条第1款第1项及保险实务操作明确《保险法》关于人身保险合同的概念及分类。人身保险合同，是指以被保险人生存、死亡、疾病、疾病导致的伤害、残废或死亡或伤害导致的残废或死亡为保险事故的协议。依人身保险合同的约定，投保人向保险人支付保险费，保险人对被保险人在保险期间内因保险事故遭受人身伤亡，或者在保险期间届满时符合约定的给付保险金条件时，向被保险人或受益人给付保险金。人身保险合同可分为人寿保险保险合同、健康保险合同和伤害保险合同三种。

（二）人身保险合同的特征

人身保险合同是以人的寿命和身体为保险标的的保险合同，即人身保险合同的保险标的是保险人承担危险的人身或人格利益。正是由于人身保险标的的特殊性，使人身保险合同与财产保险合同相比，具有以下特征：

(1)保险标的的人格化。人身保险合同以被保险人的寿命和身体为保险标的,并以其存在形式为保险利益,此种利益实际上属于人身或人格利益。这与财产利益不同,不能用货币来计量和评价,具有不可估价性。与此不同,财产保险合同以财产或财产性利益为保险标的,能以货币来衡量和计算。

(2)保险金定额给付。由于保险标的的人格化,不能用货币来衡量和评价,因此,不存在确定保险金数额的实际价值标准。所以,各类人身保险合同的保险金额是由投保人与保险人在订立合同时协商所确定的数额,双方同意以此作为保险人给付义务的最高限额。但在人身保险合同的个别种类中,例如,健康保险合同关系中,亦可表现为不定额,按照实际医疗费用给付。[1]

(3)保险费的非讼性。在人身保险合同中,投保人有义务按照合同约定给付保险费。保险费可一次清偿,也可按照合同分期给付。如果投保人未按合同约定给付保险费,保险人经催告后,可以中止保险合同或采取法律规定的其他救济方法,但保险人不得采用诉讼的方式强制投保人给付保险费。

(4)以生命表或伤残表作为保险合同的技术基础。人身保险合同的保险标的是人的生命、身体,因此,被保险人只能是自然人,而不能是法人。人身保险合同承保的是自然人的生命和身体状况的变动所表征的危险。因此,生命表或伤残表便成为确定保险费收取标准的技术基础。所谓生命表或伤残表,是指对从属于某一范围内的人群在一定时间内的生命现象或伤残情况作综合考察,找出与死亡率或伤残率有关因素的规律,尤其是不同年龄层次、职业的人的死亡或伤残的比例,并以列表的方式固定下来。

(5)不得代位求偿性。财产保险的保险标的发生保险事故招致损失,如果根据法律规定或合同约定,应由第三人负赔偿责任,保险人在给付保险金后,可在给付保险金限额内,取得被保险人对该第三人的赔偿请求权,即保险人享有代位求偿权。但在人身保险合同中不存在代位求偿。

二、人身保险合同的种类

人身保险合同通常包括人寿保险合同、健康保险合同和伤害保险合同。

(一)人寿保险合同

人寿保险合同,是以人的生存或死亡为保险事故的保险合同。其中单纯以生存为保险事故的,是生存保险合同;以死亡为保险事故的,包括死亡保险合同及生死两全保险合同。

(二)健康保险合同

健康保险合同,是指保险人于被保险人疾病、分娩及其所致残废或死亡时,负给付保险金义务的人身保险合同。

---

[1] 参见徐卫东:《保险法论》,吉林大学出版社 2000 年版,第 556 页。

(三)伤害保险合同

伤害保险合同,是指保险人在被保险人遭受意外伤害及其所致残废或死亡时,负给付保险金义务的人身保险合同。

三、人身保险合同的主体

除保险人为一方主体外,《保险法》规定投保人、被保险人和受益人为人身保险合同的另一方主体。

投保人,是向保险人交纳保险费,对被保险人的寿命和身体具有保险利益的人。投保人须具有民事行为能力。

保险人,是根据人身保险合同约定,向投保人收取保险费,当被保险人死亡、伤残、疾病或达到合同约定的年龄、期限时,承担给付保险金义务的人。

被保险人,是根据人身保险合同约定,其寿命和身体受保险保障并享有保险金请求权的人。为防止道德危险,应对以他人死亡为保险事故的人身保险合同的订立予以限制。《保险法》规定,投保人不得为无民事行为能力人投保以死亡为给付保险金条件的人身保险,保险人也不得承保。父母为其未成年子女投保的人身保险金额总和不得超过国务院保险监督管理机构规定的限额。[1]

受益人,是指由人身保险的被保险人指定的在保险事故发生时,享有保险金请求权的人,亦称保险金领取人。受益人可以是自然人,也可以是法人;胎儿也可以根据《民法典》的规定成为受益人。但先于被保险人死亡或与被保险人同时死亡的人,不得为受益人。受益人享有受益权,即根据保险合同约定向保险人请求给付保险金的权利。受益权的取得属于原始取得,受益人领取的保险金不是被保险人的遗产,亦不在被保险人债务担保范围内,债权人不能向保险人请求以其偿还被保险人所负的债务。

第二节 人身保险合同常用条款

人身保险合同除应订明保险标的、保险责任、除外责任、保险金额、保险期限、保险费的交纳与保险金的给付等基本事项外,还应包括以下常见条款。

一、不可争议条款

不可争议条款又称不可抗辩条款、两年后不否定条款,是指对因违反告知义务产生的保险人抗辩权行使期限的限制规则。保险合同订立时,义务人应如实告知被保险人的年龄和健康状况。故意或重大过失未告知的,保险人有解除合同的权

[1] 关于以未成年人为保险人订立包括死亡给付内容的保险合同的保险金限额,见本书第四章第二节关系人的被保险人部分。

利。为防止保险人滥用解除权致使被保险人利益遭受损害，解除权行使设有时间限制。合同成立两年内保险人可以解除合同，合同有效成立两年后，保险人不得解除。不可抗辩条款可以防止保险人长期收取保险费，却在保险事故发生时以告知不实为由拒付保险金。其促使保险人在缔约时应尽必要注意，妥善管理，维护经营利益。

《保险法》第16条第3款规定："前款规定的合同解除权，自保险人知道有解除事由之日起，超过三十日不行使而消灭。自合同成立之日起超过二年的，保险人不得解除合同；发生保险事故的，保险人应当承担赔偿或者给付保险金的责任。"据此，义务人因故意或重大过失违反告知义务，足以影响保险人决定是否同意承保或提高保险费率的，保险人有权解除合同；但自合同成立之日起超过两年的，不得解除。《保险法》第32条第1款规定，投保人申报的被保险人年龄不真实，并且其真实年龄不符合合同约定的年龄限制的，保险人可以解除合同，自合同成立之日起超过两年的，保险人不得解除合同。

二、不丧失价值条款

不丧失价值条款，是指保险合同生效后，行为人终止保险合同的，基于投保人交付保险费所产生的现金价值并不因此丧失，仍应返还的条款。

人寿保险除保障功能外，还有储蓄的功能。除短期或无须提存责任准备金的人寿保险外，在终身死亡保险合同和生死两全保险合同中，前者以人的死亡为保险事故发生，而人必有一死，保险事故必致发生；后者无论在保险期间内死亡或届期后生存皆为保险事故的发生，保险人亦须负给付义务。这两种保险合同的费率较高，合同的期限较长。而较大数额的保险费一旦交付于保险人，保险人即取得所有权，可为任意运用，投保人无由加以干涉。为确保保险人义务的适当履行，各国保险立法特别规定必须将每个保险合同所收取的保险费除去经营费用后所得纯保险费进行提存，累积成责任准备金，并且该准备金不得由保险人任意运用，以备将来义务的履行。因此，该部分保险费及其利息的累积类似于存款人在银行的存款，根据保险精算，扣除每个保险合同所需的营业费用后累积至一定年限便具有了不可丧失价值。即使投保人解除合同或终止合同，保险人对该部分保险费及其利息仍应负返还义务，此即保险法上所谓现金价值或保险合同"不丧失价值"条款中的不丧失价值。

依照不丧失价值条款，投保人可以选择下列形式来满足其所享有的保险单上现金价值利益：(1)解除合同，直接领取保险合同的现金价值。(2)以保险合同的现金价值一次交清保险费，而将原人寿保险合同转换为保险条件相同但保险金额减低的人寿保险合同。(3)以保险合同的现金价值为质，向保险人借款。(4)以保险合同的现金价值一次交清保险费而将原保险合同转换为保险金额不变，但保险期间缩短的展期保险。

三、垫付保险费条款

垫付保险费条款,又称自动垫交保费条款,系指投保人如果在宽限期内未交付保险费,除非投保人有相反的声明,保险人得在保险合同的现金价值中自动扣除一定金额用以抵交保险费,使合同继续有效,直到累计的垫交数额达到保险合同上现金价值的数额为止。若投保人届时仍不交保险费,保险合同的效力即行终止的一种合同约定。

自动垫交保费条款适用于分期给付保险费的长期性人身保险合同。其主要内容如下:

(1)自动垫交保险费无须投保人提出申请,保险人自动用保险合同上的现金价值为其垫付届期未交的保险费。自动垫交保险费条款的实施,以订约时投保人选择该条款为条件。投保人在与保险人订立合同时,可以选择该条款,也可以不同意该条款的适用。

(2)自动垫交保费条款的前提条件是保险合同上有现金价值。当累计的垫交数额达到保险合同上现金价值的数额时,保险人停止垫交。若投保人仍不交保险费,保险合同的效力终止。

(3)自动垫交保险费期间,保险合同仍然有效。自动垫交保险费条款的目的在于防止保险合同非故意停止效力,维持保险单的有效率,保全保险人的业务量。

四、保单贷款条款

保单贷款条款,又称保单质借条款、保单质押贷款条款,是指在特种人寿保险合同中约定,保险费交付满一定期间具有现金价值后,投保人可凭保险合同产生的现金价值返还请求权设定质权作为担保向保险人借款,其借款数额连同利息不得超过该保险合同的现金价值返还请求权的数额,并在约定的期限内偿还,当借款本息达到现金价值的数额时,合同效力终止。根据保监会办公厅在 2008 年 3 月 28 日发布的《致湖北保监局〈关于寿险保单质押贷款业务有关问题的复函〉》(保监厅函〔2008〕66 号)第 2 条指出:“保单质押贷款条款一般存在于长期人寿保险合同中。在保险合同中约定保单质押,是保险合同当事人的民事权利,有关国家和地区的保险立法对此有明确授权规定。我国保险法对此没有明确规定,在监管实践中,一直将保单质押贷款条款视为保险合同当事人的约定,属于意思自治,监管政策上也是允许的。”

保险单质押借款是人身保险合同利益运用的方式之一,具体内容包括:

首先,保险单具有现金价值时,投保人才能申请贷款。保单贷款实质上是投保人以保险合同上所载的现金价值请求权为质设定权利质权为担保的借贷之债。因此,若保险合同无现金价值,则无法保证借款人如期清偿,自无该条款适用的余地。事实上,并非所有人身保险的投保人均可向保险人请求质借,也并非所有的人寿保险合同都有此条款,只有终身死亡保险和生死两全保险才属于资本性保险,其责任准备金经过一定年限才有累积为现金价值的可能。[1] 现金价值是保险人在投保人交付的平准保费中扣除营业费用、缔约费用和雇佣费用后累积的金额。(见图8－1)在投保人投保之初,保险人投入了大量的原始费用。为了尽快收回投入的原始费用,发展新业务,保险人将订约1年或2年内收取的保险费,在扣除了分摊给付后的剩余部分,全部用来摊销这些原始费用。因而,保险合同在当事人订约后的一定时间内没有现金价值,在此期间内,投保人不能向保险人申请贷款。产生现金价值的时间,依《保险法》第32条、第37条、第44条、第47条的规定,不必以已交足两年的保险费为限制;但依该法第43条第1款、第45条的规定,似要交足两年。而在美国,保险单通常于合同生效后2年或3年才有现金价值。[2]

现 金 价 值 表

（以每1000元保险单载明的保险金额为标准）

险种名称：国寿千禧理财两全保险（分红型）　　　保险合同号：

保单年度末	现金价值	保单年度末	现金价值	保单年度末	现金价值
1	¥.00	2	¥114.41	3	¥140.48
4	¥230.62	5	¥323.29	6	¥372.06
7	¥468.43	8	¥567.52	9	¥622.18
10	¥725.24	11	¥831.25	12	¥892.38
13	¥1002.81	14	¥1116.62	15	¥1185.30
16	¥1304.35	17	¥1427.45	18	¥1505.50
19	¥1635.34	20	¥1770.41	21	¥1748.48
22	¥1774.50	23	¥1801.23	24	¥1778.86
25	¥1804.02	26	¥1830.05	27	¥1807.19
28	¥1831.33	29	¥1856.54	30	¥1833.20
31	¥1856.12	32	¥1880.43	33	¥1856.67
34	¥1878.27	35	¥1901.68	36	¥1877.65
37	¥1897.78	38	¥1920.24	39	¥1896.15
40	¥1914.65	41	¥1936.11	42	¥1912.23
43	¥1928.90	44	¥1949.31	45	¥1926.09
46	¥1940.75	47	¥1960.07	48	¥1938.08
49	¥1950.47	50	¥1968.46	51	¥1948.39
52	¥1958.26	53	¥1974.52	54	¥1957.19
55	¥1964.82	56	¥1979.61	57	¥1967.93
58	¥1980.30				

解除合同说明：

1.投保人未交足二年保险费的，我公司在扣除手续费后，退还保险费。第一保险年度内退费金额为所交保险费的35.0%；第二保险年度内退费金额为第一保险年度内所交保险费的35.0%与第二保险年度内所交保险费的60.0%之和。

2.投保人已交足二年以上保险费的，我公司退还现金价值。在合同有效期间内（宽限期间除外）解除合同的，现金价值的计算时点为本公司接到解除合同申请书之日；在宽限期间内或合同效力中止后解除合同的，现金价值的计算时点为最后一期已交保费的交至日。

3.保险年度末解除合同时，现金价值为表中对应保险年度末的现金价值；其他时间解除合同时，以本现金价值表为基础，按我公司规定的计算方法确定。

图8－1　现金价值表示意图

---

[1] 参见高宇:《保险单质押问题研究》,吉林大学2002年硕士学位论文,第8~10页。

[2] 参见施文森:《保险法论文》(第一集),台北,五南图书出版股份有限公司1982年版,第205页。

其次，贷款的数额及利息不能超过现金价值。如果贷款本息超过了保险合同上的现金价值，保险人应通知借款人按期归还贷款。届时未还贷款的，保险合同即行终止。合同终止后，无论是否发生保险事故，投保人都不能以偿还本息的方式恢复合同效力。

再次，保单贷款应按双方约定的利率计息。

最后，贷款不影响合同效力。若在贷款期间发生保险事故，保险人仍应给付保险金；若投保人退保，保险人应返还现金价值，但应从保险金或退还的现金价值中扣除贷款本息。

一些人寿保险合同约定保单贷款条款是现代寿险业的惯例。《保险法》对此未作正面具体规定，仅在该法第 34 条第 2 款规定："按照以死亡为给付保险金条件的合同所签发的保险单，未经被保险人书面同意，不得转让或者质押。"按反对解释，行为人能够以死亡为给付保险金条件的合同所签发的保险单[1]设定质权。我国的人寿保险合同常约定保单质借条款。例如，中国人寿保险公司的《国寿千禧理财两全保险》(分红型)第 15 条第 1 款约定："本合同有效期间内，如果本合同当时已经具有现金价值，投保人可以书面形式向本公司申请借款，但最高借款金额不得超过本合同当时的现金价值扣除欠交保险费、借款及利息之后余额的百分之七十。"第 3 款规定："当本合同当时的现金价值不足以抵偿欠交的保险费、借款及利息时，本合同效力终止。"[2]

通过保单贷款条款，可以缓解投保人因暂时资金困难而无力交付后续当期保险费的压力，也可以维持保险合同继续率。资本性人寿保险合同采用均衡保费制，因此种保险的保险事故必然发生，投保人交纳的均衡保费超过自然保费的部分及其利息累积成现金价值，具有不可丧失性，可为投保人利益而提拨，投保人可根据其需要进行处置。若投保人不能以现金价值请求权为质向保险人借款，在投保人资金暂时困难，需要现金又无其他解决办法时，只有通过解除合同，领取现金价值解决其生活困难。这样，仅因一时之需而失去保险保障，对已投保多年的被保险人却更为不利；对保险人而言，降低了合同维持率，长此以往，也不利于营业发展。为此，通过该条款达到便人利己的效果，也体现了保险的社会性。

五、自杀条款

自杀条款，是指人身保险合同的被保险人在投保一定期间内故意自杀的，保险人不承担给付保险金的义务，仅退还保险单的现金价值；但经过法定期间后自杀的，保险人则应承担保险金给付义务。《保险法》第 44 条对此明确规定："以被保

---

〔1〕 保险单本身系一纸面，无交换价值，又非有价证券，不能作为质权的标的。此处保险单指称的是其本身所表征的保险合同债权。

〔2〕 参见高宇：《保险单质押问题研究》，吉林大学 2002 年硕士学位论文，第 27 页。

险人死亡为给付保险金条件的合同,自合同成立或者合同效力恢复之日起二年内,被保险人自杀的,保险人不承担给付保险金的责任,但被保险人自杀时为无民事行为能力人的除外。保险人依照前款规定不承担给付保险金责任的,应当按照合同约定退还保险单的现金价值。”《保险法解释(三)》第21条规定:“保险人以被保险人自杀为由拒绝给付保险金的,由保险人承担举证责任。受益人或者被保险人的继承人以被保险人自杀时无民事行为能力为由抗辩的,由其承担举证责任。”

▶ 法考链接

1. 丁某于2005年5月为其九周岁的儿子丁海购买一份人身保险。至2008年9月,丁某已支付了三年多的保险费。当年10月,丁海患病住院,因医院误诊误治致残。关于本案,下列哪一表述是正确的?(2009年卷三32题,单选)

A. 丁某可以在向保险公司索赔的同时要求医院承担赔偿责任

B. 应当先由保险公司支付保险金,再由保险公司向医院追偿

C. 丁某应先向医院索赔,若医院拒绝赔偿或无法足额赔偿,再要求保险公司支付保险金

D. 丁某不能用诉讼方式要求保险公司支付保险金

【解析】《保险法》第46条规定:“被保险人因第三者的行为而发生死亡、伤残或者疾病等保险事故的,保险人向被保险人或者受益人给付保险金后,不享有向第三者追偿的权利,但被保险人或者受益人仍有权向第三者请求赔偿。”因此,A项正确。

根据《保险法》第46条规定,因第三者的行为造成被保险人死亡、伤残或疾病的,被保险人或受益人可以向保险人或第三者进行追偿。在人身保险中,保险人支付保险金的,也不享有代位求偿权。因此,B、C错误。

《保险法》第26条规定:“人寿保险以外的其他保险的被保险人或者受益人,向保险人请求赔偿或者给付保险金的诉讼时效期间为二年,自其知道或者应当知道保险事故发生之日起计算。人寿保险的被保险人或者受益人向保险人请求给付保险金的诉讼时效期间为五年,自其知道或者应当知道保险事故发生之日起计算。”据此,丁某可以诉请保险公司支付保险金,D错误。

【答案】A

2. 杨某为其妻王某购买了某款人身保险,该保险除可获得分红外,还约定若王某意外死亡,则保险公司应当支付保险金20万元。关于该保险合同,下列哪一说法是正确的?(2016年卷三34题,单选)

A. 若合同成立2年后王某自杀,则保险公司不支付保险金

B. 王某可让杨某代其在被保险人同意处签字

C. 经王某口头同意,杨某即可将该保险单质押

D. 若王某现为无民事行为能力人,则无需经其同意该保险合同即有效

【解析】A 项考查自杀的保险赔偿责任。《保险法》第 44 条第 1 款规定:“以被保险人死亡为给付保险金条件的合同,自合同成立或者合同效力恢复之日起二年内,被保险人自杀的,保险人不承担给付保险金的责任,但被保险人自杀时为无民事行为能力人的除外。”题干中设定合同成立 2 年之后王某自杀,保险公司依法应承担给付保险金的责任,A 项错误。

B 项考查死亡保险是否需要经被保险人同意。《保险法》第 34 条第 1 款规定:“以死亡为给付保险金条件的合同,未经被保险人同意并认可保险金额的,合同无效。”法律未规定必须亲自签字,B 项正确。

C 项考查保险单质押。《保险法》第 34 条第 2 款规定:“按照以死亡为给付保险金条件的合同所签发的保险单,未经被保险人书面同意,不得转让或者质押。”C 项错误。

D 项考查被保险人为无民事行为能力人的合同效力。《保险法》第 33 条第 1 款和第 2 款前半段规定:“投保人不得为无民事行为能力人投保以死亡为给付保险金条件的人身保险,保险人也不得承保。父母为其未成年子女投保的人身保险,不受前款规定限制。”杨某与王某系夫妻,不能为其投保死亡保险,D 项错误。

【答案】B

▶ 拓展思考

1. A 以其配偶 B 为被保险人订立以死亡为给付保险金条件的保险合同,约定死亡给付金额为 100 万元人民币,并指定 A、B 之子 C 为受益人。在 A 故意杀害 B、B 故意自杀、C 杀害 B 时,保险人分别应如何承担保险给付义务?

2. 具有现金价值的人寿保险合同,投保人不能继续交付后续保费的,如何处理?

3. 请指出下列条款中的不可抗辩条款、不丧失价值条款、垫付保险费条款及保单贷款条款。

美满一生年金保险(分红型)条款

第一条　保险合同构成

国寿美满一生年金保险(分红型)合同(以下简称本合同)由保险单及所附条款、现金价值表、声明、批注、批单以及相关的投保单、复效申请书、健康声明书和其他书面协议共同构成。

第二条　投保范围

凡出生三十日以上、六十周岁以下，身体健康者均可作为被保险人，由本人或对其具有保险利益的人作为投保人向中国人寿保险股份有限公司（以下简称本公司）投保本保险。

第三条　保险责任开始

本合同自本公司同意承保、收取首期保险费并签发保险单的次日开始生效。除另有约定外，本合同生效的日期为本公司开始承担保险责任的日期。

第四条　保险期间

本合同的保险期间为本合同生效之日起至被保险人年满七十五周岁的年生效对应日止。

第五条　保险责任

在本合同保险期间内，本公司负下列保险责任：

一、自本合同生效之日起至被保险人年满七十四周岁的年生效对应日止，若被保险人生存，本公司每年在本合同的年生效对应日，按下列规定给付关爱年金：

关爱年金＝基本保险金额×交费期间（年数）×1%。

二、被保险人生存至年满七十五周岁的年生效对应日，本公司按下列规定给付满期保险金，本合同终止。

满期保险金＝基本保险金额×交费期间（年数）。

三、被保险人于本合同生效（或复效）之日起两年内因疾病身故，本公司按所交保险费（不计利息）给付身故保险金，本合同终止；被保险人因意外伤害身故或于本合同生效（或复效）之日起两年后因疾病身故，本公司按下列规定给付身故保险金，本合同终止。

身故保险金＝基本保险金额×身故时的交费年度数×110%。

第六条　责任免除

因下列情形之一导致被保险人身故，本公司不负保险责任：

一、投保人或受益人对被保险人的故意杀害或伤害；

二、被保险人故意犯罪或拒捕；

三、被保险人服用、吸食或注射毒品；

四、被保险人在本合同生效（或复效）之日起二年内自杀；

五、被保险人酒后驾驶、无有效驾驶执照驾驶，或驾驶无有效行驶证的机动交通工具；

六、被保险人感染艾滋病病毒（HIV 呈阳性）或患艾滋病（AIDS）期间；

七、先天性疾病；

八、战争、军事冲突、暴乱或武装叛乱；

九、核爆炸、核辐射或核污染及由此引起的疾病。

无论上述何种情形发生，导致被保险人身故，本合同终止。保险合同生效满二年以上且投保人已交足二年以上保险费的，本公司退还本合同的现金价值；保险合同生效未满二年或投保人未交足二年保险费的，本公司在扣除本合同载明的手续费后，退还保险费。

第七条 红利事项

在本合同保险期间内，在符合保险监管部门规定的前提下，本公司每年根据上一会计年度分红保险业务的实际经营状况确定红利分配方案。如果本公司确定本合同有红利分配，则该红利将分配给投保人。

投保人在投保时可选择以下任何一种红利处理方式：

一、现金领取；

二、累积生息：红利保留在本公司以复利方式累积生息，红利累积利率每年由本公司公布。

若投保人在投保时没有选定红利处理方式，本公司按累积生息方式办理。

本合同在效力中止期间不享有本公司红利的分配。

第八条 保险费

保险费的交付方式为年交，交费期间分为三年、五年、八年和十二年四种，由投保人在投保时选择。

第九条 首期后保险费的交付、宽限期间及合同效力中止

首期后年交保险费的交付日期为本合同年生效对应日。

投保人如未按上述规定日期交付保险费的，自次日起六十日为宽限期间；在宽限期间内发生保险事故，本公司仍负保险责任；超过宽限期间仍未交付保险费的，本合同效力自宽限期间届满的次日起中止。

第十条 合同效力恢复（复效）

自本合同效力中止之日起二年内，投保人可填写复效申请书，并提供被保险人的健康声明书或本公司指定或认可的医疗机构出具的体检报告书，申请恢复合同效力，经本公司审核同意，自投保人补交所欠的保险费及利息、借款及利息的次日起，本合同效力恢复。

自本合同效力中止之日起二年内双方未达成协议的，本公司有权解除本合同。保险合同生效满二年以上且投保人已交足二年以上保险费的，本公司退还本合同的现金价值；保险合同生效未满二年或投保人未交足二年保险费的，本公司在扣除本合同载明的手续费后，退还保险费。

第十一条 如实告知

订立本合同时，本公司应向投保人明确说明本合同的条款内容，特别是责任免除条款，并可以就投保人、被保险人的有关情况提出书面询问，投保人、被保险人应当如实告知。申请恢复本合同效力时，投保人、被保险人应如实告知被保险人当时

的健康状况。

投保人或被保险人故意隐瞒事实，不履行如实告知义务的，或因过失未履行如实告知义务，足以影响本公司决定是否同意承保或者提高保险费率的，本公司有权解除本合同。

投保人或被保险人故意不履行如实告知义务的，本公司对本合同解除前发生的保险事故，不承担给付保险金的责任，并不退还保险费。投保人或被保险人因过失未履行如实告知义务，对保险事故的发生有严重影响的，本公司对本合同解除前发生的保险事故，不承担给付保险金的责任，但可以退还保险费。

第十二条　受益人的指定和变更

被保险人或投保人可指定一人或数人为身故保险金的受益人。受益人为数人的，可以确定受益顺序和受益份额；未确定受益份额的，受益人按照相等份额享有受益权。

被保险人或投保人可以变更受益人，但需书面通知本公司，由本公司在保险单上进行批注。

投保人指定或变更身故保险金受益人时须经被保险人书面同意。

除本合同另有指定外，关爱年金和满期保险金的受益人为被保险人本人。

第十三条　保险事故通知

投保人、被保险人或受益人应于知悉保险事故发生之日起十日内以书面形式通知本公司，否则，投保人、被保险人或受益人应承担由于通知迟延致使本公司增加的查勘、调查费用，但因不可抗力导致迟延的除外。

第十四条　保险金申请

一、在本合同保险期间内，被保险人生存至关爱年金领取日，由被保险人作为申请人，填写保险金给付申请书，并提交下列证明、资料：

1. 保险单及最近一次保险费的交费凭证；

2. 被保险人的户籍证明与身份证件。

二、在本合同保险期间内被保险人身故的，由身故保险金受益人作为申请人，填写保险金给付申请书，并提交下列证明、资料：

1. 保险单及最近一次保险费的交费凭证；

2. 受益人的户籍证明与身份证件；

3. 公安部门或二级以上（含二级）医院出具的被保险人死亡证明书；

4. 被保险人的户籍注销证明；

5. 本公司要求的申请人所能提供的与确认保险事故的性质、原因等相关的证明、资料。

三、被保险人生存至年满七十五周岁的年生效对应日，由被保险人作为申请人，填写保险金给付申请书，并提交下列证明、资料：

1.保险单及最近一次保险费的交费凭证；

2.被保险人的户籍证明与身份证件。

四、本公司收到申请人的保险金给付申请书及上述证明、资料后，对核定属于保险责任的，本公司在与申请人达成有关给付保险金协议后十日内，履行给付保险金的义务；对不属于保险责任的，本公司向申请人发出拒绝给付保险金通知书。

五、申请人对本公司请求给付身故保险金的权利自其知道保险事故发生之日起五年不行使而消灭。

第十五条　借款

在本合同保险期间内，如果保险合同生效满二年以上且投保人已交足二年以上保险费，本合同已经具有现金价值的，投保人可以书面形式向本公司申请借款，但最高借款金额不得超过本合同当时的现金价值扣除欠交保险费、借款及利息后余额的百分之七十，且每次借款期限不得超过六个月。

借款及利息应在借款期限届满日偿还。未能按期偿还的，则所有利息将被并入原借款金额中，视同重新借款。

当本合同当时的现金价值不足以抵偿欠交的保险费、借款及利息时，本合同效力中止。

第十六条　欠款扣除

本公司在给付保险金、派发红利、退还本合同现金价值或保险费时，如投保人有欠交保险费或保险单借款未还清者，本公司有权先扣除欠款及其应付利息。

第十七条　合同内容变更

在本合同保险期间内，投保人可填写变更申请书提出变更本合同的有关内容，经本公司审核同意后，由本公司出具批单，或与投保人订立变更的书面协议。

第十八条　住所或通讯地址变更

投保人的住所或通讯地址变更时，应及时以书面形式通知本公司。投保人未以书面形式通知的，本公司按所知最后的投保人住所或通讯地址发送有关通知。

第十九条　年龄计算及错误处理

被保险人的投保年龄按周岁计算。投保人应在投保本保险时将被保险人的真实年龄在投保单上填明，如果发生错误，本公司按照下列规定办理：

一、投保人申报的被保险人年龄不真实，并且其真实年龄不符合本合同约定的年龄限制的，本公司可以解除本合同，并在扣除本合同载明的手续费后向投保人退还保险费，但是自本合同生效之日起逾二年的除外。

二、投保人申报的被保险人年龄不真实，致使投保人实付保险费少于应付保险费的，本公司有权更正并要求投保人补交保险费及利息，或在给付保险金时按照实付保险费与应付保险费的比例给付。

三、投保人申报的被保险人年龄不真实，致使投保人实付保险费多于应付保险费的,本公司应将多收的保险费无息退还投保人。

四、如果因申报的被保险人年龄不真实导致红利分配不足,本公司将不予任何补偿;如果实际分配的红利超过根据其真实年龄所应分配的红利,本公司有权追回超额部分的红利。

第二十条　投保人解除合同的处理

本合同成立后,投保人可以要求解除本合同。投保人要求解除本合同时,应填写解除合同申请书,并提交保险合同、最近一次保险费交费凭证和投保人的户籍证明与身份证件。

本合同自本公司接到解除合同申请书时终止。投保人于签收保险单后十日内要求解除本合同的,本公司于接到解除合同申请书之日起三十日内退还已收全部保险费,但已给付关爱年金或经本公司体检的,本公司有权扣除已给付的关爱年金和体检费。投保人于签收保险单十日后要求解除本合同,保险合同生效满二年以上且投保人已交足二年以上保险费的,本公司于接到解除合同申请书之日起三十日内退还本合同的现金价值;保险合同生效未满二年或投保人未交足二年保险费的,本公司在扣除本合同载明的手续费后,退还保险费。

第二十一条　争议处理

本合同争议的解决方式,由当事人在合同中约定从下列两种方式中选择一种:

一、因履行本合同发生的争议,由当事人协商解决,协商不成的,提交——仲裁委员会仲裁;

二、因履行本合同发生的争议,由当事人协商解决,协商不成的,依法向人民法院提起诉讼。

第二十二条　释义

本条款有关名词释义如下:

周岁:是指以法定身份证明文件中记载的出生日期为标准计算的年龄(不足一年不计)。

年生效对应日:生效日每年的对应日为本合同每年生效对应日。

基本保险金额:是指保险单载明的保险金额。

利息:是指补交保险费或借款的利息,根据补交保险费或借款的数额、经过日数按日利率依复利方式计算。日利率 = (1 + 年利率)/360 - 1,年利率由本公司每年度公布一次。

意外伤害:是指外来的、突发的、非本意的、非疾病的使身体受到伤害的客观事件。

身故时的交费年度数:是指下列情形之一:

1. 被保险人在交费期间内身故的,身故时的交费年度数等于自本合同生效之日起至被保险人身故时止保险合同所经过的整年数加一。

2. 被保险人在交费期间外身故的,身故时的交费年度数等于在保险单上载明的交费期间(年数)。

无有效驾驶执照驾驶:是指下列情形之一:

1. 没有驾驶证驾驶;

2. 驾驶与驾驶证准驾车型不相符合的车辆;

3. 驾驶员持审验不合格的驾驶证驾驶;

4. 未经公安交通管理部门同意,持未审验的驾驶证驾驶;

5. 公安交通管理部门规定的其他无有效驾驶证驾驶的情况。

艾滋病:是指获得性免疫缺陷综合症(AIDS)。

艾滋病病毒:是指人类免疫缺陷病毒(HIV)。获得性免疫缺陷综合症的定义应按世界卫生组织制定的定义为准,如在血清学检验中 HIV 抗体呈阳性,则可认定为感染艾滋病病毒或患艾滋病。

先天性疾病:指被保险人一出生时就具有的疾病(病症或体征)。这些疾病是指因人的遗传物质(包括染色体以及位于其中的基因)发生了对人体有害的改变而引起的,或因母亲怀孕期间受到内外环境中某些物理、化学和生物等因素的作用,使胎儿局部体细胞发育不正常,导致婴儿出生时有关器官、系统在形态或功能上呈现异常。

战争:是指国家与国家、民族与民族、政治集团与政治集团之间为了一定的政治目的、经济目的而进行的武装斗争。以政府宣布为准。

军事冲突:国家或民族之间在一定范围内的武装对抗。以政府宣布为准。

暴乱:破坏社会秩序的武装骚动。以政府宣布为准。

会计年度:自公历一月一日起至十二月三十一日止。

不可抗力:是指不能预见、不能避免并不能克服的客观情况。

第九章　人身保险合同分论

▶ 教学目的

领会健康保险合同、伤害保险合同与人寿保险合同的特征，掌握健康保险合同、伤害保险合同与人寿保险合同的主要内容。

▶ 教学重点

健康保险合同、伤害保险合同与人寿保险合同的概念及主要内容。

第一节　健康保险合同

一、健康保险合同的含义

健康保险合同，是指保险人在被保险人疾病、分娩以及由此导致费用支出、残废或死亡时，负保险给付义务的人身保险合同。健康保险合同可以填补被保险人因疾病、分娩而引起的费用支出。在疾病、分娩未致残、未致死时，可以填补医疗费用的支出；在致残时，可以填补医疗费用支出及生活收入减少所致的损失；在死亡时，可以填补丧葬费用与遗属生活费用的支出。[1] 健康保险合同与意外伤害保险合同适用的危险因素不同，前者适用于被保险人因病理状况所致疾病或在其分娩时而产生的生理能力欠缺，后者适用于因意外事故所致的被保险人的身体损伤。

---

[1] 《健康保险管理办法》第2条规定："本办法所称健康保险，是指由保险公司对被保险人因健康原因或者医疗行为的发生给付保险金的保险，主要包括医疗保险、疾病保险、失能收入损失保险、护理保险以及医疗意外保险等。本办法所称医疗保险，是指按照保险合同约定为被保险人的医疗、康复等提供保障的保险。本办法所称疾病保险，是指发生保险合同约定的疾病时，为被保险人提供保障的保险。本办法所称失能收入损失保险，是指以保险合同约定的疾病或者意外伤害导致工作能力丧失为给付保险金条件，为被保险人在一定时期内收入减少或者中断提供保障的保险。本办法所称护理保险，是指按照保险合同约定为被保险人日常生活能力障碍引发护理需要提供保障的保险。本办法所称医疗意外保险，是指按照保险合同约定发生不能归责于医疗机构、医护人员责任的医疗损害，为被保险人提供保障的保险。"

（一）健康保险合同的当事人

投保人与保险人是健康保险合同的当事人。投保人与被保险人为同一人时，投保人对自己当然具有保险利益；当两者非为同一人时，根据《保险法》第12条、第31条规定，订立合同时，投保人对被保险人应当具有保险利益，否则合同无效。

（二）健康保险合同的关系人

1. 被保险人

以第三人为被保险人订立以死亡为保险金给付条件的健康保险合同时，应当经被保险人同意。《保险法》第33条规定，除未成年人的父母外，投保人不得为无民事行为能力人投保以死亡为给付保险金条件的保险合同，保险人亦不得承保。父母可以为无民事行为能力人的子女投保以死亡为给付保险金条件的保险，但保险金总额不得超过银保监会规定的限额。[1] 根据《保险法解释（三）》第6条规定，如果健康保险合同以疾病致死为保险事故，除未成年子女的父母外，其他履行监护职责的人不得以其为被保险人订立以死亡为给付保险金条件的健康保险合同。根据《保险法》第163条规定，保险人违反上述规定为无民事行为能力人承保以死亡为给付保险金条件的保险合同的，由监管机构责令其改正，并处以5万元以上30万元以下的罚款。

2. 受益人

健康保险合同的受益人，指保险事故发生时，享有保险金给付请求权的人，受益人通常为被保险人，亦得指定第三人为受益人。

二、健康保险合同的特征

（一）承保危险具有综合性

健康保险合同承保的危险包括被保险人因疾病、分娩所致的费用支出，以及因疾病、分娩所致伤残、死亡等，而不是单一的危险。

（二）保险标的是被保险人的身体健康

健康保险合同承保疾病或医疗意外所导致的医疗费用支出或收入损失，由于其标的为人身健康利益，难以用金钱来衡量，所以，通常不会发生超额保险。但亦有人认为健康保险合同中保险人给付的保险金不是对被保险人的生命或身体的伤害的补偿，而是对被保险人因疾病、分娩进行医疗过程中的费用支出以及由此而生的其他费用损失的补偿。因此，有代位求偿权的适用。[2]

（三）被保险人的资格受到一定限制

诚如上述，如果健康保险合同以疾病致死为保险事故，除未成年子女的父母

---

〔1〕 关于以未成年人为被保险人订立包括死亡给付内容的保险合同的保险金限额，见本书第四章第二节关系人的被保险人部分；同时参见《中国保监会关于父母为其未成年子女投保以死亡为给付保险金条件人身保险有关问题的通知》（保监发〔2015〕90号）关于限额的规定。

〔2〕 参见魏华林、林宝清主编：《保险学》，高等教育出版社1999年版，第167页。

外,他人不得以其为被保险人订立以死亡为给付保险金条件的健康保险合同。健康保险合同一般都明确约定限制患有某种疾病的人为被保险人。

三、健康保险合同保险人的保险给付义务范围

在被保险人疾病或分娩而未发生残疾、死亡时,保险人的保险给付义务通常在于弥补医疗费用的支出;在致残时,则保险给付的目的在于填补医疗费用支出及生活收入减少所致之损失;在死亡时,在于填补丧葬费用与遗属生活费用的支出。被保险人因疾病而引起的费用支出可通过健康保险合同获得填补。健康保险合同因承保范围内的疾病发生,保险人的给付内容包括医药费、住院费、手术费、检查费和护理费等。医疗给付保险通常约定医疗费用的免除给付额,以排除保险人对小额医疗费用的给付。此外,健康保险合同一般还约定保险人的最高给付限额。

在分娩时,不论死产活产,保险给付均包括分娩的助产费、手术费、保胎费、预防疾病的产妇保健费以及初生婴儿所需医疗费、养护费。

保险人还承担被保险人因疾病、分娩而不能工作时的工资收入。无论被保险人的生产为活体还是死体,也无论被保险人流产的妊娠期长短,因被保险人怀孕生育造成的身体健康状况失常须治疗的,皆为“分娩”。以生育为目的的助产、检查、保胎和预防疾病所支出的费用亦由保险人给付。

四、健康保险合同的订立

健康保险合同因当事人意思表示合致而成立,若当事人对保险合同的生效附有条件或期限,则须条件成就或期限届至时生效。例如,健康保险合同约定须交付保险费才能生效或合同于翌日零时起生效。当投保人与被保险人非为同一人时,健康保险合同为第三人利益而存在。

订立健康保险合同时,投保人对被保险人的年龄、职业、身高、体重、病史、现在健康状况、生活习惯或日常嗜好等情况应负如实告知义务。若有违反,保险人可以不负保险给付义务或解除合同。在订立健康保险合同时,一般约定由保险人自己承担费用,经保险人指定的医疗体检合格后才予承保。但实务中,多不经体检,仅凭被保险人或投保人对其健康状况的如实告知承保危险。但当健康保险合同的投保人与被保险人不是同一人时,只有被保险人对自身状况最为了解,所以,被保险人应负如实告知义务。保险合同成立后,保险人应及时向投保人签发保险单证或其他保险凭证。有交付单证时间的规定、约定的,依其规定、约定;无规定、约定的,保险人应在合理期限内交付。保险单的交付为保险人的合同义务,若不交付,权利人可以请求其交付相关单证。

五、健康保险合同的主要内容

(一)保险期间

健康保险合同的保险期间一般为 1 年,保险期间自合同成立的翌日 0 时起至期满之日的 24 时止。期满可以续保。

健康保险合同多与人寿保险合同结合而存在。对于健康保险合同的保险期间，合同一般约定有“等待期”，即约定自承保之日起，保险人对于被保险人所患病不承担保险给付义务的延缓期限。等待期长短不一，一般最长达180日。

（二）保险金额

健康保险合同的保险金额有的以实际支出的医疗费用为标准计算给付的数额，多有最高限额的约定，应在其限额内给付。《保险法解释（三）》第18条规定，保险人给付费用补偿型的医疗费用保险金时，主张扣减被保险人从公费医疗或者社会医疗保险取得的赔偿金额的，应当证明该保险产品在厘定医疗费用保险费率时已经将公费医疗或者社会医疗保险部分相应扣除，并按照扣减后的标准收取保险费。有的健康保险合同约定按医疗时间定额给付保险金。根据《保险法解释（三）》第19条规定，约定按照基本医疗保险的标准核定医疗费用，保险人不能以被保险人的医疗支出超出基本医疗保险范围为由拒绝给付保险金；保险人有证据证明被保险人支出的费用超过基本医疗保险同类医疗费用标准，可以对超出部分拒绝给付保险金。《保险法解释（三）》第20条规定，被保险人未在保险合同约定的医疗服务机构接受治疗的，保险人可以拒绝给付保险金，但被保险人除情况紧急必须立即就医外。

（三）保险费

健康保险合同的保险费分期支付的，支付首期保险费后，除合同另有约定外，若投保人自保险人催告之日起超过30日未支付当期保险费，或者未交付当期保险费超过60日的，则效力中止。其保险费的计算不仅与保险金额有关，亦与年龄高低等成正比。如果合同效力中止，不能复效，权利人另订新合同，要付出更大代价。关于健康保险合同的保险费是否适用《保险法》第36条、第37条的规定，有不同主张。学说上多认为，该条适用于长期人寿保险的资本性保险无疑问，因该种保险费的交付具有类似储蓄的意义，保险人收取的保险费并非其利益或利润，对投保人应交付的保险费不具有债权请求权，不得以诉讼方式请求。但健康保险合同的保险费的性质不同于人寿保险合同的保险费，可以诉讼方式请求。[1]

（四）健康保险合同的保险事故

健康保险合同承保的危险包括疾病、分娩，以及疾病、分娩导致的残疾、死亡所致的人身、财产损失。

疾病，系指发自身体内部或外部的、逐渐形成的反生理或反心理的客观状态。疾病的原因来自身体内部或身体外部，经过致病因素的相当时间酝酿而形成。这与伤害保险合同的保险事故应由来自被保险人身体之外的原因所致，具有偶发性、剧烈性的结果反应不同。疾病以后天发生的为限，先天性的盲、聋或哑等则不在承

---

〔1〕　参见温世扬主编：《保险法》，法律出版社2003年版，第109～110页。

保之列。疾病具有偶然性,人随年龄增长,身体器官自然老化为规律所必然,非健康保险合同所承保的疾病。

分娩系指胎儿脱离母体的状态。分娩作为健康保险的保险事故,只有女性才能作为被保险人。分娩不以活产为限,死产或流产亦属之。

因疾病、分娩致残、致死,包括因疾病致残、因疾病致死、因分娩致残以及因分娩致死。

(五)保险人不负保险给付义务的情形

1.法定情形

法定不负义务的情形包括:

(1)保险事故已发生。保险危险须属于未发生的危险,否则不能为保险人承保。例如,缔约时,被保险人已经怀孕或患病。关键的问题在于如何判断。一般根据外表迹象来判断,即自外表所显示的迹象足以判断被保险人已经患病或怀孕,不得推诿为不知。保险事故已发生,系确定事实,当然不在承保之列。

(2)故意致保险事故发生。其包括:第一,投保人、受益人故意促使保险事故发生。第二,被保险人故意制造保险事故,包括故意患疾病,例如,被保险人明知第三人患有某种传染病,而毫不避讳,仍与其亲密接触,以致患该病;故意堕胎;故意患疾病致残致死;故意堕胎致残致死。

关于人工流产,基于优生保健的目的故意促使事故发生的,为合法行为,保险人不可将其列为除外义务,是否合法,以是否基于防治疾病或其他健康为目的来判断。在医学上,若怀孕或分娩有招致生命危险、危害身体或精神健康的情形,可以实行人工流产,而保险人仍应负保险给付义务。

2.约定情形

约定不负义务的情形包括:法定传染病;美容手术以及整形手术;牙医的治疗、镶补或装设义齿;本合同等待期内所患的疾病;未按医生指定适用药品以致疾病、伤残、死亡等。

第二节　伤害保险合同

一、伤害保险的含义与特征

伤害保险合同,又称为意外伤害保险合同,系指投保人与保险人约定,在被保险人遭受意外伤害或由此所致伤残、死亡时,由保险人依约负保险给付义务。

伤害保险合同的特征表现为:

1.合同所承保的危险为意外伤害

被保险人因意外伤害致伤、致残或致死是保险人给付保险金的前提。意外伤害是被保险人因不可抗力或不可预料的事故造成的人体自然部分的损伤,是被保险人非所预见、非所图谋、非所期待的事故,无论该事故发生是由于被保险人的过失还是第三人的故意。但是,被保险人因疾病而死亡的,不属于意外伤害。因此,意外伤害不包括疾病和其他的自然原因过程。例如,被保险人为摘除腋下病灶手术,因急性心脏病而死亡时,不属于伤害保险事故。

2. 超额保险的规则不适用于伤害保险

意外伤害保险的保险标的为被保险人的身体利益,其受到伤亡时,无法以确定的金钱价值衡量,保险人与投保人约定的保险金额并非被保险人的人身价值,所以伤害保险不存在超额保险。其一般为定额给付,亦可以约定为非定额给付,以被保险人实际支出的医药费、手术费等为给付保险金的数额。

3. 被保险人的受限制性

伤害保险合同对被保险人一般没有年龄上的限制,任何年龄的人均可作为被保险人。以意外伤害导致死亡为承保危险的合同部分,未经被保险人同意并认可保险金额,合同无效。如前所述,如果伤害保险合同以伤害致死为保险事故,除未成年子女的父母外,他人不得以其为被保险人订立以死亡为给付保险金条件的伤害保险合同。

4. 保险代位权的排除适用

意外伤害保险的保险标的是被保险人的身体利益,被保险人的身体利益受到伤害致伤、残或死,无法用金钱予以衡量,保险人与投保人约定的保险金额并非被保险人的人身价值,不适用贯彻损失填补的保险代位规则。若第三人对被保险人的人身伤亡应承担法律责任,被保险人或其继承人、受益人在请求保险金时,仍可向第三人请求损害赔偿,保险人无代位权适用的余地。

二、伤害保险合同的订立

在学理上,一般认为伤害保险合同的保险费得以诉讼请求给付。所以,虽投保人未交付保险费,只要保险人同意承保,保险合同仍可生效。但在实务中,保险人多在合同中约定预交保险费后,保险合同才生效力。伤害保险合同通常附加于人寿保险合同而存在。此时,人寿保险合同与伤害保险合同的生效期间应为同时。

三、伤害保险合同的内容

(一)保险期间

伤害保险合同的保险期间由投保人与保险人约定,其自起保日的 0 时起至届期日的 24 时止,一般为 1 年。但旅客伤害保险合同的保险期间为旅客的旅行期间。保险期间届满,投保人可以续保,由保险人决定是否继续承保。

(二)保险金额

伤害保险合同的保险金额由双方当事人约定。在伤害致残致死时,采用定额给付的方式,一般由保险人在投保单上载明不同的保险金额的额度,由投保人选择。因伤害致残时,依合同所载明残废等级类别的不同而给付一定比例的保险金。在因伤害致死时,亦依约给付保险金。投保人选择的额度为保险给付的最高限额。在未致残致死时,给付相应医疗费用。

(三)保险费

保险费依遭受意外伤害可能性的高低来计算,主要考虑被保险人的职业、年龄等因素。投保人应依约交付保险费。《保险法》第38条规定:"保险人对人寿保险的保险费,不得用诉讼方式要求投保人支付。"与人寿保险的保险费债务不同,伤害保险投保人届期不交付保险费,保险人可以诉讼请求。

(四)保险事故

伤害保险合同的危险包括遭受意外伤害未致残致死,遭受意外伤害致残和遭受意外伤害致死。危险发生须具有偶发性或不可预期的因素。因故意挑衅导致的伤害不属于伤害保险合同的承保范围。意外伤害致残致死,包括因意外伤害直接致残致死与经过一段时间致残致死。在伤害保险合同中,可通过一定期限限定保险人义务范围。例如,双方约定,只要残疾或死亡的事实于意外伤害发生后180日内,均承认其因果关系。

根据《保险法解释(三)》第24条规定,投保人为被保险人订立以死亡为给付保险金条件的人身保险合同,其中的死亡包括被保险人被宣告死亡后。被保险人被宣告死亡之日在保险责任期间之外,但有证据证明下落不明之日在保险责任期间之内,保险人应按照保险合同约定给付保险金。

(五)保险给付义务

被保险人的身体遭受意外伤害或因意外伤害致残、致死的,保险人应依约向被保险人或受益人给付保险金。不论意外伤害是因被保险人自身的过失还是第三人的故意,只要不是被保险人故意造成的伤害即属于承保危险范围。根据《保险法解释(三)》第25条规定,被保险人的损失系由承保事故或者非承保事故、免责事由造成难以确定,当事人可以请求保险人按照相应比例给付保险金。[1]

意外伤害不包括疾病。被保险人的故意行为所致的伤害、被保险人故意的、不必要的冒险行为以及因战争或军事行动所致的伤害,一般均不在承保之列。

其他国家立法对这种情况下的举证责任也进行了规定,如2008年修改前的《德国保险契约法》规定,投保人故意促使保险事故发生的,保险人不给付保险金。同时,对被保险人是否自愿受伤的事实的举证责任加以规定,亦即保险人的举证责任由被保险人是否自愿受伤害的事实决定。如果是否属于被保险人自愿受伤有异议的,由保险人负举证责任。第三人为受益人时,其受益权在保险事故发生时才能

---

〔1〕 参见《保险法解释(三)》第25条。

确定，即使投保人未指定他人为受益人的，也应如此。[1]《保险法》对被保险人故意自伤是否成立的举证责任未作规定，但《保险法解释（三）》第 21 条对此进行了解释。依其精神，如果保险人以被保险人故意自伤为由拒绝给付，由其负举证责任。反之，由保险人的相对一方权利人举证。

被保险人因意外伤害致伤或致残，一般情况下，合同约定保险金给付请求权人为被保险人自身。当其因意外伤害致死时，由其指定的受益人或其继承人享有保险金给付请求权。权利人请求保险给付时，须提交保险单证以及投保人、被保险人或受益人的身份证明。被保险人死亡，须提供被保险人死亡证明；若被保险人因意外伤害致残，应提供医疗单位出具的残疾程度证明。被保险人在保险期间内，不论发生一次或数次保险事故，保险人均应负保险金给付义务，但累计给付的金额不能超过保险金额，否则，伤害保险合同的效力即行终止。

第三节　人寿保险合同

一、人寿保险合同的含义

人寿保险合同，是以人的生存或死亡为保险事故的保险合同。其中单纯以生存为保险事故的，是生存保险合同；单纯以死亡为保险事故的，是死亡保险合同；以生存或死亡同为保险事故的，是生死两全保险合同。

二、人寿保险合同的种类

根据保险给付的不同，人寿保险合同可分为以下三种：

（一）生存保险合同

生存保险合同，是指以被保险人至一定期日仍然生存为保险事故发生，保险人应给付受益人（通常与被保险人合一）约定数额的保险金的人寿保险合同。

（二）死亡保险合同

死亡保险合同，是指以被保险人死亡为保险事故发生，保险人应给付受益人约定保险金额的人身保险合同。死亡保险合同主要分为终身死亡保险合同与期间死亡保险合同。以被保险人死亡为保险事故发生的人身保险合同为终身死亡保险合同。期间死亡保险合同，是指被保险人于保险合同所订的期间内死亡时，保险人应给付约定保险金额的人寿保险合同。

（三）两全保险合同

生存死亡两全保险合同，是指当事人约定被保险人于合同生效后一定期间死亡的，保险人应给付一定数额的保险金；若该期间届满而被保险人仍然生存的，保

---

〔1〕　参见 2008 年修改前的《德国保险契约法》第 181 条(1)(2)。

险人亦应给付约定数额的保险金的人寿保险合同。

生死两全保险合同亦称生死两合保险合同,从人身保险合同的发展上来说,是在综合单纯的死亡保险和单纯的生存保险基础上发展起来的一种综合性寿险合同。它补充了单纯死亡保险与单纯生存保险难以适应危险团体成员生活需要的不足。

单纯生存保险合同需投保人分期或趸交保险费于保险人,保险人于被保险人达到约定期限或一定年龄仍生存时,即一次或分期给付约定的保险金于受益人。但若被保险人于期限届满前死亡的,已付的保险费原则上归于保险人,保险人不负给付保险金的义务,保险费亦无须返还。实际上,最终是由投保同一险种的其他届期生存的被保险人所在的合同的权利人分享了聚集起来的保险费及其运用利益。对于期限届至前已死的被保险人而言,可谓人财两失。在单纯死亡保险合同中,投保人分期或趸交保险费于保险人,保险人于被保险人死亡时,即给付约定保险金于其受益人或其遗属。单纯死亡保险定有期限,在期限届满后,被保险人仍生存时,保险人不负给付保险金义务,可谓人且苟存,却不能自保险人处获得使其生活改善的金钱资助。所以,单纯生存保险,系以先死者分担生存者的保险金;定期死亡保险,系以后死者分担先死者的保险金。在前者的被保险人届期死亡和后者的被保险人届期仍生存时,保险人皆不负给付保险金义务,保险费亦无须返还。只是生存保险本来为了生者的生活保障而投保,含有储蓄的意义,若期前死亡,人财两空,为人情所不甘;在单纯死亡定期保险中,人存而财失,人固然得以苟存于世,却缺乏安定生活的资财,难以得到生活保障。故两者皆不受人欢迎。

为了弥补上述保险的不足,两全保险得以产生和发展。生死两合保险,系指以生存及死亡为保险事故,以保险期间内被保险人死亡或保险期间届满时被保险人仍然生存为保险事故发生,保险人均应给付保险金的保险合同。因为被保险人在保险期间届满时,不是生存就是已经死亡,而无论生存还是死亡,均属保险事故发生,所以,生死两全保险的特点是保险事故必然发生。生死两合保险,以死亡为保险事故发生而言,旨在保障受益人的生活;以生存为保险事故发生而言,旨在储蓄金钱以为被保险人晚年生活需要提供物质保障。无论被保险人死亡或生存,保险人都应给付保险金,能够较为完满地实现人们的需求。

▶ 法考链接

1. 甲向某保险公司投保人寿保险,指定其秘书乙为受益人。保险期间内,甲、乙因交通事故意外身亡,且不能确定死亡时间的先后。该起交通事故由事故责任人丙承担全部责任。现甲的继承人和乙的继承人均要求保险公司支付保险金。下列哪一选项是正确的?(2012 年卷三 33 题,单选)

A. 保险金应全部交给甲的继承人

B. 保险金应全部交给乙的继承人

C. 保险金应由甲和乙的继承人平均分配

D. 某保险公司承担保险责任后有权向丙追偿

【解析】根据《保险法》第39条第2款规定,投保人指定受益人时须经被保险人同意。甲为自然人,以其自身为被保险人投保人寿保险,投保人与被保险人为同一人,投保人的意思即被保险人的意思,可以指定任何人为受益人。甲无论是否为单位,乙作为其秘书,与甲之间未必构成劳动关系,不属于"投保人为与其有劳动关系的劳动者投保人身保险,不得指定被保险人及其近亲属以外的人为受益人"的情况。指定权人指定,秘书乙可以为受益人。被保险人甲、受益人乙在同一交通事故中意外身亡,无法确定死亡先后的,根据《保险法》第42条第2款的规定:"受益人与被保险人在同一事件中死亡,且不能确定死亡先后顺序的,推定受益人死亡在先。"据此,本题中,保险金应作为被保险人甲的遗产由其继承人继承,选项A符合要求,B、C不是正确的选项。

根据《保险法》第46条规定:"被保险人因第三人的行为而发生死亡、伤残或者疾病等保险事故的,保险人向被保险人或者受益人给付保险金后,不享有向第三人追偿的权利,但被保险人或者受益人仍有权向第三人请求赔偿。"据此,保险公司无权向第三人丙追偿。选项D不符合要求。

【答案】A

2. 李某于2000年为自己投保,约定如其意外身故则由妻子王某获得保险金20万元,保险期间为10年。2009年9月1日起李某下落不明,2014年4月法院宣告李某死亡。王某起诉保险公司主张该保险金。关于本案,下列哪些选项是正确的?(2017年卷三76题,多选)

A. 保险合同应无效

B. 王某有权主张保险金

C. 李某死亡日期已超保险期,故保险公司不承担保险责任

D. 如李某确系2009年9月1日下落不明,则保险公司应承担保险责任

【解析】A项考查合同效力。根据《保险法》第12条、第31条规定,投保人对本人有保险利益,合同有效。A项错误。B项王某是受益人,有权主张保险金。CD项考查宣告死亡的保险责任。根据《保险法解释(三)》第24条规定:"投保人为被保险人订立以死亡为给付保险金条件的保险合同,被保险人被宣告死亡后,当事人要求保险人按照保险合同约定给付保险金的,人民法院应予支持。被保险人被宣告死亡之日在保险责任期间之外,但有证据证明下落不明之日在保险责任期间之内,当事人要求保险人按照保险合同约定给付保险金的,人民法院应予支持。"D项正确。

【答案】BD

▶ 拓展思考

1. 人寿保险、健康保险与意外伤害保险的保险事故都可能包括死亡的情况，但三种保险中对死亡的要求有何不同？

2. 2002 年 8 月 1 日，X 以其子为被保险人，向 Y 人寿保险股份有限公司投保生死两全保险，保险金额为人民币 100 万元，年缴保险费为人民币 5 万元，保险期间为 20 年，并以其子为受益人。X 连续交付 10 年保险费后，因自己所在的公司经营不善宣告破产，自己失去工作，难以再承担该合同的保险费给付义务，根据《保险法》规定，如何处理该合同？

第十章　财产保险合同通论

▶ 教学目的

理解财产保险合同的概念、特征及分类，领会损失填补原则，掌握保险代位权的功能及行使要件，保险金额与保险价值之间的关系，重复保险及保险竞合。

▶ 教学重点

保险代位权的行使要件，保险金额与保险价值之间的关系，重复保险，保险竞合。

第一节　财产保险合同绪说

一、财产保险合同的概念与特征

在我国保险法立法上，财产保险合同与人身保险合同是保险合同的法定分类。财产保险合同是指以财产或财产性利益为保险标的的保险合同。财产保险合同以填补损失为原则。在保险产生和发展早期，财产保险合同以有形财产的损失填补为主，还没有扩展到现今的范围。现今的财产保险合同，除有形财产保险合同外，又将无形财产或财产性利益作为财产保险合同的标的。据此，在学理上，一般将财产保险合同分为有形财产损失保险合同、期待利益损失保险合同和责任保险合同。

除具有保险合同的共同特征外，财产保险合同主要特性表现在所涉法益、法益所依附的载体与人身保险合同不同。

财产保险合同涉及的法益是财产性利益，其损失可以以金钱评价，其载体表现为财产或人的行为，而人身保险合同涉及的法益是人身利益，不能用金钱来衡量其损失数额的高低，其载体为人的生命或身体。正是因所涉法益及其载体性质的差异，两种合同才派生出各自不同的规则。

二、财产保险合同的法定分类

《保险法》第95条第1款未对财产保险合同专门分类，而是对保险人经营业务范围的划分。该款以保险标的及保险人承担的危险性质、范围为标准，将财产保险业务分为财产损失保险、责任保险、信用保险和保证保险等保险业务。解释上,根据这种业务上的划分,将财产保险合同分为财产损失保险合同、责任保险合同、信用保险合同、保证保险合同等,作为财产保险合同的法定分类。

(一)财产损失保险合同

财产损失保险合同是以有形财产为保险标的保险合同。财产损失保险的保险标的可以是生产资料、生活资料等一切有形的动产或不动产。

(二)责任保险合同

责任保险合同是以被保险人依法应对第三人承担的损害赔偿责任为保险标的保险合同。在学理上,以侵权损害赔偿责任为责任保险合同的保险标的无异议,有争议的是违约责任是否为责任保险合同的保险标的。在违约责任是否能成为责任保险合同保险标的的问题上存在如下见解:一是违反合同义务的违约责任可以成为责任保险合同的保险标的;[1]二是责任保险合同的保险标的以侵权责任为原则,在保险合同中存在约定的情况下,亦可以以违约损害赔偿责任为保险标的;[2]三是责任保险合同的保险标的限于侵权责任,对于违约责任的承保,属于保证保险的范围。[3] 在实务中,国外法院的多数判例亦将违约责任排除在责任保险承保的范围以外,认为责任保险只应承保因侵权行为所致的人身或财产损害赔偿责任。《保险法》第65条第4款规定:"责任保险是指以被保险人对第三者依法应负的赔偿责任为保险标的的保险。"据此,责任保险合同的保险标的为被保险人对第三人依法应负的损害赔偿责任,在法律解释上应包括侵权责任、违约责任以及其他依法应承担的责任。在实务上,责任保险的承保危险范围一般只包括侵权责任,对违约责任通过信用保险、保证保险予以分散。

(三)信用保险合同

信用保险合同是指被保险人(债权人)为保证其债权届期获清偿,而将债权届期不获清偿的危险由保险人予以承担,在债务人期满不履行债务时,由保险人在保险金范围内履行给付义务的保险合同。信用保险合同以债务人对债权人(被保险人)的清偿能力或信用为保险标的。

(四)保证保险合同

保证保险合同,简称保证保险,是指由作为保证人的保险人为被保证人向权利人提供担保,当被担保义务人因作为或不作为而不履行义务,致使权利人遭受经济损失时,由保险人向作为被保险人的权利人承担保险给付义务。

---

〔1〕 参见刘宗荣:《保险法》,台北,三民书局1995年版,第325页。

〔2〕 参见桂裕编著:《保险法论》,台北,三民书局1981年版,第289页。

〔3〕 参见王卫耻:《实用保险法》,台北,文笙书局1981年版,第319页。

第二节 损失填补原则

一、损失填补原则的概念与作用

保险功能在于分散危险、补偿损失和分担损失。财产保险的经济补偿性质决定了损失填补原则是财产保险合同法的基本原则,并派生出委付、损失分摊、代位追偿权等规则。

(一)损失填补原则的含义

损失填补原则,是指保险事故发生致被保险人遭受损失,保险人应在承担保险给付义务范围内对其所受实际损失进行填补。保险人履行给付义务旨在弥补被保险人因承保危险发生所失去的利益。被保险人不能因保险给付义务的履行获得额外利益。损失填补原则是贯穿于财产保险合同法立法、司法以及当事人从订立到履行财产保险合同整个过程的一项基本准则。通过弥补权利人在经济上的损失,使其恢复生产或安定生活。《保险法》未明文表述损失填补原则,其精神经《保险法》的具体规定得以体现,通过法律解释得以运用。在财产保险合同中,损失填补限于保险事故所致损失的实际价值,全损的按全部实际价值补偿,部分损失按比例补偿,其最高限额为保险金额。基于损失填补原则,《保险法》对不足额保险、超额保险规定相应后果,防止行为人获得超过其损失的保险金。

保险制度具有损失填补的功能,实质上是指财产保险或具有财产保险性质的非纯粹人身保险(伤害保险、健康保险中的医疗费用支出保险)[1]才贯彻此原则。至于纯粹人身保险,包括死亡保险、生存保险与生死两全保险,并不具有填补经济性损失的功能。此种情况下,受益人固然与被保险人有利害关系,但未必因保险事故发生受有损害。

(二)损失填补原则的作用

(1)被保险人因保险事故发生致损,才能得到补偿。

(2)补偿与损失在量上应相当,即在保险合同约定范围内,保险人的补偿使被保险人损失的财产性利益恢复至承保危险发生前的状态。保险人不得压低给付金额,并禁止被保险人不当得利。

二、损失填补的范围

(一)保险事故发生时保险标的的实际损失

实际损失,通常以损失发生时受损财产所在地的市场价格为准。

---

〔1〕 在英国、德国,通说曾认为,伤害保险、健康保险亦不具有填补损害性质。参见刘宗荣:《保险法》,台北,三民书局1995年版,第9页。

(二)合理费用

合理费用主要指施救费用与诉讼费用。《保险法》第 57 条第 2 款规定:“保险事故发生后,被保险人为防止或者减少保险标的的损失所支付的必要的、合理的费用,由保险人承担;保险人所承担的费用数额在保险标的损失赔偿金额以外另行计算,最高不超过保险金额的数额。”该法第 66 条规定:“责任保险的被保险人因给第三者造成损害的保险事故而被提起仲裁或者诉讼的,被保险人支付的仲裁或者诉讼费用以及其他必要的、合理的费用,除合同另有约定外,由保险人承担。”

(三)其他费用

其他费用是指为确定保险人给付义务的范围内的损失所支出的关于受损标的的检验、估价等费用。其他费用与保险标的的自身损失是不同的,《保险法》第 57 条第 2 款后半段规定,该项费用支出的最高限额不得超过保险金额。

三、损失填补的方法

(一)金钱给付

多数情形下采此方式,保险人用现金或支票的方式履行给付被保险人应得的保险金额。另外,《保险法》第 65 条第 1 款规定:“保险人对责任保险的被保险人给第三者造成的损害,可以依照法律的规定或者合同的约定,直接向该第三者赔偿保险金。”

(二)修理

在汽车保险中,保险人以修理为履行保险给付义务的方式。保险人通过自己的汽车修理厂,对被保险人车辆的修理为保险义务的履行。

(三)更换

更换即以新的标的替代已受损失的标的。如在玻璃保险中,保险人多以给被保险人换装窗玻璃等方式履行合同义务。

(四)重置

重置即保险人通过修复或重建被毁损的财物来进行损失填补。该方法以保险人将财产恢复至损失前的状态为给付义务的履行。因此,恢复之后与损失前状况的差别常成为保险人是否承担了保险给付义务的争议焦点。因采用该种方式在计算给付数额时将不计算原物的自然损耗与折旧等差额,对保险人不利而为其所不采。

第三节 保险代位

保险代位派生于损失填补原则,系指保险标的发生保险事故致推定全损或保险标的因第三人责任致损,保险人依约为保险给付后,依法获得对保险标的的所有权或取得对加害第三人的代位求偿权，包括权利代位与物上代位。

一、权利代位

（一）权利代位的含义

权利代位，是指保险人的追偿权的代位，又称保险代位权、代位求偿权，系被保险人因保险人依约负有保险给付义务的责任损失发生而对第三人享有损害赔偿请求权，保险人于履行保险给付义务后，代被保险人之位行使被保险人对于该第三人的损害赔偿请求权的权利。例如，A 以其汽车投保车损险，与 B 订立保险合同。A 驾驶该车行驶途中被 C 驾驶的汽车撞毁。保险人 B 履行给付义务后，于给付义务范围内代位向 C 行使 A 对其的损害赔偿请求权。

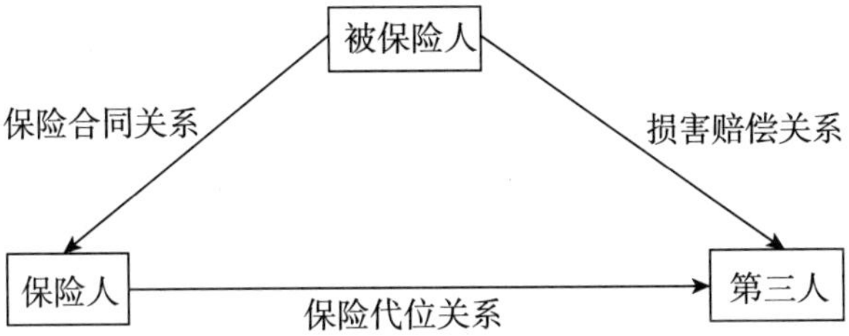

图 10－1　一般财产保险中保险代位关系

（二）保险代位权的行使要件

第一，被保险人因某种原因事实（保险事故）发生而对第三人有损害赔偿请求权。代位权实质上是保险人行使的被保险人对第三人享有的损害赔偿请求权，包括债务不履行的损害赔偿请求权与侵权行为损害赔偿请求权等。最高人民法院通过指导案例 74 号：中国平安财产保险股份有限公司江苏分公司诉江苏镇江安装集团有限公司保险人代位求偿权纠纷案［（2012）苏商再提字第 0035 号］明确，因第三人的违约行为给被保险人的保险标的造成损害的，可以认定为属于《保险法》第 60 条第 1 款规定的“第三者对保险标的的损害”的情形。保险人由此可以依法向第三人行使代位求偿权。《保险法解释（四）》第 7 条吸收上述判决的精神，明确规定被保险人因第三人侵权或者违约等享有的请求赔偿的权利，保险人都可以代位行使。[1] 被保险人对第三人的损害赔偿请求权的存在是保险代位权的前提。

第二，被保险人发生损害赔偿请求权的原因事实属于保险事故的范围。保险人负保险给付义务的原因事实与第三人对被保险人负损害赔偿责任的原因事实相同。例如，A 以其房屋向 B 投保火灾险，后邻人失火殃及其屋，致焚毁。保险人承保的危险是火灾，而第三人对 A 应负责任的事实亦是“失火”，包含于保险事故范

---

〔1〕《保险法解释（四）》第 7 条规定：“保险人依照保险法第六十条的规定，主张代位行使被保险人因第三者侵权或者违约等享有的请求赔偿的权利的，人民法院应予支持。”

围内。

第三,保险人已对被保险人履行了保险给付义务。保险代位权意在防止被保险人获双重补偿,以及促使行为人对其侵权或违约行为负责,以求公平。若保险人未为给付,被保险人虽保有对第三人的请求权,但不会发生双重补偿。同时,若保险人尚未对被保险人为保险给付,即向第三人行使代位求偿权,则可能导致保险人尚未为保险给付,却已从第三人处获得赔偿,无损失而获得利益,有失公允。

第四,保险代位权,系以保险人自己名义对第三人行使。[1]

第五,能够代位行使的权利,以该权利性质上不具有人身专属性为限。

第六,保险代位权应向对被保险人负损害赔偿责任的人行使。只要保险人承担保险给付义务的损失发生是第三人应负责任的行为所致,即保险人对被保险人应负给付义务的原因事实与第三人应对被保险人损失负赔偿责任的事实相同即可。保险人在向被保险人给付后,取得代位权。《保险法解释(四)》第8条规定,投保人和被保险人为不同主体,因投保人对保险标的的损害而造成保险事故的,除法律另有规定或者保险合同另有约定外,保险人可以依法主张代位行使被保险人对投保人请求赔偿的权利。至于被保险人向第三人行使的损害赔偿请求权是基于侵权行为、债务不履行、占有物返还、不当得利返还请求权等则在所不问。

保险代位权的设置意在防止第三人因损害赔偿责任赖有保险而不被追究,进而轻慢放纵自己的行为。其行使不能使被保险人因保险给付而获得的补偿受有损害。当被请求的第三人与被保险人有经济上或生计上的利害关系时,应禁止保险人对其行使代位求偿权。《保险法》第62条规定:"除被保险人的家庭成员或者其组成人员故意造成本法第六十条第一款规定的保险事故外,保险人不得对被保险人的家庭成员或者其组成人员行使代位请求赔偿的权利。"

被保险人因其家庭成员或组成人员的行为发生保险范围内的损失,保险人履行给付后,再向其家庭成员或组成人员行使代位权,由于其间具有抚养、赡养、扶养或其他利害关系存在,被保险人仍承担了危险所致损失,无异于向其左手给付后,向其右手请求返还。2008年修改前的《德国保险契约法》第67条(2)前段也规定,禁止保险人向与被保险人共同居住同一家的成员行使代位权。但为防止道德危险,若损失由被保险人的家庭成员或其组成人员故意造成,则不影响保险人的代位权。我国台湾地区"保险法"第53条第2项后段也有类似规定:前项第三人为被保险人之家属或受雇人时,保险人无代位请求权。但损失系由其故意所致者,不在此限。

第七,保险人行使代位权利,其数额以不超过保险人对被保险人的给付金额为限。《保险法》第60条第1款规定:"因第三者对保险标的的损害而造成保险事故

---

[1] 《保险法解释(二)》第16条第1款规定:"保险人应以自己的名义行使保险代位求偿权。"

的，保险人自向被保险人赔偿保险金之日起，在赔偿金额范围内代位行使被保险人对第三者请求赔偿的权利。”被保险人因保险危险发生时，对第三人有损害赔偿请求权，若保险人给付保险金额于被保险人，则被保险人的损害在受领保险给付的范围内已获补偿。保险人因向被保险人给付而取得向第三人行使的代位权的范围，应与其向被保险人给付的范围相等。当被保险人所受损失大于保险给付范围时，其对第三人的损害赔偿请求权在给付金额范围内移转于保险人，其差额部分，仍可由被保险人向第三人行使。《保险法》第 60 条第 3 款规定：“保险人依照第一款行使代位请求赔偿的权利，不影响被保险人就未取得赔偿的部分向第三者请求赔偿的权利。”例如，被保险人因事故发生所受损失对第三人有 100 万元损害赔偿请求权，若保险人基于保险合同向被保险人给付 70 万元，则被保险人对第三人的请求权于 70 万元内应转移于保险人，由保险人对第三人行使，至于其余 30 万元应由被保险人对第三人行使。

(三)保险代位权的功能

保险代位权的作用在于：

1. 避免被保险人获得双重补偿

被保险人因受领保险给付后，其对第三人损害赔偿请求权即转移于保险人，以免被保险人获得保险给付后又向第三人请求损害赔偿而于补偿损失外获不当得利。

2. 避免轻慢与放纵第三人责任

保险人给付后，被保险人因不得于补偿损失外获不当得利，其在给付范围内的损失亦不能再向第三人行使。但其损害赔偿请求权仍存在，此时若不将其转移给保险人，则会形成被保险人有权却不能行使，保险人欲行使而无权利的状况。客观上，第三人应负损害赔偿责任却产生不必负责的情况，因此，通过代位权可避免加害人逃脱责任。

3. 通过减轻保险人的给付义务而降低保险团体的保费

保险人给付后，通过代位权行使，从有清偿能力的加害第三人处可获得一定的给付金额，两相抵销。就个别合同而言，减少了保险人给付的实际支出；就保险团体而言，降低了保险人收取的保费总额，进而降低保险费率。

(四)保险代位权的本质

保险代位权系债权的法定移转。保险代位权为保险人享有的法定权利，不论合同是否约定，保险人均可依法行使该权利。保险人代位权基于法律规定当然取得，随着保险合同订立而发生。在保险事故发生时，保险人给付后得以自己名义行使。

保险代位权从属于被保险人对第三人的损害赔偿请求权。其损害赔偿请求权在性质上不因保险代位权的发生而有不同。被保险人对第三人的损害赔偿请求权于保险人给付后,依法转移于保险人。保险代位权依保险合同订立而发生,不因被保险人对第三人的损害赔偿请求权而发生。若不采取法定移转的处理方式,保险人所行使的代位权不过是代被保险人行使损害赔偿请求权而已。按照这样的做法,其请求权行使的结果仍将财产纳入被保险人财产中,会导致被保险人双重获利的不当情况。当被保险人已自保险人处受有给付,若由其向保险人移转的话,在其未将债权移转时,又可向加害第三人请求赔偿,客观上无法避免其双重获利的机会,增加了交易成本。第三人向被保险人给付后,保险人须再向被保险人请求,才能达到代位权的目的,程序上烦琐必致成本的增加。若将保险人行使代位权而获得财产纳入被保险人的财产,则保险人的债权与被保险人的其他债权人的债权居于平等地位,成为被保险人的债权人的共同担保。

所以,被保险人对第三人的损害赔偿请求权应在保险人向被保险人给付时自动转移于保险人,无须被保险人另为债权让与的表示,即法定移转于保险人。

就实务中通常发生的被保险人和第三人在保险事故发生前达成的仲裁协议,对行使保险代位求偿权的保险人是否具有约束力的问题,《全国法院民商事审判工作会议纪要》(法〔2019〕254 号)第 98 条指出,保险代位求偿权是一种法定债权转让,保险人在向被保险人赔偿保险金后,有权行使被保险人对第三人请求赔偿的权利。被保险人和第三人在保险事故发生前达成的仲裁协议,对保险人具有约束力。考虑到涉外民商事案件的处理常常涉及国际条约、国际惯例的适用,相关问题具有特殊性,故不适用于具有涉外因素的民商事纠纷案件就该问题的处理。

(五)保险代位权的行使内容与限制

就被保险人对第三人的赔偿请求权而言,保险代位权具有从属性,表现在其内容相同,其范围受给付金额的限制。这使第三人不致因保险人行使代位权而改变其义务范围。保险代位权实质上源自被保险人对第三人损害赔偿请求权的债权的法定移转。基于代位权而行使的权利应以无专有性为限,即被保险人对第三人的损失赔偿请求权是财产权,才发生代位权的适用问题。

代位权的行使对象是被保险人以外的第三人。为不失却保险的宗旨及避免道德危险,在和被保险人具有一定利害关系的人的过失行为所致的保险事故中,保险人不得对与被保险人有利害关系的人行使代位权。

一般认为,代位权只能适用于财产保险,不适用于具有人身专有性的人身保险。但对于伤害保险、健康保险中的实支实付型的医疗费用支出保险是否适用代位权,素有争议。责任保险中不但可以行使代位权,亦可存在复代位。例如,保险人承保律师责任保险,该律师为买受人核查不动产买卖合同时过失致买受人的权利不获公信力保护,须赔偿受害人。律师赔偿后,保险人应给付律师保险金。后保险人得复代律师行使原来律师代买受人向出卖人行使的出卖人债务不履行的损害赔偿请求权。

笔者认为,人寿保险及伤害保险、健康保险中的定额给付型的医疗费用支出保险,无代位权的适用;伤害保险与疾病保险中的实支实付型医疗费用支出保险可适用代位权。

(六)保险代位权与被保险人对加害第三人损害赔偿请求权的冲突

保险事故发生后,保险人向被保险人给付后,被保险人在受领给付范围内对加害第三人的损害赔偿请求权移转于保险人。如果保险人未给付,不存在代位权,也不会出现保险人对加害第三人的保险代位权与被保险人对加害第三人的损害赔偿请求权的冲突;如果属于全部保险,且保险人已经向被保险人全部给付,被保险人对加害第三人的所有请求权均移转于保险人,也不会出现保险人代位权与被保险人对加害第三人损害赔偿权的冲突。但在部分保险的情况下,如果保险人已经给付或在全部保险的情况下,保险人部分给付后,被保险人对加害第三人的损害赔偿请求权只能部分转移于保险人。这种情况导致保险人对加害第三人的代位权与被保险人对加害第三人的损害赔偿请求权的冲突,如果该加害第三人的财产不足清偿,就应考虑保险人对加害第三人的代位权与被保险人对加害人的损害赔偿请求权的保护顺序。例如,A 以其房屋为保险标的与保险人 B 订立火灾保险合同,保险金额为 80 万元,后其邻人 C 家失火导致 A 的房屋损毁。事故发生时,A 的房屋市价为 100 万元。若因 C 的过错致火灾发生,在全损情形下,保险人须给付 A80 万元;则 B 在 80 万元范围之内取得对 C 的保险代位权,A 尚有对 C 的 20 万元损害赔偿请求权。则 B 对 C 的 80 万元请求权与 A 对 C 的 20 万元请求权何者优先受偿应予澄清。逻辑上有三种处理结果:(1)保险人代位权优先受偿说。此说主张,在上述情形下,保险人代位权比被保险人对第三人损害赔偿的残余部分请求权在第三人的财产中优先受偿。(2)被保险人对第三人的损害赔偿请求权优先受偿说。此说认为,被保险人对加害第三人的损害赔偿的残余债权可优先于保险人的代位权受清偿。(3)保险人代位权与被保险人对第三人的损害赔偿请求权平等受偿说(平等地位说)。此说认为,保险人行使的代位权来自被保险人对加害第三人权利的全部或一部,两者同为债权请求权,保险人的代位权与被保险人对第三人的请求权处于平等地位,应依其债权额从第三人财产中比例受偿。

以上三说中,保险人代位权优先受偿说不能说明两者同为债权,为何保险人代位权优先于被保险人对第三人的损害赔偿请求权。平等受偿说在法律逻辑上言之成理,但实践中,若采此说对被保险人造成的不利情形未予充分考虑。保险的目的在于填补被保险人的损害。在被保险人与保险人之间,相对而言,被保险人的损失填补在价值排序上应处于较优越的地位。在被保险人从保险人处或从加害第三人处受领保险给付与损害赔偿给付而获得足额补偿前,保险人基于代位权而对加害第三人行使的债权请求权不宜介入其中。因代位权的宗旨在于避免被保险人获得双重给付(填补损失以外的利益),其功能相对于被保险人获得足额补偿损失是次要的。在填补损失的目的未达到之前,不应简单适用一般民法上债权平等性的规则,将保险人基于代位权而行使的债权与被保险人的损害赔偿请求权置于平等地位,采取比例受偿的处理方法。否则,保险人给付后,基于平等地位与未获足额补偿的被保险人同时向加害第三人行使求偿权,若该第三人的财产不足清偿,将造成被保险人的损失不能获得完全补偿的客观结果,有违危险团体互助的保险原理。《保险法》第 60 条第 3 款采取被保险人优先受偿说。2008 年修改前的《德国保险契约法》第 67 条第 1 项中也有类似规定,"为保护当事人之利益,保险代位权的行使,不应影响被保险人对第三人之权利"。

(七)保险代位权的维护

在保险人已经给付或未给付情形下,保险法皆设有相应规则以维护保险人的代位权。

1. 保险人已给付情形下的代位权的维护

保险人向被保险人给付后,被保险人对加害第三人的债权在该给付范围内法定移转于保险人,则被保险人对于该部分债权而言已经失去处分权。被保险人若在受领保险给付后,对该债权放弃或移转,不生效力,不影响保险人已经取得的对加害第三人的债权。若在给付范围内,第三人仍向被保险人给付,其给付为非债清偿,但为保护善意第三人,以加害第三人清偿时善意为限,其给付有效。此时,被保险人的受领构成不当得利,应负返还义务。根据《保险法解释(四)》第 10 条的规定,保险人获得代位求偿权的通知到达第三人或者通知到达第三人前,第三人在被保险人自保险人获赔的范围内又向被保险人赔偿的,保险人不能向第三人行使代位求偿权。保险人可以向被保险人请求返还相应保险金。保险人获得代位求偿权的通知到达第三人,第三人又向被保险人赔偿,第三人不能以此对抗保险人向其主张保险代位求偿权。

被保险人在受领给付后,就已受领部分金额又与第三人达成和解或抛弃请求权的合意,无效。因在受领保险给付的范围内,其对第三人的债权已经法定转移于保险人,被保险人对第三人的此部分债权丧失,不再享有处分该债权的权利。

2. 保险人尚未给付情况下的代位权的维护

若保险人尚未给付,被保险人未经保险人同意,将对第三人的损害赔偿权放弃,依《保险法》第 61 条第 1 款和第 3 款的规定,保险人在被保险人放弃对第三人的损害赔偿请求权致其代位权不能行使的影响范围内,将不负保险给付义务。若被保险人只是部分放弃对第三人的损害赔偿权,保险人不能以此拒绝承担保险给付义务,应适用《保险法》第 61 条第 3 款"被保险人故意或者因重大过失致使保险人不能行使代位请求赔偿的权利的,保险人可以扣减或者要求返还相应的保险金"的规定。《保险法解释(四)》第 9 条按照保险人取得的代位权不能大于前手源权利的精神规定,在保险人以第三人为被告提起的代位求偿权之诉中,第三人以被保险人在保险合同订立前已放弃对其请求赔偿的权利为由进行抗辩，人民法院认定上述放弃行为合法有效，保险人就相应部分不能行使代位求偿权。保险合同订立时，保险人就是否存在上述放弃情形提出询问，投保人未如实告知，导致保险人不能代位行使请求赔偿的权利，保险人可以请求返还相应保险金的，但保险人知道或者应当知道上述情形仍同意承保的除外。

被保险人不仅不得[1]任意放弃对第三人的请求权或因过错侵害保险人代位权，同时，还负有协助保险人向第三人追偿的义务。《保险法》第 63 条规定，保险人向第三人行使代位求偿权时，被保险人应当向保险人提供必要的文件和所知道的有关情况。《保险法解释(四)》第 11 条进而规定，被保险人因故意或者重大过失未履行该义务，致使保险人未能行使或者未能全部行使代位求偿权的，保险人可以主张在其损失范围内扣减或者返还相应保险金。

(八)保险代位权之诉与诉讼时效

保险人通常对第三人提起保险代位求偿权之诉以实现其权利。由于保险代位权源于被保险人对第三人的赔偿请求权，《保险法解释(四)》第 12 条规定，该种诉讼以被保险人与第三人之间的关系确定管辖法院。

《保险法解释(四)》第 13 条规定，保险人提起代位求偿权之诉时，被保险人已经向第三人提起诉讼的，可以依法合并审理。保险人向受理该案的法院申请变更当事人的，代位行使被保险人对第三人请求赔偿的权利，被保险人同意的，法院应予准许；被保险人不同意的，保险人可以作为共同原告参加诉讼。

保险代位权源于被保险人对第三人享有的损害赔偿请求权，属于债权请求权，债权请求权受诉讼时效的支配。保险代位权的时效类别、期间及起算，应依被保险人对第三人的请求权基础或性质加以判断，保险人的代位权的时效因被保险人对第三人的请求权的时效完成而完成。据此，因加害第三人的行为导致保险事故发生的，除其他法律对被保险人向该第三人的赔偿请求权的时效期间另有规定外，应适用《民法典》规定的时效期间。也就是说，保险人代位权应依照被保险人对第三人的请求权适用的时效确定其时效期间。其他法律对时效特别规定的，适用特别规定的时效期间。《海商法》就被保险人对第三人因海上货物运输、海上旅客运输、船舶碰撞、船舶发生油污损害等而享有的赔偿请求权的时效进行特别规定的，适用《海商法》规定的时效期间，据此而生的保险人对第三人的代位求偿权也适用《海商法》规定的时效期间。

关于保险代位求偿权的诉讼时效期间，《保险法解释(二)》第 16 条第 2 款规定与 2001 年 1 月 3 日作出的《最高人民法院关于中国上海抽纱进出口公司与中国太平洋保险公司上海分公司海上货物运输保险合同纠纷请示的复函》(〔2000〕交

---

〔1〕“不得”在此对当事人而言为“若为，无效”的意思。

他字第8号)中的精神不完全一致。该复函指出:“保险人取得的代位求偿权是被保险人移转的债权,保险人取代被保险人的法律地位后,对承运人享有的权利范围不得超过被保险人;凡承运人得以对抗被保险人而享有的抗辩权同样可以对抗保险人,该抗辩权包括因诉讼时效超过而拒绝赔付的抗辩权。保险人只能在被保险人有权享有的时效期间提起诉讼。”据此,保险人取得被保险人对第三人的请求权,包括请求权的时效期间,即保险人保险代位求偿权与被保险人对第三人请求权的诉讼时效期间起算点应一致。《保险法解释(二)》第16条根据《保险法》第60条第1款规定,保险代位求偿权的诉讼时效期间应自保险人取得保险代位求偿权之日起算。该条规定未改变上述复函关于保险代位求偿权属于被保险人债权转让的观点,仅改变了保险代位求偿权诉讼时效期间的起算点。

二、物上代位

物上代位,是指保险标的遭受保险给付义务范围内的损失,保险人依保险金额完全给付后,依法取得该标的的所有权。

(一)物上代位的立法宗旨

物上代位源于对保险标的的推定全损。所谓推定全损系指保险标的因保险事故发生尚未达到完全损坏或完全灭失的状态,但实际全损已不可避免或修复、施救费用将超过其价值,或失踪达一定时间,保险人按全损处理的一种推定性损失。由于推定全损是保险标的并未完全损坏或灭失,即还有残值,而失踪可能是被他人非法占有,并非物质上的灭失,日后或许能够得到返还,所以,保险人在按全损给付后,现实取得保险标的的所有权,防止被保险人获得额外利益。

(二)物上代位权的取得

《保险法》第59条规定:“保险事故发生后,保险人已支付了全部保险金额,并且保险金额等于保险价值的,受损保险标的的全部权利归于保险人;保险金额低于保险价值的,保险人按照保险金额与保险价值的比例取得受损保险标的的部分权利。”

海上保险中,保险人物上代位权的取得通过委付来实现。委付,指保险标的发生推定全损时,投保人或被保险人将保险标的的一切权益转移给保险人而请求保险人按保险金额全数给付。委付是一种被保险人放弃物权的法律行为。

(三)保险人在物上代位中的权益范围

因保险标的的保障程度不同,保险人在物上代位中所享有的权益范围亦不相同。依《保险法》第59条规定,在足额保险中,保险人按保险金额全部给付后,即取得对保险标的的全部所有权。在此情形下,由于保险标的的所有权已经转移于保险人,保险人在处理标的物时所获利益即使超过其给付的金额,超过的部分亦归保险人所有。此外,若存在对第三人损害赔偿请求权,其索赔金额即使超过其支付的保险金额,亦归保险人所有,这与保险代位权有所不同。而在不足额保险中,保险人只能按保险金额与保险价值的比例取得受损标的的部分权利。由于保险标的的不可分性,保险人在依法取得受损保险标的的部分权利后,通常将该部分权利作价折给被保险人,并在保险赔偿金中作相应的扣除。

第四节 保险金额与保险价额

一、保险金额的意义

保险金额为保险人在保险期间所负保险给付义务的最高限额。保险人应在承保前查明保险标的的市价,避免超额承保。

二、保险价额的意义与种类

保险价额,又称保险价值,是指保险标的在保险事故发生时的实际价值。保险价额是判断损害填补型保险是否构成超额保险、等值保险或部分保险的标准。保险事故发生时,以保险价额作为保险人履行保险给付义务数额的确定标准。即使保险金额大于保险价额,保险人给付保险金义务的数额亦不能超过保险价额。

以当事人缔约时,在保险合同中是否已经对保险标的在保险事故发生时的实际价值预先约定为标准,保险合同可以分为定值保险与不定值保险。定值保险,是指在保险合同订立时,当事人预先在合同中约定一定价值作为保险事故发生时的保险标的的实际价值的保险。不定值保险,是指在保险合同订立时,保险标的的实际价值未在保险合同中预先约定,而以保险事故发生时该保险标的的市场价格为保险价值的保险。

三、足额保险、不足额保险与超额保险

财产保险合同,以保险金额与保险价值是否一致而分为足额保险、不足额保险与超额保险。当保险金额符合保险价值时,称其为足额保险,依该保险价值计算得出的损失数额即为保险人应负的保险给付数额。当保险金额高于保险价值时,称其为超过保险。当保险金额低于保险价值时,称其为不足额保险,亦即部分保险。在理论上,消极保险以责任利益或必要费用利益为保险标的,其价值亦以金钱估算,所以,原则上关于足额保险、不足额保险与超额保险的规则亦可适用,但与积极保险不同的是,消极保险的保险价值只能在保险事故发生后才能确定,而保险金额则须在缔约时即应约定,无法如积极保险那样完全相同的予以适用。

(一)足额保险

足额保险,系保险金额与保险价值在数额上相等的保险。这是保险中最为理想的情况。在此情形,被保险人的保险标的所遭受的实际损失可以由保险人全部予以补偿,符合填补损失的初衷。同时,计算保险费标准的保险金额未超过保险价值,投保人亦未多付不必要的保险费,贯彻了对价平衡原则。在不定值保险,保险

金额以缔约当时的保险标的的市场价格为参照，而其保险价值以保险事故发生时的保险标的的市价（实际价格）确定，以此作为计算损失的标准，而不是以缔约时的价格作为保险价值。因此，可能发生价格因素的变化而导致保险金额高于或低于保险价值的情况。

定值保险，合同当事人不仅以保险标的在缔约时的市场价格作为参考来决定保险金额，而且明确约定一定数额作为保险事故发生时保险标的的价值，以此作为计算损失的标准。正常情况下，一般都以该约定的数额为保险金额而全部投保。已经约定保险标的的价值，同时再行约定高于该保险价值的保险金额，这对被保险人而言，全无益处；保险人一般对此也无法推诿为不知而予以承保。所以，理论上虽属可能，但实务中殊难一见。若发生保险金额高于保险价值的情形，一般是在超额定值保险的情形，但并不是超额保险。因为约定的价值即使与实际价值相差悬殊，只要保险金额符合约定的保险价值，即属于全额保险，不产生超过保险价值的问题。该种情形下的不当得利的发生，实质上是因超额定值而引起。

定额保险，例如，人寿保险，发生保险事故时保险人直接以保险金额给付于权利人，无须考虑保险价值与保险金额的关系，一般不会发生不当得利。然而，在损失保险，尤其在积极保险的场合，当事人虽在缔约时亦须估计保险标的的价值，并以此决定保险金额的多少，但在保险事故发生时，并不是以缔约时所估计的保险金额来计算损失的范围，而是以损失发生时的价格计算，以此来实现保险填补被保险人实际损失的功能。例如，一电视机，投保时市价为 2 万元，保险价值在缔约时为 2 万元，合同亦约定保险金额为 2 万元，为全部保险。10 个月后，保险事故发生时，该电视机的价格降为 1 万元，若为全损，则保险人须给付 1 万元；若部分损失，如受损部分为 30%，则保险人只需给付 3000 元，而非 6000 元。为了避免保险事故发生时确定保险价值的困扰，应允许当事人在缔约时约定保险价值，以其作为保险事故发生时计算损失的标准，即定值保险的意义所在。

定额保险系指保险人在发生保险事故时依约给付一定保险金的保险。定额保险与定值保险非同一概念，前者与损失保险相对，在发生保险事故时保险人直接依约给付，不涉及保险价值，无适用超额保险、不足额保险或复保险的必要。而定值保险系为解决保险事故发生时确定保险价值的问题，而由当事人约定一定金额为保险事故发生时计算保险给付的标准，以此计算损失或给付数额，保险人亦不是以此保险价值直接给付。保险价值概念的存在，系为避免不当得利，贯彻损失填补的原则而设。与定值保险相对的概念为不定值保险，系保险合同未约定保险价值而在保险事故发生时才确定保险价值，以此作为计算损失的标准。无论定值与否，保险人所为给付皆不得超过实际损失。定值保险由于以合同订立时约定的保险价值代替保险事故发生时保险标的的实际价格，以此作为计算损失的标准，进而简化保险事故发生时保险给付的程序，符合经济原则。但是，其亦可能引起当事人利用定值保险图谋不当得利的弊端。例如,将保险标的的价格提高,并以此为保险金额。该种情形仅从外观而言与法并无不合。若经定值,则保险人在保险事故发生时不能再行主张以保险标的的实际市场价格为保险价值(计算标准),否则定值保险的存在即失去意义。

定值保险的意义在于以容忍某种程度的不当得利,换得保险事故发生时计算保险价值的不经济与不公平。为避免与损失填补原则发生冲突,2008 年修改前的《德国保险契约法》第 57 条规定:"定值明显超过实际价值的不在此限",即合同约定的保险价值远远超过保险标的在保险事故发生时的实际价值的,仍不得以该约定价值为保险价值。保险法允许当事人约定一定金额为保险价值,以此价值作为保险事故发生时保险标的的实际价值,将其作为计算损失的标准,以避免事故发生时定价的困扰。若约定数额与实际价值相差无几,虽存在不当得利,但仍可以为法所容忍。若约定的数额与实际价值之间相差悬殊,则应使该约定无效,合同视为不定值保险。此时,保险法舍弃确定保险价值的经济原则,以维护禁止不当得利原则。保险法上据以计算损失并以此作为最后履行给付数额的基础的是保险价值,而不是保险金额。保险金额是保险人在保险期间内所负给付义务的最高限度。此外,在复保险、超额保险或不足额保险情形下,具有计算标准的意义。

(二)不足额保险

不足额保险系保险金额低于保险价值的保险。保险金额低于保险价值,表明被保险人对其标的的价值只为一部分的危险保障,故可称为"一部保险"。不足额保险既可能于保险合同订立时发生,亦可于缔约后发生。

在不定值保险情形下,当事人可以为节省保险费进行部分投保或保险人为控制主观危险而约定由被保险人自己承担部分危险,这样就会发生有意的不足额保险。保险金额在订约时即已经约定并载明于合同,保险金额的确定虽亦以查明的当时的市场价格为依据,且以其为保险金额,但缔约后,由于市场的因素会发生保险标的的价格升高或降低,此时,亦可发生不足额保险。在定值保险,保险标的的价值虽已经约定,并以此为计算保险事故发生时损失的标准,但是,当事人仍可以约定比该保险价值为低的保险金额,这就构成了不足额保险。不足额保险适用比例分担原则,其计算公式为:损失额×保险金额/保险价值=给付额。

例如,保险事故发生时,保险价值为 100 万元,保险金额为 80 万元。在全损时,保险价值即损失额,保险人保险给付义务的履行数额为:100 万元×80/100=80 万元。若部分损失为 80 万元,则给付数额为:80 万元×80/100=64 万元。该比例分担不仅适用于给付数额的计算,还适用于保险人应负担的投保人为避免或减轻损失所为必要行为所产生的费用,以及证明和评估损失而支出的费用的计算。

（三）超额保险

超额保险，系指保险金额大于保险价值的保险合同。在不定值保险中发生超额保险为经常的现象。理论上，虽超额保险可能存在于定值保险，但实务中殊难一见，多发生超额定值。

超额保险的法律效果在其他国家或地区立法上存在不同规定，如区分善意、恶意而规定不同法律后果的立法例。例如，2008 年修改前的《德国保险契约法》第 51 条、《瑞士保险契约法》第 51 条、《法国保险契约法》第 29 条都有相似规定，若超额保险出于恶意，则合同全部无效；若出于善意，则仅超过部分无效，且投保人可以请求确定超额保险之后的保险金额与保险费的减少的给付。我国台湾地区"保险法"第 76 条规定，超过保险若出于善意，其超过部分无效；若出于恶意，则可以解除合同，并对损失有损害赔偿请求权。我国大陆《保险法》第 55 条第 3 款规定："保险金额不得超过保险价值。超过保险价值的，超过部分无效，保险人应当退还相应的保险费。"

第五节　重复保险

一、重复保险的概念与立法目的

重复保险，又称复保险，相对于单保险而言，是指就同一保险标的、同一保险利益、同一保险事故，在同一保险期间，分别与两个以上保险人订立数个保险合同，且保险金额总和超过保险价值的保险。

重复保险有广狭两义。广义的重复保险，包括两种情形：（1）重复保险的保险金额之总额未超过保险标的的价值；（2）重复保险的保险金额的总额超过保险标的价值。狭义的重复保险则仅指后者。广狭两义的主要区别在于超额保险是否为重复保险的构成要素。前者否认超额保险为重复保险的构成要件，仅为重复保险的效力要件。后者主张超额保险为重复保险的构成要件。立法例上，1906 年《英国海上保险法》第 32 条采狭义重复保险定义，《意大利民法典》第 1901 条采广义重复保险定义。我国台湾地区"保险法"第 35 条亦采广义定义。我国大陆《保险法》采狭义概念，分陆上保险和海上保险对重复保险予以规定。《保险法》第 56 条第 4 款规定："重复保险是指投保人对同一保险标的、同一保险利益、同一保险事故分别与两个以上保险人订立保险合同，且保险金额总和超过保险价值的保险。"《海商法》第 225 条规定："被保险人对同一保险标的就同一保险事故向几个保险人重复订立合同，而使该保险标的的保险金额总和超过保险标的的价值的，除合同另有约定外，被保险人可以向任何保险人提出赔偿请求。被保险人获得的赔偿金额总和不得超过保险标的的受损价值。各保险人按照其承保的保险金额同保险金额总和的比例承担赔偿责任。任何一个保险人支付的赔偿金额超过其应当承担赔偿责任的,有权向未按照其应当承担赔偿责任支付赔偿金额的保险人追偿。”

对重复保险予以规范的目的在于:

1. 防止超额保险

损失填补是损失保险的原则,损失保险正是通过填补被保险人所遭受的损失,达到消化危险、分担损失、安定社会的目的。超额保险与保险制度“无损失无保险”的理念格格不入。保险实务中,一些投保人为规避法律对恶意超额保险效力的否定性评价,[1]放弃向同一保险人超额投保而变相地采用化整为零的方法向两个以上的保险人投保,从而达到超额保险的真实目的。

2. 避免不当得利

保险的目的在于消化危险于无形、分摊损失于大众,其基本理念应为填补损失而非使人获利。投保人就同一危险分别与数个保险人订立数个保险合同,当保险事故发生时,倘若投保人或被保险人从数个保险人处皆能得到补偿,那么,保险不仅填补了实际损失本身,还将使其获得额外的利益。如此,无异于鼓励故意重复投保,使保险金额总和超过保险价值,以期获取非法利益。

3. 控制道德危险

保险所承保之危险不能基于故意行为(因履行道德义务除外)而引发。保险旨在分散危险而非使危险增多。若放任投保人利用复保险恣意妄为,则会发生为获取不正当利益,投保人或被保险人“铤而走险”的情形蔓延,社会秩序因之紊乱。为控制道德危险,确保保险制度的存在价值,理应调整复保险关系。

4. 增强安全保障

重复保险尚具有保护投保人或被保险人利益的功能—增强安全保障。据此,对复保险的评价并非绝对否定,而应区别对待,使其发挥积极作用。构成复保险的,投保人可能系纯粹出于多一份安全保障的善意考虑,而非意图谋利。故区分善意复保险与恶意复保险而为不同处分,必要且可行。此外,若出现保险人破产或偿付能力下降之情事,合理设置复保险的效力,被保险人则可以减少或避免因保险人资力变化所承担的危险,达到填补损失的目的,使其利益不至于落空,从而增强保险对投保人或被保险人的安全保障。

二、重复保险的适用范围

《保险法》以保险标的性质为标准将保险合同分为财产保险合同和人身保险合同。重复保险被规定于财产保险合同部分而非总则中,从立法体例上看,重复保险只适用于财产保险合同,而不适用于人身保险合同。学理上,多数人也认为只有

---

〔1〕 对于恶意超额保险的效力,立法例上有全部无效、超过部分无效及解除合同三种处理方式。

财产保险合同才存在重复保险的适用。但也有见解认为,复保险的适用不限于财产保险合同。对于重复保险在人身保险合同中的适用,存在如下见解:一是认为对任何险种都应适用;[1]二是主张适用于健康保险合同、伤害保险合同及丧葬费用保险合同;三是主张适用于生存保险合同、以他人为被保险人的死亡保险合同中若受益人与被保险人有经济上的利害关系的保险合同、健康保险合同及伤害保险合同中涉及残废和医疗给付的保险合同;[2]四是认为适用于投保人基于对被保险人的经济上的保险利益而投保的死亡给付保险合同,例如,信用寿险合同、限额型医疗费用保险合同和限额型失能给付保险合同。[3]

上述见解中,认为复保险适用于所有险种的主张忽视了人的生命和健康的无价性的特点。其他观点,虽具有启发性,但就复保险的本旨而言,仅对可用金钱估价的承保损失,才有价值高低的存在,才可能产生复保险的不当得利。人身保险合同中不能用金钱衡量的承保利益,具有不可估价性,填补损失的准则难以贯彻。笔者认为,对于保险金额的多少无法用货币形式予以衡量的人身保险合同,不能适用复保险。

三、重复保险的构成要件

(一)基于同一保险利益订立合同

投保人以同一保险利益订立保险合同。同一投保人对于同一保险标的有相同的保险利益。例如,A就其所有的房屋基于所有权与数个保险人订立保险合同。须是同一保险标的上的同一保险利益,若投保人就不同的保险标的与数个保险人订立数个保险合同,不是重复保险。同一保险标的,常载有不同保险利益,故虽为同一保险标的,却可以不同保险利益订立数个保险合同。若A就其房屋所有权保险利益投保,B就该屋的抵押权保险利益投保,因保险利益不同,仍是单保险而非重复保险。

(二)保险事故相同

投保的保险事故相同才能构成重复保险,即针对同一保险事故。例如,A就其所有房屋向X、Y投保火灾保险,事故同为"火灾"。投保人就同一保险利益向数个保险人投保,须所投保的保险事故相同才能构成复保险。例如,A就其房屋分别向B保险人投保火险,向C保险人投保水险,向D保险人投保地震险,则不是重复保险。

(三)订立两个以上保险合同

行为人与数个保险人订立数个保险合同。重复保险须保险人是复数,保险合

---

[1] 参见江朝国:《保险法基础理论》,台北,瑞兴图书股份有限公司1999年版,第184页。

[2] 参见应式文:《人身保险是否适用损害填补和复保险原则的商榷》,载《保险与法律及实务论丛选集》,财团法人应式文法务基金会等印行1992年版,第1-4-8页。

[3] 参见林勋发:《保险契约效力论》,作者自印1996年版,第159页。

同亦必须是复数。如投保人与一个保险人订立一个保险合同或数个保险合同，皆是单保险而不是复保险。如与数个保险人订立一个保险合同，此为保险人联合负给付义务，属共同保险，而非重复保险。

（四）保险期间具有重叠性

保险合同在保险期间上具有重叠性。重复保险的构成以时间有重叠性为要件。时间上的重叠包括全部重叠和部分重叠两种。全部重叠，指投保人就同一保险标的、同一保险事故和保险利益向不同保险人订立的数个保险合同，其保险的起讫时间均相同，亦称“同时复保险”。部分重叠，指投保人就同一保险标的、同一保险利益、同一保险事故同数个保险人订立的数个保险合同，其起讫时间虽非完全相同，但仍有部分相同，亦称“异时复保险”。时间上的重叠指数个保险合同之“生效期间”的重叠，并非指“成立期间”的重叠。

至于重复保险是否要求“投保人同一”为构成要件，一般认为，同一保险利益含有同一被保险人的意思，而其是否为同一投保人则非所问。若被保险人为不同主体，则无重复保险的发生余地。

（五）保险金额总和超过保险价值

数个保险合同中约定的保险金总和超过保险价值，才构成重复保险。如果数个保险合同中约定的保险金总和不超过保险价值，行为人无法获得不当得利，不构成重复保险。

四、重复保险投保人的通知义务

（一）通知

《保险法》第56条第1款规定：“重复保险的投保人应当将重复保险的有关情况通知各保险人。”据此，投保人与数个保险人订立复保险合同时，应将订立复保险合同的有关情况通知对方。所谓有关情况，是指保险人的名称和住所、保险标的、保险价值、保险费、保险金额、保险责任范围、保险期间和保险金给付等情况。《保险法》对通知内容未采列举方式规定。对此，我国台湾地区“保险法”第36条则有规定：复保险，除另有约定外，要保人应将他保险人之名称及保险金额通知各保险人。投保人的通知义务应以投保人已知或应知的事实为限。但在下述情况下，投保人不必通知：(1)保险人已知的事实；(2)在通常情况下，保险人应知的事实；(3)保险人或其代理人已经声明不需告知的事实。

（二）立法目的

为避免投保人利用复保险，使其保险金额的总和超过保险价值，投保人应将其他有关保险的情况通知于保险人，以防恶意利用重复保险图谋不当得利。

（三）不通知的法律效果

根据其他国家或地区的保险实证法，投保人若违反通知义务，即不通知或错误通知，在保险事故发生前，保险人有权解除合同；在保险事故发生后，保险人可以不负给付义务。对于投保人的欺诈行为,亦可按无效处理。

《保险法》未明文规定违反通知义务的后果。有观点认为,可适用或准用《保险法》第16条违反如实告知义务的规则来处理。笔者认为,投保人违反重复保险的通知义务,保险人不得以违反如实告知义务为由解除复保险合同或不承担保险给付义务,即不能适用违反如实告知义务的规定。其理由在于,重复保险通知义务的目的在于防止投保人谋取不当得利和避免保险人的超额补偿,即降低投保人超额保险的道德危险;而如实告知义务的目的在于确定和控制保险危险。其他立法对于违反复保险通知义务和违反如实告知义务规定不同处理方法,也表明通知义务不同于如实告知义务,应以不同方法调整。我国台湾地区“保险法”第37条、第38条分别规定了投保人恶意和善意不通知的后果。投保人故意不为通知或意图不当得利而为复保险的,其合同无效。而投保人善意不通知,各保险人承保保险金额总和未逾保险标的价值的,复保险之各个保险合同均有效,因为此种复保险不会发生保险金额总和超过实际损失之不当得利。但若保险金额总和超过保险标的价值的,发生如下效果:(1)各保险合同均有效;(2)各保险额及保险费均不变;(3)各个保险人之给付范围缩小。

至于《保险法》应如何规定违反复保险通知义务的法律后果,笔者认为,在投保人图谋超额保险金利益反复保险而故意不通知的,保险合同无效;投保人善意重复保险而未通知各保险人的,除法律另有规定或合同另有约定外,保险人不得解除或终止保险合同,并以不超过保险价值为限,承担比例分担的给付义务。

五、重复保险保险人的保险给付义务分担

《保险法》第56条第2款前段规定,构成重复保险的,根据损失填补原则,被保险人不能获得超过保险价值的给付。为了防止请求人获不当得利,《保险法》第56条第2款后段确定了复保险的比例分担的法律效果,即其保险金额总和超过保险价值的,各保险人给付金额的总和不得超过保险价值。除合同另有约定外,各保险人按照其保险金额与保险金额总和的比例承担给付义务。

第六节 保险竞合

一、保险竞合的含义

保险竞合,是指同一保险事故的发生导致同一保险标的受损时,两个或两个以上的保险人对此均负保险给付义务。保险竞合通常存在以下两种情况:投保人以自身为被保险人投保两个以上种类不同的保险;不同的投保人投保不同种类的保险,在保险事故发生时两个以上的保险人对同一保险事故所致同一保险标的的损失都应对同一人负保险给付义务。典型的保险竞合,表现为保险事故发生时,数个保险人应给付保险金的对象均为同一被保险人。保险竞合在财产保险与人身保险中都存在。也就是说,投保人以自己为被保险人自行投保两个以上种类不同的保险,或投保人以自己为被保险人所投保的保险与他人以其为被保险人所投保的种类不同的保险,于保险事故发生时,各保险人就同一保险事故所致同一保险标的的损失均应对同一人负保险给付义务的,构成保险竞合。例如,甲向乙投保家庭财产保险的保险标的包括电视机,又向丙投保电视机综合险(包括火灾险、盗窃险等)。若发生火灾致电视机毁损,则乙、丙皆应向甲负保险给付义务。又如,甲为医生,向丙投保个人医疗责任险,而当其到另一医院求职时,该医院亦为其投保医疗过失责任险。

二、保险竞合与重复保险的区别

(一)主体不同

重复保险须为同一投保人,基于同一保险利益,就同一保险事故与数个保险人分别订立数个保险合同。一般认为,保险竞合的投保人可以是不同的主体;重复保险的投保人一定是同一投保人。

(二)保险利益不同

保险竞合的投保人对同一保险标的可以具有不同的保险利益;重复保险的投保人对同一保险标的具有同一保险利益。

(三)法律后果不同

《保险法》规定了重复保险的法律后果,而对保险竞合的后果缺乏具体规定。

(四)产生原因不同

保险竞合产生的原因是保险条款及险种在承保标的及危险上的交叉及被保险人在特定情形下身份的重叠;重复保险产生的原因是投保人对保险合同承保危险认识不清或基于谋利的目的。

三、保险竞合的解决

行为人常在保险合同中订立关于解决保险竞合的条款,以防止被保险人获双重受偿及超额保险所致的道德危险。

(一)不同种类的保险竞合(广义的保险竞合)

损失保险与责任保险的保险竞合通过行使代位求偿权后,仅就责任保险人给付保险金的余额负责。例如,海上货物托运人以货物所有人身份向A保险人订立货物损失保险合同,保险期间为自货物在托运地交付于运送人时起,至货物在目的地存入仓库后15日止。仓库营业人则向B保险人投保仓库营业人责任险,指定仓库营业人为被保险人,保险期间为自货物交付于仓库营业人时起至仓库营业人将货物交付货物所有人时止。现自货物存入仓库时起15日内发生火灾致货物损毁灭失,则A保险人须依保险合同向货物损失保险的被保险人为保险给付;A保险人为保险给付后,得代位向仓库营业人行使代位求偿权。

(二)相同种类的保险竞合(狭义的保险竞合)

1. 责任保险与责任保险的竞合

2000年11月20日,丁某以其所有的北京吉普轿车向甲保险公司投保了第三者责任保险,保险期限1年。同年12月6日,某棉袜加工厂为其聘用的所有员工向乙财产保险公司投保雇主责任险,保险期限同为1年。该厂的一名外销人员孙某也在被保险人名单内。2001年5月20日,丁某驾驶的北京吉普在北京西三环路上因避让后面的车辆超车,不慎驶入非机动车道,撞上了正骑自行车送货的孙某。丁某马上打“110”报警,并尽快将孙某送到了医院。住院期间孙某共花去医药费8400元。经交通事故管理部门认定,这起交通事故由丁某负全部责任,孙某不负责任。丁某付清了孙某所有医药费和交管部门鉴定费,共计8600元。随后,丁某向甲保险公司提出8600元的保险给付要求。同年5月22日,棉袜加工厂以所雇员工孙某因工负伤为由向乙保险公司请求给付。该案即为责任保险与责任保险构成的保险竞合。与重复保险不同,对保险竞合的处理,法律没有明确规定,通常由被保险人在两种以上的处理方式中选择请求保险给付。在保险竞合的情况下提供保险保障的保险人都有给付的义务,被保险人可以依据不同的保险合同请求保险给付。在实务中,被保险人一般依据先签发的保险单请求给付。根据损失补偿原则,被保险人从某一保险人处获得全部补偿后,即丧失了向其他保险人请求补偿的权利。如果被保险人自某一保险人处未获得全部补偿,不足部分仍可以向其他保险人请求。构成重复保险的,被保险人的损失一般由保险人分摊。《保险法》规定的给付方式是比例分摊,不能因重复向保险人请求保险给付而获得额外利益。在该案中,孙某因受伤而导致的损失已经从甲保险公司得到全部补偿,棉袜厂因此丧失了向乙保险公司索赔的权利。《保险法》没有规定保险竞合,构成保险竞合的,保险人一般都是依照惯例或由保险人与被保险人协商处理。

2. 同种类竞合的保险人的给付义务分配

种类相同的保险竞合,依保险合同关于给付义务分配条款而定其给付。在保险合同中存在三种类型的关于保险竞合下保险人给付义务分配的条款:(1)溢额保险条款,就超过部分的余额负保险给付义务。(2)不负给付义务条款,他人承保,自己则不负保险给付义务。(3)比例分摊条款,按自己承保金额与其他保险人比例分担。

三种不同类型的保险给付义务分配条款有如下组合的可能:

保险种类相同,责任分配条款相同时,有下列三种情况:(1)不负责任条款与不负责任条款;(2)比例分摊条款与比例分摊条款;(3)溢额保险条款与溢额保险条款。

同种类竞合的保险人的给付义务分配条款中,保险人关于保险给付义务分配条款不同的组合有如下三种类型:(1)不负责任条款与溢额保险条款;(2)不负责任条款与比例分摊条款;(3)比例分摊条款与溢额保险条款。

在此情形下,多数人主张,依各保险人承保额与总额比例而定其分担额。如此处理,存在的问题是在“不保条款”与“溢额条款”竞合的情形,比例分担与竞合条款文义相矛盾,此时应考虑“不负保险给付义务条款”与“溢额条款”的本意,令其全部负责,否则会使被保险人失其保险保障。其分摊额确定方法有:

第一,比例分担原则。例如,A、B 的合同皆有“不保条款”,其保额为 40 万元、60 万元,则依比例分担,A 负 4/10,B 负 6/10,若损失 50 万元,则 A 负担 20 万元,B 负担 30 万元。

第二,最大损失原则。例如,A 保 100 万元,B 保 60 万元,C 保 40 万元,三人皆订有“不保条款”,若事故发生造成损失 180 万元,则 A、B、C 先各负 40 万元;剩余 60 万元,由 B、C 各负 20 万元,达到其保额;最后余额由 A 负责。

第三,保险费的比例分担原则。以保险费占总保险费的比例来分担给付义务。以上各说,以比例分担原则为多数说,但美国法院有采最大损失原则的趋势,主要在于最大损失原则可以提高保险人承保较高保额的意愿,其基本上不违背保险人的本意。

▶ 法考链接

1. 潘某向保险公司投保了一年期的家庭财产保险。保险期间内,潘某一家外出,嘱托保姆看家。某日,保姆外出忘记锁门,窃贼乘虚而入,潘某家被盗财物价值近 5000 元。下列哪一表述是正确的?(2009 年卷三 33 题,单选)

A. 应由保险公司赔偿,保险公司赔偿后无权向保姆追偿

B. 损失系因保姆过错所致,保险公司不承担赔偿责任

C. 潘某应当向保险公司索赔,不能要求保姆承担赔偿责任

D. 潘某只能要求保姆赔偿,不能向保险公司索赔

【解析】首先,潘某向保险公司投保了一年期的家庭财产保险,且在保险期内发生了保险事故,虽然是第三人引起的,但是保险公司依然负有支付保险金的责任。因此,BD 项错误。

根据《保险法》第 60 条第 1 款规定:“因第三者行为对保险标的的损害而造成保险事故的,保险人自向被保险人赔偿保险金之日起,在赔偿金额范围内代位行使被保险人对第三者请求赔偿的权利。”根据《保险法》第 62 条规定,除被保险人的家庭成员或者其组成人员故意造成《保险法》第 60 条第 1 款规定的保险事故外,保险人不得对被保险人的家庭成员或者其组成人员行使代位请求赔偿的权利。据此可见,本题中的保姆属于潘某家庭的其他组成人员,且保姆对保险事故的发生仅存在过失,而不是故意,因此,保险公司不得对该保姆行使代位请求赔偿的权利。所

以,A项是正确的。

另外,潘某一家外出,嘱托保姆看家。潘某与保姆之间形成了保管合同关系,标的物是家中的财产。因保姆的过错导致潘某家财产被盗,保姆虽然不用承担保险法上的保险给付义务,但是应当承担民法中的违约责任。因此,C项是不对的。

【答案】A

2. 潘某请好友刘某观赏自己收藏的一件古玩,不料刘某一时大意致其落地摔毁。后得知,潘某已在甲保险公司就该古玩投保了不足额财产险。关于本案,下列哪些表述是正确的?(2015年卷三76题,多选)

A. 潘某可请求甲公司赔偿全部损失

B. 若刘某已对潘某进行全部赔偿,则甲公司可拒绝向潘某支付保险赔偿金

C. 甲公司对潘某赔偿保险金后,在向刘某行使保险代位求偿权时,既可以自己的名义,也可以潘某的名义

D. 若甲公司支付的保险金不足以弥补潘某的全部损失,则就未取得赔偿的部分,潘某对刘某仍有赔偿请求权

【解析】A项考查不足额保险是否赔偿全部损失。根据《保险法》第55条第2款的规定,保险金额低于保险价值的,除合同另有约定外,保险人按照保险金额与保险价值的比例承担赔偿保险金的责任。据此,不足额保险原则上按比例赔偿。本题中潘某不可请求甲公司赔偿全部损失,A项错误。

B、C项考查侵权人赔偿损失后,保险公司是否还需要赔偿。根据《保险法》第60条第1款规定,因第三者对保险标的的损害而造成保险事故的,保险人自向被保险人赔偿保险金之日起,在赔偿金额范围内代位行使被保险人对第三者请求赔偿的权利。据此,甲公司赔偿后,可以自己名义代为行使求偿权。因此B项正确,C项错误。

D项考查侵权的损害赔偿。根据《保险法》第60条第3款的规定,保险人依照本条第1款规定行使代位请求赔偿的权利,不影响被保险人就未取得赔偿的部分向第三者请求赔偿的权利。D项正确。

【答案】BD

▶ 拓展思考

1. A以其房屋为保险标的与保险人B订立火灾保险合同,保险金额为80万元,后因其邻人C的过错,其自家失火,亦导致A的房屋损毁。事故发生时,A的房屋市价为100万元。A、B未在保险合同中约定房屋的保险价值。经查,因C的过错致火灾发生导致A的房屋全损,保险人给付A保险金80万元。因A房屋当时市价100万元,保险人B给付的保险金总额不能完全填补A房屋所受损失,于

是,A 向 C 请求赔偿其损失余额 20 万元。B 保险公司履行了对 A 的保险金给付义务后,在 80 万元范围之内取得对责任主体 C 的保险代位权,于是,保险人 B 代被保险人 A 之位向侵权人 C 主张承担其损害赔偿责任 80 万元。而侵权人 C 此时只有 10 万元可供清偿。C 若将其全部给付于 A,则保险人无法获得任何给付;若 C 将其全部给付于保险公司 B,则被保险人 A 尚有 20 万元损害无法填补。当事人之间争执不下,遂请求法院判决。

分析上述案例,思考就 C 应将其 10 万元给付 A,还是应给付于 B 一案,《保险法》是否设置相应法律规则予以调整,法院应如何判决?[1]

2. X 就其所有的清朝青花瓷器一批,向 Y 财产保险股份有限公司投保火灾保险。在承保时,双方约定保险价值为 200 万元人民币,保险金额为 100 万元。在保险期间内,该批瓷器因火灾而遭受损害。查勘现场遗留残品时才发现此批瓷器系赝品,其价值仅为 10 万元。结合本题案例,思考 Y 保险公司如何承担保险给付义务?

3. X 就其房屋一栋,为自己利益向 Y 财产保险股份有限公司投保火灾保险。保险合同上载明该房屋保险价值为人民币 1000 万元,并约定以该保险价值为保险金额。在保险期间内,该房屋因火灾而烧毁一部分,当时正逢房屋市场价格下降,其价值约为人民币 900 万元,该房屋因火灾所受损失约为 200 万元。思考并回答如下问题:(1)X、Y 之间的保险合同为定值保险或不定值保险? (2)Y 应如何向 X 给付保险金?

4. X 以其价值 2000 万元的山间别墅向 Y 银行贷款 1000 万元,并以该别墅与银行设定抵押权,担保所借款项的清偿。结合该例,思考如下问题:(1)Y 银行是否能以该山间别墅投保火灾保险? (2)如果 Y 银行可以投保火灾保险,应以自己为被保险人,还是应以 X 为被保险人? (3)Y 银行投保的保险金额的上限为多少?

5. X 在 2009 年 10 月 8 日以其子 A 为被保险人向 Y 人寿保险股份有限公司投保终身死亡保险及住院医疗终身健康保险,约定在终身死亡保险条款下附加医疗保险附款及意外伤害保险附款。在 2010 年 8 月 20 日至 9 月 1 日,因 A 患急性阑尾炎,到某省级医院住院接受手术治疗,支出医疗费等共 2.8 万多元。经请求,Y 人寿保险股份有限公司将医疗保险金按照终身死亡保险合同附款中的医疗保险条款及住院医疗终身健康保险合同的约定全部给付于权利人。但是,2010 年 12 月 19 日,Y 保险公司通知 X 上述两份保险合同,即住院医疗终身健康保险与终身死亡保险所附加的医疗保险、意外伤害保险构成重复保险,应承担损害赔偿责任。该种情况是否构成重复保险?

---

〔1〕 参见高湘宇:《保险人在追偿诉讼中的代位权》,载《保险研究》2005 年第 5 期。

第十一章　财产损失保险合同

▶ 教学目的

掌握财产损失保险合同的保险标的的特点,领会火灾保险合同、货物运输保险合同、运输工具保险合同和农业保险合同的基本内容。

▶ 教学重点

财产损失保险合同的保险标的的特点、财产损失保险合同的主要种类。

第一节　财产损失保险合同的概念和种类

一、财产损失保险合同的概念

财产损失保险合同,是指以有形财产为保险标的,补偿其直接损失的财产保险合同,也称为狭义的财产保险合同。依《保险法》第 12 条第 4 款规定,财产保险合同是以财产及其有关利益为保险标的的保险合同,包括了以有形成财产为保险标的的财产保险合同,是广义的财产保险合同。

财产损失保险合同的保险标的以有形物为限,并能以货币来确定或衡量。其所承保的财产损失指一定有形财产因承保危险发生所致损毁、灭失的经济利益的减少或丧失,包括直接经济损失以及对保险标的施救等引起的必要的、合理的费用。财产损失保险主要包括火灾保险、货物运输保险、运输工具保险和农业保险。

财产损失保险起源于海上保险,随着社会进步,生活水平的提高,各类财产保险适应分散危险,消化损失的实际需求而不断发展,是最典型的保险合同,在保险营业中占有重要地位。

二、财产损失保险合同的损失及其确定

(一)财产损失保险合同的损失

财产损失保险合同以承担被保险人因其有形财产发生保险事故所致损毁灭失的不利益,其损失范围的确定对被保险人利益维护及保险人合同义务的履行至关重要。保险人应承担的损失范围一般包括:

1. 保险标的遭受的实际损失

财产损失保险合同在于填补被保险人因保险事故发生所遭致的有形财产的经济利益的减少或全部损失，以补偿有形财产实际发生的不利益。保险人承担的给付义务以保险金额范围内的实际损失为限，并不得超过保险价值。

2. 施救费用

为了减少保险标的因保险事故发生所致的实际损失，对作为保险标的的有形财产施救所支出的必要的、合理的费用，也应由保险人承担。该施救费用主要包括防止保险事故进一步扩大所支出的费用、抢救有形财产、整理或保管有形财产所支出的费用。

3. 查定保险事故及其所致损失的费用

查明和确定保险事故的性质、原因和保险标的的损失程度所支付的必要的、合理的费用。其中，施救费用、查定保险事故及其所致损失的费用应在保险标的所遭受的实际损失之外另行计算，最高不超过财产损失保险合同约定的保险金额。

（二）财产损失保险合同的损失确定

财产损失保险合同采取定值保险合同方式订立的，其损失以约定的保险价值计算给付的保险金数额。采取不定值保险合同方式订立的，根据保险事故发生当时当地的保险标的的市场价格计算确定经济损失，即其保险价值为出险时有形财产的重置成本价值减去折旧费后的余额。其保险标的的价值是保险事故发生时的价值，不是投保时的价值。在保险事故发生时，保险标的全损的，其保险价值即为实际损失的数额；部分损失的，保险价值减去未损失部分的价值，其差额即为事故后的损失额。为避免被保险人和保险人按照有利于自己的方式计算确定保险标的的损失，可由保险公估人居于中立地位鉴定、评价保险标的的实际损失。

（三）财产损失保险合同的主要种类

根据保险标的的具体形态不同，财产损失保险合同可分为火灾保险合同、货物运输保险合同、运输工具保险合同和农业保险合同。

1. 火灾保险合同

火灾保险合同，是指以为权利人所有或管理的动产或不动产上发生火灾等不可抗力或意外事故为承保危险的财产损失保险合同。

2. 货物运输保险合同

货物运输保险合同，是指以运输中的货物为保险标的，保险人对运输中发生不可抗力或意外事故所致货物损失予以补偿的财产损失保险合同。

3. 运输工具保险合同

运输工具保险合同，是以机动车、船舶或飞机等运输工具为保险标的的财产损失保险合同。

4. 农业保险合同

《农业保险条例》第 2 条根据《保险法》第 184 条第 1 款规定了农业保险。农业保险合同,是指保险机构对被保险人在种植业、林业、畜牧业和渔业生产中因保险标的(农林作物、禽畜渔养殖物等)遭受约定的自然灾害、意外事故、疫病、疾病等保险事故所造成的财产损失,承担保险给付义务的保险合同。

第二节 火灾保险合同

一、火灾保险合同的概念

火灾保险合同,是指以火灾、爆炸等不可抗力或意外事故为承保危险的财产损失保险合同。火灾保险合同最初是海上保险所承保的一种危险,后来由于经济发展,在陆上保险中适用,并成为独立险种。其承保对象完成了从不动产向动产的扩张,其责任范围从火灾的单一危险扩展到爆炸、雷击、暴风、暴雨、洪水、台风、龙卷风、雪灾、雹灾、冰凌、泥石流等自然灾害和意外事故的综合危险。目前,我国保险公司经营的火灾保险合同主要包括企事业财产保险合同、家庭财产保险合同等。

企事业财产保险合同,是指以组织坐落或存放于固定地点的企业或事业被保险人所有或与他人共有而由被保险人负责的财产、由被保险人经营管理或替他人保管的财产、其他具有法律上承认的与被保险人有经济利害关系的财产(固定资产或流动资产)因火灾以及其他灾害事故发生所致损失为保险标的的财产保险。家庭财产保险合同,是指以坐落于确定地点内的为权利人所有的家庭财产为保险标的,对其发生不可抗力或意外事故所致损失予以补偿的财产保险合同。两者都源于以火灾为主要承保危险的火灾保险合同。

二、火灾保险合同承保的财产范围

火灾保险合同承保的财产范围广泛,包括动产和不动产,只要被保险人所有或与他人共有而由被保险人负责的、由被保险人经营管理或替他人保管的、其他具有法律上承认的与被保险人有经济利害关系的财产,都可纳入承保范围。根据企事业财产保险合同、家庭财产保险合同对不同用途财产上的危险控制的不同要求,也可以不承保一定种类的财产。下列财产通常不在保险标的范围以内:(1)金银、珠宝、钻石及制品,玉器、首饰、古币、古玩、字画、邮票、艺术品、稀有金属等珍贵财物;(2)货币、票证、有价证券、文件、账册、图表、技术资料、电脑资料、枪支弹药以及无法鉴定价值的财产;(3)违章建筑、危险建筑、非法占用的财产;(4)在运输过程中的物资;(5)领取执照并正常运行的机动车;(6)牲畜、禽类和其他饲养动物。但当事人之间可以经过特约将上述财产纳入承保范围。

三、火灾保险合同承保的危险范围

保险人的承保危险范围一般经在合同中约定基本危险、特约危险和危险免除予以确定。

(一)基本危险

1. 火灾

火灾,是指在一定时间或空间失去控制的、危害人身财产安全的非常态燃烧。火是指发光、发热的迅速的氧化反应。燃烧往往导致火灾,但燃烧未必一定导致火灾。保险合同上的火灾需具备如下要件:一是有发光、发热的燃烧现象;二是属于意外的、偶然的火;三是属于失去控制并危及人身、财产的火。所致损失包括因火燃烧而毁坏的有形财产及因施救而造成的其他财产损失。

2. 其他自然灾害

自然灾害,是指不能预见、不能避免,也不能克服的客观情况,一般包括爆炸、雷击、台风、龙卷风、暴风、暴雨、洪水、雪灾、雹灾、冰凌、泥石流、崖崩、突发性滑坡、地面突然下陷等。

因上述自然灾害所致的财产损失,保险人应依约承担赔偿义务。

3. 意外事故

意外事故,是指非基于行为人故意或过失,而是不能预见或不能抗拒的原因导致的有形财产的损失。其主要包括:爆炸、飞行物体及其他空中运行物体坠落所致的保险标的的损失;被保险人拥有财产所有权的自用的供电、供水、供气设备因保险事故遭受损坏,引起停电、停水、停气造成保险标的的直接损失。

(二)特约危险

在以火灾等不可抗力或意外事故为承保危险基础上,行为人也可以根据其生活上分散危险的需要,以增加保险费为代价,与保险人特约,由其承保附加危险。

(三)除外危险

由于下列原因造成保险标的的损失,保险人不负责赔偿:

(1)战争、敌对行为、军事行动、武装冲突、罢工、暴动;

(2)被保险人及其代表的故意行为或纵容所致;

(3)核反应、核子辐射和放射性污染;

(4)地震、暴雨、洪水、台风、暴风、龙卷风、雪灾、雹灾、冰凌、泥石流、崖崩、滑坡、水暖管爆裂、抢劫、盗窃;

(5)保险标的遭受保险事故引起的各种间接损失;

(6)保险标的本身缺陷、保管不善导致的损毁,保险标的的变质、霉烂、受潮、虫咬、自然磨损、自然损耗、自燃、烘焙所造成的损失;

(7)由于行政行为或执法行为所致的损失;

(8)其他不属于保险责任范围内的损失和费用。

四、火灾保险合同的损失确定

保险人应根据义务人提供的损失清单或各种单证,对保险合同约定的各项财产损失金额和费用支出核实计算给付保险金的数额。通常,火灾保险合同对各种损失的计算方法都有约定。例如,火灾保险合同中的企事业财产保险合同中的保险金额和保险价值包括固定资产和流动资产。固定资产的保险金额由被保险人按照账面原值或原值加成数确定,也可按照当时重置价值或其他方式确定。固定资产的保险价值是出险时的重置价值。流动资产(存货)的保险金额由被保险人按最近12个月任意月份的账面余额确定或由被保险人自行确定。流动资产的保险价值是出险时的账面余额。账外财产和代保管财产可以由被保险人自行估价或按重置价值确定。账外财产和代保管财产的保险价值是出险时的重置价值或账面余额。保险人在保险事故发生后,根据火灾保险合同的履行情况,可以封存、核查被保险人的财务账册、各种会计凭证等,并对不同类型的财产分项估算。

保险人对在发生保险事故时,为抢救保险标的或防止灾害蔓延,采取合理的必要的措施而造成保险标的的损失,以及保险事故发生后,被保险人为防止或者减少保险标的损失所支付的必要的合理的费用也应予以补偿,并与保险财产损失分别计算。

第三节　货物运输保险合同

一、货物运输保险合同的概念

货物运输保险合同,是指以运输中的货物为保险标的,保险人对运输中发生不可抗力或意外事故所致货物损失予以补偿的财产损失保险合同。由于货物、运输方式的多样性,不同的货物在不同运输方式下的危险是不同的。据此,货物运输保险合同的种类较多,根据运输的地域不同,可分为国内货物运输保险和涉外货物运输保险,两者又可根据运输方式不同,分为水路货物运输保险、陆路货物运输保险、航空运输保险和货物联运保险等。保险人常根据货物在运输中的易损程度,在货物运输保险合同约定不同的保险费率。

二、货物运输保险合同的特点

(1)货物运输保险合同的保险标的常处于运输中,而不是位于固定地点。

(2)保险标的脱离所有人或经营人直接管领控制,而由承运人直接管理。货物上负载的危险程度,除为运输方式及运输条件所决定外,深受承运人的影响。

(3)保险期间的起讫时间一般以一次运程计算,采取仓至仓的方法予以确定。

(4)货物运输保险合同常以定值保险方式订立合同。

三、货物运输保险合同承保危险范围

综合水路、陆路和航空货物运输保险合同的内容,货物运输保险合同所承保的危险范围包括基本危险、特约危险和除外危险。

(一)基本危险

合同所承保的基本危险一般包括:

(1)运输中的货物因火灾、爆炸、雷电、冰雹、洪水、暴风、地震、地陷、泥石流等不可抗力或意外事故发生所致的损失。

(2)运输中的货物因运输工具发生火灾、碰撞等侵害而导致货物损失。

(3)货物在装卸或转载时,发生意外事故导致的损失。

(4)以船舶运输货物的,因船舶搁浅、触礁或遇到码头坍塌等所致的货物损失,以及共同海损和救助费用损失。

(5)飞机因碰撞、坠落、失踪3个月以上、在危难中抛弃货物所致的损失。

(6)保险事故发生后,救助货物时导致的货物损失。

(7)保险事故发生后,救助、保护、整理受损货物支出的合理、必要费用。但该费用在货物损失以外另行计算。

(二)特约危险

被保险人可以根据货物的性质和运输工具的特点,和保险人约定基本险以外的其他危险为承保危险,常通过订立附加险的形式进行。有的附加险只能附加投保,有的附加险可以单独承保,也可附加投保。这些附加险中的承保危险通常包括偷窃、提货不着、淡水雨淋、短量、渗漏、沾污、串味、受潮受热、钩损、包装破裂、锈损等。

(三)除外危险

不为货物运输保险合同所承保的危险一般包括:被保险人的故意行为导致的货物损失;发货人没有按照标准包装等造成的货物损失;保险货物的自然损耗、市价上涨、本身的缺陷所致损失;因战争、军事行动、罢工、核事故等导致的损失。

第四节 运输工具保险合同

一、运输工具保险合同的概念

运输工具保险合同,是以机动车、船舶或飞机等运输工具为保险标的的财产损失保险合同。通过运输工具运载旅客或货物,因交通条件各异,易发生危险事故导致财产损失。运输工具保险已广为行为人所采用。因作为保险标的的运输工具性能不同,其危险性质也不同,运输工具保险合同可分为机动车保险合同、飞机保险合同、船舶保险合同等。

二、运输工具保险合同的特征

除具有一般财产保险合同的特点外，运输工具保险合同还具有如下特点：

1. 保险标的的特定性

运输工具保险合同的保险标的在各种有形财产中限定为具备一定营运条件的运输工具。

2. 被保险人的开放性

因运输工具可能受损的所有权人、使用人和驾驶人都可以通过运输工具保险合同分散危险，消化损失。

3. 保险给付义务履行的并举性

货物运输工具保险的保险人可以采取实物填补和金钱填补并举的方式履行保险给付义务。运输工具保险合同在许多情况下以实物填补方式履行保险给付义务，对承保的运输工具进行修理、更换，使其恢复功能。更换零部件时，常会发生更换的零部件较原零部件增值的后果。

三、机动车损失保险的承保危险范围

在运输工具保险中，机动车保险合同最为普遍。其是以机动车辆的车身及其零部件、设备等为保险标的，补偿被保险人因不可抗力或意外事故导致机动车损失的财产损失保险合同。在通常意义上，机动车保险一般包括车身损失险、第三者责任险和盗抢险等，车辆损失保险与第三者责任保险构成主要部分，另有其他附加险为危险团体成员分散危险、消化损失。但在精确意义上，机动车损失保险仅指在财产损失保险意义上的车体损失险。

机动车损失保险的承包危险包括碰撞损失与非碰撞损失，其中碰撞是指被保险车辆与外界物体的意外接触，如车辆与车辆、车辆与建筑物、车辆与电线杆或树木、车辆与行人、车辆与动物等碰撞，均属于碰撞责任范围之列；非碰撞责任，则可以分为以下几类：自然灾害，如洪水、暴风、雷击、泥石流等；各种意外事故，如火灾、爆炸、空中运行物体的坠落等；其他意外事故，如倾覆、冰陷、载运被保险车辆的渡船发生意外等。

除外危险一般包括：战争、军事行动或暴乱等导致的损失；被保险人故意行为或违法行为导致的损失；被保险人车辆自身缺陷导致的损失；以及未履行相应的义务（如增加挂车而未事先征得保险人的同意等）的情形下出现的损失。机动车保险的承保危险范围由保险合同约定，并非一成不变。例如，就我国的汽车损失保险合同来说，以往均将失窃列为基本危险，后来却将其列为附加危险，被保险人若不附加投保便不能得到该项危险的保障。

机动车辆损失保险的保险金额，采用不定值保险方式，既可以按重置价值（按照投保时同类机动车辆的市场价格）确定，也可以由双方协商确定或者按照投保车辆的使用年限确定。

机动车辆的附加险是机动车辆保险的重要组成部分，主要有附加盗窃险、附加自燃损失险、附加新增加设备损失险、附加不计免赔特约险、附加驾驶员意外伤害险、附加乘客意外责任保险等，被保险人可根据自己的需要选择附加危险保险。

第五节　农业保险合同

一、农业保险合同的概念

农业保险合同，是指以农作物种植、禽畜养殖为保险标的，对种植物、养殖物因不可抗力或意外事故所致损失予以补偿的财产损失保险合同。根据标的属于种植物和养殖物的不同，基本可分为种植物保险合同和养殖物保险合同。种植物保险合同，是指以植物生产为保险标的，以生产过程中可能遭遇的自然灾害或意外事故为承保危险的财产损失保险合同。养殖物保险，是指以各种处于养殖过程中的动物为保险标的、以养殖过程中可能遭遇的自然灾害或意外事故为承保危险的财产损失保险。

作为保险标的的种植物、养殖物因其自身情况复杂，发生承保危险的实际损失具有难于确定的特点，营业风险较大，道德危险的防控至为重要。

二、农业保险合同的特点

1. 保险标的的具有生命力

以具有生命力的种植物、养殖物为承保对象，是农业保险的基本条件。在保险期间内，其保险标的应依自然规律正常生长。如果发生保险事故，有生命力的保险标的虽有损失，可能仍然能够继续生长。因此，《农业保险条例》第12条第2款规定："保险机构按照农业保险合同约定，可以采取抽样方式或者其他方式核定保险标的的损失程度。采用抽样方式核定损失程度的，应当符合有关部门规定的抽样技术规范。"

2. 保险价值的变动性

保险标的的保险价值在保险期间内随着自然生长规律而发生相应变化。《农业保险条例》第11条规定，在农业保险合同有效期内，合同当事人不得因保险标的的危险程度发生变化增加保险费或者解除农业保险合同。

3. 以实行低额承保方式经营农业保险

农业保险合同的保险标的深受生长规律及自然条件的影响，受到自然灾害或意外事故侵害的危险性高。具有生命力的个体在遭到侵害后，可能还具有一定的再生能力或调节能力，可以恢复一定的产量或价值，被保险人的经管对其生长情况具有重要的作用，道德危险难以控制。因此，在经营上一般采取按照保险标的部分价值确定保险金给付义务的方式履行合同。农民或者农业生产经营组织投保的农业保险标的属于财政给予保险费补贴范围的,由财政部门按照规定给予保险费补贴。

▶ 法考链接

张三向保险公司投保了汽车损失险。某日,张三的汽车被李四撞坏,花去修理费5000元。张三向李四索赔,双方达成如下书面协议:张三免除李四修理费1000元,李四将为张三提供3次免费咨询服务,剩余的4000元由张三向保险公司索赔。后张三请求保险公司按保险合同支付保险金5000元。下列哪一说法是正确的?(2011年卷三34题,单选)

A. 保险公司应当按保险合同支付全额保险金5000元,且不得向李四求偿

B. 保险公司仅应当承担4000元保险金的赔付责任,且有权向李四求偿

C. 因张三免除了李四1000元的债务,保险公司不再承担保险金给付责任

D. 保险公司应当全额支付5000元保险金,再向李四求偿

【解析】《保险法》第61条第1款规定:“保险事故发生后,保险人未给付保险金之前,被保险人放弃对第三人请求赔偿权利的,保险人不承担给付保险金的责任。”本题中,被保险人张三并未明确放弃对第三人李四的请求损害赔偿的权利,但因被保险人张三与第三人李四达成书面协议,保险公司对1000元修理费部分已经无法行使代位求偿权,因此,保险公司对无法向第三人李四追偿的1000元不承担保险给付义务,而仅承担4000元的保险给付义务。《保险法》第60条第1款规定:“因第三者对保险标的损害造成保险事故的,保险人自向被保险人赔偿保险金之日起,在赔偿金额范围内代位行使被保险人对第三者请求赔偿的权利。”据此,保险公司就其承担的4000元保险金支出有权向第三人李四追偿。故B项正确。

【答案】B

▶ 拓展思考

结合下述案例,思考保险公司应如何承担保险给付义务?2009年9月,X驾驶自有小轿车(自动变速器)外出秋游,行至一段山坡路段时,当地正在修路,行驶中发现车底部被路面的石块托起,马上停车检查车底盘,没有发现严重损害,就继续前行。又行驶了约5公里路程,该车连续出现几次发冲,档位不清。因其投保车体损失保险,X立即停车与保险公司联系,经保险公司同意将该车拖至修理厂。修理厂仔细检查后发现,该车不仅变速箱外部受损,内部数个调整垫片及轴承烧结,滑阀箱烧损,需要更换变速箱的总成,修理费预计3万元。车修好后,X向保险公司请求给付保险金。保险公司认为,变速箱内部烧结的损失是因为保险事故发生后,X没有采取适当的措施仍继续行驶所致,属于保险事故发生后扩大的损失,对

该部分扩大的损失,保险公司拒绝给付保险金。X 认为,驾驶车辆过程中发现被石头托起后,就立即停车检查,并没有发现车辆受损,只能通过继续行驶才能观察车辆的情况。自己继续驾驶车辆前行符合一般人的做法,没有不妥的地方,保险公司应承担给付义务。

第十二章　责任保险合同

▶ 教学目的

了解责任保险合同所承保的民事责任的内涵，熟悉责任保险合同的概念、特征及主要分类和保险人的参与权，理解机动车责任强制保险合同的基本内容，领会责任保险合同的基本条款及保险人的给付义务开始的时点及给付的基本范围，了解再保险合同的功能及其与原保险合同的关系和主要分类，掌握责任保险的保险人的参与权、机动车责任强制保险与机动车责任任意保险的区别、责任保险合同第三人的法律含义、范围及其损害赔偿请求权。

▶ 教学重点

责任保险合同中第三人的法律地位，责任保险合同的保险人的保险给付义务产生的时点，责任保险保险人的参与权，机动车责任强制保险合同的基本内容，机动车责任强制保险与机动车责任任意保险的区别，机动车责任强制保险的主要内容。

第一节　责任保险合同绪说

一、责任保险合同的含义与特征

（一）责任保险合同的含义

责任保险合同，系指保险人与投保人约定，以被保险人向第三人依法应负的损害赔偿责任为保险标的的保险合同类型。

一般认为，责任保险合同在性质上属于广义的财产保险。广义的财产保险一般包括以有形财产的损毁灭失为承保危险的保险、以将来可得利益的丧失为承保危险的保险，即无形利益保险和以保险事故发生而导致的责任损失为承保危险的保险，责任保险合同属于第三种类型的保险。《保险法》将责任保险规定于财产保险合同部分，并于该法第95条第1款规定："保险公司的业务范围：……（二）财产保险业务，包括财产损失保险、责任保险、信用保险、保证保险等保险业务；……"因此，责任保险合同属于财产保险合同的一种，由财产保险公司经营。

(二)责任保险合同的特征

责任保险合同具有如下特征:

1. 责任保险合同为第三人利益而存在

责任保险合同以被保险人对受害人承担的损害赔偿责任为标的,实际上为第三人利益而存在。责任保险合同在性质上是为第三人利益保险。第三人对被保险人的给付请求是责任保险合同得以成立和存续的基础。若无第三人存在,被保险人的给付义务无从发生,亦无责任保险的适用。

2. 责任保险合同的标的为一定范围内的损害赔偿责任

责任保险合同是以被保险人对第三人依法应负的民事责任,而非以特定的财产或特定的身体或生命为保险标的的保险。通过责任保险,致害人的民事损害赔偿责任转化为责任保险保险人的保险给付义务。非损害赔偿责任不能作为责任保险标的,例如,刑事责任。同时,依法不能作为责任保险标的的其他损害赔偿责任亦不能作为责任保险的标的。

3. 责任保险合同中保险金的限额给付

责任保险合同转移的是依附于财产或人身之上的责任危险,责任的有无、大小,除取决于是否造成他人财产或人身损害及损害的程度外,还取决于相应的法律制度。因此,责任危险与财产危险、人身危险的不确定性相比有不同的特点。责任保险承保被保险人对第三人的赔偿责任,非被保险人的财产利益或利益的实际损害,不适用保险价值的概念,其赔偿责任发生与否以及大小取决于未来的偶然因素。这决定了在缔约时,不能确定保险事故发生所致的损害的大小。而合同约定的保险金额实际上是保险人承担给付义务的最高限额。责任保险亦不存在超额保险问题,只有是否规定责任限额及规定责任限额高低的问题。

4. 保险给付的替代性

责任保险合同不仅成为被保险人转移损害赔偿责任风险的一种方式,也使实施侵害行为的被保险人对受害第三人承担损害赔偿责任的能力获得提高,客观上使受害人获得赔偿的可能性更为确定。责任保险合同承保的保险事故发生,保险人承担了被保险人的赔偿责任,代替被保险人向受害人给付保险金,以补偿受害人的损失。从保险给付对象上看,责任保险补偿的是作为被保险人的致害人因承担民事赔偿责任造成的自身损失,间接的为民事赔偿关系中的受害人,即为财产或人身受到损害的人提供了保障。为了实现特定的政策性目标,许多国家或地区以强制保险的方式施行特定种类的责任保险,以保障受害第三人的利益为重心。可见,责任保险与狭义的财产损失保险、人身保险具有不同的属性。

二、责任保险合同中的责任

(一)责任保险合同中的保险标的与民事责任类型

责任保险合同与民事责任相联系而存在。责任保险合同的保险标的是被保险人对第三人依法应负的民事损害赔偿责任。《民法典》第176条规定:“民事主体依照法律规定或者按照当事人约定,履行民事义务,承担民事责任。”民事责任包括违约责任与侵权责任。被保险人对第三人的侵权损害赔偿责任为责任保险的保险标的没有异议。有争议的是侵权责任以外的民事责任是否可以作为责任保险的保险标的。有观点认为,因违约而承担的损害赔偿责任,可以约定为责任保险的保险标的。[1] 也有见解主张,责任保险的保险标的仅限于侵权责任,违约责任属于保证保险的保险标的,而不是责任保险的保险标的。[2]《保险法》第65条第4款规定:“责任保险是指以被保险人对第三者依法应负的赔偿责任为保险标的的保险。”其民事损害赔偿责任应包括侵权责任与违约责任,而不以侵权责任为限。

(二)责任保险合同承保的赔偿责任与被保险人的过错

根据是否以过错为成立要素而将民事责任分为过错责任、无过错责任与公平责任。而过错责任又分为具体轻过失责任、抽象轻过失责任与一般过错责任。

1. 违约所致的损害赔偿责任与被保险人的过错

(1)抽象轻过失。有偿行为的义务人一般应负高度的注意义务,即以善良管理人的注意履行其义务。当义务人未尽善良管理人的注意时,构成抽象轻过失。此时,义务人对其抽象轻过失所致损害负赔偿责任。

(2)具体轻过失。无偿法律行为的义务人对其债务的履行应尽与处理自己事务为同一的注意,当义务人欠缺与处理自己事务为同一的注意所致损害应负的赔偿责任,是具体轻过失责任。例如,未收报酬而为他人保管物品。

(3)故意责任。其指债务人就债务不履行应负的损害赔偿责任有故意时,才负有的责任。例如,赠与人故意不告知赠与物的瑕疵所致的损害。

不同的债务不履行责任,债务人所负责任轻重是不同的。故意责任最轻,其他责任较其愈重。对义务人而言,责任越重,义务人越希望借助于责任保险合同将危险分散。但责任保险合同并非对所有民事赔偿责任都予以承保。责任保险合同的标的限于可归责于被保险人的行为而意外发生的民事损害赔偿责任。违约责任的发生不以违约人的主观过错为要件。因此,为防止道德危险,只需确定违约所致的损害赔偿责任是否符合承保危险的意外性特征即可。违约损害赔偿责任是否符合危险的意外性,应当依照责任保险合同的约定以及违约责任发生的具体情形加以判断。法律一般规定保险人对债务人(责任保险合同的被保险人)故意或重大过失行为所致的损害赔偿责任不负保险给付义务,以防止产生鼓励债务人不履行债务的行为和道德危险,使危险得以确定和控制。

---

[1] 参见桂裕编著:《保险法论》,台北,三民书局1981年版,第290页。

[2] 参见王卫耻:《实用保险法》,台北,文笙书局1981年版,第319页。

2. 侵权行为所致损害赔偿责任与被保险人的过错

(1)无过错责任。行为人行为与损害之间只要具备因果关系而不论过错之有无,依法规定仍应负损害赔偿责任的,为无过错责任。《民法典》第1166条规定:"行为人造成他人民事权益损害,不论行为人有无过错,法律规定应当承担侵权责任的,依照其规定。"现代立法趋势表现为不断扩大无过错责任的范围,并通过责任保险来分散危险,消化损失。

(2)公平责任。《民法典》第1186条规定了公平责任。[1] 公平责任是指受害人和行为人对损害的发生都没有过错的,即不构成过错责任而法律又未规定负无过错责任时,依照法律的规定由双方分担损失。

(3)过错责任。《民法典》第1165条规定了过错责任及过错推定责任。[2] 因故意或过失不法侵害他人的,应负损害赔偿责任。侵权人一般对其行为所致损害负过错责任。受害人若对加害人侵权行为请求损害赔偿,须证明损害因行为人故意或过失所致。推定过错责任为特殊的过错责任,实行举证责任的倒置。在过错推定中,只要行为人行为与损害发生之间有因果关系,法律即推定行为人存在故意或过失。行为人若主张免责,须就其行为并无过错负举证责任。由于此时举证较为困难,因此,行为人常因不能举证无法实现责任的免除。所谓"举证责任之所在,败诉之所在",而受害人因不必就行为人过错负举证责任,故责任成立较易,获赔偿机会增加。实际上,在推定过错情况下,举证义务人负责任较一般过错责任为重。

在为责任保险合同所承保的侵权损害责任中,原则上应将被保险人故意行为所致的损害赔偿责任排除于承保范围之外。这与其他非责任保险合同将被保险人的故意或重大过失行为排除于保险合同所承保的危险事故以外不同。为了保护受害人,在特定领域,责任保险应向着将故意或重大过失所致的损害赔偿责任纳入承保范围的趋势发展。

责任保险合同的责任不以合同债务不履行或侵权行为产生的责任为限。其他如无因管理、不当得利、物上请求权而产生的责任亦可为理论上责任保险合同的标的。只是可能因实务中发生此种情形甚少,因此,在学理与实务上,都鲜有人论及。

三、责任保险合同中的责任主体

责任保险合同的责任主体一般限于被保险人。但此时须考虑,被保险人的行为与其代理人、受雇人的行为是否皆在责任保险合同所承保的主体范围之内。由

---

〔1〕 参见《民法典》第1186条规定:"受害人和行为人对损害的发生都没有过错的,依照法律的规定由双方分担损失。"。

〔2〕 参见《民法典》第1165条规定:"行为人因过错侵害他人民事权益造成损害的,应当承担侵权责任。依照法律规定推定行为人有过错,其不能证明自己没有过错的,应当承担侵权责任。"

于代理人的代理行为实际上后果皆归于本人，所以其代理本人所为的行为致第三人损害，实际上亦为本人对第三人造成的损害，当然在承保范围之内。但保险人为控制合同危险，亦可以特约免除对代理人行为所致损害的赔偿责任危险。

当代理人故意不法加害第三人时，其行为所致损害是否应由责任保险合同所承保，亦有讨论余地。代理制度的存在，旨在辅助本人能力的不足，避免事必躬亲的不便，使本人通过代理制度扩张其交易行为的范围。因此，代理人的代理范围应只限于以意思表示为核心的法律行为。至于事实行为、债务不履行均无代理适用的余地。因此，若将代理人因过失致第三人损害须负的损害赔偿责任为责任保险合同承保，是因本人选任代理人的过失所致的缘故，而非直接因代理行为后果归属于本人的缘故。基于保险的功能，对于因代理人故意而本人与其无意思联络的行为所致的损害赔偿责任亦应纳入责任保险合同的承保范围。我国台湾地区“保险法”第29条规定：保险人对于由不可预料或不可抗力之事故所致之损害，负赔偿责任。但保险契约内有明文限制者，不在此限。保险人对于由要保人或被保险人之过失所致之损害，负赔偿责任。但出于要保人或被保险人之故意者，不在此限。实际上是将本人过失而代理人故意所致第三人损害赔偿责任排除于承保范围之外。2008年修改前的《德国保险契约法》第152条规定，除非被保险人故意不法行为所致损害，保险人不得拒绝给付。若代理人故意，而被保险人过失，保险人仍应负给付义务。

立法一般规定，被保险人故意致损害发生的，保险人不负给付义务。有争议的是，责任保险合同是否应将因重大过失所致的损害赔偿责任纳入其承保范围。有观点认为，就责任保险以外的其他保险而言，应将因被保险人故意或重大过失所致损害排除于承保危险之外。但就责任保险而言，由于其更强调对加害人行为致受害人损害进行救济，而不仅是对加害人的道德非难，因此，应将重大过失所致损害赔偿责任纳入责任保险承保范围之内。[1] 2008年修改前的《德国保险契约法》第153条体现了相同精神。而在机动车强制责任保险中，被保险人故意致人损害的赔偿责任也可为责任保险合同承保。

四、责任保险合同的分类

以承保责任内容的差别为标准，责任保险合同基本分为公众责任保险合同、产品责任保险合同、雇主责任保险合同、职业责任保险合同和第三者责任保险合同。

1. 公众责任保险合同

公众责任保险合同是对机关、企事业单位及个人在经济活动过程中因疏忽或意外事故造成他人人身伤亡或财产损失进行承保的一种责任保险合同。公众责任保险合同的种类很多，主要包括普通责任险、综合责任险、场所责任险、电梯责任

---

〔1〕 参见刘宗荣：《保险法》，台北，三民书局1995年版，第332页。

险、承包人责任险等。机关、企事业单位及个人的办公楼、饭店、工厂、商场、影剧院、旅店、医院、展览馆等各种公共活动场所都可以通过订立公众责任保险合同转嫁责任风险。

2. 产品责任保险合同

产品责任保险合同,是指承保因产品本身缺陷造成他人(一般是指消费者)人身伤害或财产损失所致的损害赔偿责任的责任保险合同。制造、销售商品或提供服务中对他人造成人身伤害或财产损失的,行为人都可以通过产品责任保险获得保险保障。

3. 雇主责任保险合同

雇主责任保险合同,是指被保险人所雇佣的员工在受雇过程中,从事与被保险人经营业务有关的工作而遭受意外伤害或患有与业务有关的、国家规定的职业性疾病所致伤残或死亡,被保险人根据劳动法及劳动合同应承担的医药费用及损害赔偿责任,由保险人在约定的保险限额内负责赔偿的一种保险。雇主责任保险主要承保雇主对其雇用人员,在从事与职业有关的工作时,由于遭受人身伤亡而依法或根据雇用合同而应由雇主承担的损害赔偿责任。

4. 职业责任保险合同

职业责任保险合同,是以各种专业技术人员(如医生、药剂师、律师、会计师、建筑师、设计师等)在其从事专业技术性工作时,因工作上的疏忽或过失,造成第三人人身损害或财产损失,依法需要由其承担的损害赔偿责任为保险标的的保险。

5. 第三者责任保险合同

第三者责任保险合同是以被保险人的各种运输工具、建筑安装工程等发生意外事故造成第三人人身伤害或财产损失所致的损害赔偿责任为保险标的的责任保险。第三者责任保险从效力上可以区分为任意第三者责任险和强制第三者责任险。其主要包括机动车第三者责任保险、飞机第三者责任保险和建筑安装工程第三者责任保险。

6. 诉讼财产保全责任保险

诉讼财产保全责任保险是以民事诉讼财产保全程序中的被申请人因申请人保全错误导致的损害赔偿责任为保险标的的保险。根据该种保险,作为被保险人的保全申请人向法院或仲裁机构申请诉讼财产保全,因被保险人保全错误导致被申请人遭受损失,被申请人对申请人提起诉讼请求承担赔偿责任,经法院审理,判定被保险人承担赔偿责任的,由保险人根据约定补偿被保险申请人的责任损失。同时,保险人为被保险人(提起财产保全的申请人)的诉讼保全申请,向法院提供连带保证责任担保。《最高人民法院关于人民法院办理财产保全案件若干问题的规定》(法释〔2020〕21 号)第 7 条规定:“保险人以其与申请保全人签订财产保全责任险合同的方式为财产保全提供担保的,应当向人民法院出具担保书。担保书应当载明,因申请财产保全错误,由保险人赔偿被保全人因保全所遭受的损失等内容,并附相关证据材料。”我国保险实践中,也有保险公司单独就仲裁前(中)保全开发了仲裁财产保全责任保险,其产品模式和诉讼财产保全责任保险基本一致。我国司法实践中普遍存在因为民事诉讼保全担保费用过高的障碍而造成当事人难以启动财产保全程序的问题。保险公司迎合这种实际问题创造了商机,开发了这种责任保险合同。

第二节 责任保险合同的第三人

一、责任保险合同中第三人的法律含义

责任保险合同的第三人,是指合同约定的当事人和关系人以外的,对被保险人享有损害赔偿请求权的人。责任保险合同是以被保险人对第三人所负的民事损害赔偿责任为保险标的的,因此,若无受害第三人的损害赔偿请求权,则无责任保险存在的必要。

通常情形下,加害人致第三人损害,应负民事赔偿责任。订立责任保险合同的,加害人的民事赔偿责任转由保险人承担,最终由责任危险团体成员承担。该第三人的损害赔偿请求权转为责任保险的保险金请求权。责任保险以填补作为被保险人的加害人对受害第三人履行损害赔偿责任的损失而存在。若无保险合同分散责任危险,则由加害人自己承担对第三人的损害赔偿责任。

二、责任保险合同中第三人的范围

责任保险合同中的第三人因责任保险合同的不同种类而有不同的范围。具体而言,雇主责任保险的第三人仅限于雇主所雇用的并应由雇主对其承担民事损害赔偿责任的雇员。公众责任保险的第三人为被保险人应向其承担损害赔偿责任的人,但不包括作为被保险人的雇主所雇用的员工以及为其提供服务的人。责任保险合同中的第三人的范围还因所承保的责任是侵权责任还是违约责任而不同。若承保违约责任,则以对违约的被保险人有损害赔偿请求权的人为限;若承保侵权责任,第三人是因被保险人的侵权责任而享有损害赔偿请求权的人。若合同对其承保的责任危险的性质未予约定,则该第三人既可以是因加害被保险人的侵权责任而享有损害赔偿请求权的人,也可能是因被保险人的违约责任而享有损害赔偿请求权的人。责任保险合同的第三人的范围亦可因合同约定或法律规定而受到限制。例如,机动车强制责任保险合同的第三人为遭受被保险机动车侵害的受害人,但合同约定被保险人的家庭成员、被保险机动车上的人员不在第三人范围之列。

三、第三人的保险给付请求权与损害赔偿请求权

基于合同相对性原则,责任保险合同的效力一般限于合同当事人及关系人之

间。受害第三人因责任保险合同被保险人的行为而遭受损害的,一般只能请求该加害被保险人承担损害赔偿责任,而不能直接向责任保险合同的保险人请求给付保险金。

随着责任保险合同对受害第三人利益保护的倾斜,立法上逐步赋予第三人对保险人直接行使的保险给付请求权。《保险法》规定了受害第三人在一定条件下对责任保险合同的保险人的直接给付请求权。《保险法》第 65 条第 2 款规定:"责任保险的被保险人给第三者造成损害,被保险人对第三者应负的赔偿责任确定的,根据被保险人的请求,保险人应当直接向该第三者赔偿保险金。被保险人怠于请求的,第三者有权就其应获赔偿部分直接向保险人请求赔偿保险金。"赋予受害第三人对责任保险合同的保险人的直接给付请求权对该第三人更为有利,可以更有效地保护因被保险人行为而受有损害的第三人的利益。

第 65 条第 2 款规定了两种保险人对第三人的直接给付。一是经被保险人请求直接向第三人给付保险金。责任保险的被保险人对第三人损害赔偿责任确定的,被保险人应当请求保险人直接向第三人给付保险金。这种情形下的直接向第三人给付与《民法典》第 522 条第 1 款规定的情形具有类似性,保险人未向第三人履行,应对被保险人承担合同责任。与《民法典》第 522 条第 1 款规定不同的是,此处的直接给付无须被保险人与保险人事先达成意思上的一致,只要对被保险人对第三人责任确定,被保险人请求保险人向第三人直接给付,保险人就应直接向第三人给付保险金。但这种情形不是第三人的直接请求权,保险人不履行,应对被保险人负责,而不对第三人负责。根据《保险法解释(四)》第 14 条的规定,具有下列情形之一的,被保险人可以请求保险人直接向第三人给付保险金:(1)被保险人对第三人所负的赔偿责任经人民法院生效裁判、仲裁裁决确认;(2)被保险人对第三人所负的赔偿责任经被保险人与第三人协商一致;(3)被保险人对第三人应负的赔偿责任能够确定的其他情形。保险人应当按照约定确定保险赔偿责任。

二是第三人的直接请求权。如果责任保险的被保险人怠于上述请求的,第三人可以就其应获赔偿部分直接向保险人请求给付保险金。根据《保险法解释(四)》第 15 条规定,被保险人对第三人应负的赔偿责任确定后,被保险人不履行赔偿责任,且第三人以保险人为被告或者以保险人与被保险人为共同被告提起诉讼时,被保险人尚未向保险人提出直接向第三人赔偿保险金的请求的,即为"被保险人怠于请求"的情形。

至于直接请求权的诉讼时效,《全国法院民商事审判工作会议纪要》(法〔2019〕254 号)第 99 条指出,第三人直接向保险人请求给付被拒绝的,其请求保险人直接赔偿保险金的诉讼时效期间,自其知道或者应当知道向保险人的保险金赔偿请求权行使条件成就之日起计算。

根据《保险法解释(四)》第 17 条的规定,责任保险的被保险人对第三人所负的赔偿责任已经生效判决确认并已进入执行程序,但未获得清偿或者未获得全部清偿的,第三人可以依法请求保险人给付保险金。根据《保险法解释(四)》第20条的规定,责任保险的保险人在被保险人向第三人赔偿之前向被保险人给付保险金的,第三人依照《保险法》第65条第2款的规定行使直接请求权时,保险人不能以其已向被保险人给付进行抗辩。保险人向第三人给付后,可以请求被保险人返还相应保险金的。

第三节　责任保险合同义务及其履行

一、被保险人义务

被保险人义务主要表现为被保险人的协助义务。被保险人在其致第三人损害的保险事故发生后,应及时通知保险人。在受害第三人对被保险人起诉时,被保险人亦应通知保险人。

为了对第三人请求给付的抗辩与和解进行控制,保险人有要求被保险人提供必要协助的权利。被保险人在保险人需要提供协助的范围内承担协助义务。被保险人协助义务的内容主要包括:(1)对受害人索赔的抗辩与和解的协助,包括但不限于如下情况:被保险人未经保险人同意,不承担赔偿责任或与受害人达成和解;被保险人不得放弃对第三人的抗辩权;有其他加害人或准加害人对被保险人应当承担赔偿责任的,被保险人不得放弃其请求赔偿的权利。(2)损害或请求保险给付事实的通知。依照责任保险合同的约定,被保险人在其致人损害的事故发生或在受害人请求时,应当及时通知保险人。(3)提供必要的文件和其知道的有关情况。凡与被保险人致人损害的行为以及损害后果有关的文件,被保险人应当尽可能地提供给保险人,并向保险人出具保险人进行抗辩或和解的全权授权委托的书面文件。

保险人要求被保险人提供与其责任有关的其他文件的,被保险人能够提供的,应予提供。原则上,被保险人协助义务之履行,构成保险人承担保险给付的条件;被保险人违反协助义务,保险人可以不承担保险给付义务。但是,责任保险人依诚实信用原则,有为被保险人利益对第三人的请求进行抗辩的义务。若保险人违反抗辩义务,被保险人不再承担协助义务。

二、保险人义务

(一)保险人给付义务的发生

关于保险人的保险给付义务在何时开始,存在以下见解:(1)当被保险人因致人损害行为而对第三人负有损害赔偿责任时,保险人即开始负给付保险金义务。该说以被保险人是否对第三人负民事赔偿责任为标准判断保险人是否负保险金给付义务。所以,若该损害赔偿责任不存在,即无所谓保险人的给付保险金义务。(2)以被保险人是否受到第三人请求损害赔偿为标准来判断责任保险的保险人是否负保险给付义务。也就是说,被保险人在致第三人损害而负民事赔偿责任时,并不必然导致责任保险的保险金给付义务产生。只有当第三人向加害被保险人行使损害赔偿请求权时,责任保险合同的保险人才产生保险金给付义务。(3)以被保险人事实上造成第三人损害,负有损害赔偿责任,而且第三人亦向被保险人行使损害赔偿请求权时,保险人产生给付保险金义务。反之,当被保险人事实上对受害第三人负有损害赔偿责任,但第三人未向加害被保险人行使赔偿请求权,责任保险的保险人不生保险金给付义务。同时,即使被保险人在形式上受到第三人损害赔偿的请求,但若事实上对其并不负损害赔偿责任时,保险人亦无保险金给付义务。(4)以被保险人责任是否为保险人所认可或被法院判决确认为标准,从而认为只有被保险人对受害第三人所负的民事赔偿责任为保险人认可或被法院判决确认时,才开始承担保险金给付义务。也就是说,被保险人对第三人的赔偿责任经保险人确认前,或在法院作出确定其赔偿责任判决前,保险人尚不负给付义务,只有被保险人对第三人责任确定时,始负有给付义务。《保险法解释(四)》第18条的规定采纳了责任确定说。[1]

上述诸说,以第一种主张对受害第三人最为有利。以此为标准,即使受害第三人未向加害被保险人行使赔偿请求权或其损害赔偿责任尚未为法院所确认,保险人已生给付义务。则加害被保险人即可向该保险人请求给付保险金。在承认受害第三人可直接向责任保险的保险人行使请求权的立法例下,该受害第三人亦可向保险人求偿,更利于其权利的实现。尤其当保险人营业状况恶化时,若等到判决确定或其提起诉讼请求,必在时间上有一定延误,而使第三人利益难以实现。但此时,其民事责任的成立及其范围不能具体确定,实际上并不能实现其权利,仍须具体确认。

就第二种主张而言,因其将保险人的给付保险金义务确定在受害第三人向加害被保险人提出请求之时,而此时为其所诉请的被保险人的民事赔偿责任是否成立并不能确定。所以,该标准的操作对保险人而言未免失之公允。事实上,行为人也不应对民事责任尚不存在的事实负责。

第三种主张具有较强的操作性,是以实际上存在损害赔偿责任为前提,而程序上又经加害第三人的请求行为为要件才生责任保险人的保险金给付义务。实际上,亦须对损害赔偿责任予以确认,其与第四种主张并无实际区别。若赔偿责任已存在,但尚未向加害被保险人请求,被保险人的责任上难谓有损失,保险人自不负

---

〔1〕 参见《保险法解释(四)》第18条规定:"商业责任险的被保险人向保险人请求赔偿保险金的诉讼时效期间,自被保险人对第三者应负的赔偿责任确定之日起计算。"

给付保险金义务。此时,若其丧失偿付能力,而加害人亦无清偿能力,则受害人的请求亦不能实现。若加害人自己无清偿能力,亦不能提前向保险人请求给付,预先准备其责任的承担。而受害人若不请求,待其亦失清偿能力,其权利难获实际救济。

对责任保险所欲保护的目标的认识曾发生变化。起初,责任保险被认为以填补被保险人实际损失为目的,被保险人不存在对他人承担民事赔偿责任的损失,保险人自不负给付保险金义务,也无须确定其民事赔偿责任。随着实践发展,责任保险的目的不仅在于填补被保险人的实际损失,还在于直接救济受害人所受的不利益。

(二)给付义务范围

责任保险人是否对被保险人对第三人承担的责任损失负给付义务,取决于该责任事实是否属于保险事故范围以及在多少保险金额之内予以承保。保险人仅在约定的保险金额范围内承担给付义务。根据《保险法解释(四)》第16条的规定,责任保险的被保险人因共同侵权依法承担连带责任的,保险人承担保险责任后,可以就超出被保险人责任份额的部分向其他连带责任人请求追偿。

(三)保险金的给付对象和方式

在被保险人给付后,给付被保险人。在其尚未为全部给付时,应对第三人的利益尽到注意义务。在被保险人未给付或未全部给付前,第三人直接请求的,亦可以向第三人给付。

(四)除另有约定外,保险人应承担抗辩与和解费用

保险人负有给付抗辩及和解费用的义务,但以对抗第三人请求权而实际发生的合理、必要的费用为限。《保险法》第66条规定:"责任保险的被保险人因给第三者造成损害的保险事故而被提起仲裁或者诉讼的,被保险人支付的仲裁或者诉讼费用以及其他必要的、合理的费用,除合同另有约定外,由保险人承担。"

三、保险人的参与权

责任保险合同保险人的参与权,系指当责任保险人的给付义务发生后,其对被保险人与第三人协商赔偿责任的有无、大小,享有决定、和解以及抗辩的权利。我国台湾地区"保险法"第93条规定:保险人得约定被保险人对于第三人就其责任所为之承认、和解或赔偿,未经其参与者,不受拘束。但经要保人或被保险人通知保险人参与而无正当理由拒绝或借故迟延者,不在此限。《保险法》无相应规定,但实务上,保险合同均有相应约定。例如,在格式合同条款中约定:一旦发生保险合同所承保的任何事故或诉讼,被保险人应立即书面通知保险人,并提供必要情况。未经保险人同意,被保险人不得拒绝责任或作出任何许诺、出价、约定、付款或赔偿。本保险人有权以被保险人的名义接办任何索赔案件或向任何人提出赔偿请求的诉讼和解决任何索赔事项。

当前,保险人参与权在我国仅属于合同权利,非法定权利。保险人代替被保险人向受害第三人履行给付时主张抗辩的,可以被保险人对抗第三人的一切事由对抗第三人的赔偿请求。

《保险法解释(四)》第 19 条第 1 款解释了被保险人与受害第三人达成的和解协议对保险人的效力。责任保险的被保险人与第三人就被保险人的赔偿责任达成和解协议应经保险人认可,被保险人才能请求保险人按照和解协议在合同约定的保险金额内承担责任。

第四节　再保险合同

一、再保险合同的概念

再保险合同有广狭两义。广义的再保险合同,是相对于原保险合同而言的一种保险合同,又称为分保合同,是指保险人以其承担的保险给付义务的一部或者全部为保险标的,转向其他保险人投保而订立的保险合同,包括全部再保险合同和部分再保险合同。再保险合同的投保人为原保险合同的保险人,原保险人又称为再保险分出人。与原保险人订立再保险合同并承担原保险人的保险危险的其他保险人,是再保险人,又称为再保险接受人。例如,我国台湾地区"保险法"第 39 条规定:再保险,谓保险人以其承保之危险,转向他保险人为保险之契约行为。狭义的再保险合同,是指仅以原保险的部分保险给付义务为保险标的而成立的保险合同,即部分再保险合同。依狭义再保险合同,原保险人和再保险人不得订立以原保险的全部保险给付义务为保险标的的保险合同。又如,美国有些州的立法禁止保险人通过再保险承保原保险人依照原保险合同承担的全部危险,要求原保险人保留不能通过再保险获得填补的部分危险。我国大陆《保险法》规定的再保险合同仅以保险人将其承保的部分保险给付义务转移给其他保险人承保的保险合同为限,属于狭义再保险合同。

原投保人或原被保险人并不是再保险合同的当事人和关系人,而是第三人。《保险法》第 29 条第 1 款、第 2 款规定:"再保险接受人不得向原保险的投保人要求支付保险费。原保险的被保险人或者受益人不得向再保险接受人提出赔偿或者给付保险金的请求。"

二、再保险合同的保险标的

再保险合同的保险标的是原保险人依照原保险合同承担的保险给付义务。据此,通说认为,再保险合同的性质为责任保险合同,即再保险合同就是以原保险人基于原保险合同所负的责任为对象的保险合同,再保险合同的保险标的与责任保险合同的标的相同。但是,二者发生原因有所不同。再保险合同的保险标的源自合同上的责任，而责任保险合同的保险标的源自侵权责任或违约责任。

三、再保险合同的种类

依不同的标准，再保险合同可分为法定再保险合同和自愿再保险合同、临时再保险合同与合约再保险合同（以下简称临时再保险与合约再保险）、比例再保险合同与非比例再保险合同（以下简称比例再保险与非比例再保险）。

（一）法定再保险合同和自愿再保险合同

以基于法律规定或自愿为标准，再保险合同分为法定再保险合同（法定分保）和自愿再保险合同（自愿分保）。法律规定符合一定条件应当订立再保险合同的，是法定再保险。保险人对自己承保的危险认为有分散必要而自愿缔结再保险合同的，是自愿再保险。《保险法》第 103 条第 1 款规定："保险公司对每一危险单位，即对一次保险事故可能造成的最大损失范围所承担的责任，不得超过其实有资本金加公积金总和的百分之十；超过的部分应当办理再保险。"该法第 105 条规定："保险公司应当按照国务院保险监督管理机构的规定办理再保险，并审慎选择再保险接受人。"

（二）临时再保险与合约再保险

依发生的形式或条件，再保险可分为临时再保险与合约再保险。临时再保险，为合约再保险的对称，实务中称为临时分保或者任意分保。合约再保险，实务中称为固定分保。在临时再保险与合约再保险之间，还有一种中间形态，即预约再保险。

临时再保险，是指原保险人自由选择再保险人而与之订立独立的个别再保险协议，以将其保险业务的部分或者全部转移给再保险人承担的一种保险形式。临时再保险，相对于其他再保险合同而言，均为独立的再保险合同。在这一点上，原保险人有绝对的自由选择各项再保险条件，可以满足其临时决定转嫁保险危险的需要。由于临时再保险的任意性，再保险人在原保险人提出再保险要求时，有权决定是否接受以及接受再保险后的保险义务额度，方便再保险人根据其承保能力以及原保险义务的危险作出接受再保险的决定。但是，临时再保险合同的订立手续复杂，协商再保险条件时，耗时费力，极为不便。

合约再保险，是指原保险人与再保险人事先订立协议，由再保险人对于协议指定的危险单位依照协议自动承担一定成数或者份额危险的保险。依合约再保险，原保险人对其承保的保险业务，只要属于再保险协议指定的危险范围的，自动转移给再保险人，再保险人必须接受。实务中，经常采用的合约再保险主要有：成数合约再保险、溢额合约再保险、超额赔款合约再保险以及超额赔付率合约再保险等。[1]

预约再保险，是指原保险人与再保险人事先订立协议，由原保险人依照选择或者需要将其承保的保险业务分给再保险人，再保险人必须予以接受的一种保险形

---

〔1〕 参见陈云中：《保险学》，台北，五南图书出版股份有限公司 1985 年版，第 242 页。

式。依预约再保险,原保险人对于其承保的保险业务的分出可以自由决定,但不承担必须分出保险业务的义务。依照预约再保险,再保险人在原保险人决定分出其业务时,受再保险预约约束,必须接受原保险人分出的保险业务,预约再保险类似于合约再保险,完全不同于临时再保险。预约再保险对于防止不规则危险的发生具有实用性,并可作为合约再保险的补充。

(三)比例再保险与非比例再保险

依照再保险人分担原保险责任的方式,再保险分为比例再保险和非比例再保险。

比例再保险,是指再保险人按照保险金额的比例分担原保险给付义务的一种再保险。再保险合同约定,原保险人将收取保险费的一部分让与再保险人,再保险人依受让的保险费占全部保险费的比例,承担原保险给付义务的同一比例危险的一种再保险形式。比例再保险又可分为成数再保险和溢额再保险。成数再保险,又称为比例分担再保险,是指合同约定,原保险人将每一危险单位的保险金额依照一定的百分比分出,由再保险人接受并承担比例给付义务的保险。再保险人若以合约再保险承保原保险人的义务,成数再保险的比例是固定的。溢额再保险,是指合同约定,原保险人将每宗保险业务超出其自留额的部分分出,由再保险人接受并承担溢额部分的保险义务的保险。

非比例再保险,是指以原保险人给付的保险金数额或者给付率为基础,确定原保险人的自负额和再保险人的分担额的一种保险形式。若以原保险人的给付额或者给付率为计算基础,原保险人的自负额和再保险人的分担额相对于原保险责任而言,没有确定的比例,所以把这类再保险称为非比例再保险。非比例再保险有超额赔款再保险与超额赔付率再保险两种基本形式。超额赔款再保险,是指再保险人以约定的最高额为限,对每一保险事故或者保险合同项下超过合同约定的原保险人的自负额的给付部分承担保险责任的再保险。超额赔付率再保险,是指再保险人以约定的最高额为限,对于约定期间内原保险人超过约定的给付率部分的给付承担保险责任的再保险。约定的给付率,是指约定期间内的保险给付总额与同期所收保险费的比例。

四、再保险合同的功能

保险的功能在于分散危险和消化损失,将集中于个别社会成员的危险通过保险这一社会互助形式转嫁由众人承担,以确保社会生活的安定。再保险使保险的分散危险功能得以进一步发挥。为了不使这种危险过分集中而影响保险人的经营,保险人有必要将其承担的危险在众多的保险人之间再行分散。再保险合同对原保险人而言,具有分散危险、扩大保险人的承保能力和确保保险人稳健经营的功能,是“保险之保险”。再保险合同及运用促进了保险的发展。目前,再保险在世界范围内已实现专业化经营,成为原保险人分散承保危险的不可或缺的手段,再保险公司的经营呈现出国际性特征。

五、再保险合同与原保险合同的关系

再保险合同是相对于原保险合同而言的。无原保险合同,也就无再保险合同订立的可能。再保险合同与原保险合同的关系,表现为独立性与从属性两个方面。独立性指两合同间内容的彼此独立;从属性指两合同效力上的彼此关联。

(一)再保险合同的独立性

再保险合同属《民法典》规定的债权合同,基于相对性,原保险合同与再保险合同是两个各自独立存在的合同,各有其当事人,其权利义务关系应依个别独立的合同决定。原保险人依原保险合同对原被保险人负责;再保险人依再保险合同对原保险人负责,两合同各自独立。合同的权利义务不相关联。具体表现为各自合同主体的请求权的独立性。原保险合同与再保险合同既为两个独立合同,基于债的相对性,除非另有规定,原合同的被保险人或投保人对再保险人无任何请求权,故《保险法》第 29 条第 2 款规定:"原保险的被保险人或者受益人不得向再保险接受人提出赔偿或者给付保险金的请求。"因此,被保险人仅在原保险人怠于行使权利时,根据《民法典》第 535 条规定,代位原保险人,对再保险人行使代位权。但其行使的效果,有人主张仍应属于原保险人,原被保险人并不能因此而获得优先受偿权,仍与其他债权人立于平等地位而受清偿。但原保险人破产的,再保险人的给付成为破产财产,原被保险人须参加破产程序,与其他债权人平等分配,不如赋予被保险人对再保险人直接请求权对其有利。保险人享有独立的保险费请求权,即再保险合同的当事人是再保险人与原保险人,原投保人与之无关,故《保险法》第 29 条第 1 款规定,再保险人不得向原投保人请求交付保险费。原保险人的给付义务具独立性,即原保险人的给付义务依原保险合同确定。再保险合同的履行不影响原保险合同的履行,不得以再保险人不履行债务为由,拒绝或延迟履行其对原被保险人的给付义务。原保险合同的被保险人与保险人间的权利义务,不受再保险合同的影响。《保险法》第 29 条第 3 款规定:"再保险分出人不得以再保险接受人未履行再保险责任为由,拒绝履行或者迟延履行其原保险责任。"

(二)再保险合同的从属性

再保险合同虽独立于原保险合同,但两者亦相互依存,原保险合同有赖再保险合同分散其所承担之危险。若原保险合同因无效、可撤销等失其存在,则向再保险人分出的部分亦失其依附,表现为同一命运原则和直接请求权的赋予。(1)同一命运原则是指再保险人订立再保险合同后,其保险合同上的命运即与原保险人相随与共。[1] 国际惯例上,共同命运条款通常表述为:"兹特约定凡属本合同约定的任何事宜,再保险人在其利害关系内,与原保险人同一命运。"[2]原保险合同之无

---

〔1〕 参见陈继尧:《再保险论——当前趋势与型态研究》,台北,三民书局 1993 年版,第 22 页。

〔2〕 胡炳志:《再保险通论》,武汉大学出版社 1996 年版,第 50 页。

效、解除或终止,再保险合同亦生同一效果,[1]因为原保险合同若无效、解除或终止时,再保险合同将因无保险利益而随之失效。(2)直接请求权的赋予是指为避免当原保险人破产时原被保险人只能为普通无担保债权人参与分配的窘境,再保险人与原被保险人间虽无合同关系,但可在再保险合同中约定再保险人可直接向原被保险人负担给付义务,使原被保险人享有对再保险人的直接请求权。

六、再保险人合同义务的履行

(一)再保险人给付保险金的义务

再保险人承保的危险为原保险人对于原被保险人承担的保险给付义务,再保险人仅以原保险人的给付义务为保险事故,当原保险人给付时,再保险人相应地对原保险人为给付。再保险人的给付义务不以原保险人对原被保险人履行给付为要件,原保险人对原被保险人是否实际为保险金给付,与再保险人的给付义务无关。再保险人的给付义务发生在原保险人依原保险合同应当对原被保险人承担的给付义务确定之时。原保险人依原保险合同负给付义务时,即使尚未对原被保险人实际给付,再保险人亦应向原保险人履行再保险给付义务。

1. 再保险人的给付义务范围

再保险人的给付义务范围以再保险合同约定的给付金额为限,不得超过原保险人承担的给付范围。依《保险法》第28条第1款的规定,再保险以原保险之部分给付义务为标的,故再保险人的给付义务仅以再保险合同约定之原保险合同的部分给付义务为限。

2. 再保险人给付义务的发生时间

在再保险期间内,原保险人依原保险合同应当承担保险给付义务时,再保险人始负再保险给付义务。再保险期间,由原保险人和再保险人约定,没有约定再保险期间的,因再保险依存于原保险,应以原保险的保险期间为再保险期间;原保险责任开始之日,为再保险人责任开始之日;原保险期间届满时,再保险亦终止。[2]

3. 原被保险人的直接请求权

原保险合同和再保险合同彼此独立,原保险的被保险人或者受益人不能直接向再保险人行使保险金给付请求权。

原保险的被保险人或者受益人可否直接向再保险人请求再保险给付,再保险实务区别不同情况,采取不同的立场。例如,在美国,原被保险人或受益人基于再保险的条款约定,可以请求再保险人给付;若再保险合同约定再保险人仅向原保险人给付保险金,则原保险的被保险人或受益人不得直接向再保险人请求保险给付;即使原保险人丧失支付能力,情形亦同。但是,无论何种情形,原被保险人或受益

---

〔1〕 参见郑玉波:《保险法论》,台北,三民书局1987年版,第53页。

〔2〕 参见施文森:《保险法总论》,台北,三民书局1994年版,第219页。

人,可以再保险人对原保险人承担的给付债务为标的提起扣押之诉。[1]

因此,笔者主张,立法上应赋予原被保险人的直接请求权。其依据在于:首先,再保险合同作为保险合同的一种,当事人约定为第三人利益的保险给付时,对原被保险人或受益人可直接给付,该再保险合同则是设定原被保险人或受益人的第三人受益权的合同。在此情形下,原被保险人或受益人得依再保险合同的约定,直接请求再保险人给付保险金。《保险法》第29条第2款的规定,将原被保险人或者受益人请求再保险人给付保险金的权利予以排除,未附加任何例外,已构成法律上的隐含漏洞,依照目的性限缩的漏洞补充方法,应当承认原保险的被保险人或者受益人,依照再保险合同的约定,享有直接请求再保险人给付保险金的权利。其次,再保险合同具有责任保险合同的性质,在相当程度上为原被保险人或受益人的利益而存在。《保险法》第65条第1款规定:"保险人对责任保险的被保险人给第三者造成的损害,可以依照法律的规定或者合同的约定,直接向该第三者赔偿保险金。"既然再保险合同属于责任保险合同,则该规定应对再保险适用,具体如下:(1)再保险人在原保险人实际给付原被保险人或受益人前,可向原保险人给付保险金。(2)经原保险人请求,再保险人应当承担直接向原被保险人或受益人给付保险金义务。(3)在法律规定或合同约定的范围内,再保险人可以直接向原被保险人或受益人给付保险金。

4. 再保险人的参与权

《保险法》未规定再保险人参与权。学理上一般认为,对于原保险人的保险给付义务的承担,再保险人有参与权。原保险人未经再保险人的同意或参与,和原被保险人或受益人和解而承担给付保险金义务的,再保险人不受其和解的约束。也有观点认为,再保险人对原保险人的保险给付义务的承担所享有的参与权,与责任保险人对被保险人的保险给付义务的确定所享有的求偿参与权在效力上有所不同。再保险合同中的原保险人与原被保险人之间的和解,不同于责任保险合同的被保险人与受害第三人的和解。责任保险合同所填补的被保险人的损失,为被保险人法律上的责任;而在再保险合同中,再保险人则受原保险人和原被保险人达成的合理的和解协议的约束。因此,原被保险人和原保险人之间成立的有效和解,除非和解的达成具有恶意,再保险人应当受该和解的约束,并对和解达成的保险给付额及适当分担的和解费用,承担给付义务。但是,原保险人依原保险合同的约定不承担保险给付义务而自愿向原被保险人给付的,再保险人对原保险人的自愿给付不承担再保险给付义务。原保险人不得对原被保险人自愿给付。已经自愿给付的,不得请求再保险人给付其分担额。

此外,再保险人的参与权应区分两种情况:(1)再保险合同约定有再保险人的

---

[1] 参见邹海林:《责任保险论》,法律出版社1999年版,第365页。

参与权。当再保险合同约定再保险人的参与权时,原保险人与原被保险人和解,应当受再保险人的参与权约束。原保险人未经再保险人同意,与原被保险人和解的,再保险人可以不受和解的约束。(2)再保险合同未约定再保险人的参与权。若再保险合同对再保险人的参与权缺乏相应的约定,除非原保险人与原被保险人的和解显属不当,再保险人不得以其未参与和解,对抗原保险人的保险给付请求。

(二)其他必要的合理费用的承担

由于第三人行为引起保险事故发生时,再保险人在对原保险人给付再保险金后,对第三人有损害赔偿请求权。再保险人在给付保险金的范围内当然可以取得代位求偿权。但实际上,再保险人为避免辗转行使该代位求偿权,通常仍由原保险人行使此项损害赔偿请求权,向第三人取得赔偿金后,再向再保险人返还。原保险人对该项权利的行使在法律上可解释为事务管理,在习惯上可解释为默示委托。但无论是事务管理,还是默示委托,所需的管理费用或委托费用以及行使上述赔偿请求权时所需的其他代价,应由再保险人承担。

(三)不利解释原则的适用

《保险法》第30条规定的不利解释不适用于再保险合同。不利解释原则是为缓和处于弱势地位的投保人因保险合同格式条款的存在对其缔约自由实际限制的情况,以保护其利益而采用的合同解释方法。再保险合同的当事人均是依法设立的保险公司,富有保险专业知识及经营危险的经验,以保护处于缔约弱者为基础的不利解释规则,不应适用于再保险合同。[1] 对于再保险合同条款的争议,应根据合同解释的一般方法,对其进行解释。对其条款的含义,也应当遵循再保险惯例进行解释。

第五节 机动车交通事故责任强制保险合同

一、机动车交通事故责任强制保险合同的概念和特征

(一)机动车交通事故责任强制保险合同的概念

机动车交通事故责任强制保险合同,简称机动车责任强制保险,[2] 是指基于对交通事故受害人提供快速、有效的经济补偿的政策性目标,依法应当投保,保险人应当承保的,以被保险机动车导致的交通事故损害赔偿责任为保险标的的保险。机动车交通事故责任强制保险是我国自1980年恢复国内保险业务以来,第一个由

---

[1] 参见邹海林:《责任保险论》,法律出版社1999年版,第355页。

[2] 表述上,《中华人民共和国道路交通安全法》称“机动车第三者强制保险”;《机动车交通事故责任强制保险条例》称其为“机动车交通事故责任强制保险”;在本文中,为行文方便,统称为“机动车责任强制保险”,有时简称为“责任强制保险”。

法律规定的强制保险制度。《中华人民共和国道路交通安全法》(以下简称《道路交通安全法》)第17条规定:"国家实行机动车第三者责任强制保险制度,设立道路交通事故社会救助基金。具体办法由国务院规定。"2019年第4次修改后的《机动车交通事故责任强制保险条例》第3条规定:"本条例所称机动车交通事故责任强制保险,是指由保险公司对被保险机动车发生道路交通事故造成本车人员、被保险人以外的受害人的人身伤亡、财产损失,在责任限额内予以赔偿的强制性责任保险。"

机动车交通事故责任强制保险属于运输工具第三者责任保险的一种。早在1875年,英国伦敦地方铁路客车公司开办了马车第三者责任保险,承保驾驶马车发生意外事故致使他人财产损失或人身伤害的损害赔偿责任。后来,英国在1896年颁布《公路机动车辆法令》,规定由保险人承保机动车第三者责任保险。到1901年,美国也出现了机动车第三者责任保险,为运用机动车所致他人财产损害应负的损害赔偿责任提供保险保障。目前,世界上多数国家或地区施行机动车交通事故责任强制保险。机动车保险在我国财产保险中一直占据主要份额,2014年,我国机动车保险发展成为世界第二大车险市场,[1]机动车交通事故责任强制保险是其重要组成部分。

(二)机动车责任强制保险的特征

机动车责任强制保险具有如下特点:[2]

1.第三人性

以机动车交通事故对第三人所致损害赔偿责任为保险标的的强制责任保险,涉及侵权人(实施交通事故侵权行为的主体)、受害人(因侵权人造成的交通事故受到损害的主体)和作为保险合同订立者的保险人三方主体,其相互间的权利义务关系即为机动车责任强制保险的基本法律结构。其中的加害人,即民事侵权关系中的侵权人,是因其保有或驾驶机动车对他人造成交通事故损害的主体。受害人,即在交通事故中因驾驶人使用的机动车受有损害的主体,在民事侵权中,属于被侵权人。与投保人订立机动车责任强制保险合同的主体为保险人,即接受投保,在约定限额内,对作为被保险人的机动车保有人或驾驶人造成交通事故所致的损害赔偿责任提供保险保障的主体。由于机动车责任强制保险合同以被保险人侵权行为所应负担的民事损害赔偿责任为承保对象,合同主体包括投保人、被保险人和保险人,被保险人驾驶机动车所侵害的受害人不在合同主体范围内,所以,一般称

[1] 《中国机动车辆保险市场发展报告(2014)》,载中国保险行业协会网2021年4月14日,http://www.iachina.cn/art/2014/12/17/art_124_1609.html。

[2] 参见高宇:《我国机动车责任强制保险法律制度研究》,中国保险监督管理委员会博士后科研工作站2014年博士后研究报告,第11~19页。

其为第三人或受害第三人。根据上述情况可知,机动车责任强制保险中的第三人与一般民法上的第三人利益合同中的第三人或受益人应有不同。

第三人利益合同又称“利他合同”、“为他人利益合同”或“为第三人利益订立的合同”,是指合同当事人约定,由一方向合同关系之外的第三人给付,该第三人因此取得直接向该合同债务人请求给付的权利。但机动车责任强制保险并不是第三人利益合同,两者存在如下不同:

(1)两者的权利来源不同。机动车责任强制保险的受害第三人直接请求权基于法律规定而存在,第三人利益合同的第三人请求权源于合同双方当事人的约定。所以,机动车责任强制保险中的第三人的直接请求权不能为投保人与保险人通过合意排除。在第三人利益合同中,第三人的直接请求权可经当事人双方合意排除。

(2)第三人地位不同。基于政策性目标,机动车责任强制保险中的受害第三人成为合同首要的保护对象。受害第三人与投保人、保险人相并立而存在,具有不特定性。除被保险人以外的因机动车交通事故受到侵害的人都可以成为受害第三人。一般来说,为第三人利益合同中的第三人是由合同当事人指定的合同以外的特定或可得确定的人。

(3)在第三人获取利益上存在不同。机动车责任强制保险合同涉及的受害第三人并没有获得额外利益,只能通过保险给付填补其因机动车交通事故导致的损失。受害人获得的给付限于法定限额,甚至不能完全补偿其所受损失。一般来说,第三人基于第三人利益合同会获取利益。据此,机动车责任强制保险的第三人仅因投保人负有强制投保义务而客观上获得比没有受到损害时更为确定的、及时的基本损失填补保障,与通常的第三人利益合同相比,存在实质性差别。

任意责任保险的目的在于分散、转移被保险人对第三人依法应负的损害赔偿责任。虽然以填补被保险人因赔偿受害第三人所致的损失为基点,客观上有助于对受害人的损失填补,但终究不是以“填补被害第三人的损害”为重心,与机动车责任强制保险相比,其第三人性较弱。机动车责任强制保险则以交通事故受害人的权益保护为重心而创设,受害第三人借此可以获得快速的基本经济补偿,具有安定受害人生活的社会效果。虽然被保险人因使用机动车扩展了行为自由,实现了自身利益,但被保险人因此也付出了代价,负有投保机动车责任强制保险的法定义务,以免因其使用机动车对他人人身、财产造成损害的赔偿责任难以落实。与其说该保险以补偿被保险人对受害人承担损害赔偿责任的经济损失为重心,不如说该保险的设置及运行的基点在于救济因被保险人使用机动车受到侵害的第三人利益,因而具有较强的第三人性。

道路交通事故社会救助基金代位关系如图 12 – 1 所示。

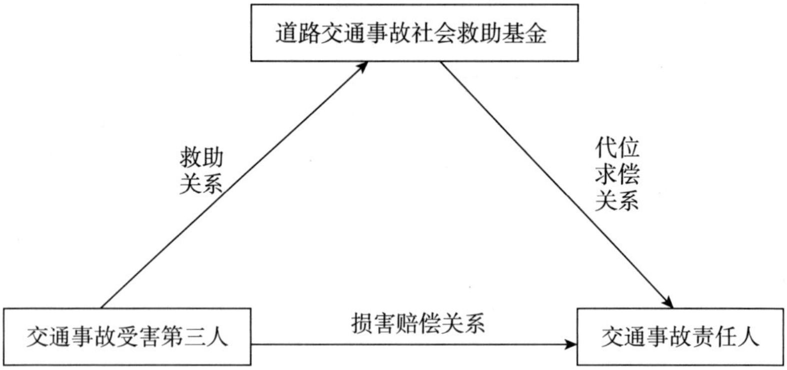

图 12－1　道路交通事故社会救助基金中代位关系

2. 替代性

保险人通过机动车责任强制保险所承担的“责任”[1]本属于被保险人对受害第三人应承担的民事损害赔偿责任，而不是保险人对其自身的侵权行为而应承担的损害赔偿责任。这种由保险人替代实施侵害行为的被保险人承担的损害赔偿责任的特点即所谓的替代性。通过运用责任风险分散、责任损失分担的保险机制所体现出的替代性，使作为侵害人的被保险人的清偿能力得以强化，也为被害人应得的经济补偿提供了有效的基本保障。

3. 强制性

首先，强制性体现为义务人应投保机动车责任强制保险，保险人对符合条件的投保，不能拒绝。《道路交通安全法》第 8 条规定：“国家对机动车实行登记制度。机动车经公安机关交通管理部门登记后，方可上道路行驶。尚未登记的机动车，需要临时上道路行驶的，应当取得临时通行牌证。”第 18 条第 1 款规定：“依法应当登记的非机动车，经公安机关交通管理部门登记后，方可上道路行驶。”第 11 条第 1 款规定：“驾驶机动车上道路行驶，应当悬挂机动车号牌，放置检验合格标志、保险标志，并随车携带机动车行驶证。”《机动车交通事故责任强制保险条例》第 2 条第 1 款规定：“在中华人民共和国境内道路上行驶的机动车的所有人或者管理人，应当依照《中华人民共和国道路交通安全法》的规定投保机动车交通事故责任强制保险。”第 4 条第 2 款规定：“公安机关交通管理部门、农业（农业机械）主管部门（以下统称机动车管理部门）应当依法对机动车参加机动车交通事故责任强制保

[1] 在合同文本中表述为“保险责任”或“责任”的，其实为根据保险合同应负的义务，保险责任是保险行业的惯用语言。在法律表述上，保险人根据机动车责任强制保险而承担的“责任”，源于投保人与保险人的合同约定，与法律责任的“责任”意义不同。

险的情况实施监督检查。对未参加机动车交通事故责任强制保险的机动车，机动车管理部门不得予以登记，机动车安全技术检验机构不得予以检验。”根据上述规定，投保义务人对其所有、使用的机动车应投保责任强制保险。义务人的投保符合条件的，保险人应当承保，不得拒绝。

其次，保险人应积极缔约并维持合同效力。个别的强制保险关系承载着救济事故受害人的社会职能。因此，义务人与保险人订立强制保险合同后，应尽力维持这种关系，只有这样才能防止受害人受到未投保强制保险的机动车的侵害而无法获得相应救济的情况发生。据此，实证法上都设有强制义务人缔约并维持合同效力的规定。《机动车交通事故责任强制保险条例》第 14 条第 1 款规定：“保险公司不得解除机动车交通事故责任强制保险合同；但是，投保人对重要事项未履行如实告知义务的除外。投保人对重要事项未履行如实告知义务，保险公司解除合同前，应当书面通知投保人，投保人应当自收到通知之日起 5 日内履行如实告知义务；投保人在上述期限内履行如实告知义务的，保险公司不得解除合同。”据此，义务人违反如实告知义务，保险人不能直接解除责任强制保险合同，而应在解除前以书面形式通知投保人。根据该条的规定，这种情况下的通知属于什么性质，是解除合同的通知，还是补正如实告知义务的通知，在法律条文上没有明确。在解释上，接到通知 5 日内，义务人履行如实告知义务的，保险人不能解除合同；接到通知之日起 5 日内，义务人仍未履行如实告知义务的，保险人可以解除。据此，无论将其解释为解除合同的通知，还是提示告知义务人补正告知义务的通知，都需要在通知中明示义务人补正如实告知义务的内容、时间限制及在接到通知后 5 日内不履行如实告知义务的后果。只有义务人接到通知后 5 日内不履行如实告知义务的，保险人才能解除合同，并应收回保险单和保险标志。《保险法》第 16 条第 4 款、第 5 款规定：“投保人故意不履行如实告知义务的，保险人对于合同解除前发生的保险事故，不承担赔偿或者给付保险金的责任，并不退还保险费。”“投保人因重大过失未履行如实告知义务，对保险事故的发生有严重影响的，保险人对于合同解除前发生的保险事故，不承担赔偿或者给付保险金的责任，但应当退还保险费。”据此，对任意责任保险来说，投保人故意或重大过失未履行《保险法》第 16 条规定的如实告知义务的，保险人可以解除合同。义务人故意未告知的，保险人对解除前发生的保险事故不承担给付义务，并不返还保险费。因义务人重大过失不告知重要事实并对保险事故发生有重要影响的，保险人对解除前发生的事故不承担保险给付义务，解除合同后应当返还保险费。

最后，强制性源于该保险的特定社会政策性。机动车责任强制保险实际上涉及保险人、被保险人与交通管理机关三者之间的关系，具有社会政策性。机动车责任强制保险所应贯彻的理念，不是“行政强制 + 责任保险”的简单组合关系，也就是说，我们不能将其理解为是由行政或行业主管机关以命令强制行为人投保的，对本车人员、被保险人以外的第三人因被保险机动车导致的损害,保险人在限额内代为补偿的任意责任保险。机动车责任强制保险不具有一般商人营业的营利性色彩。由保险人代替侵权责任人对除乘车人以外的第三人因被保险机动车导致的损害予以补偿,这仍然没有脱离于任意责任保险的基本内涵。《机动车交通事故责任强制保险条例》第15条规定:"保险公司解除机动车交通事故责任强制保险合同的,应当收回保险单和保险标志,并书面通知机动车管理部门。"[1]保险人解除强制保险合同关系的通知应于送达交通管理机关后生效。否则,被保险人发生机动车交通事故造成第三人损害的,保险人仍应给付保险金。一般来说,为了强化对受害第三人的利益保护,法律通常规定,在义务人书面通知车辆管理部门前,机动车责任强制保险合同对受害人来说仍然有效。

4. 非营利性

基于保护受害第三人的政策性目标,机动车责任强制保险的经营采取不盈不亏的原则,所有被批准经营该险种的保险人都施行统一的条款和费率。《机动车交通事故责任强制保险条例》第6条第1款规定:"机动车交通事故责任强制保险实行统一的保险条款和基础保险费率。国务院保险监督管理机构按照机动车交通事故责任强制保险业务总体上不盈利不亏损的原则审批保险费率。"据此,与机动车责任任意保险不同,机动车责任强制保险具有非营利性的特点。

二、机动车任意责任保险与机动车强制责任保险的关系

在责任保险发展演化的过程中,先有任意责任保险,后有强制责任保险。[2]基于特殊的社会政策目标,人们在任意责任保险原理的基础上构造了强制责任保险的法律结构。为了对两者形成确切的认知,有必要澄明两者的关联及差异。

1. 两者的联系

强制责任保险以任意责任保险的原理为基础,为了实现政策性目的而在某些方面进行变通,表现出一定的差别化。第三者责任强制保险虽然以保护被害人为首要目的,有许多政策性规定,但其立基于任意责任保险合同的法律构造,须服从于任意责任保险合同的内在原理。因此,可以将《机动车交通事故责任强制保险条例》理解为以保护机动车交通事故受害人为政策性目标的特殊侵权法。

---

[1] 《机动车交通事故责任强制保险条例》第15条没有明确责任强制保险合同解除前,保险人仍应就被保险人对受害人造成的机动车交通事故责任损害负责,但在解释上,基于责任强制保险合同所欲实现的政策性目标,应有这样的含义在内。

[2] 为便于行文,本部分将机动车任意责任保险简称为"任意责任保险";机动车强制责任保险简称为"强制责任保险"。

2. 两者的区别

强制责任保险与任意责任保险在运作原理上虽有共通之处，但区别更为重要。强制责任保险与任意责任保险在设立目的、承保范围与所欲实现的社会功能上存在重大不同。

(1)强制投保与任意投保的不同。强制责任保险与任意责任保险相对应，投保义务人与保险人不能自由选择而必须按照法律规定建立保险关系。对于投保人来说，与保险人订立保险合同属于法律义务，如果其订立保险合同的请求符合条件，保险人即须承保而不得拒绝。在性质上，我国的机动车责任强制保险以交通事故受害人权益保护为重心，义务人必须投保的商业责任保险。

(2)是否具有社会政策性的不同。强制责任保险重在为机动车交通事故受害人提供经济上的救助，避免行为人因使用机动车对他人所生交通事故损害风险的弊端，具有特定社会政策性。任意责任保险重在满足行为人因使用机动车产生的分散交通事故损失的责任风险需求，是否投保取决于行为人自愿，缺少强制责任保险的社会政策性。基于具体社会政策性目标，我国大陆的机动车责任强制保险以承保受害人身体伤为主，此外还承保一定的财产损失，而如我国台湾地区适用的机动车责任强制保险仅以承保受害人的身体伤为限，不包括交通事故导致的财产损失。

(3)由于各自基点不同，强制责任保险与任意责任保险中的被害人对保险人的请求权的行使程序不同。

一方面，基于不同类型的责任保险，受害人能否对保险人行使直接请求权不同。在任意责任保险合同中，保险人以被保险人对第三人所负民事责任的存在为保险给付的必要前提，被保险人与保险人之间为责任保险关系；而在加害人(责任保险关系中的被保险人)与受害人(责任保险关系之外的人)之间为损害赔偿关系。两者各自分离而独立存在，受害人与保险人之间无直接关系存在。一般来说，基于债之相对性原则，受害人不能直接向保险人请求保险给付。而在强制责任保险中，如果采取侵权责任保险制模式，往往赋予受害第三人对保险人的直接请求权。赋予该直接请求权与加害人在机动车交通事故责任中适用过错责任或无过错责任无关，而是基于强制责任保险要为机动车交通事故受害人提供迅速基本救济的政策目标而导致的逻辑结果。

另一方面，强制责任保险与其他救济方式并存时，受害人请求救济的程序不同。无过错保险制虽然以对受害人的权利救济为首要目标，但与侵权责任保险制建立在传统侵权归责基础上的制度基点不同，其不以加害人的责任追究为给付条件。所以，如果我国已经建立不以追究行为人责任，旨在为全体民众提供基本健康保障的全民健康保险等社会保险制度的情况下，在无过错保险制与社会保险制度的配置中,应以社会保险为基点,在此基础上再由无过错保险予以补偿。而在侵权责任保险制模式下,因其建立在传统侵权责任基础上,以对加害人责任的追究为基础,所以,应首先通过侵权责任保险来解决对受害人的补偿问题,就侵权责任保险不能补偿的损害,才通过社会保险予以救济。

这是根据两种制度模式发挥作用基点的不同而进行的制度配置。每个国家或政治实体可以根据自己的具体社会情况来决定如何进行制度选择。

(4)免责事由的宽狭存在显著差异。强制责任保险的首要目标在于保护交通事故中遭受损害的受害人,因此,在某些情况下,按照任意责任保险本应属于保险人的免责事由在强制责任保险中不再适用;保险人基于任意责任保险本来可以行使的权利,也不再享有;被保险人基于任意责任保险本可以为的某些行为也相应受到限制。保险人不得以任意责任保险条件下对被保险人的抗辩事由对抗受害人的请求。当行为人故意造成保险事故导致保险人免责时,是否构成故意免责,应从强制责任保险所欲保护的受害人的立场加以判断,而不应从被保险人与保险人之间的强制责任保险合同关系中的被保险人的立场来判断。即使被保险人故意造成机动车交通事故导致受害人损害,对于受害第三人来说,仍然属于意外,保险人仍然不能免责。据此,按照任意责任保险合同应使保险人免责的事由,在强制责任保险,却不能当然作为保险人的免责事由。

因此,按照机动车任意责任保险本应属于保险人免责的如下事由,在机动车责任强制保险下,却不能免责。其内容包括:被保险人所有、使用、维护被保险机动车的故意行为对被害第三人导致的损害赔偿责任;被保险人所有、使用、维护被保险机动车导致本人或其家属或为其执行事务的受雇人的死亡、伤残所发生的损害赔偿责任;驾驶人驾驶被保险机动车所导致的损害赔偿责任。

三、机动车交通事故责任强制保险合同的基本内容

(一)机动车交通事故责任强制保险合同的当事人

机动车交通事故责任强制保险合同中的被保险人是指投保人及其允许的合法驾驶人。投保人是指与保险人订立交强险合同,并按照合同负有支付保险费义务的机动车的所有人或管理人。受害人是指因被保险机动车发生交通事故遭受人身伤亡或者财产损失的人,但不包括被保险机动车本车车上人员和被保险人。

(二)机动车责任强制保险合同中的受害人直接请求权

任意责任保险采用分离原则,在被保险人与受害人之间形成民事侵权损害赔偿关系,被保险人作为侵权人对其加害行为承担民事赔偿责任,受害人据此对被保险人享有损害赔偿请求权。在被保险人与保险人之间则构成责任保险合同关系,被保险人对保险人享有特定情况下的保险给付请求权。民事侵权损害赔偿关系与责任保险合同关系各自独立。受害第三人应先向作为被保险人的加害人请求损害

赔偿,再通过被保险人在其应负担的民事损害赔偿责任范围内向保险人请求保险给付,保险人在责任保险合同约定的保险金限额内承担保险给付义务。但在机动车责任强制保险下,为了达成责任强制保险法为交通事故受害人提供及时有效救助的政策性目标,通常应赋予受害第三人对保险人的直接请求权。因此,在法律构造上,这就突破了一般民法的债权相对性准则,不再体现为坚守分离原则下的任意责任保险的被保险人责任损失补偿为重心的特点,与保险人没有合同关系的第三人遂成为责任强制保险制度保护的重心。至此而言,责任强制保险成为责任保险的特别构造。见表 12－1。

表 12－1　机动车责任强制保险受害第三人请求权表解

受害第三人请求权类型	请求权构成要件	请求权对象	请求权内容
受害第三人保险给付请求权	被保险人损害赔偿责任成立＋机动车强制责任保险合同有效存在	保险人	保险金
受害第三人损害赔偿请求权	被保险人损害赔偿责任成立＋交通事故损失非受害第三人故意造成	交通事故责任人(被保险人)	损害赔偿金
受害第三人社会救助基金请求权	被保险人损害赔偿责任成立＋机动车强制责任保险无法发挥作用	社会救助基金	社会救助金

(三)机动车交通事故责任强制保险责任限额内的给付义务

订立保险合同时,投保人应当一次付清全部保险费,保险人在法定限额内[1]承担保险给付义务。

(1)死亡伤残赔偿限额。死亡伤残赔偿限额,是指被保险机动车发生交通事故,保险人对每次保险事故所有受害人的死亡伤残费用所承担的最高赔偿金额。死亡伤残费用包括丧葬费、死亡补偿费、受害人亲属办理丧葬事宜支出的交通费用、残疾赔偿金、残疾辅助器具费、护理费、康复费、交通费、被抚养人生活费、住宿费、误工费,被保险人依照法院判决或者调解承担的精神损害抚慰金。

(2)医疗费用赔偿限额。医疗费用赔偿限额,是指被保险机动车发生交通事故,保险人对每次保险事故所有受害人的医疗费用所承担的最高赔偿金额。医疗费用包括医药费、诊疗费、住院费、住院伙食补助费,必要的、合理的后续治疗费、整

---

〔1〕银保监会 2020 年 9 月 2 日发布并于 9 月 19 日实施的《实施车险综合改革指导意见》将交强险总责任限额从 12.2 万元提高到 20 万元,其中死亡伤残赔偿限额从 11 万元提高到 18 万元,医疗费用赔偿限额从 1 万元提高到 1.8 万元,财产损失赔偿限额维持 0.2 万元不变。另外,无责任赔偿限额按照相同比例进行调整,其中死亡伤残赔偿限额从 1.1 万元提高到 1.8 万元,医疗费用赔偿限额从 1000 元提高到 1800 元,财产损失赔偿限额维持 100 元不变。

容费、营养费。

(3)财产损失赔偿限额。财产损失赔偿限额,是指被保险机动车发生交通事故,保险人对每次保险事故所有受害人的财产损失承担的最高赔偿金额。2020年责任限额标准见表12-2。

表12-2 机动车交通事故责任强制保险的责任限额标准(2020)

机动车在道路交通事故中有责任的赔偿限额	机动车在道路交通事故中无责任的赔偿限额
死亡伤残赔偿限额:180000元人民币 医疗费用赔偿限额:18000元人民币 财产损失赔偿限额:2000元人民币	死亡伤残赔偿限额:18000元人民币 医疗费用赔偿限额:1800元人民币 财产损失赔偿限额:100元人民币

根据《机动车交通事故责任强制保险条例》第24条规定,下列情况下,道路交通事故受害人人身伤亡的丧葬费用、部分或者全部抢救费用,由社会救助基金先行垫付,救助基金管理机构有权向道路交通事故责任人追偿:(1)抢救费用超过机动车交通事故责任强制保险责任限额的;(2)肇事机动车未参加机动车交通事故责任强制保险的;(3)机动车肇事后逃逸的。

(四)机动车交通事故责任强制保险费率

机动车交通事故责任强制保险费率实行与被保险机动车道路交通安全违法行为、交通事故记录相联系的浮动机制。保险费按照银保监会批准的费率执行。根据2020年9月印发的《实施车险综合改革指导意见》的规定,在提高责任限额的基础上,结合各地区交强险综合赔付率水平,在道路交通事故费率调整系数中引入区域浮动因子,浮动比率中的上限保持30%不变,下浮由原来最低的-30%扩大到-50%。

(五)垫付责任

被保险机动车发生交通事故,造成受害人受伤需要抢救的,保险人在接到公安机关交通管理部门的书面通知和医疗机构出具的抢救费用清单后,按照国务院卫生主管部门组织制定的交通事故人员创伤临床诊疗指南和国家基本医疗保险标准进行核实。《机动车交通事故责任强制保险条例》第22条规定,有下列情形之一的,对于符合规定的抢救费用,由保险人在机动车交通事故责任强制保险责任限额范围内垫付并有权向致害人追偿:(1)驾驶人未取得驾驶资格的;(2)驾驶人醉酒的;(3)被保险机动车被盗抢期间肇事的;(4)被保险人故意制造道路交通事故的。在上述情况下,发生道路交通事故造成受害人的财产损失,保险人不承担赔偿责任。

被保险人在交通事故中无责任的,保险人在无责任医疗费用赔偿限额内垫付。

对于其他损失和费用,保险人不负责垫付或赔偿。

(六)除外责任

保险人对下列损失和费用不负责赔偿和垫付责任:(1)因受害人故意造成的交通事故的损失;(2)被保险人所有的财产及被保险机动车上的财产遭受的损失;(3)被保险机动车发生交通事故,致使受害人停业、停驶、停电、停水、停气、停产、通讯或者网络中断、数据丢失、电压变化等造成的损失以及受害人财产因市场价格变动造成的贬值、修理后因价值降低造成的损失等其他各种间接损失;(4)因交通事故产生的仲裁或者诉讼费用以及其他相关费用。

(七)对保险给付请求的处理

保险事故发生后,保险人按照规定的赔偿范围、项目和标准以及机动车责任强制保险合同的约定,并根据国务院卫生主管部门组织制定的交通事故人员创伤临床诊疗指南和国家基本医疗保险标准,在机动车责任强制保险合同的责任限额内核定人身伤亡的赔偿金额。因保险事故造成受害人人身伤亡的,未经保险人书面同意,被保险人自行承诺或支付的赔偿金额,保险人在交强险责任限额内有权重新核定。因保险事故损坏的受害人财产需要修理的,被保险人应当在修理前会同保险人检验,协商确定修理或者更换项目、方式和费用,否则,保险人在机动车责任强制保险的责任限额内有权重新核定。被保险机动车发生涉及受害人受伤的交通事故,因抢救受害人需要保险人支付抢救费用的,保险人在接到公安机关交通管理部门的书面通知和医疗机构出具的抢救费用清单后,按照国务院卫生主管部门组织制定的交通事故人员创伤临床诊疗指南和国家基本医疗保险标准进行核实。对于符合规定的抢救费用,保险人在医疗费用赔偿限额内支付。被保险人在交通事故中无责任的,保险人在无责任医疗费用赔偿限额内支付。

(八)保险合同变更与终止

在交强险合同有效期内,被保险机动车所有权发生转移的,投保人应当及时通知保险人,并办理交强险合同变更手续。下列三种情况下,投保人可以要求解除交强险合同:(1)被保险机动车被依法注销登记的;(2)被保险机动车办理停驶的;(3)被保险机动车经公安机关证实丢失的。

交强险合同解除后,投保人应当及时将保险单、保险标志交还保险人;无法交回保险标志的,应当向保险人说明情况,征得保险人同意。

▶ 法考链接

甲为自己的车向乙公司投保第三者责任险,保险期间内甲车与丙车追尾,甲负全责。丙在事故后不断索赔未果,直至事故后第3年,甲同意赔款,甲友丁为此提供保证。再过1年,因甲、丁拒绝履行,丙要求乙公司承担保险责任。关于诉讼时

效的抗辩,下列哪些表述是错误的?(2013 年卷三 54 题,多选)

A. 甲有权以侵权之债诉讼时效已过为由不向丙支付赔款

B. 丁有权以侵权之债诉讼时效已过为由不承担保证责任

C. 乙公司有权以侵权之债诉讼时效已过为由不承担保险责任

D. 乙公司有权以保险合同之债诉讼时效已过为由不承担保险责任

【解析】甲开车追尾导致丙损失,构成侵权,对丙的损失负有侵权损害赔偿责任。事故发生后,因丙不断索赔,诉讼时效中断。后来,因侵权人甲同意赔偿丙的损失,并由其友丁提供保证,承认该债务,时效重新起算。经过 1 年后,债务人甲拒绝履行,丁拒绝承担保证责任,丙的权利仍处于时效期间,其权利仍受法律保护。ABC 错误。《保险法》第 26 条第 1 款规定:“人寿保险以外的其他保险的被保险人或者受益人,向保险人请求赔偿或者给付保险金的诉讼时效期间为二年,自其知道或者应当知道保险事故发生之日起计算。”D 中,丙作为机动车交通事故侵权事故的受害人,有权利向加害人甲请求损害赔偿。而甲作为第三者责任保险合同的被保险人,其向保险人请求保险给付的起算点应以甲对受害人丙的侵权责任确定之日起算。甲在认可承担对丙的损害赔偿责任后,虽经过了 1 年又拒绝,仍处于时效保护期间,保险人不能以时效期间已过进行抗辩。

【答案】ABCD

▶ 拓展思考

1. 责任保险合同中的第三人是什么含义?

2. 机动车任意责任保险与机动车强制责任保险有何不同?

3. 机动车强制责任保险的法定给付限额有哪几种情况?每种情况的给付内容如何?

4. 机动车强制责任保险的保险人在何种情况下应向交通事故受害人垫付补偿金?

5. 责任保险合同的主要分类如何?

6. 如何确定责任保险的保险人产生保险给付义务的时点?

第十三章　保证保险合同与信用保险合同

▶ 教学目的

熟悉保证保险合同与信用保险合同的概念、主要区别，掌握保证保险合同的主要种类。

▶ 教学重点

保证保险合同与信用保险合同的区别，保证保险合同的分类。

第一节　保证保险合同

一、保证保险合同的含义

保证保险合同，简称保证保险，属于财产保险合同的一种，是指由作为保证人的保险人为被保证人向权利人提供担保，当被担保义务人因作为或不作为而不履行义务，致使权利人遭受经济损失时，由保险人向作为被保险人的权利人承担保险给付义务。订立保证保险合同前，保险人一般都通过特设机构或采取特定方式对将被提供担保的被保证人资信状况进行调查，包括其品质、财务实力及经历。[1]保证保险是否属于保险合同的一种，学理上没有定论。[2] 在英国，有观点认为，保证保险不属于保险合同。[3] 而在美国等国家的保险人营业中，多设置相应机构通过订立保证保险合同开展营业。《财产保险合同条例》（现已失效）第2条第1款

---

〔1〕 被保证人的品质，主要通过调查被保证人的银行借贷等债务偿还记录来确定；财务实力主要参照被保证人的财务报表来评定；对经历的考察主要是参照行为人先前的行为记录来予以认定。可见，保证保险合同的订立，须有较为全面客观的上述资讯的收集、提供制度予以保证。参见［美］Mark S. Dorfman：《当代风险管理与保险教程》（第7版），齐瑞宗等译，清华大学出版社2002年版，第390页。

〔2〕 参见袁宗蔚：《保险学——危险与保险》，首都经济贸易大学出版社2000年版，第622页。

〔3〕 See Malcolm A. clarke, *The Law of Insurance Contracts* (Third Edition), LLP London Hongkong., 1997, p. 11.

规定："本条例所指的财产保险，包括财产保险、农业保险、责任保险、保证保险、信用保险等以财产或利益为保险标的各种保险。"据此，我国最初的保险立法虽没有将两者具体规范，但也曾将保证保险和信用保险作为典型保险合同一并罗列。《保险法》第95条第1款规定："保险公司的业务范围：……（二）财产保险业务，包括财产损失保险、责任保险、信用保险、保证保险等保险业务；……"据此，《保险法》仅抽象概括罗列信用保险、保证保险为保险业务种类，对其内容没有具体规范，只能通过法律解释确定其内涵外延。法律规范对一般行为人的告知、指引、评价及预测等作用[1]无法有效发挥。

一般来说，保证保险合同与保证合同的区别在于，保证合同是保证人为担保债务人（被保证人）履行债务而与债权人达成的合意，其当事人是主合同的债权人和保证人，被保证人不是保证合同的当事人。保证保险合同的当事人是投保人（债务人，即被保证人）和保险人（相当于保证人的地位）。债权人一般不是保证保险合同的当事人，而是作为关系人，即被保险人。

二、保证保险合同的种类

一般而言，保证保险合同分为诚实保证保险合同和确实保证保险合同。

诚实保证保险合同，简称诚实保证保险，又称忠诚保证保险合同，系指以雇员的不诚实行为[2]而致雇主损失为保险事故，由保险人负保险给付义务的保险合同。诚实保证保险人的给付义务范围，一般限于被保险人因其雇员盗窃、贪污、非法挪用资金、侵占等行为所遭受的财产损失。在实务中，诚实保证保险的保险期间有1个月、3个月、6个月或1年等不同段限，由双方当事人根据自己需要在合同中约定。

确实保证保险合同，是指保险人以相当于保证人的地位向特定权利人提供担保，承担被担保的义务人（被保证人）不履行义务致使权利人所受损失的一种保险合同。也就是说，确实保证保险合同是由保险人保证被保险人的债务人或其他义务人忠实履行义务，在义务人不履行义务致使权利人遭受经济损失时，由保险人予以损失填补的保险合同。[3] 在美国，确实保证保险常被用于工商业上所涉及的私法关系和公职人员等所涉的公法关系中，通常有合同保证保险、司法保证保险、公

---

[1] 参见郑成良主编：《现代法理学》，吉林大学出版社1999年版，第146～148页；姚建宗编著：《法理学——一般法律科学》，中国政法大学出版社2006年版，第216、217页。

[2] 不诚实行为在保证保险合同中具有特定含义，包括盗窃、贪污、伪造等行为。参见[美]Mark S. Dorfman：《当代风险管理与保险教程》（第7版），齐瑞宗等译，清华大学出版社2002年版，第392页。

[3] 如此定义确实保证保险合同，与学理上述及的信用保险合同便无法区分。

务员保证保险和执照、许可证保证保险等。[1]

合同保证保险是指保险人在被保证人不履行合同约定义务而致权利人遭受损失时承担给付义务的一种保险。合同保证保险具有多种变化形式,履约保证保险合同最为主要。实务中,为确保建筑工程承包合同的实际履行常采取保证保险的方式提供担保。我国台湾地区保险实务中与工程建造有关的合同保证保险种类较多。例如,履约保证金保证保险、[2]预付款保证金保证保险、[3]保固保证金保证保险、[4]工程支付款保证保险[5]工程保留款保证保险[6]等。我国大陆实务中的保证保险多属于履约保证保险合同。例如,保险人开办的住房抵押贷款保证保险、汽车消费贷款履约保证保险。上述基于特定义务不履行公法关系而进行的保证保险在我国大陆亦不存在。因《保险法》对此缺乏明确规定,履约保证保险合同尚不能通过现行法规范确定其行为模式的具体内容,所以,直接沿用美国那样广泛意义上的确实保证保险合同概念来解释我国实际存在的保证保险合同是不确切的。[7]

合同保证保险存在的多种具体形态还包括:(1)工程履约保证保险,由保险人承保工程所有人因为工程承包人不能按建筑工程承包合同约定的时间、数量、质量交付工程而致损失。(2)工程投标保证保险,由保险人承保工程发包人因中标人不签订工程承包合同而致的损失。(3)工程预付款保证保险,由保险人承保工程所有人因工程承包人不能履行工程承包合同而致的损失。(4)工程维修保证保险,由承包人承担工程所有人因为工程承包人不履行工程承包合同约定的维修义务而致的损失,在保险期间内,如工程出现不符合合同约定的质量问题,保险人就要承担保险给付。

司法保证保险,系保险人以保证人的地位确保被保证人在司法活动中忠实为相应行为的一种保险,又分为诉讼保证保险与信托保证保险。其中,诉讼保证保险适用于诉讼当事人在请求司法机关采取诉讼保全措施时所提供的担保;信托保证保险适用于依法行使财产管理职责的人在管理财产时,为避免其不当行为所致损失而提供的担保。

执照、许可证保证保险,系投保人因从事特定行为而根据有关法律、法规或政府的命令而与保险人订立保险合同,由保险人以保证人地位对被保证人在从事特

---

〔1〕 参见[美]Mark S. Dorfman:《当代风险管理与保险教程》(第7版),齐瑞宗等译,清华大学出版社2002年版,第391页。

〔2〕 参见陈继尧主编:《工程保险——理论与实务》,台北,智胜文化事业有限公司2002年版,第527页。

〔3〕 参见陈继尧主编:《工程保险——理论与实务》,台北,智胜文化事业有限公司2002年版,第530页。

〔4〕 参见陈继尧主编:《工程保险——理论与实务》,台北,智胜文化事业有限公司2002年版,第533页。

〔5〕 参见陈继尧主编:《工程保险——理论与实务》,台北,智胜文化事业有限公司2002年版,第537页。

〔6〕 参见陈继尧主编:《工程保险——理论与实务》,台北,智胜文化事业有限公司2002年版,第537页。

〔7〕 迁就习惯,在此仍然保留关于确实保证保险其他种类的基本内容。

定行为时违反义务而造成他人损失为相应给付的保险合同。

产品保证保险,保险人以保证人身份承担被保证人制造或销售的产品存在质量缺陷而产生的对产品本身损失的赔偿责任的保险。产品保证保险往往与产品责任保险一起为保险人综合承办。

第二节 信用保险合同

一、信用保险合同的含义

信用保险合同是权利人要求保险人对他方信用提供担保的保险合同。信用保险的投保人为信用关系中的权利人,由其投保他人信用。国家市场监督管理总局、中国国家标准化管理委员会2018年9月17日发布、2019年4月1日实施的《保险术语》(GB/T 36687-2018)之3.7.1将信用保险定义为“以债权人因债务人不能偿付或拒绝偿付债务而遭受的经济损失为保险标的的保险”。例如,出卖人为防止买受人不能清偿届期债务而要求保险人承保,保证其在上述情况受有损失时,由保险人予以填补。在我国,就保证保险合同与信用保险合同的关系,学理上存在合一说与区别说的分歧。合一说主张,两者都是对信用利益的担保,保险人承保的是义务人的信用危险,确保权利人因义务人行为遭致损害由保险人予以填补。[1] 区别说则认为,信用保险合同属于纯粹保险业务,而保证保险则是一种担保业务。[2]

二、保证保险合同与信用保险合同的关系

(一)联系

保证保险与信用保险的联系表现在两者皆属于财产保险,具有财产保险的共同特征,具体包括:

第一,保险标的都是无形的信用利益。承保的信用危险不同于其他有形载体,其本身并非负载于某一具体的物质财产。但无论是保证保险合同,还是信用保险合同,都不能借其改变实际的信用环境,也不能保障债务人的信用程度,只能通过保险合同的订立使债权人从其原有债的关系获取利益的希望不至于落空。

第二,保险人履行保险合同约定的给付义务时,须以被保证人不能赔偿损失为前提,如被保证人能够履行损害赔偿,保险人则不必代为履行,即当保险合同约定的保证或信用事件发生而导致权利人遭受损失时,只有在被保证人不能赔偿损失时,才由保险人代为给付。

第三,保险合同从属于主合同,无主合同,保险合同无从谈起,其在成立、履行

---

[1] 参见庹国柱:《信用保证保险概念与分类之质疑》,载《上海保险》2002年第4期。

[2] 参见徐卫东等:《保险法》,吉林人民出版社1996年版,第315页。

上具有从属性。

第四,当保险人代为给付后,被保证人需对保险人所支付的任何补偿承担返还义务,即保险人取得代位求偿权,获得主合同债权人对债务人的一切权利。

(二)区别

就学理上对两者的界定而言,其区别表现在:

第一,投保人不同。保证保险合同的投保人是主合同债务人,为了保证履行自己的债务,根据债权人的要求向保险人提出保险要约,由保险人充当保证人,保障债权人实现债权。信用保险合同的投保人是主合同的债权人,即主合同的债权人为了实现自己的债权,向保险人提出保险要约,在债务人不履行债务时,由保险人承担代为履行的责任。

第二,从投保人与实际受有利益的人的关系来看,保证保险合同和信用保险合同的投保人与实际受有利益的人是不一致的。保证保险合同的投保人是主合同债务人,保险人以保证人身份保证主合同的债务人履行债务,在主合同债务人不能履行时,承担代主合同债务人向债权人履行债务的责任。因此,保证保险合同的实际受有利益的人不是投保人本人。而信用保险合同的投保人是主合同的债权人,保险人在主合同的债务人不履行债务的情况下,保证向债权人履行债务,所以信用保险合同的投保人与实际受有利益的人是同一个人。因此,信用保险合同的投保人与被保险人是同一人,而保证保险合同的投保人与被保险人非为同一人。

《保险法》在技术上使用狭义信用保险合同概念,在于划分业务的需要。实质上两者的保险标的都是信用,保险人承保的危险都是债务人的信用危险。就债权债务的性质来看,两者实际上属于一类保险合同。但是,从保险合同的实际内容来看,信用保险合同所承保的危险与保证保险合同所承保的危险有时存在较大的差别。保证保险合同通常将不可抗力等原因所致义务人不能履行义务的损失排除于保险给付义务范围之外,只承保义务人因主观上的过错而没有履行义务给权利人造成的损失,而信用保险合同所承保的危险则包括此种损失。[1]

---

〔1〕 我国出口信用保险公司的出口信用保险,是指保险人对企业投保的出口货物、服务、技术和资本的出口应收账款提供保障。保险标的是出口贸易中国外买方的信用风险,保险人承保在经营出口业务中国内出口商因进口国的进口商方面的政治风险或进口商方面的商业风险而遭受的损失,是政府为鼓励出口、增加外汇收入而建立的政策性保险,由财政提供保险准备金并且是非营利的。出口信用保险的发展已经有100多年的历史。1988年10月,经中国人民银行批准,原中国人民保险公司设立出口信用保险部,受政府委托经营出口信用保险业务,承保我国境内的被保险人因买方国家政治风险或商业风险导致的收汇损失。1994年7月,成立中国进出口银行,出口信用保险业务由两家机构共同承办。2001年成立中国出口信用保险公司并正式运营。参见国务院发展研究中心宏观部、中国出口信用保险公司联合课题组:《中国出口信用保险公司政策性职能履行评估报告(2012—2014)》,中国发展出版社2017年版,第14~15页;贾广余:《中国出口信用保险问题研究》,经济管理出版社2020年版,第1~2页。

两者基本关系如表13－1所示。

表13－1 保证保险合同与信用保险合同的关系

保险类别	投保人	被保险人	实际受有利益的人	保险标的
保证保险	债务人	债权人	债权人	保证债务人履行债务（投保人的债务不履行危险，即投保人自身的信用危险）特定
信用保险	债权人	债权人	债权人	保证债务人的信用（他人的履约行为，即他人不履约造成的损失）不特定

▶ 拓展思考

如何理解下述案例中的法律关系？

A财险公司与B产险公司共同承保X证券公司的员工诚实保证保险，被保险人为X证券公司。保险期间由2001年6月1日12时至2002年6月1日12时止，A财险公司与B产险公司按照70%与30%比例承保，被保险人所属的A级员工，每人基本保证保险金额为300万元，B级员工每人基本保证保险金额为100万元，附加超额保证保险金额为1000万元。次年度的保险期间为2002年6月1日12时到2003年6月1日12时，由A产险公司单独承保，被保险人所属的A级员工，每人基本保证保险金额为250万元，B级员工每人基本保证保险金额为50万元，附加超额保证保险金额为700万元。

根据X证券公司2002年7月11日专案核查报告，2002年8月29日完成的事故报告书、公证公司公证报告及申诉书等记载，系X证券公司客户甲的账号与客户乙的账号，为丙使用交易股票的账户，在两个账户开户时，丙为X证券公司的高级主管，其在2000年5月31日离职。由于丙不熟悉股票投资，上述两个账户委托被保险人营业部营业员丁代为操作。在2000年5月，丁任职X证券公司营业柜台主管后，将其所有客户交给员工戊（备案涉案人员，保单A级人员）进行后续服务，但上述两个账户仍由丁通过电话下单指示戊进行股票交易买卖。丙离职后曾赴美，在美期间将两个账户委托给己管理，己因工作需要，常到X证券公司开发客户，并常替丙补登该两个账户集保存折。丙从2002年8月自美回国后，委托己整理上述两个账户，发现库存现股多数被卖出，融资融券信用交易频繁、数额巨大，立即向X证券公司反映情况，2002年8月11日，X证券公司营业员戊承认，自2001年8月起，擅自挪用这两个账户进行交易，增加业绩，以获取高额业绩奖金，并盗刻客户印章，申请折退客户手续费680,446元。X证券公司依法保管的客户账户损失达1800多万元，并遭受该员工诈领折退手续费680,446元。X证券公司向A、B公司申请理赔。

A、B公司认为，戊的行为并不都属于擅自交易，客户甲与客户乙在本案中受害的财产，并不全属于该保险单的承保范围。此外，本案所有事实并无法证明保险事故的发生。例如，本案客户（无论账户使用或持有人）并没有根据约定对异常交易提出异议，或当事人无法证明其损失为X证券公司员工戊在保险期间内所为的不诚实行为导致的直接损失。据此，甲、乙客户已经违反与被保险人X证券公司签订的“委托人交割款券转拨同意书”约定，却直接否认所有买卖交易股票的效力，有失公允。另外，X证券公司员工戊是否涉及不法行为，目前仍由检方侦查中，本案是否系因被保证员工不诚实行为导致被保险人的直接损失，尚待系争账户使用人通过司法程序进一步厘清；事故原因没有依法确认前，系争保险公司可以主张暂时无法履行给付。申诉人无法认同系争保险公司的主张，故提请调解处理。

第四编

别　　论

保险法别论，意在表明保险业法以保险私法为本，在此基点上运用公法规范相得益彰。保险法别论是保险法本论的辅助部分，旨在对"无形之手"无法调整的社会关系通过"有形之手"来调控，以辅助保险私法关系的"枝干"健康成长，实际上是保险业的监理规则。

保险法别论，亦包含公私有别的意思。保险私法关涉社会安定与进步，与一般民法相比，深具社会性，不能缺少公法规范的介入、渗透。这表现为保险业法对保险私法的补充以及对其缺漏的消弭。

第十四章　保险业法绪说

▶ **教学目的**

了解保险业法的概念、立法体例及主要内容，理解保险业法的演变过程。

▶ **教学重点**

保险业法的概念，保险业法的立法体例。

第一节　保险业法的意义

一、保险业法的含义

保险业法，又称保险监管法，是指对保险企业以及保险市场进行监督、管理的法律规范的总和。其有广狭两义。广义的保险业法除了监督和管理保险业的专门法律外，还包括对保险业进行监督和管理的其他规范性法律文件；狭义的保险业法，指规定国家对保险业的组织、经营活动进行监督和管理的专门法律。

二、保险业法的体例

（一）保险业法的立法模式

综观保险业法的立法实践，主要有三种立法体例：

（1）采用单行法的形式独立制定保险业法。按这种模式制定的保险业法直接以保险业法、保险业监督管理法等命名，带有明显的行政法规范的性质。英国、德国等国家的保险业法属于该种模式。

（2）将保险业法纳入保险法典或商法典。按此种模式，不单独制定一部专门的保险业法典，而是制定统一的保险法典或商法典，其中包括保险业法的内容。我国的保险业法即采此种模式。

（3）以单行的保险业法或保险法为主，同时以其他调整保险业的单行规定为补充的模式。例如，日本在《保险业法》的基础上，又制定了《关于外国保险事业者的法律》等单行法来补充。

（二）我国保险业法的体系

《保险法》集保险合同法与保险业法于一体，属于综合性保险法。其第三章、

第四章、第五章和第六章的规定属于保险业法。最初由中国人民银行监管保险行业期间，于1996年颁布了《保险代理人管理暂行规定》，1998年又颁行了《保险经纪人管理规定（试行）》。1998年，保监会作为专门的保险监管机构成立，并于2000年颁行关于保险业规则的实施细则《保险公司管理规定》。据此，以《保险法》中关于保险业的法律规则为核心，以其他保险行政法规和规章为补充，我国体系化的保险业法基本形成。

三、保险业法的内容

保险业法的调整对象决定其内容。保险业法的调整对象一般包括：(1)国家在监督和管理保险企业过程中所发生的关系；(2)保险企业相互间因合作、竞争而发生的关系；(3)保险企业内部在管理过程中发生的关系；(4)国家在监督管理保险中介人的过程中所发生的关系。

保险业法的调整对象决定了保险业法的立法表现形式多种多样。其内容可以分为两部分，既包括对保险监管对象的规定，亦包括对保险监管机构授权的规定。其基本法律制度有：

1. 关于保险企业组织的法律制度

保险企业法律制度主要规定保险企业的法定形式及其种类，各种保险企业的设立、变更、终止的条件和程序等内容。

2. 关于保险经营规则的法律制度

保险经营规则主要是规定保险人的经营行为规则，包括确定保险人经营范围、偿付能力、危险管理以及资金运用等内容。

3. 关于保险中介人的法律制度

保险中介人法主要规定保险中介人的种类、资格、行为规则以及国家对其的监督管理规则等内容。

4. 监管机构的法律制度

该部分主要规定保险监督管理机构的组织及其权限、监督的主要内容和行使权力的程序等内容。

第二节　保险业法的历史流变

一、保险业法的形成

保险作为经济补偿、分散危险、消化损失的制度，对社会经济的发展和人民生活的安定具有不可替代的地位和作用。因此，世界各国包括实行自由经济的国家，无不对保险业进行监管。

保险业法包括调整国家对保险业进行监督、管理过程中所形成的权利与义务关系的所有法律规范。保险监管法作为保险法律体系的一个组成部分,一般以保险单行法规的形式出现。有些国家按保险监管的不同内容分别立法,构成保险监管法体系,例如,英国、日本等;有的则将保险监管法与保险合同法合并立法,例如中国等。

保险监管,是指一个国家对本国保险业的监督和管理。一个国家的保险监管制度通常由两大部分构成:一是国家制定有关保险的法律规范,规定监管的内容与权力机构;二是国家专司保险监管职能的机构依据法律或行政授权对保险业进行行政管理,以保证保险法律规范的贯彻执行。

保险监管始于16世纪后半期。此前,无论是保险公司的设立,还是保险合同的缔结,皆依自由竞争的原则进行,国家不强行干预。随着经济的发展,保险在西方各主要资本主义国家得以发展和繁荣,保险成为有利可图的行业,由此出现了投机经营现象。随着竞争的激化,保险业出现了混乱无序的局面,由此给被保险人乃至社会带来极大的危害。据此,一些国家开始干预保险业,通过保险立法或成立专门机构对保险业实施监管。

最早建立保险监管制度的国家是保险业最先发展起来的英国。1575年英国成立了保险商会。当时的英国政府要求海上保险单必须向该商会办理登记。这是政府对保险业进行管理的开端。1720年,英国女王特许皇家交易保险公司和伦敦保险公司两家保险公司统一经营海上保险,其他保险公司不得经营。到了18世纪40年代,为了区分赌博与正常的保险业务,英国又颁布了禁止赌博性保险的法律,从而产生了"保险利益"这一概念。这都被视为政府干预保险并对之进行管理的先例。[1]

随着保险业的不断发展和变化,保险监管法规也在进行不断地修改和完善。英国是世界上保险立法发展较早的国家之一,其在1870年制定《寿险公司法》,在1909年将其有关规定扩展到其他险种,推出《保险公司法》,后来又进行了修订。现行的保险业法是引入欧共体指令后的1982年的《保险公司法》。除了上述法律外,英国还有1981年颁布的《保险公司管理条例》,1983年颁布的《保险公司(账务和报表)管理条例》,1977年颁布的《保险经纪人法》和1975年颁布的《被保险人保护法》等。

日本的保险监管法与英国相比另具特色,除了自成体系外,还在监管的广度上有所突破,其具体内容由保险业法、有关外国保险业者的法律、有关监督保险展业的法律和有关财产保险费率计算团体的法律等四大部分构成。日本现行的保险业法是1996年颁布实施的《保险业法》。该法对原有的保险业法的内容作了较大的修订。这些修订主要集中在以下几个方面:(1)放宽限制,促进市场自由化和竞

---

〔1〕 参见温世扬主编:《保险法》,法律出版社2003年版,第428页。

争。具体表现为打破产寿险界限,允许产寿险公司以子公司的方式进入对方主要市场;调整市场主体的组织结构,允许相互保险公司发行公司债券以及转制为股份公司;改革保险营销制度,在不损害投保人利益的前提下,允许代理人实行多重注册制度。(2)取消或放宽资金运用上限,允许损害保险的费率逐步实现自由化和市场化。(3)正视经营安全,加强交易危险的预测和防范。其包括引进最低偿付能力标准制度,对保险公司的财务状况实行预先警戒;扩大保险公司资本金规模,提高设立保险公司的最低资本金的限额;保险公司可以根据情况主动削减承保金额,调整负债比率。(4)切实维护投保人的利益。包括设立投保人保护基金制度,对接受破产公司保险合同的救助公司提供资金援助;逐步改变对保险公司资产负债和审议情况实行的不公开做法,提高保险公司经营和财务状况的透明度,加强投保人及社会各界对保险公司的监督等。

与上述国家不同的是,美国的保险监管法由各州自行制定,负责协调各州保险立法的全国保险监督官协会只是定期召开会议,讨论修改各州保险法规,并拟定示范法律和条例,供各州保险立法时参考。美国并没有一个适用于美国各州的联邦保险监管法。

尽管各国保险监管法表现的形式不尽相同,但其内容基本一致,主要包括:(1)保险业务许可;(2)保险企业的组织形式;(3)最低偿付能力;(4)保险准备金;(5)再保险安排;(6)保险资金的运用;(7)保险企业的资产评估;(8)会计制度;(9)审计制度;(10)财务报表;(11)破产和清算;(12)保险中介人的管理等法律规定。

我国保险监管法的制定较晚,但发展较快。为适应保险业恢复初期的发展需要,我国于1985年颁布了新中国成立以来第一部保险业法规,即《保险企业管理暂行条例》。该条例对当时的保险监管起到了一定的积极作用。但该条例属于临时性、行政性管理措施,对保险企业的设立及其经营、财务等方面均无具体规定,对当时全国唯一的保险公司即中国人民保险公司垄断性过分保护,缺乏对外资保险企业、保险中介人的管理等规定。

1995年颁布的《保险法》是一部将保险合同法与保险业法合二为一的法律,立法重点在对保险业的法律监管上。因此,在保险监管方面的规定比较充分。与此相配套的保险监管方面的规范性法律文件还有1992年中国人民银行颁布的《上海外资保险机构暂行管理办法》,1996年颁布的《保险管理暂行规定》,1997年颁布的《保险代理人管理规定(试行)》和1998年颁布的《保险经纪人管理规定(试行)》等。保监会成立后,开始频繁地制定、修改涉及保险人营业的规范性法律文件,中国保险监管法律制度渐趋规范化、体系化。

二、保险业法的发展

现代保险监管制度建立的一个重要标志是国家授权给专门的保险监管机构,

使之专司保险监管之责。这种制度最早产生于美国。在美国国内战争爆发之前，国家对保险业几乎不加约束，任其经营，结果弊端频出，影响了保险业的发展。例如，不公平保险条款充斥市场，因责任准备金不足而导致保险公司大量倒闭等。面对这种情况，政府不得不考虑对保险业实施监管，以保障公众利益，促进保险业健康发展。1851 年，新罕布什州率先设立保险署专司监管之责，从而开创现代保险监管制度的新篇章。1855 年，马萨诸塞州建立了类似的保险监管机构。3 年之后，伊莱泽·赖特被任命为该州的保险监督官。赖特提出了以保证保险人偿付能力为目标的现代保险监管概念，从而被人们称为“现代保险监管之父”。此后，美国其他一些州相继建立了保险监管制度。

现代保险监管制度形成和发展的另一个显著标志是保险监管法规的不断完善。在这方面比较先进的国家是英国。与美国不同的是，英国没有设立专门的保险监管机构，但在保险立法方面发展得比较超前。1870 年，英国颁布了《寿险公司法》，对寿险公司的保证金、财产账户、公司兼并等作出规定，并且创立了保险人信息公开制度。随后，英国将寿险公司法的有关规定扩展到其他保险领域，于 1909 年颁布了《保险公司法》，并在以后的保险监管中不断进行完善。与此同时，奥地利于 1859 年，瑞士于 1885 年，德国于 1909 年也都先后建立了各自的保险监管制度。20 世纪 20 年代以后，其他西方工业化国家的保险监管制度也已基本形成。至此，保险监管事业进入了一个新的时期。值得注意的是，与经济自由化趋势相反，一些先进国家对保险业的监管一直朝着强化的方向发展。

▶ 拓展思考

1985 年，我国颁布的《保险企业管理暂行条例》规定了保险监管。1995 年颁布的《保险法》将保险合同法与保险监管法同时予以规定。如何看待这种立法上的变化？

第十五章　保险组织

▶ 教学目的

理解保险组织的类型，熟悉保险公司设立的条件和程序，领会保险公司的变更的类型及程序，掌握保险公司解散和清算的程序。

▶ 教学重点

保险组织的类型，保险公司设立的条件和程序，保险公司解散和清算的程序。

第一节　保险组织的设立

一、保险组织的类型

保险营业关系被保险人团体的危险分担，影响着社会的安定、经济的稳定发展及人民的生活秩序，因此，各国皆对经营保险业的组织形式予以限制，其组织形式主要采取公司制。有的国家也允许自然人以个人形式从事保险营业，例如，英国劳合社中的保险人。在我国，根据《公司法》和《保险法》的规定，保险人资格的取得采许可主义（核准主义）。《保险法》第67条第1款规定："设立保险公司应当经国务院保险监督管理机构批准。"第6条规定："保险业务由依照本法设立的保险公司以及法律、行政法规规定的其他保险组织经营，其他单位和个人不得经营保险业务。"行为人可以根据不同需要采取不同的保险组织形式。

一般来说，保险人采取的组织形式有股份有限保险公司、有限责任保险公司、国有独资保险公司、相互保险公司、保险合作社和个人保险组织。〔1〕

---

〔1〕 在实务中，还有专业自保公司，即由非保险人母公司控股，以承保其母公司及关联公司可保危险为主要业务的保险子公司。自保公司具有适应母公司的需要而提供相应的承保条件、降低保险成本、获得税收抵扣等优势。2000年8月，中国海洋石油总公司在香港成立中海石油保险有限公司，这是我国第一家专业自保公司。截至2017年，我国有6家专业自保公司。参见林伟：《专业自保公司：保险属性认定及发展趋势研究》，上海财经大学出版社2017年版，第141～145页。自保公司是不是一种独立的保险组织形式，还是公司的股权结构与保险经营模式的结合，是一个需要分析的概念。保险组织形式关注的要点在于出资人的出资与组织决策权之间的架构对组织的经营目标、盈利和亏损及如何经营的影响模式。

（一）股份有限保险公司

股份有限保险公司，是指公司资本分为等额股份，股东在一定人数以上的保险公司。这是保险人营业的主要组织形式。

（二）有限责任保险公司

有限责任保险公司是指由50个以下股东出资设立，股东以其认缴的出资额为限对公司债务承担责任，公司以其全部财产对其债务承担责任的保险营业组织形式。

（三）国有独资保险公司

国有独资保险公司，是指全部资本由国家授权特定组织代表其单独投资构成，以保险为持续性营业的有限责任公司。国家是该种公司的唯一股东，公司全部资本来自国家投资。国家可以通过国有独资保险公司对保险营业整体发挥宏观调控作用。我国原来的国有独资公司相继完成了股份制改造。[1]

（四）相互保险公司

相互保险公司，是由约定危险发生而受有财产或人身利益损失的人联合加入公司，以其成员所交基金对危险发生所致损失承担给付义务，出资者与其具有成员关系和保险关系依存性的保险组织形式。在保险学上，通常认为，相互保险公司是将相互合作制与公司制结合而成的一种管理、经营危险的特殊组织形式。投保人基于自己的投保取得公司成员的资格，公司用投保人交付的保险费形成保险基金，通过公司制度进行经营，以投保人之间的互助共济实现其人身或财产的保险保障。一般认为，"相互保险社乃相互保险组织中最早之形态"。[2] 后来，根据人们的行为选择，有的采取相互保险公司的形式营业，有的采取保险合作社的形式营业。[3] 相互保险公司为保险人营业所采取的特有组织形式，其组织规模一般大于最初的相互保险社，[4]在组织机构运行上与相互保险社亦存在实质区别，而近似于保险股份公司。据现有资料表明，最早的相互保险公司出现在英国，经营火灾保险。在我国支持农业保险的政策下也出现了相互保险公

---

〔1〕 我国原来的中国人民保险公司、中国人寿保险公司、中国再保险公司、新疆兵团财产保险公司曾为国有独资公司。如今，中国人民保险公司、中国人寿保险公司、中国再保险公司、中华联合财产保险公司（前身为新疆兵团财产保险公司）完成了股份制改造，成为股份公司。

〔2〕 袁宗蔚：《保险学——危险与保险》，首都经济贸易大学出版社2000年版，第179页。

〔3〕 在经济生活中，往往先有某种形式的组织形式，而后在法律上设置相应调整规则。因此，从实际情况来看，此处的相互保险公司与保险合作社都是实质意义上的相互保险组织形式，而在最初的立法上未必有相应表现。

〔4〕 此种组织在德国称大相互保险社，以区别于保险组织的原始形式——相互保险社。参见袁宗蔚：《保险学——危险与保险》，首都经济贸易大学出版社2000年版，第177页。

司这种保险组织形式。[1] 2015年1月23日，保监会发布了《相互保险组织监管试行办法》，明确了相互保险组织的监管规则。[2]

(五)保险合作社

保险合作社，是由对某种危险具有同一保障要求的人自愿集股设立，社员共同管理组织、经营业务，共同分担危险的保险营业组织。其依合作原则从事保险业务，是同股份有限公司与相互保险公司并存的一种保险组织。它一般属于社团法人，是非营利机构，以较低的保险费满足社员的保险需求，社员与投保人基本上是一体的。

(六)个人保险组织

个人保险组织，是以自然人个人独立与投保人缔结保险合同，并利用个人财产独立承担责任的保险营业形式。以此种方式经营保险的自然人须有一定量的个人财产。保险经历了从海上保险到陆上保险的发展过程。最初的海上保险一般都是凭借个人财力经营的，由于个人财产难以承担较大的危险，个人形式的保险营业受到限制，逐渐消失。劳合社是目前唯一存在的个人保险组织。[3]

二、保险公司的设立

(一)设立条件

根据《保险法》第71条的规定，设立保险公司应符合法定要件，并经国务院保险监督管理机构批准。保险公司的设立要件，是指保险法规定的设立保险公司应当具备的条件。保险公司系特种公司，因此，除适用保险法的特别规定外，尚须符合公司法以及其他法律的规定。《保险法》第68条规定："设立保险公司应当具备下列条件：(1)主要股东具有持续盈利能力，信誉良好，最近三年内无重大违法违规记录，净资产不低于人民币二亿元；(2)有符合本法和《中华人民共和国公司法》规定的章程；(3)有符合本法规定的注册资本；(4)有具备任职专业知识和业务工作经验的董事、监事和高级管理人员；(5)有健全的组织机构和管理制度；(6)有符合要求的营业场所和与经营业务有关的其他设施；(7)法律、行政法规和国务院保

---

[1] 2004年中央一号文件要求"加快建立政策性农业保险制度，选择部分产品和部分地区率先试点"。2005年中央一号文件要求"扩大农业政策性保险的试点范围"。经国务院同意、保监会批准、国家工商总局注册成立了阳光农业相互保险公司，并于2005年1月11日正式营业。阳光农业相互保险公司总公司下设哈尔滨分公司，9个中心支公司(不包括正在筹建的2个中心支公司)，100多个保险社，2000多个保险分社。2005年，该公司的保险费收入达到2.2亿元，2006年其保险费收入达到3亿元，2007年前11月的保险费收入达到5.4亿元。

[2] 但是我国目前相互保险公司的治理结构及监管规则仍因发展不充分而无法完善，存在很大发展空间。参见方国春：《中国相互制保险公司治理的法律规制——基于公司治理主体权利视角》，法律出版社2016年版，第122~137页。

[3] 2007年3月，劳合社再保险(中国)有限公司在上海获准营业，在我国开展再保险业务。

险监督管理机构规定的其他条件。”据此,设立保险公司,应具备如下条件:

1. 合法的公司章程

公司章程是关于公司的组织和行为规范的重要文件,是公司设立的必要条件。保险公司章程应记载的事项因公司类型的不同而不同。《公司法》第81条规定,股份有限保险公司的章程应载明如下内容:(1)公司名称和住所;(2)公司经营范围;(3)公司设立方式;(4)公司股份总数、每股金额和注册资本;(5)发起人的姓名或者名称、认购的股份数、出资方式和出资时间;(6)董事会的组成、职权和议事规则;(7)公司法定代表人;(8)监事会的组成、职权和议事规则;(9)公司利润分配办法;(10)公司的解散事由与清算办法;(11)公司的通知和公告办法;(12)股东大会会议认为需要规定的其他事项。

根据《公司法》第64条的规定,对于采取国有独资公司形式的保险公司章程应记载的内容首先适用《公司法》第2章第4节关于国有独资公司章程的特别规定。没有特别规定的,适用《公司法》第2章第1节、第2节中关于有限责任公司章程的一般性规定。根据该法第25条、第64条、第65条的规定,采取国有独资公司形式的保险公司章程由国有资产监督管理机构制定,或者由董事会制订并报国有资产监督管理机构批准。其应记载内容包括:(1)公司名称和住所;(2)公司经营范围;(3)公司注册资本;(4)股东的姓名或者名称;(5)股东的出资方式、出资额和出资时间;(6)公司的机构及其产生办法、职权、议事规则;(7)公司法定代表人;(8)国有资产管理机构或经其授权的国有独资公司董事会认为需要规定的其他事项。[1] 股东应当在国有独资保险公司章程上签名、盖章。

2. 符合法定数额的实缴货币资本

公司资本是公司赖以存续的血液,是保险公司得以设立和运作的基础。设立保险公司,须具备相应的资本。公司资本,是指设立公司时依公司章程约定,股东向公司投资形成的公司财产。法律对公司设立的注册资本有最低限额的要求,达到该最低限额要求的资本是保险公司设立的必要条件。《保险法》第69条规定,设立保险公司,其注册资本的最低限额为人民币2亿元。国务院保险监督管理机构根据保险公司的业务范围、经营规模,可以调整其注册资本的最低限额,但不得低于2亿元的限额。保险公司的注册资本必须为实缴货币资本。

3. 适格的高级管理人员

保险公司是专营保险业务的特种公司,其运营具有较强的专业性、技术性。这

---

〔1〕 根据《公司法》第66条第1款前段规定,国有独资公司不设股东会,由国有资产监督管理机构行使股东会职权。国有资产监督管理机构可以授权公司董事会行使股东会的部分职权,决定公司的重大事项。据此,该法第25条第1款第8项所规定的“股东会会议认为需要规定的其他事项”就不能在国有独资保险公司章程的有关问题上直接适用,而适用关于国有独资公司的特别规定。

就要求保险公司高级管理人员须具备一定的专业知识和工作经验。《保险法》规定,设立保险公司应具备任职专业知识和业务工作经验的高级管理人员。据此,高级管理人员的任职资格条件包括:任职的专业知识条件、业务工作经验条件和经营管理能力条件。2014年1月23日发布了修改后的《保险公司董事、监事和高级管理人员任职资格管理规定》(保监会令2014年第1号)对此予以具体规定。根据其第4条规定,保险公司高级管理人员是指对保险公司及其分支机构的经营管理活动和风险控制具有决策权或者重大影响的下列人员:(1)总公司总经理、副总经理和总经理助理;(2)总公司董事会秘书、合规负责人、总精算师、财务负责人和审计责任人;(3)分公司、中心支公司总经理、副总经理和总经理助理;(4)支公司、营业部经理;(5)与上述高级管理人员具有相同职权的管理人员。

保险公司高级管理人员的任职条件包括积极条件和消极条件。积极条件包括:(1)守法性要求。高级管理人员应当遵守法律、行政法规和银保监会的有关规定,遵守保险公司章程。[1] (2)品行要求。高级管理人员应当具备诚实信用的品行、良好的合规经营意识。[2] (3)专业知识条件。履行职务必须具备相应的专业知识。担任保险公司总经理、副总经理和总经理助理应当具备大学本科以上学历或学士以上学位;担任保险公司董事会秘书应当具有大学本科以上学历;担任保险公司省级分公司总经理、副总经理和总经理助理、保险公司分公司、中心支公司总经理、副总经理和总经理助理应当具有大学本科以上学历;[3] 拟任高级管理人员的应从事保险工作、法律、会计或审计工作8年以上的,或者在金融机构、大中型企业或者国家机关担任管理职务8年以上的,或者取得注册会计师、法律职业资格或者银保监会认可的其他专业资格的,或者在申报任职资格前3年内,个人在经营管理方面受到保险公司表彰的,或者在申报任职资格前5年内,个人获得银保监会或者地市级以上政府表彰的,或者拟任艰苦边远地区高级管理人员的,学历可以由大学本科放宽至大学专科。[4] 保险机构董事、监事和高级管理人员应当通过银保监会认可的保险法规及相关知识测试。[5] (4)工作经验条件。要求高级管理人员须具备从业经历。担任保险公司董事长、总经理、副总经理、总经理助理应当从事金融工作5年以上,或者从事经济工作8年以上;担任保险公司董事长、总经理、副总经理、总经理助理应具有在企事业单位或者国家机关担任领导或者管理职务的任职经历。担任保险公司董事会秘书应当具5年以上与其履行职责相适应的工作

[1] 《保险公司董事、监事和高级管理人员任职资格管理规定》第6条。
[2] 《保险公司董事、监事和高级管理人员任职资格管理规定》第7条。
[3] 《保险公司董事、监事和高级管理人员任职资格管理规定》第10条、第11条、第12条、第13条。
[4] 《保险公司董事、监事和高级管理人员任职资格管理规定》第16条。
[5] 《保险公司董事、监事和高级管理人员任职资格管理规定》第8条。

经历。担任保险公司分公司、中心支公司总经理、副总经理和总经理助理应从事金融工作3年以上或者从事经济工作5年以上。担任保险公司支公司或者营业部经理，应当从事经济工作3年以上。拟任高级管理人员具有保险、金融、经济管理、投资、法律、财会类专业硕士以上学位的，从事经济工作的年限可以适当放宽。[1]（5）管理能力条件。高级管理人员应具备一定的管理能力。消极条件包括：第一，有下列情形之一的，不得担任保险公司董事、监事或者高级管理人员：（1）无民事行为能力或者限制民事行为能力；（2）贪污、贿赂、侵占财产、挪用财产或者破坏社会主义市场经济秩序，被判处刑罚，执行期满未逾5年，或者因犯罪被剥夺政治权利，执行期满未逾5年；（3）被判处其他刑罚，执行期满未逾3年；（4）被金融监管部门取消、撤销任职资格，自被取消或者撤销任职资格之日起未逾5年；（5）被金融监管部门禁止进入市场，期满未逾5年；（6）被国家机关开除公职，自作出处分决定之日起未逾5年；（7）因违法行为或者违纪行为被吊销执业资格的律师、注册会计师或者资产评估机构、验证机构等机构的专业人员，自被吊销执业资格之日起未逾5年；（8）担任破产清算的公司、企业的董事或者厂长、经理，对该公司、企业的破产负有个人责任的，自该公司、企业破产清算完结之日起未逾3年；（9）担任因违法被吊销营业执照、责令关闭的公司、企业的法定代表人，并负有个人责任的，自该公司、企业被吊销营业执照之日起未逾3年；（10）个人所负数额较大的债务到期未清偿；（11）申请前1年内受到银保监会警告或者罚款的行政处罚；（12）因涉嫌从事严重违法活动，被银保监会立案调查尚未作出处理结论；（13）受到其他行政管理部门重大行政处罚未逾2年；（14）在香港、澳门、台湾地区或者中国境外被判处刑罚，执行期满未逾5年，或者因严重违法行为受到行政处罚，执行期满未逾3年；（15）银保监会规定的其他情形。第二，在被整顿、接管的保险公司担任董事、监事或者高级管理人员，对被整顿、接管负有直接责任的，在被整顿、接管期间，不得到其他保险机构担任董事、监事或者高级管理人员。[2]

《保险公司董事、监事和高级管理人员任职资格管理规定》第2条规定，银保监会根据法律和国务院授权，对保险公司董事、监事和高级管理人员任职资格实行统一监督管理。银保监会的派出机构根据授权负责辖区内保险公司分支机构高级管理人员任职资格的监督管理，但中资再保险公司分公司和境外保险公司分公司除外。

4. 健全的组织机构和管理制度

健全的组织机构和管理制度是保险公司正常有效地开展业务的必要条件。组织机构是组织调控的条件保证，公司管理制度是规范调控的条件保证，两者是保险

[1] 《保险公司董事、监事和高级管理人员任职资格管理规定》第9条、第10条、第11条、第12条、第13条、第14条、第15条。

[2] 《保险公司董事、监事和高级管理人员任职资格管理规定》第21条、第22条。

公司内部组织活动与外部营业行为的基础。关于保险公司的组织规范,保险法有特殊规定的,适用保险法的规定,保险法无特殊规定或者未规定的,适用公司法的规定。因保险公司采取的组织形式不同,法律要求保险公司设立不同的组织机构。采取股份有限公司形式的,应当召开股东大会,设立董事会、监事会、经理等机构;采取国有独资公司形式的,由国家授权投资保险业的机构或部门作为股东行使公司法规定的股东会的职权,此外应设立董事会、监事会与经理等机构。

完善的管理制度是保险公司正常营业的规范保证,基本包括公司的财务会计制度、人事管理制度、劳动工资制度、业务管理制度以及员工工作纪律等制度。

5. 适于保险营业的营业场所与设施

保险业的经营须具备与经营范围与规模相适应的营业场所和设施。这是保险公司进行营利性营业行为的物质前提。

(二)保险公司的设立程序

保险经营是一种专业性营业行为。其经营状况关乎保险团体的危险承担,关乎经济安全与社会稳定。据此,设立保险公司开展营利性营业并非当然权利,须经国家依法定条件授予其保险经营资格。《保险法》对保险公司的设立实行许可设立主义原则(审批主义原则),设立保险公司应经国务院保险监督管理机构审批。

设立保险公司,对设立人来说,应经过筹建申请和开业申请,对保险监督管理机构来说,要进行相应的初步审查与许可审查两个阶段。

1. 筹建保险公司的书面申请

《保险法》第 70 条规定,申请设立保险公司,应提交下列书面文件:第一,设立申请书。设立申请书是表明设立保险公司的请求及申请理由的书面文件,是对拟设立的保险公司是否符合条件进行审核的最基本的依据。申请书应载明拟设立保险公司的名称、注册资本、业务范围等内容。第二,可行性研究报告。其指对拟设立保险公司的市场情况、投资、业务范围、资金运用、公司发展规划等关涉保险公司的经营情况进行预测、分析研究的论证性书面文件。可行性研究报告是国务院保险监督管理机构审查设立申请是否符合条件以及保险业市场的发展状况的重要参考依据。第三,筹建方案。第四,投资人的营业执照或者其他背景资料,经会计师事务所审计的上一年度财务会计报告。第五,投资人认可的筹备组负责人和拟任董事长、经理名单及本人认可证明。第六,其他书面文件、资料。国务院保险监督管理机构规定的其他材料,在申请设立保险公司时,亦应一并提交,例如,设立人的资格证明等书面文件。

申请设立保险公司时,若未能按照要求提交上述文件,可以补交,经补交仍不符合要求的,可以不受理设立申请或驳回申请。

2. 审核批准筹建

《保险法》第 71 条规定,银保监会应当对设立保险公司的申请进行审查,自受理之日起6个月内作出批准或者不批准筹建的决定,并书面通知申请人。决定不批准的,应当书面说明理由。

3. 筹建

《保险法》第72条规定,申请人应当自收到批准筹建通知之日起1年内完成筹建工作;筹建期间不得从事保险经营活动。

4. 开业申请

《保险法》第73条第1款规定,筹建工作完成后,申请人具备本法第68条规定的设立条件的,可以向银保监会提出开业申请。

5. 批准开业申请,颁发经营保险业务许可证

《保险法》第73条第2款规定,国务院保险监督管理机构应当自受理开业申请之日起60日内,作出批准或者不批准开业的决定。决定批准的,颁发经营保险业务许可证,否则,保险公司不能进行登记与开展保险业务;决定不批准的,应当书面通知申请人并说明理由。

6. 保险公司的设立登记

《保险法》第77条、第78条规定,经批准设立的保险公司凭经营保险业务许可证向工商行政管理机关办理登记,领取营业执照。保险公司自取得经营保险业务许可证之日起6个月内无正当理由未办理公司设立登记的,其经营保险业务许可证自动失效。

第二节 保险公司的变更

在学理上,公司变更有广狭两义。广义公司变更包括公司的合并、分立和公司类型的改变;狭义公司变更则仅指公司类型的改变。[1] 本节所称保险公司的变更既非学理上的广义理解,亦非其狭义理解。保险公司变更,是指保险公司因合并、分立、类型转换以及其他事项的变化所致公司实体的变化。

引起保险公司变更的原因很多,但主要动因在于保险公司为了在营利性营业中取得有利的竞争地位。例如,保险公司合并或为扩展公司业务,增强实力,或为对抗其他公司的竞争。保险公司变更,是通过人、财、物等要素流动以实现社会资源优化配置的结果,其本身亦促进了资源的合理配置。保险公司的变更亦可能存在垄断、不正当竞争等负面影响。

---

[1] 参见范健主编:《商法》,高等教育出版社、北京大学出版社2000年版,第111页。

一、保险公司的合并

(一)保险公司合并的概念与形式

保险公司的合并,是指两个或两个以上的保险公司依法或依约定归并为一个公司或创设一个新的保险公司。

保险公司合并的形式有吸收合并与新设合并两种。所谓吸收合并,是指两个或两个以上的保险公司合并后,其中一个保险公司(吸收方)存续,而其他保险公司(被吸收方)则消灭其原有法人资格的合并方式。所谓新设合并,指两个或两个以上的保险公司通过合并,原合并各方均归于消灭,而产生一个新保险公司的合并方式。

(二)保险公司合并的程序

依《公司法》规定,保险公司的合并应依下列程序进行:

1. 董事会提出合并方案

参与合并的保险公司的董事会提出合并方案,载明参与合并的公司的名称、住所以及合并的主要条件等。

2. 达成保险公司合并合意,签订合并协议

合并的各方应在平等协商前提下,就合并事项达成合并协议。合并协议内容因保险公司类型及合并形式的不同而不同。

3. 编制资产负债表及财产清单

在签订保险公司合并协议的同时,合并方应编制资产负债表和财产清单。各保险公司现有的资产与负债情况应明确记载于资产负债表中。保险公司的动产、不动产、债权债务以及其他资产都应按其价格记载于财产清单中。上述表单应置于保险公司,以备债权人查阅。

4. 通过合并决议

保险公司合并关涉股东利益,依法须由股东(大)会决议或者由国有资产监督管理机构决定。依国务院规定确定的重要国有独资保险公司的合并,须由国有资产监督管理机构审核后,报本级人民政府批准。[1]

参与保险公司合并的各方达成协议后,须将合并协议提交股东(大)会表决,公司合并决议属特别决议,须经出席股东(大)会的股东所持表决权的2/3以上通过,[2]方能生效,合并行为才能成立。

5. 须经保险监督管理机构批准

依《保险法》《公司法》《证券法》的规定,保险公司合并,须经保险监督管理机构批准。涉及股份有限保险公司发行新股的,须报经证券监督管理机构批准。

---

〔1〕《公司法》第66条。

〔2〕《公司法》第43条。

6. 通知、公告债权人

保险公司合并关涉债权人利益,《公司法》第173条规定,公司应当在作出合并决议之日起10日内通知债权人,并于30日内在报纸上公告。债权人自接到通知书之日起30日内,未接到通知书的自公告之日起45日内,有权要求公司清偿债务或者提供相应的担保。

7. 保险公司的资本合并与财产转移

完成催告债权人程序后,合并的保险公司即可进行资本的融合及财产转移。存续公司的董事会应立即召集合并后公司的股东(大)会,保险公司代表人进行合并事项的报告,必要时得变更保险公司的章程。新设公司的发起人立即召集创立大会,以报告合并事宜、决议修改公司章程并完成设立行为。创立大会的召集、表决程序、职权等准用公司设立时的有关创立大会的规定。

8. 合并登记

完成上述行为后,合并后的保险公司应在法定期间内,到工商行政管理机关办理合并登记。合并保险公司登记依保险公司合并中不同公司的生灭变化分为三种情况:一是因合并而存续的保险公司,须为变更登记;二是因合并而消灭的保险公司,须为注销登记;三是因合并而新设立的保险公司,须为设立登记。根据2016年修订后的《中华人民共和国公司登记管理条例》(以下简称《公司登记管理条例》)第38条第2款的规定,公司合并的,应当自公告之日起45日后申请登记,提交合并协议和合并决议或者决定以及公司在报纸上登载公司合并公告的有关证明和债务清偿或者债务担保情况的说明。法律、行政法规或者国务院决定规定公司合并必须报经批准的,还应当提交有关批准文件。

(三)保险公司合并的法律效力

1. 合并保险公司的消灭、变更和新设

合并保险公司因合并形式的不同可导致保险公司的消灭、变更和设立三种后果。其一,保险公司的消灭。在吸收合并的情形下,被吸收保险公司的法人资格消灭;在新设合并的情形下,参加合并的保险公司法人资格均归消灭,须为注销登记。其二,保险公司的变更。在吸收合并中,存续公司的股东、资本等发生变化,公司章程亦须修改,为此须为变更登记。其三,保险公司设立。在新设合并中,因合并而设立一新公司,须为设立登记。

2. 权利义务的概括承受

在吸收合并下的存续公司与在新设合并下的新设公司应无条件的继受因合并而解散的保险公司经确认的债权债务。当事人在合同中排除债务的约定不发生效力。保险公司在合并中违反法律,不向债务人进行合并通知或公告,或债权人在法定期限内提出异议的,债务人未清偿债务或提供相应担保的,该合并保险公司不能以其合并为由对抗债权人。

二、保险公司的分立

(一)保险公司分立的概念和种类

保险公司的分立,是指一个保险公司又设立另一保险公司或一个保险公司分解为两个以上的保险公司。保险公司分立有新设分立与派生分立两种形式。所谓新设分立,是指保险公司将其全部财产分割设立两个或两个以上的保险公司的法律行为。所谓派生分立,是指一个保险公司以其部分资产设立另一个保险公司的法律行为。在新设分立的情形下,原保险公司解散,须办理注销登记,其财产按各新设立公司的性质、宗旨、经营范围进行重新分配。原保险公司债务由各新设立的保险公司分别承担。在派生分立的情形下,原保险公司继续存在,却减少了注册资本,应依法办理变更登记;派生的公司则应办理设立登记。

(二)保险公司的分立程序

依《保险法》和《公司法》的规定,保险公司分立应依下列程序进行:

1. 提出分立方案

保险公司分立应由原保险公司的董事会提出分立方案。

2. 股东(大)会决议

公司分立关涉股东利益甚巨,故分立方案应交股东(大)会特别会议决议。根据《公司法》第66条第1款规定,国有独资公司的分立须经国有资产监督管理机构决定。依国务院规定确定的重要国有独资保险公司的分立,须由国有资产监督管理机构审核后,报本级人民政府批准。根据《公司法》第103条第2款规定,股份有限保险公司的分立须经出席会议的股东所持表决权的2/3以上通过,决议通过程序与合并同。

3. 经监管机构批准

保险公司分立应经保险监督管理机构批准,涉及发行新股的须经证券监督管理机构批准。

4. 通知和公告债权人

公司分立将影响债权人债权的实现,因此,公司应自作出分立决议之日起10日内通知债权人,并于30日内在报纸上公告。

5. 订立分立协议

保险公司分立经股东(大)会决议和债权人通过后,由分立后的各公司代表根据股东(大)会决议,就资产分割、债权债务的分担、股权安排等分立条件以及分立内容的具体实施方法达成合意,签订协议。协议主要内容有:原公司的名称、住所;分立后存续公司、新设公司的名称、住所;原公司的资产负债状况及其处理方法;存续公司、新设公司发行股份的总数、种类和数量;向原保险公司股东换发新股票或股权证明书的有关约定;分立时间。该协议不得与股东(大)会决议相抵触,否则协议无效。该协议对分立后的各公司具有法律约束力。

6. 编制资产负债表及财产清单

保险公司分立,其财产亦须相应分割。财产分割的具体数额和实施方法根据股东会决议和分立协议进行。分割财产时保险公司应编制资产负债表及财产清单。

7. 分立登记

分立后的保险公司应持分立申请书、分立协议、股份有限保险公司股东大会同意分立的决议、主管国有独资保险公司的国有资产监督管理机构的决定或者经其审核并报本级人民政府批准的文件、[1]分立各方的公司章程等文件向工商行政管理机构申请办理设立登记、变更登记或注销登记。在新设分立的情况下,新设公司要办理设立登记,原公司要办理注销登记;在派生分立的情况下,原公司要办理变更登记,派生公司要办理设立登记。根据《公司登记管理条例》第38条第2款的规定,公司分立的,应当自公告之日起45日后申请登记,提交分立决议或者决定以及公司在报纸上登载公司分立公告的有关证明和债务清偿或者债务担保情况的说明。法律、行政法规或者国务院决定规定公司分立必须报经批准的,还应当提交有关批准文件。

(三)保险公司分立的法律效力

保险公司的分立行为可导致公司发生解散、变更和新设。对分立中的原保险公司而言,分立可能导致其解散或资本和股东的变更。对股东而言,分立会引起其与原保险公司关系及其股权的数量与结构的变化。对债权人而言,分立会引起债务人的变化。

三、保险公司的组织形式变更

保险公司组织形式变更,是指不中断公司的法人资格而将保险公司由一种法定形式转变为另一种法定形式。与保险公司合并、分立不同,组织形式变更的,保险公司不经解散、清算、重新设立等程序而改变为另一种保险公司。

由于各种形式的公司责任形式不同,现代各国公司法对公司形式的变更多采种类限制主义,将可变更公司形式限制在责任形式相同的公司之间。但各国的具体限定方法不尽一致。《公司法》第95条仅对有限责任公司变更为股份有限公司作了规定,《保险法》未对此作出特别规定,应适用《公司法》的规定。这里仅述及国有独资保险公司的组织形式变更:(1)先由董事会作出变更方案。(2)经国有资产管理机构或者本级人民政府决定。(3)修改公司章程等变更程序。按《公司法》关于设立股份有限公司的程序经创立大会通过,经有关部门批准办理,并向公司登记机关为变更登记。折合的实收股本总额不得高于公司的净资产额。[2] 公司为

---

[1] 《公司法》第66条。

[2] 《公司法》第95条。

实现组织变更须增加资本公开发行股份的,应依《公司法》关于向社会公开募股的规定办理,即经证券监督管理机关批准,向社会公告募股。

保险公司组织形式变更的法律效力:(1)保险公司形式发生变化;(2)原国有独资保险公司的债权债务由变更后的股份有限保险公司承继。

四、保险公司其他事项的变更

保险公司其他事项的变更,是指除保险公司合并、分立、保险公司组织形式变更以外的其他的公司实体变化。《保险法》第84条规定:"保险公司有下列情形之一的,应当经保险监督管理机构批准:(一)变更名称;(二)变更注册资本;(三)变更公司或者分支机构的营业场所;(四)撤销分支机构;(五)公司分立或者合并;(六)修改公司章程;(七)变更出资额占有限责任公司资本总额百分之五以上的股东,或者变更持有股份有限公司股份百分之五以上的股东;(八)国务院保险监督管理机构规定的其他情形。"上述内容变更,首先须由股东(大)会或者董事会同意;其次须经保险监督管理机构审查批准;最后要向原登记机关办理登记。涉及减少资本时,保险公司须通知公告债权人。

第三节 保险公司的解散、清算

一、保险公司的解散

(一)概念与分类

保险公司的解散,是指已经成立的保险公司因其章程或法律规定的解散事由发生而停止营业,并处理未了结业务,逐渐终止其法人资格的行为。这是保险公司主体资格消灭的必经程序。保险公司解散因其原因不同可分为任意解散和强制解散,此外,还有破产导致的解散。

1. 任意解散

经保险公司申请并由保险监督管理机构批准而进行的解散,是任意解散。保险公司因合并、分立、股东大会决议或公司章程规定的解散事由出现,经保险监督管理机构批准后解散。其条件包括:(1)法定解散事由发生;(2)经国务院保险监督管理机构批准。

为保护被保险人利益及保险市场的正常发展,国务院保险监督管理机构应对公司解散予以监督管理。人寿保险的被保险人组成的危险团体的危险分散关涉其自身生存及未来生活,影响社会安定。为使人寿保险合同利益不致因保险公司解散受有影响,法律限制经营人寿保险业务的保险公司的任意解散。[1] 经营人寿保

---

〔1〕《保险法》第89条第2款。

险业务的保险公司因合并、分立而解散的,人寿保险合同债权人并不因此受有影响,债务由分立或合并后的公司承继。所以,经营人寿保险业务的公司,依分立或合并形式解散的,不受限制。除此以外的其他形式的人寿保险公司的任意解散均受限制。

2. 强制解散

强制解散是指保险公司因保险监督管理机构等行政主管机构决定或者法院的判决而导致公司终止法人资格。强制解散的原因主要有命令解散和判决解散。[1]

(1)命令解散。命令解散系指保险公司违反法律、行政法规,被保险监督管理机构或公司登记主管机关吊销经营保险业务许可证或营业执照、责令关闭或被撤销而否定其营业资格。

依《公司法》第 180 条第 4 项和《保险法》第 116 条、第 160 条、第 161 条及第 164 条的规定,命令解散保险公司的事由包括:

第一,保险公司违反规定,超出批准的业务范围经营的,由保险监督管理机构责令限期改正,逾期不改正或者造成严重后果的,责令停业整顿或者吊销业务许可证。此时,该保险公司因行政命令否定其经营资格而发生强制解散的后果。

第二,在有以下行为时,情节严重的,可以限制其业务范围、责令停止接受新业务或者吊销业务许可证。此时,保险公司被保险监督管理机构以命令否定经营资格而发生强制解散的后果。这些情况包括:①未按照规定提存保证金或者违反规定动用保证金的;②未按照规定提取或者结转各项责任准备金的;③未按照规定缴纳保险保障基金或者提取公积金的;④未按照规定办理再保险的;⑤未按照规定运用保险公司资金的;⑥未经批准设立分支机构的;⑦未按照规定申请批准保险条款、保险费率的。

第三,保险公司及其工作人员在保险业务活动中不得有下列行为,保险公司有下列行为之一,情节严重的,限制其业务范围、责令停止接受新业务或者吊销业务许可证。保险监督管理机构以命令否定其经营资格而发生强制解散的后果。该行为包括:①欺骗投保人、被保险人或者受益人;②对投保人隐瞒与保险合同有关的重要情况;③阻碍投保人履行本法规定的如实告知义务,或者诱导其不履行本法规定的如实告知义务;④给予或者承诺给予投保人、被保险人、受益人保险合同约定以外的保险费回扣或者其他利益;⑤拒不依法履行保险合同约定的赔偿或者给付保险金义务;⑥故意编造未曾发生的保险事故、虚构保险合同或者故意夸大已经发生的保险事故的损失程度进行虚假理赔,骗取保险金或者牟取其他不正当利益;⑦挪用、截留、侵占保险费;⑧委托未取得合法资格的机构从事保险销售活动;⑨利

---

[1] 一种见解认为,还有宣告破产导致的解散。但笔者认为,宣告破产导致的解散不完全属于强制解散,为另一种类型。

用开展保险业务为其他机构或者个人牟取不正当利益;⑩利用保险代理人、保险经纪人或者保险评估机构,从事以虚构保险中介业务或者编造退保等方式套取费用等违法活动;⑪以捏造、散布虚假事实等方式损害竞争对手的商业信誉,或者以其他不正当竞争行为扰乱保险市场秩序;⑫泄露在业务活动中知悉的投保人、被保险人的商业秘密;⑬违反法律、行政法规和国务院保险监督管理机构规定的其他行为。

第四,保险公司亦可因依法被吊销营业执照、责令关闭或撤销而解散。

(2)判决解散。根据《公司法》第182条规定,判决解散是指保险公司经营管理发生严重困难,继续存续会使股东利益受到重大损失,通过其他途径不能解决的,持有公司全部表决权10%以上的股东,可以请求法院解散公司。法院经过审理后,可判决保险公司解散。这属于司法强制解散。

3. 破产解散

保险公司不能清偿到期债务,经国务院保险监督管理机构同意,由人民法院依法宣告破产。保险公司破产既可因债权人申请发生,亦可因债务人申请发生。作为强制性解散原因的,只能是因债权人申请而导致的破产。因债务人申请所导致的保险公司破产出于债务人自愿,非外力强制,不属于强制解散。区别强制解散与破产解散,是因为破产虽是保险公司解散的原因,但破产清算不是公司法意义上的清算。破产清算由法院主持,依破产法规定的程序进行,破产管理人由法院指定,该破产清算属于特别债务处理程序。《企业破产法》第134条规定:"商业银行、证券公司、保险公司等金融机构有本法第二条规定情形的,国务院金融监督管理机构可以向人民法院提出对该金融机构进行重整或者破产清算的申请。国务院金融监督管理机构依法对出现重大经营风险的金融机构采取接管、托管等措施的,可以向人民法院申请中止以该金融机构为被告或者被执行人的民事诉讼程序或者执行程序。金融机构实施破产的,国务院可以依据本法和其他有关法律的规定制定实施办法。"该法第2条规定:"企业法人不能清偿到期债务,并且资产不足以清偿全部债务或者明显缺乏清偿能力的,依照本法规定清理债务。企业法人有前款规定情形,或者有明显丧失清偿能力可能的,可以依照本法规定进行重整。"据此,国务院保险监督管理机构可以在保险公司清偿不能时向法院申请其破产,该法也没有彻底排除其他主体的申请,仅将一般企业法人的破产与对属于金融机构的保险公司的破产予以不同规范。公司法意义上的清算属于非诉行为,有限责任公司的清算组[1]由股东组成,股份有限公司的清算组由董事或股东大会确定的人员组成,清算程序依公司法进行。[2] 只有在清算组处理保险公司债权债务过程中,发现公司

---

〔1〕《公司法》第183条以及其他相关条款的立法用语都称为"清算组"。

〔2〕《公司法》第183条。

财产不足清偿债务时，才向法院申请宣告破产。经法院宣告保险公司破产后，清算组应将该清算事务移交于法院。

依《保险法》《企业破产法》的规定，保险公司破产解散须具备的条件主要包括：(1)保险公司不能清偿到期债务，并且资产不足以清偿全部债务或者明显缺乏清偿能力的，即保险公司对于已届清偿期的债务经债权人请求而明显缺乏清偿能力以致不能清偿或者保险公司停止支付到期债务并呈连续状态；(2)经行为人的申请；(3)经国务院保险监督管理机构批准，法院可宣告破产。

根据《保险法》第148条的规定，在保险公司清算过程中或公司被接管过程中，清算组或接管组提请的破产为转化性破产。保险公司经申请而被批准解散，或被依法撤销，清算组在清算过程中，发现被清算保险公司的资产不足以清偿全部债务的，应向国务院保险监督管理机构报告，经其同意，向法院申请宣告该公司破产。

(二)保险公司解散的法律后果

1. 保险公司原来的代表机关和业务执行机关(董事会、经理等)均丧失地位和职权，不能再对外代表公司行使职权，其地位由清算组或破产管理人代替。保险公司的董事会和监事会仍然存在，可以在必要时行使法律或章程规定的职权。保险公司与股东的法律关系仍然存在，股东与清算中保险公司的关系仍适用我国公司法中股东与公司关系的法律规定。

2. 保险公司经解散后，权利能力受到限制。除为清算的必要外，公司不得进行任何业务活动，不得处理保险公司财产。

二、保险公司的清算

(一)概念与种类

保险公司的清算，是指保险公司解散时，清理其债权债务，处分其财产，终结其关系，从而消灭公司法人资格的法律程序。保险公司除因合并或分立而解散外，其余原因引起的解散，均须经清算程序。

依据不同标准，保险公司清算可分为不同类型。

(1)根据是否在破产的情况下进行清算，保险公司的清算可以分为破产清算和非破产清算。破产清算，是指保险公司不能清偿到期债务被依法宣告破产时，由法院指定破产管理人对公司资产进行清理，将破产财产分配给债权人，并消灭公司人格的程序。非破产清算，指保险公司资产足以清偿债务的情况下进行的清算，包括自愿解散的清算和强制解散的清算。

(2)根据清算事务系由保险公司自行确定的程序还是依照法定程序进行，可分为保险公司的任意清算与法定清算。任意清算，指在公司自愿解散情形下，依公司章程的约定或全体股东同意的清算，体现的是当事人的意思自治。法定清算，是指公司依照法定程序进行的清算。依照清算是否受到法律或行政机关的干预，法定清算可分为普通清算与特别清算。普通清算，是指由保险公司自行依法组织的清算组织按法定程序进行的清算。特别清算，是指当解散的保险公司实行普通清算遇到障碍时，由法院或行政机关命令组织清算人并加以监督所进行的清算。特别清算是介于普通清算与破产清算之间的一种特别程序，由法院或行政机关进行一定干预和监督。

《公司法》规定的法定清算有两种情形：一是公司自愿解散后逾期不成立清算组时，债权人可以申请法院指定人员组织清算组。法院应当受理该申请，并及时指定清算组成员进行清算；二是《公司法》第180条第4项规定的命令解散情况下，即当公司违法经营被依法吊销营业执照、责令关闭或者被撤销而解散的，由主管机关组织股东、有关机关及有关专业人员成立清算组织，进行清算。

（二）清算组的产生

1. 因自愿解散而产生的清算组

保险公司章程规定的解散事由出现或者股东（大）会决议解散，经国务院保险监督管理机构批准后解散。保险公司应当依法成立清算组，进行清算。

根据《公司法》第66条第1款的规定，国有独资保险公司解散的，由国有资产监督管理机构决定。依国务院规定确定的重要国有独资保险公司的解散，须经国有资产监督管理机构审核后，报本级人民政府指定人员组成清算组织。逾期不成立清算组织的，债权人可以申请法院指定有关人员组成清算组织，进行清算。《公司法》第183条规定："公司因本法第一百八十条第（一）项、第（二）项、第（四）项、第（五）项规定而解散的，应当在解散事由出现之日起十五日内成立清算组，开始清算。有限责任公司的清算组由股东组成，股份有限公司的清算组由董事或者股东大会确定的人员组成。逾期不成立清算组进行清算的，债权人可以申请人民法院指定有关人员组成清算组进行清算。人民法院应当受理该申请，并及时组织清算组进行清算。"

2. 因破产所致解散产生的清算组

根据《公司法》第66条第1款的规定，保险公司不能清偿到期债务，经国务院保险监督管理机构同意，由法院依法宣告破产。申请国有独资保险公司破产的，由国有资产监督管理机构决定。依国务院规定确定的重要国有独资保险公司的破产，须经国有资产监督管理机构审核后，报本级人民政府批准并成立清算组织。保险公司被宣告破产的，由人民法院组织保险监督管理机构等有关部门和有关人员成立清算组，进行清算。

3. 因保险公司被撤销而产生的清算组

保险公司违法经营，被依法吊销经营保险业务许可证的，或者偿付能力低于国务院保险监督管理机构规定的标准，不予撤销将严重危害保险市场秩序、损害公共利益的，由国务院保险监督管理机构予以撤销并公告，依法及时组织清算组进行清算。

▶ 拓展思考

2002年8月1日,X以其子为被保险人,向Y人寿保险股份有限公司投保生死两全保险,保险金额为人民币100万元,年缴保险费为人民币5万元,保险期间为20年,并以其子为受益人。X连续交付10年保险费后,因Y人寿保险股份有限公司投资失败,被宣告破产,该公司对外尚有负债数亿元。结合《保险法》的规定,思考如何处理该合同?

第十六章　保险监管

▶ 教学目的

了解保险监管的含义，熟悉保险监管模式，掌握保险监管机构的设置与保险监管的内容。

▶ 教学重点

保险监管机构的设置，保险监管的内容。

第一节　保险监管绪说

一、保险监管的意义与宗旨

保险监管，是指对保险人营业的监督和管理。依监管主体范围的不同，保险监管有广义和狭义两种理解。广义的保险监管，是指有法定监管权的政府机关、保险行业自律组织、保险企业内部的监督部门以及社会力量对保险市场及市场主体的组织和经营活动的监督或管理。狭义的保险监管一般专指政府保险监管机关依法对保险人等主体及保险市场的组织和营业活动的监督和管理。

建立在互助基础上的保险业，具有公共性质，主要表现为保险经营具有负债性、保障性和广泛性。所谓负债性，是指保险公司通过收取保险费而建立的保险基金，很大一部分是保险公司未来承担危险的准备金。保险准备金是保险公司对其客户的负债，而不是保险公司的资产，在保险合同期满前不为保险人所有。所谓保障性，是指保险的基本职能在于损失补偿或保险金给付，并通过这种补偿或给付保证社会生产和人民生活在灾害事故造成损失时，能够及时得到恢复和弥补。如果保险公司经营不善，不能正常履行其补偿或给付职能，将直接影响社会再生产的正常进行和人民生活安定。所谓广泛性，是指保险业对整个社会有较大的影响和渗透。从范围上看，一家保险公司可能涉及众多家庭和企业的安全；从期限上看，一个保险合同可能涉及危险团体成员的终生保障。保险业的性质及其经营特点决定保险监管具有国际普遍性。

二、保险监管的模式

究竟采用何种方式对保险业实施监管,没有唯一确定的标准,不同国家根据其不同的经济背景和法律环境选择不同的方式。监管模式通常有以下三种:

(一)公示监管模式

公示监管模式,是指政府不直接监管保险业的经营,仅要求保险人按照政府规定的形式和内容,将其营业结果定期呈报给主管机关,并予以公布。该模式监管宽松,保险业的组织形式、保险合同内容的设计、保险资金的运用等均由保险人自行决定,政府不作过多干预。保险经营的好坏,由被保险人及公众自行判断。

公示监管的内容包括:(1)公告财务报表;(2)规定最低资本金与保证金;(3)订立边际偿付能力标准。该监管模式将政府与公众结合起来,有利于保险人在较为宽松的环境中自由发展,但也存在固有的缺陷。被保险人和一般公众处在信息不对称的不利一方,很难掌握评判保险企业优劣的客观标准,也没有能力应对不适当的经营。

采用该监管模式必须具备一定条件,包括国民经济达到一定程度的发展、保险机构的普遍存在、投保人具有选择保险人的可能、保险企业具有一定的自制能力、保险市场具有平等的竞争条件和良好的职业道德、社会大众具有较高的文化水准和参与意识以及被保险人对保险公司的优劣有适当的判断能力和评估标准等。历史上,英国曾采用该监管模式。按照英国的规定,经营保险业无须执照或其他特别批准。如果是公司经营,仅须按照正常方式办理公司登记;个人经营仅须取得劳合社的会员资格即可。随着现代保险业的发展,尤其是20世纪六七十年代保险公司不断破产,公示监管模式因不利于切实有效地保证被保险人的利益而被放弃,英国也逐渐改变了该种监管模式。

(二)准则监管模式

准则监管模式,又称规范监管方式或形式监管方式,是指国家对保险业的经营制定一定准则,要求保险人共同遵守。政府规定的准则仅涉及重大事项,例如,保险公司的最低资本额、资产负债表的审查、法定公布事项的主要内容等。该模式强调保险经营行为形式上的合法性,相比公示监管模式而言具有较强的可操作性,曾被视为"适中的监管方式"。但该监管模式仅从形式出发,难以适应所有保险组织。保险技术性强,涉及的事务复杂多变,仅通过基本准则难以起到有效监管作用。

(三)实体监管模式

实体监管模式,亦称严格监管方式或许可监管方式,是指在完善的保险监督管理规则下,主管机构根据法律法规赋予的权力,对保险市场,尤其是保险人进行全面监督管理。该监管方式由瑞士创立,现已被包括我国在内的多数国家采用。该监管方式可分为三个阶段:第一阶段为保险组织设立时的监管,即保险许可证监管。保险主管机关依法核保险组织营业登记并发给营业执照,包括新公司、合并公司、分公司的设立及其增设分支机构等所需建立的最低资本金、保证金等。第二阶段为保险组织经营期间的监管,是实体监管的重心。采用实体监管的国家,大都由保险法、保险业管理法、外国保险业许可管理法等对保险经营过程予以规范,并对保险业进行实体监督或检查。第三阶段为保险组织破产的监管,即在保险人经营失败时,对其破产清算进行监管。

第二节　保险监管的机构

一、保险监管的机构设置

(一)我国保险监管机构的设置及变动

保险监管机构是保险业的主管机关,不同国家有不同的机构设置与称谓。我国保险监管机构设置经历复杂。

1. 中国人民银行与财政部交替监管

中华人民共和国成立之初,原中国人民保险公司由中国人民银行拨款设立并由其管理,1952 年由财政部管理。1959 年,国内保险业务大部分停办,保险公司基本变成专营涉外保险业务的机构,在行政上也脱离了财政部,成为中国人民银行总行的一个处。

1980 年,国内保险业恢复,中国人民保险公司亦从中国人民银行中分立出来,成为国务院直属的局级经济实体。

2. 中国人民银行监管

1985 年,国务院颁布的《保险企业管理暂行条例》首次以立法形式确立了我国保险业的主管机关及其职责。该条例规定,国家保险管理机关是中国人民银行。实际行使管理权的是中国人民银行非银行金融机构管理司下设的保险管理处。据此,中国保险监管机构起初是中国人民银行非银行金融机构管理司的保险管理处。

1995 年颁布《保险法》后,中国人民银行内部进行机构调整,成立了保险司,专门负责保险市场的监管。这一时期,我国保险市场发生了深刻变化,保险业的垄断经营被竞争所代替,外国资本开始进入中国保险市场。保险代理人、保险经纪人以及其他保险中介机构亦相伴相生。为了对市场经济条件下的保险业实行有效监管,当时的《保险法》第 8 条规定:“国务院金融监督管理部门依照本法负责对保险业实施监督管理。”当时的《中国人民银行法》第 2 条第 2 款规定:“中国人民银行在国务院领导下,制定和实施货币政策,对金融业实施监督管理。”据此,中国人民银行成为保险业的监管机构,当时我国尚无对保险经营进行行业监管的专门行政机构。

3. 保监会监管

随着我国保险业与银行业的发展,1998 年 11 月 18 日,经国务院批准,按照银行业与保险业"分业经营、分业监督管理"的原则,设立保监会,为国务院的直属事业单位,成为全国商业保险的主管机关,根据国务院授权履行行政管理职能,依照法律、法规统一监管中国保险市场。对保险业的监管由中国人民银行监管转变为保监会的专业监管。最初保监会下设 8 个部,具体负责行使保险监管各项职能。2003 年,国务院决定将保监会由国务院直属副部级事业单位改为国务院直属正部级事业单位,并相应增加职能部门、派出机构和人员编制。此后,保监会内设办公厅、发展改革部、政策研究室、财务会计部、财产保险监管部、人身保险监管部、保险中介监管部、保险资金运用管理部等 15 个职能机构,并在全国各省、直辖市、自治区、计划单列市设 35 个派出机构。

4. 银保监会监管

2018 年 3 月 17 日公布的《国务院机构改革方案》宣布不再保留银监会和保监会,组建银保监会。[1] 银保监会的成立结束了运行 15 年的银监会和 20 年的保监会,"一行三会"的金融监管格局变成"一行两会"。[2]

(二)其他国家或地区保险监管机构的设置

保险监管机构作为保险业的主管机关,形式多样,名称不一,同一国家或地区的不同时期也有不同的主管机构。其他国家或地区保险监管机构的设置一般采取两种模式:一是设置直接隶属于政府的保险监管机构,例如,法国的国家保险委员会。二是在政府直属的机构下设立保险监管机构,执行保险监管职能的机构隶属于政府的部门机构,执行保险监管的部门隶属于财政部、商业部、中央银行、金融监督管理局等,例如,英国工贸部下设保险局,负责监管及核准在英国经营保险业务的保险公司,部长对国会负责。保险局的监管目标包括:营造保险经营环境,激励保险业繁荣发展;在欧洲联盟及国际营造一个开放且具竞争特点的保险市场;确保保险市场稳健经营,使保单持有人在保险公司无法履行义务时,能够获得保障。美国保险监管机构主要是州保险监督局,全国共有 55 个,局长大部分由州长任命、参议院批准。1971 年,美国成立全国保险监督官协会,主要作用是协调各州保险立法。日本的保险业由大藏省负责管理,大藏省银行局下设保险课。保险课下分第一保险处和第二保险处,分别对人身保险和非人身保险进行监管。法国保险业由

---

〔1〕 参见《关于国务院机构改革方案的说明》,载中华人民共和国中央人民政府网,http://www.gov.cn/guowuyuan/2018-03/14/content_5273856.htm。

〔2〕 2018 年 3 月 21 日正式确定银保监会的首任领导班子,并成立工作组,研究机构调整的具体实施方案,定职能、定机构和定编制,施行自上而下的内部调整。参见《银保监会正式成立郭树清履新主席 陈文辉任第二副主席》,载搜狐网 2020 年 6 月 21 日,http://www.sohu.com/a/226100508_611215。

国家保险委员会进行管理,受财政部领导。澳大利亚的保险监管机构是保险和年金委员会,其监督官由总督任命,向财政部负责。新加坡和我国香港特别行政区的保险监督机构一样,都是金融监督管理局下设的保险监理处。韩国的保险业由财政部的保险监督局进行监管。马来西亚由中央银行行使保险监管职能,保险监督官由中央银行总裁兼任。泰国则由商业部下设的保险局监督保险经营。

二、银保监会的性质及职权

(一)银保监会的性质和构成

银保监会是全国商业保险的主管部门,为国务院直属事业单位,根据国务院授权行使行政管理职能,依照法律、法规统一监督管理我国保险市场,维护保险业合法、稳健的运行。目前,银保监会内设办公厅、政研局、法规部、统信部、财会部(偿付能力部)、公司治理部、消保局、财险部(再保部)、人身险部、中介部、资金部等27个职能部门及36个派出机构。

(二)银保监会的职权

银保监会的职权,对被监管的保险人而言,是行使国家权力;对国家而言,是其应履行的义务。银保监会贯彻落实党中央关于保险业监管工作的方针政策和决策部署,在履行职责过程中坚持和加强党对保险业监管工作的集中统一领导。其对保险业方面的职责包括:(1)拟订有关商业保险的政策法规和行业发展规划;(2)依法对保险企业的经营活动进行监督管理和业务指导,维护保险市场秩序;(3)依法查处保险企业违法违规行为,保护被保险人利益;(4)培育和发展保险市场,推进保险业改革,完善保险市场体系,促进保险业公平竞争;(5)建立保险业风险评价与预警系统,防范和化解保险危险,促进保险企业稳健经营与业务的健康发展。[1]

第三节 保险监管的内容

保险监管的内容涉及的关系广泛而复杂,可以从不同意义上分析。保险监管初期,我国以市场行为监管为主,保监会成立后,逐步转变为市场行为监管与偿付能力监管兼备。2004年以来,保监会结合我国保险行业发展的实际情况,不断探索,逐步建立起以偿付能力监管为核心,以市场行为监管与保险公司治理结构监管为主要手段的“三支柱”的现代保险监管体系。“三支柱”的现代保险监管体系一般包括偿付能力监管、市场行为监管与公司治理结构监管。

---

〔1〕 参见中国银行保险监督管理委员会网2020年6月21日,http://www.cbirc.gov.cn/cn/view/pages/ItemList.html?itemPId=900&itemId=901&itemUrl=ItemListRightArticle。

一、偿付能力监管

（一）偿付能力监管的必要性

根据2021年3月1日起施行的《保险公司偿付能力管理规定》第3条规定，偿付能力，是保险公司对保单持有人履行赔付义务的能力。《保险术语》（GB/T36687—2018）之2.8将保单持有人定义为："依法享有保单利益请求权的保险合同当事人，包括投保人、被保险人或者受益人。"偿付能力监管关键在于防范保险人不能履行保险给付义务的风险。

由于保险合同双方当事人的权利义务在时间上的不对称性，保险人先收取保险费，而在未来约定事件发生后才对保险事故发生所致损失进行给付。先收取的保险费被视为保险人的负债，给付保险金视为对负债的偿还。投保人则相反，先履行交付保险费的义务，在约定事件发生时才能请求保险人履行保险给付义务。一旦保险事故发生，保险人须为相应的保险给付，因此，保险公司的支付能力关涉相对人的利益和保险经营。如果保险人的偿付能力不足或破产，而保险合同的履行期却未届至，这将使被保险人失去保险保障，蒙受损失，并给社会带来不安定因素。偿付能力对保险经营至关重要，《保险法》将偿付能力作为保险监管的核心。

就世界范围来看，影响较大的偿付能力监管模式主要包括欧盟偿付能力体系（偿付能力Ⅰ、Ⅱ）与美国风险资本制度（RBC）。[1] 2008年发布的《保险公司偿付能力管理规定》建立了以风险为基础的动态偿付能力监管框架及分类监管机制，被认为是我国第一代偿付能力监管体系建成的标志。由于保险经营及保险市场的不断升级，第一代偿付能力监管体系已经不适合行业发展需要，2012年开始建设我国第二代偿付能力监管体系。2015年，发布《保险公司偿付能力监管规则（1－17号）》，标志着以风险为导向、符合国情及国际可比的第二代偿付能力监管体系基本建成，并进入"偿二代"过渡期。2016年发布的《关于正式实施中国风险导向的偿付能力体系有关事项的通知》决定结束过渡期，正式实施"偿二代"。"偿二代"采取国际金融监管流行的"定量监管要求""定性监管要求""市场约束机制"三支柱框架，[2]使用了立足我国实情的监管工具和监管标准。业内认为，"偿二代"是我国自主研发的、具有新兴市场特点的、具有国际影响力的现代偿付能力监管体系。[3]

（二）偿付能力体系

根据《保险公司偿付能力管理规定》第4条规定，保险公司应当建立完善的偿付能力管理体系，有效识别管理各类风险，及时监测偿付能力状况，编报偿付能力

---

〔1〕 参见郑伟：《改革开放40年的保险监管》，载《保险研究》2018年第12期。

〔2〕 参见赵宇龙、余贵芳：《保险业偿付能力监管制度创新》，载《中国金融》2019年第19期。

〔3〕 参见陈文辉：《"偿二代"与国际规则制定》，载《中国金融》2016年第8期。

报告,披露偿付能力相关信息,做好资本规划,确保偿付能力达标。根据《保险公司偿付能力管理规定》第5条规定,银保监会以风险为导向,制定定量资本要求、定性监管要求、市场约束机制相结合的偿付能力监管具体规则,对保险公司偿付能力充足率状况、综合风险、风险管理能力进行全面评价和监督检查,并依法采取监管措施。

根据《保险公司偿付能力管理规定》第6条规定,偿付能力监管指标包括:(1)核心偿付能力充足率,即核心资本与最低资本的比值,衡量保险公司高质量资本的充足状况;(2)综合偿付能力充足率,即实际资本与最低资本的比值,衡量保险公司资本的总体充足状况;(3)风险综合评级,即对保险公司偿付能力综合风险的评价,衡量保险公司总体偿付能力风险的大小。其中,核心资本是指保险公司在持续经营和破产清算状态下均可以吸收损失的资本。实际资本是指保险公司在持续经营或破产清算状态下可以吸收损失的财务资源。最低资本是指基于审慎监管目的,为使保险公司具有适当的财务资源应对各类可量化为资本要求的风险对偿付能力的不利影响,所要求保险公司应当具有的资本数额。

根据《保险公司偿付能力管理规定》第6条规定,保险公司同时符合以下三项监管要求的,为偿付能力达标公司:(1)核心偿付能力充足率不低于50%;(2)综合偿付能力充足率不低于100%;(3)风险综合评级在B类及以上。不符合上述任意一项要求的,为偿付能力不达标公司。

根据《保险公司偿付能力管理规定》第22条第1款规定,银保监会及其派出机构通过评估保险公司操作风险、战略风险、声誉风险和流动性风险,结合其核心偿付能力充足率和综合偿付能力充足率,对保险公司总体风险进行评价,确定其风险综合评级,分为A类、B类、C类和D类,并采取差别化监管措施。

(三)其他偿付能力相关因素的监管

1. 最低注册资本限额

最低注册资本限额,即保险法规定的保险公司申请设立时所应达到的注册资本的最低限额。其既是保险公司获得市场准入的资格条件,又是保险公司具有偿付能力的基本保证。《保险法》第69条规定,保险公司注册资本的最低限额为2亿元人民币,并为实缴货币资本。《保险法》对注册资本最低限额采资本增加制,即保监会根据保险公司的业务范围和经营规模,可以调整设立保险公司的最低资本限额,但不得少于2亿元人民币。

2. 合同条款和费率

保险条款与费率构成保险产品定价基础,直接影响偿付能力。如果条款和费率设计科学,保险人发生偿付能力危机的可能性就会处于较低的水平。由于格式保险条款实质上限制了合同自由,可能危及合同公平,也需要监管机构对条款内容进行监督控制。

在2002年修改《保险法》之前，商业保险主要险种的基本保险条款和保险费率由监管机关制定，是当时实施监管的主要手段。监管机关通过行政手段介入合同领域，以中立的行政管理机构的地位确定合同内容，防止保险人通过格式条款作出对相对人不公平的约定，并保证合同内容符合危险团体成员的实际生活关系。保险监管机构应有足够的智识与相应人员，以制订出符合市场要求的合同。保险人拟定的条款与费率应报经监管机构备案，防止保险人借制订条款之机加入对相对方不公平的内容，即通过合同备案制度来监督其内容。2002年修改后的《保险法》规定，关系社会公众利益的保险险种、依法实行强制保险的险种和新开发的人寿保险险种等的保险条款和保险费率，应报国务院保险监督管理机构批准。国务院保险监督管理机构审批时，应当遵循保护社会公众利益和防止不正当竞争的原则。其他保险险种的保险条款和保险费率，应报保险监督管理机构备案。2015年修改后的《保险法》第135条第2款规定："保险条款和保险费率审批、备案的具体办法，由国务院保险监督管理机构依照前款规定制定。"据此，对合同内容的监管包括合同条款的审批制与备案制。该法第136条规定："保险公司使用的保险条款和保险费率违反法律、行政法规或者国务院保险监督管理机构的有关规定的，由保险监督管理机构责令停止使用，限期修改；情节严重的，可以在一定期限内禁止申报新的保险条款和保险费率。"

3. 按法定比例提取未到期保险责任准备金

保险责任准备金，是保险人为了承担未到期保险给付义务和处理已提出请求未决定的保险给付而从保险费收入中预先提存的一定金额。其属于保险人营业的负债，而不是其营业收入。依其用途，保险责任准备金可分为未到期责任准备金和未决赔款准备金；依其业务划分，可分为财产保险责任准备金和人身保险责任准备金。

未到期责任准备金又称未满期保险费准备金，或未到期危险准备金，是指在每一会计年度决算时，对未满期保险单提存的一种责任准备金。它通常应是当年出具而在下一年度仍然有效的保单的保险费之和。因为保险合同约定的保险期间与保险公司的会计年度在时间上不可能完全一致（保险公司的会计年度是从当年1月1日起至同年12月31日为止，而保险期间可以在任何一个时间段上）。因此，在会计年度决算时，保险期间未届满或虽已收取但应属于下一年度收取的保险费即为未到期责任准备金。

4. 按法定比例提取未决赔款准备金

未决赔款准备金，又称赔款准备金，是指在每一会计年度决算以前因发生保险事故应履行而尚未履行的保险给付，在当年所收保险费中提存的资金。保险事故发生后，保险人未履行保险给付义务前，应预先提取未决赔款准备金。《保险法》第98条规定："保险公司应当根据保障被保险人利益、保证偿付能力的原则，提取各项责任准备金。保险公司提取和结转责任准备金的具体办法,由国务院保险监督管理机构制定。”

导致保险公司提取未决赔款准备金的原因在于:(1)被保险人或受益人已经依保险合同约定,对保险事故所致损失向保险人提出给付请求,但保险人对给付请求需要审核,以确定是否属于保险给付义务范围以及给付保险金的数额。在履行保险给付义务前,保险人应从保险费中扣除一部分,作为未决赔款准备金。(2)保险事故已经发生,但被保险人或受益人因某种原因未提出给付请求,对保险给付义务范围内的损失,保险人应承担给付义务,所以应提取未决赔款准备金。

未到期责任准备金与未决赔款准备金虽然都是保险公司为了履行将来的保险给付义务而从保险费收入中提取的一种资金准备,在会计上都属于保险公司的负债,但两者仍有以下区别:(1)未到期责任准备金在保险期间内是否以保险金形式履行给付是不确定的,因为提取未到期责任准备金时,保险事故尚未发生;而未决赔款准备金一般都是应以保险金形式给付被保险人或受益人的,因为提取未决赔款准备金时,保险事故已经发生,其给付只是时间问题。(2)未到期责任准备金在转化为保险金的过程中,有可能是一部分转化为保险金,也可能全部转化为保险金;而未决赔款准备金一般是全部转化为保险金。(3)未到期责任准备金的提取方法与未决赔款准备金的提取方法是不同的。未到期责任准备金的提取方法,财产保险义务和人身保险业务要求各不相同,而其未决赔款准备金的提取方法是相同的,即都是按照已经提出的保险给付金额,以及已经发生保险事故但尚未提出的保险给付金额,从当年的自留保险费中提取。

5. 依法提取保险公积金

保险公积金是指保险人为了增强自身财产能力,扩大经营范围以及预防意外亏损,按照法律和公司章程的规定,从保险公司的税后利润中提取的一部分资金积累。公积金分为法定公积金和任意公积金。

法定保险公积金,是按照法律规定从保险公司当年税后利润中提取的公积金。《保险法》第99条规定:“保险公司应当依法提取公积金。”

6. 依法提取保险保障基金

保险保障基金是保险公司为了有足够的能力应付可能发生的巨额保险给付,从年终结余中专门提存的后备基金。《保险法》第100条规定:“保险公司应当缴纳保险保障基金。保险保障基金应当集中管理,并在下列情形下统筹使用:(一)在保险公司被撤销或者被宣告破产时,向投保人、被保险人或者受益人提供救济;(二)在保险公司被撤销或者被宣告破产时,向依法接受其人寿保险合同的保险公司提供救济;(三)国务院规定的其他情形。保险保障基金筹集、管理和使用的具体办法,由国务院制定。”根据2008年发布的《保险保障基金管理办法》第3条、第16条的规定,保险保障基金是依我国《保险法》和该办法的规定缴纳形成的,在保险公司被依法撤销或者宣告破产,其清算财产不足以偿付保单利益,或保险公司存在重大危险,可能严重危及社会公共利益和金融稳定时,用以救助保单持有人、保单受让公司或者处置保险业危险的非政府性行业危险救助基金。根据该办法第6条第1款规定,中国保险保障基金有限责任公司(以下简称保险保障基金公司)负责基金的筹集、管理和使用。保险保障基金公司是2007年10月由国务院批准成立的国有独资公司,属于非营利性企业法人,其注册资本为1亿元人民币。

《保险保障基金管理办法》第6条第2款、第9条规定,保险保障基金公司设立董事会,董事会成员由银保监会、财政部、中国人民银行、国家税务总局等推荐。董事长为公司法定代表人,由银保监会推荐,报国务院批准。董事会对保险保障基金的合法使用以及安全负责。该公司应当按照《公司法》设立有关组织机构,进行公司治理。

保险保障基金公司应当对财产保险保障基金和人身保险保障基金分账管理、分别使用。保险保障基金的资金运用应当遵循安全性、流动性和收益性原则,在确保资产安全的前提下实现保值增值。其资金运用限于银行存款,买卖政府债券、中央银行票据、中央企业债券、中央级金融机构发行的金融债券,以及国务院批准的其他资金运用形式。公司可以委托专业的投资管理机构对保险保障基金进行投资管理,并对委托投资管理的保险保障基金实行第三方托管。银保监会依法对其业务和保险保障基金的筹集、管理、运作进行监管。财政部负责公司的国有资产管理和财务监督。保险保障基金公司预算、决算方案由董事会制定,报财政部审批。在动用保险保障基金时,由银保监会拟定危险处置方案和使用办法,经商有关部门后报国务院批准。[1]

从基金来源上来说,保险保障基金是一种行业公用性救助基金。保险保障基金是各保险人共同提交的一种"共同基金",由保险主管机关或保险同业公会管理,当某一保险人失去偿付能力时,可向保险保障基金申请偿付被保险人的保险金。因此,保险保障基金是保险人间的相互保险措施。

从基金形成时间上来说,保险保障基金是一种后备基金。保险保障基金是通过事前每年定期征收费用,用累计起来的基金保证将来的给付。

从基金的功能来说,保险保障基金是一种安全基金。由于保险公司经营失败给社会造成的损失远大于保险公司股东所受的损害,关涉社会稳定,所以,基金具有保证保险公司稳健经营、安定社会的功效。

7. 资金运用监管

(1)资金使用的合法界限。首先,保险资金运用的原则。美国摩根斯坦利公司的投资银行家Paul M. Theil曾说:"投资是保险行业的核心业务,没有投资等于

[1] 《保险保障基金管理办法》第17条、第18条第1款、第26条、第27条、第29条、第30条。

没有保险业。"[1]概言之,我国保险资金运用经历了从限制严到逐步放开并走向多元化的过程。2009年修改后的《保险法》进一步放宽了保险资金的运用方式,确认了当时政策已经允许的保险资金投资方式,增加了投资不动产的规定,删除了原来规定的保险资金不得用于设立证券经营机构及保险业以外的企业的规定。2018年4月1日起施行的《保险资金运用管理办法》第3条规定,保险资金,是指保险集团(控股)公司、保险公司以本外币计价的资本金、公积金、未分配利润、各项准备金以及其他资金。从资金来源上说,保险资金可分为:①权益资金,即资本金、公积金和未分配利润等保险公司的自有资金;②保险准备金;③其他资金。保险资金运用,是指保险公司在业务经营过程中,将积聚的各种保险资金进行投资和融资,使其保值和增值的行为。[2]

保险资金运用要求遵循安全性、收益性和流动性原则。安全性原则是保险资金运用的最基本原则。保险企业的可运用资金既不完全是保险公司的赢利,也不是闲置资金。其大部分是保险企业的负债,即对保险合同债权人的未来承担保险给付义务的负债。因此,该资金的运用必须求其安全。

收益性原则。保险人运用保险资金以求赢利是资金运用的直接目的。较高的资金运用回报率可以为保险人带来充足的经营资本,保证其有能力降低费率、扩大业务规模,以及增强保险人的偿付能力。这要求保险人在资金运用项目上力求收益的最大化,确保资产保值增值。我国保险资金运用监管一直在安全性与收益性之间寻找适当的平衡点。[3]

流动性原则。保险人根据保险合同的约定,在保险期间内对保险事故发生所致损失承担保险给付义务,而保险事故发生具有随机性的特点。因此,运用中的保险资金必须保持足够的流动性,以满足随时履行保险给付义务的需要。

其次,保险资金运用的形式及限制。《保险法》第106条根据我国保险市场环境,基于上述原则,规定如下资金运用形式:

①银行存款。保险人可以将一部分资金存入银行,由银行以借贷形式投资于资金市场,以取得利息收入。以银行存款形式运用保险资金,其安全性、流动性高,但收益性较低。保证金是《保险法》规定在保险公司成立时必须交存的保证其履行债务的一定数额的货币。国家通过保证金制度掌握保险企业的部分实有资金,保证保险企业的变现资金数额。交存保证金是国家控制保险公司偿付能力的有效办法。保证金有如下特点:一是,保险保证金提存的时间是保险公司成立之时;二

---

[1] 孟昭亿主编:《保险资金运用国际比较》,中国金融出版社2005年版,第6页。

[2] 狭义的保险资金运用,即保险投资,不包括银行存款。《保险法》第106条规定的保险资金运用包括银行存款。

[3] 参见金涛:《保险资金运用的法律规制》,法律出版社2012年版,第254页。

是，保险保证金提存后存入银保监会指定的银行；三是，保险保证金仅用于保险公司清算时清偿公司债务，除此之外，不得动用；四是，保险保证金的提存比例为注册资本金的20%。[1]

②买卖债券、股票、证券投资基金份额等有价证券。债券包括政府债券、金融债券及企业债券。政府债券即国债，是一国政府为了弥补财政赤字或应付某种财政需要而发行的债券，届期偿还本金及利息。金融债券与政府债券的功能相同，只不过发行主体是银行或其他金融机构。政府债券或金融债券，利率稳定，回报率安全，债券本身可以买卖，流动性较强，是保险资金运用较为适宜的形式。保险资金投资于股票，主要是指购买上市公司的股票。[2] 保险资金可以投资于我国境内依法设立登记的、非上市的股份有限公司与有限责任公司的股权。2010年发布的《保险资金投资股权暂行办法》（保监发〔2010〕79号）对保险资金投资股权进一步明确。

③投资不动产。不动产投资的资金流动性较差，回收期限较长，存在相当的投资风险，国家必须对保险公司投资于不动产项目的资金最高金额有所限制。我国保险资金监管经历了从严格限制运用方式到逐步放宽运用方式的转变。2006年3月，国务院批准保险资金可以间接投资基础设施项目。[3] 根据2016年8月1日施行的《保险资金间接投资基础设施项目管理办法》第2条规定，保险资金间接投资基础设施项目，是指委托人将其保险资金委托给受托人，由受托人按委托人意愿以自己的名义设立投资计划，投资基础设施项目，为受益人利益或者特定目的，进行管理或者处分的行为。

④其他资金运用形式。根据实际情况，国务院可以规定保险资金运用的其他形式。

再次，保险资金运用的结构。保险资金运用的结构，是指保险公司运用的资金和具体项目占其资金总额的具体比例。许多国家和地区的保险法都规定了各项投资的最高限额，以控制保险公司的投资方向和结构，确保资金运用的安全性、流动性和营利性。例如，美国《加利福尼亚州保险法》第1160条规定，保险公司对于每一住宅区的投资额不得低于100万美元，但其全部投资总额不得超过其认缴资本的12.5%。[4]

由于缺乏成熟的保险资金投资运用经验，保险资金运用结果受复杂多变因素

---

〔1〕《保险法》第97条。

〔2〕参见高宇：《保险资金投资上市公司股票的监管定位及规范方向》，载《月旦民商法杂志》2019年第63期。

〔3〕参见《保险资金间接投资基础设施项目试点管理办法》（保监会令2006年第1号），该办法已为《保险资金间接投资基础设施项目管理办法》（保监会令〔2016〕2号）废止。

〔4〕参见施文森：《保险论文》（第二集），台北，五南图书出版股份有限公司1982年版，第104页。

的影响,因此,《保险法》不宜规定保险资金运用的确定比例。依《保险法》第 106 条第 3 款规定,保险公司资金运用的具体管理办法,由银保监会依照保险法规定的资金运用原则、方式制定。

最后,资金运用模式。保险资金主要通过成立专门的保险资产管理公司、专门投资机构及委托第三方投资管理公司三种模式来运作,具体如下:①设立保险资产管理公司。保险资产管理公司一般是保险公司的全资或控股子公司,专门运营保险资金。大型保险公司通常采取此种模式。保监会发布的《保险资产管理公司管理暂行规定》明确规定了保险资产管理公司的设立、经营和监管规则。②设立专门的投资机构。通常是保险公司总部设立专门的投资部,负责管理公司的投资账户资产。规模较小的保险公司常采用此种模式。③委托第三方投资管理公司。委托第三方投资管理公司,是将保险资金委托给其他专业化投资机构进行管理,这些投资机构主要是一些独立的基金公司和综合性资产管理公司。委托第三方资产管理公司运营保险资金,可以充分利用其专业化优势,实现其资产的保值增值,为公司节省人力成本。委托的方式也可以起到风险隔离,避免系统性风险作用。

(2)违法运用资金及处罚。根据《保险法》第 164 条第 5 项的规定,违反本法,未按照规定运用保险公司资金的,由保险监督管理机构责令改正,处 5 万元以上 30 万元以下的罚款;情节严重的,可以限制其业务范围、责令停止接受新业务或者吊销业务许可证。

8. 危险防范监管

为防范经营危险,现代保险公司承保危险分解为自留危险与分保危险。《保险法》从危险的自留额与再保险两个方面设计危险防范的制度构造。

(1)自留危险控制制度。危险自留额有广狭两义,广义系指保险人承保的危险中由其自身承担给付义务的最高限额。狭义系指某一险种的一个危险单位的承保额中由保险人自身所承担的给付额。危险单位,即对一次保险事故发生可能造成的最大损失范围所应承担的给付义务限额。其计算方法是将保险标的确定为一个危险单位。保险事故概率具有很大的不确定性,不同概率情景之下的最大可能损失存在很大差别。保险人一般将概率情景分为两类:普通保险事故和极端概率事故。两者区别主要体现在两个方面:一是发生概率,极端概率事故的发生概率要大大低于普通保险事故;二是损失范围,普通保险事故的损失范围通常限定在单一地点,极端概率事故(例如,高烈度地震、飓风、海啸等)则往往波及广大地域。通常所言的危险单位划分主要指普通保险事故情景下的最大损失范围划分,极端概率事故则主要通过累积危险控制进行管理。保险人应在承保危险时就确认危险单位划分并予以书面记载。危险单位划分是评估可能最大损失的基础。通过危险单位划分确定最大损失范围后,保险人对该范围内保险财产遭遇保险事故可能损失的程度进行估测,便可得出可能最大损失的金额。保险人据此确定自身在特定项目上的自留危险比例,并安排所需的各项再保险保障。最大损失范围应以最大可能损失为判断基础。最大可能损失是指在所有保护系统失灵,相关应急处理人员以及公共救灾机构无法提供任何有效救助的情况下,单一设施可能遭受的财产损失以及营业中断损失的合计最大金额。[1]

《保险法》设有保险人总体最大自留责任的确定规则与个体危险最大自留责任限额的确定规则。保险人应根据其自身能力确定自留额与分保额,确保自留危险的承担能力,同时其分保额也不应损及其营利。危险单位总体的自留责任一般以当年承保保费的总额扣除分保净保费的余额为当年自留保费。保险人以当年自留保费的数额来确定当年自留给付义务的范围(危险责任的最高限额)。自留保费与偿付能力相关联,偿付能力体现为实有资本金与公积金的总和。所以,保险人的最大自留责任限额最终由资本金与公积金的总和来确定。《保险法》通过在自留保费与实有资本金和公积金总额之间确定具体比例的形式加以规范。《保险法》第 102 条规定:"经营财产保险业务的保险公司当年自留保险费,不得超过其实有资本金加公积金总和的四倍。"据此,保险人当年自留保费总额以其资本金与公积金总额的 4 倍为限。人身保险的保险事故发生概率较为规则,其概率计算较为精确,不像财产保险的事故发生概率缺乏稳定性,营业危险较小,所以经营人身保险的保险人不受此限。

《保险法》第 103 条第 1 款规定:"保险公司对每一危险单位,即对一次保险事故可能造成的最大损失范围所承担的责任,不得超过其实有资本金加公积金总和的百分之十;超过的部分应当办理再保险。"据此,保险人对每一危险单位的个体最大自留责任不能超过其资本金与公积金总额的 10%。

(2)再保险。保险人为降低经营危险,亦通过再保险方式防范营业危险。《保险法》第 103 条第 1 款规定,保险公司对每一危险单位,即对一次保险事故可能造成的最大损失范围所承担的责任,不得超过其实有资本金加公积金总和的 10%;超过的部分,应当办理再保险。其第 105 条规定,保险公司应当按照国务院保险监督管理机构的规定办理再保险,并审慎选择再保险接受人。

9. 保险组织监管

保险监管机构对保险公司的组织活动采取特定监控形式,在保险经营中出现特定情况,监管机构亦采取特定措施进行管控。

(1)保险公司的整顿。首先,保险公司整顿的发生原因。保险公司的整顿,是指保险公司不能在限期内执行保险监督管理机构纠正其不法行为的措施,银保监成立整顿组织,监督保险公司清理其业务、财务或资金运用状况以及经营管理状况的措施。整顿的目的在于监管保险公司,纠正其违法行为,恢复其合法

---

〔1〕 参见《财产保险危险单位划分方法指引第 1 号:基本原则和基本方法》(保监发〔2006〕52 号)。

经营状态。

《保险法》第 139 条、第 140 条规定，整顿保险公司的原因，是其在指定的期限内不能改正责令其改正的违法行为，包括：①未能在限期内依法提取或结转各项准备金；②未能在限期内依法办理再保险；③未能在限期内纠正严重违法运用资金的行为；④未能在限期内调整负责人及有关管理人员。若依法规定，已经在限期内改正的，则无须启动整顿程序。被整顿保险公司经整顿已纠正上述违法行为的，恢复正常经营状况的，由整顿组提出报告，经银保监会批准，结束整顿，并由其予以公告。

其次，整顿组的成立与权力。《保险法》第 140 条、第 141 条规定，整顿权由整顿组行使。整顿组织的成员由银保监会选派和指定，由保险专业人员和被整顿保险公司有关人员组成。整顿组织成立后，须作出整顿决定并予以公告。整顿决定的内容包括：被整顿公司的名称、整顿理由、整顿组成员和整顿期限。

整顿组在整顿过程中的主要权力是监督保险公司日常业务，包括保险合同的订立、履行，保险资金的运用，办理再保险等。该保险公司的负责人及有关管理人员应在整顿组织的监督下行使自己的职权。

整顿组只能行使监督权，日常业务活动仍由被整顿保险公司的负责人及有关管理人员组织运行。整顿组行使监督权的同时，还须承担监督职责，若怠于监督，应承担法律责任。

再次，整顿保险公司期间的保险业务。整顿保险公司的目的在于改正违法经营行为，保障其偿付能力。因此，对保险公司进行整顿，不能终止其原有业务，要保证其原有业务的连续性。但对新开展的业务，应当经银保监会许可。其有权停止被整顿公司开展新业务或停止部分业务，调整资金运用。[1]

最后，整顿程序的结束。整顿组织对保险公司的整顿具有一定的期限和条件。当达到一定条件后，整顿程序结束。结束整顿的条件是被整顿的保险公司已经纠正违法经营行为，恢复正常经营。但整顿结束须经特定程序，非当然结束。

结束整顿程序包括：①整顿组对被整顿保险公司的整顿工作进行总结，判定其是否达到结束整顿的条件。②若整顿组认为达到结束整顿的条件，即被整顿保险公司经整顿已纠正其违反规定的行为，恢复正常经营，由其向银保监会提出结束整顿报告。③银保监会批准整顿结束报告并公告。

(2)保险公司接管。首先，保险公司接管及其发生的原因。保险公司的接管，是指保险公司偿付能力严重不足或违反《保险法》规定，损害公共利益，可能严重危害或已经危及偿付能力时，由银保监会对其采取的必要行政措施，以保护被保险

---

〔1〕《保险法》第 142 条。

人利益,恢复保险公司的正常营业。[1] 接管不同于整顿。整顿组织仅对保险公司的经营进行监督,不直接介入日常经营,而保险公司的接管组织直接介入保险公司的日常经营。对保险公司的接管是比对其整顿更为严格的监管措施。其目的是对被接管的保险公司加强监管,保护被保险人利益,恢复保险公司的正常经营。根据《保险法》第 144 条的规定,保险公司有下列情形的,银保监会可以对其实行接管:①公司的偿付能力严重不足的;②违反《保险法》规定,损害社会公共利益,可能严重危及或者已经严重危及公司的偿付能力的。[2] 保险公司被接管后,其主体资格并未改变,其债权债务关系也并不因接管而发生变化,仅公司管理工作发生变化。

其次,接管组的成立与接管办法。《保险法》第 145 条未规定接管组的组成和接管的具体办法,而是授权银保监会决定,并予以公告。基于经营管理需要,接管组应由具有保险公司管理经验的专业人员组成。2020 年 7 月 17 日,银保监会公告对天安财产保险公司等六家机构实施接管,制定了接管实施办法,派驻接管组。从接管之日起,被接管公司股东大会、董事会、监事会暂时停止行使管理职权,由接管组承担管理职责。接管组组长履行被接管公司法定代表人职责。[3]

再次,接管的期限。接管的具体期限由银保监会决定。该期限一般在接管前作出。《保险法》第 146 条规定,期限届满后,保险公司仍未恢复正常经营,银保监会可以决定延期,但最长不得超过 2 年。

最后,接管的终止。《保险法》第 147 条、第 148 条规定,银保监会有权决定是否终止接管。在下列情况下,接管终止:①当接管期满,接管目标已实现,即被接管公司已恢复正常经营能力,应终止接管。②当接管期满,被接管保险公司未恢复正常经营能力,有《企业破产法》第 2 条规定情形的,银保监会可以依法向人民法院申请对该保险公司进行重整或者破产清算。

二、市场行为监管

保险公司的组织与开展业务等经营行为是保险行业存在及发展的必要前提。

---

〔1〕 也有学者将其归入所谓“保险公司破产前置程序”,而程序法上的前置程序有特定内涵,一般指启动某种程序的必经程序。例如,在我国,发生劳动争议的,当事人提起诉讼前,要向劳动争议仲裁委员会申请仲裁。在此意义上,保险公司的接管,不是保险公司破产的必经程序,而是对偿付能力出现严重问题的保险公司采取的强制性的行政管理措施,以恢复其偿付能力。除接管外,对偿付能力出现严重问题的保险公司仍可以采取其他强制措施,具备破产条件的,也可以不经上述行政强制措施,直接启动破产程序。参见盛建明、贾晶:《论我国保险公司破产前置程序的实践、困境及解决之道》,载《法学杂志》2015 年第 12 期。

〔2〕 有学者将《保险法》第 144 条第 1 款第 2 项规定的接管原因的构成要素分为违法行为、偿付能力预警并列存在,而从该款第 2 项的文义解释来看,应是保险公司实施了违反《保险法》的行为损害了社会公共利益导致严重危及偿付能力或可能严重危及偿付能力的后果。参见王萍:《保险公司接管制度的原理阐释》,载《中国政法大学学报》2021 年第 1 期。

〔3〕 参见《中国银保监会依法对天安财产保险股份有限公司等六家机构实施接管的公告》。

市场行为监管是保险监管的基础。我国保险市场行为监管主要是指银保监会依据《保险法》等法律法规对保险公司的市场经营及竞争行为进行的监管和管理。

1. 经营行为监管

《保险法》第116条规定,保险公司及其工作人员在保险业务活动中不得有下列行为:①欺骗投保人、被保险人或者受益人;②对投保人隐瞒与保险合同有关的重要情况;③阻碍投保人履行如实告知义务,或者诱导其不履行如实告知义务;④拒不依法履行保险合同约定的赔偿或者给付保险金义务;⑤故意编造未曾发生的保险事故、虚构保险合同或者故意夸大已经发生的保险事故的损失程度进行虚假理赔,骗取保险金或者牟取其他不正当利益;⑥挪用、截留、侵占保险费;⑦委托未取得合法资格的机构从事保险销售活动;⑧利用开展保险业务为其他机构或者个人牟取不正当利益。

《保险法》第161条规定,保险公司有上述行为之一的,由保险监督管理机构责令改正,处5万元以上30万元以下的罚款;情节严重的,限制其业务范围、责令停止接受新业务或者吊销业务许可证。

2. 不正当竞争行为监管

(1)不正当竞争行为表现包括:①降价排挤竞争对手。降价排挤竞争对手,是指经营者为了排挤竞争对手而以低于成本的价格销售保险商品的行为。保险公司不得以排挤竞争对手为目的,非正常降低保险费率或扩大保险危险范围开展保险业务,进行恶性价格竞争。②诋毁商誉。诋毁商誉,是指保险人捏造、散布虚假的事实,损害竞争对手的商业信誉和商品声誉的行为。[1] ③不当利诱。不当利诱,是指以抢占保险市场为目的,以向危险团体成员提供一定利益而排挤其他竞争对手的行为。《保险公司管理规定》第50条规定:"保险机构不得劝说或者诱导投保人解除与其他保险机构的保险合同。"④商业贿赂。商业贿赂,是指行为人采用财物或其他行为进行贿赂以销售或购买保险商品的行为。《保险公司管理规定》第51条规定:"保险机构不得给予或者承诺给予投保人、被保险人、受益人保险合同约定以外的保险费回扣或者其他利益。"⑤虚假宣传。虚假宣传,是指保险人利用广告或者其他方法,对保险商品的内容等作引人误解的宣传。《保险公司管理规定》第45条第2款规定:"保险机构不得利用广告或者其他宣传方式,对其保险条款内容和服务质量等做引人误解的宣传。"⑥侵犯商业秘密。侵犯商业秘密,是指保险人通过不正当手段,违法获取、披露、使用或允许他人使用权利人的技术秘密或经营信息的行为。《保险法》第116条规定:"保险公司及其工作人员在保险业务活动中不得有下列行为:……(十二)泄露在业务活动中知悉的投保人、被保险人的商业秘密;……"

---

[1] 《保险公司管理规定》第49条第1款。

(2)不正当竞争行为的危害。竞争是推动保险企业进步的内在动力,能够激励保险人为保险商品的消费者提供优质服务。不正当竞争,不但提高企业的经营成本,形成无效率的运作,而且容易导致保险人清偿能力的下降和消失。保险市场上存在的回扣、差价和不按费率规则随意加减保费等不正当竞争行为不仅破坏了保险行业的正常经营,而且严重影响了保险市场秩序。因此,各国保险法都对保险市场中的不正当竞争行为进行规制。

(3)不正当竞争行为的规制。《保险法》第 115 条规定:"保险公司开展业务,应当遵循公平竞争的原则,不得从事不正当竞争。"对于保险公司在营业中的不正当竞争行为依《中华人民共和国反不正当竞争法》追究其相应的法律责任。

三、保险公司治理结构监管

建立责权明确、职能协调的保险公司治理机制,以组织自身的健全运作控制风险及防范风险,是现代保险公司治理结构监管的基本目标之一。保险公司治理结构监管已成为现代保险监管方式的重要发展。监管机构结合我国保险公司治理的实际情况,不断探索更适宜的治理结构监管模式。

2006 年发布的《关于规范保险公司治理结构的指导意见(试行)》明确了持续推进保险公司治理结构改革,建立规范高效的现代保险公司治理机制的基本目标,并提出股权管理、董事会建设、内控体系和激励机制的保险公司治理结构监管内容。此后又发布了《保险公司合规管理指引》《保险公司风险管理指引(试行)》《保险公司股权管理办法》《保险公司信息披露管理办法》《保险机构独立董事管理办法》等规范性文件,初步建立了保险公司治理结构监管体系。[1]

保险公司治理结构监管方面的主要内容包括:

首先,对持股比例较大的主要股东和控股股东实施严格监管。

其次,加强董事会建设,完善董事会结构,强化董事会职能,规范董事会运作,发挥董事会在公司治理中的核心作用。

最后,完善保险公司内控体系,加强内部控制机制的建设。在对账簿及其他信息监管方面相对完善,其具体情况如下:

保险人的商业账簿,系指保险人依法制作的用以表明其财务状况以及经营成果、提供会计信息的文件资料。其主要包括会计凭证、会计账簿以及会计报表。

(1)账簿等信息的报告。《保险法》第 85 条、第 86 条规定,保险公司应当按照保险监督管理机构的规定,报送有关报告、报表、文件和资料。保险公司的偿付能力报告、财务会计报告、精算报告、合规报告及其他有关报告、报表、文件和资料必须如实记录保险业务事项,不得有虚假记载、误导性陈述和重大遗漏。保险公司应

---

[1] 由于保险公司治理结构体系的内容交错复杂,很多制度尚不稳定,仍处于变动之中,所以,在此仅概要阐述有关内容。

当聘用经银保监会认可的精算专业人员，建立精算报告制度。保险公司应当聘用专业人员，建立合规报告制度。

除银保监会另有规定外，保险公司的股东大会、股东会、董事会的重大决议，应当在决议作出后30日内向其报告。[1]

(2)账簿等信息的保管。《保险法》第87条规定，保险公司应当按照银保监会的规定妥善保管业务经营活动的完整账簿、原始凭证和有关资料。账簿、原始凭证和有关资料的保管期限，自保险合同终止之日起计算，保险期间在1年以下的不得少于5年，保险期间超过1年的不得少于10年。

(3)账簿等信息的披露。根据《保险公司信息披露管理办法》(银保监会令2018年第2号)第7条、第20条、第22条、第25条规定，保险公司应当披露下列信息：基本信息；财务会计信息；保险责任准备金信息；风险管理状况信息；保险产品经营信息；偿付能力信息；重大关联交易信息；重大事项信息；银保监会规定的其他信息。保险公司应当建立公司网站，规定披露上述相关信息，并应在每年4月30日前在公司网站和银保监会指定的媒介上发布年度信息披露报告。保险公司网站应当保留最近5年的公司年度信息披露报告和临时信息披露报告。

最后，完善激励约束机制，规范公司薪酬管理监督机制。

▶ 拓展思考

1997年12月1日，经中国人民银行批准，中国人民银行陕西省分行发布公告：因永安财产保险股份有限公司注册资本金不实，注册资本为人民币6.8亿元，而实收资本却不足1亿元人民币，并高估固定资产价值抵充资本金。同时，该公司未经批准就擅自设立分支机构，违规开办业务，以假账方式掩盖资金亏空，并在账外从事经营活动。根据《保险法》的有关规定，由于永安财产保险股份有限公司存在严重违法违纪问题，决定依法对其接管。接管期限为1997年12月1日至1998年5月30日。

结合上述内容，思考保险公司被接管后，其经营行为会有什么变化？接管的最终结果是什么？

---

[1] 参见《保险公司管理规定》第67条。

图书在版编目(CIP)数据

保险法学／高宇著. -- 北京：法律出版社，2021
ISBN 978-7-5197-5780-9

Ⅰ. ①保… Ⅱ. ①高… Ⅲ. ①保险法－法的理论－中国 Ⅳ. ①D922.284.1

中国版本图书馆 CIP 数据核字(2021)第 145138 号

保险法学
BAOXIANFAXUE

高　宇　著

策划编辑 张　珺
责任编辑 张　珺
装帧设计 鲁　娟

出版发行 法律出版社
编辑统筹 法商出版分社
责任校对 晁明慧　王　皓　王沁陶
责任印制 胡晓雅
经　　销 新华书店

开本 710 毫米×1000 毫米　1/16
印张 21.75　　**字数** 412 千
版本 2021 年 9 月第 1 版
印次 2021 年 9 月第 1 次印刷
印刷 唐山玺诚印务有限公司

地址：北京市丰台区莲花池西里 7 号(100073)
网址：www.lawpress.com.cn
投稿邮箱：info@lawpress.com.cn
举报盗版邮箱：jbwq@lawpress.com.cn

销售电话：010-83938349
客服电话：010-83938350
咨询电话：010-63939796

书号：ISBN 978-7-5197-5780-9　　**定价**：75.00 元

凡购买本社图书，如有印装错误，我社负责退换。电话：010-83938349